山东大学儒学高等研究院教授自选集

洙泗文献征信

杨朝明 著

山东大学出版社
SHANDONG UNIVERSITY PRESS
·济南·

图书在版编目(CIP)数据

洙泗文献征信 / 杨朝明著. --济南:山东大学出版社,2024.8. --(山东大学儒学高等研究院教授自选集). -- ISBN 978-7-5607-6884-7

Ⅰ.B222.05

中国国家版本馆 CIP 数据核字第 20243AR312 号

责任编辑　张彩芸
封面设计　王秋忆

洙泗文献征信
ZHUSI WENXIAN ZHENGXIN

出版发行	山东大学出版社
社　　址	山东省济南市山大南路 20 号
邮政编码	250100
发行热线	(0531)88363008
经　　销	新华书店
印　　刷	山东新华印务有限公司
规　　格	880 毫米×1230 毫米　1/32
	20.75 印张　466 千字
版　　次	2024 年 8 月第 1 版
印　　次	2024 年 8 月第 1 次印刷
定　　价	98.00 元

总 序

山东大学素以文史见长，人文学科为山东大学学术地位和学术声誉的铸就做出了极为重要的贡献。而在目前山东大学的人文学科集群中，2012年重组的儒学高等研究院当之无愧地位于第一方阵，是打造“山大学派”的一支生力军。山东大学儒学高等研究院已成为目前国内规模最大、实力突出的国学研究机构。而儒学高等研究院的前身和主体是2002年成立的文史哲研究院。如此说来，儒学高等研究院已然走过了20年的岁月，恰如一个刚刚走出懵懂、朝气蓬勃的青年。

在这20年的生命历程中，儒学高等研究院锻造形成了鲜明的学术特色，即以中国古典学术为重心，以古文、古史、古哲、古籍为主攻方向。本院学者在中国古典学术领域精耕细作，取得了一批具有时代高度的标志性成果，受到学术界广泛赞誉。这一学术特色使儒学高等研究院积极融入了当代学术主流。20世纪90年代以降，中国人文学术发展的大趋势是从西方化向本土化转型，而古典学术是实现本土化的一项重要资源。儒学高等研究院顺应时势，合理谋划，全力推进，因此成为近20年来中国古典学术研究复兴与前行的重要参与者和推动者。

儒学高等研究院的另一特色是横跨中文、历史、哲学、社会学（民俗学）四个一级学科，并致力于打破学科壁垒，在合理分工的基础上力求多学科协同融合。儒学高等研究院倡导和推行的儒学研究实质上是广义的国学，不以目前通行的单一学科为限。在这种开放多元的学术空间中，本院学者完全依据自身的兴趣和能力进行自主探索、自由创造，做到术业有专攻。目前，本院在史学理论、文献学、民俗学、先秦两汉文学、杜甫研究等若干领域创获最丰，居于海内外领先地位。今后的工作重点是在学科协同和学科整合上做进一步探索尝试，通过以问题为轴心的合作研究产生新的学术优势和学术生长点。

在20年的发展中，儒学高等研究院一方面继承前辈山大学者朴实厚重、精勤谨严的学风，一方面力图贯彻汉宋并重、考据与义理并重、沉潜与高明并重、传世文献与出土文献并重、国学与西学并重、历史与现实并重、基础研究与开发应用并重、个人兴趣与团队合作并重、埋头做大学问与形成大影响并重的科研方针，致力于塑造一种健康、合理、平衡的新学风。本院学者中，既有人沉潜于古籍文献的整理考释，也有人从事理论体系的创构发明，他们能够得到同等的尊重和支持。古典学术研究的学派或机构具有自身特色或专长无可厚非，但必须克服偏颇和极端倾向，摒弃自大排他心态。唯有兼顾各种风格、路向的平衡，才能更好地契合学术发展规律，更大限度地释放学术创造力。

当下，古典学术研究正面临五四以来百年未有的历史机缘。中央高度重视中华优秀传统文化的创造性转化、创新性发展，注重发挥传统文化在提升国家文化软实力、推动世界文明交流互鉴、为社会治理提供历史智慧等方面的独特功用。儒学高等研究院将顺势而为，与时俱进，将现有的学术优势与国家重大需求相对接，在古典文献整理研究、儒家思想理论阐释、传统文化精华推广普及等领域齐头并进，努力为古典学术研究的全面繁荣做出新的贡献。

2005 年的“山东大学文史哲研究院专刊”第一辑出版说明中曾提出：“‘兴灭业，继绝学，铸新知’，是本院基本的科研方针；重点扶持高精尖科研项目，优先资助相关成果的出版，是本院工作的重中之重。”这是当年我们这项学术事业“筚路蓝缕，以启山林”时的初心。而今机构名称虽已更易，但初心不变。“山东大学儒学高等研究院教授自选集”即是这一事业的赓续和拓延。这套书是本院 33 位专家学者历年学术成果的集中盘点和展示，有的甚至是毕生心血之结晶。这同时也是对文史哲研究院成立 20 周年暨儒学高等研究院重组 10 周年的一个纪念。期待学界同行的检阅和批评。

山东大学儒学高等研究院
教授自选集编辑委员会
2022 年 10 月

自　序

本书名曰《洙泗文献征信》，兼有“征信洙泗文献”和“在洙泗征信文献”的双重意义，这是我学术兴趣所在，也是文化情怀所系。本书的研究对象是儒家经典、传统古籍、出土文献及相关问题，所收文章皆是我在孔子故里曲阜的学习研究心得。清人崔东壁有《洙泗考信录》，他疑古辨伪，经过他的“考信”，许多典籍记载变得不再可信，其怀疑过勇现在已经看得清楚。当年孔子征礼，叹文献不足，夫子之严谨求信，启示后来者执中而行，止于过和不及之间。显然，这是一个很高的标准，虽不能至，心向往之。

洙泗之域是中华圣城、儒学原乡，也是我生活工作了四十多年的地方。就像曲阜城北那座洙泗书院所象征的，儒学就是从这里走出去，走到了全世界，走到了今天。《史记》说“邹鲁滨洙泗，犹有周公遗风，俗好儒，备于礼”，邹鲁文化正是在儒生的宣传之下产生了影响。《史记·儒林列传》记载，西汉建立时，“高皇帝诛项籍，举兵围鲁，鲁中诸儒尚讲诵习礼乐，弦歌之音不绝，岂非圣人之遗化，好礼乐之国哉”？西汉中期，司马迁至鲁，观看孔子庙堂车服礼器，鲁地诸生依然“以时习礼其家"。后来,汉武帝"独尊儒术",从"洙泗"之域走来的儒学成了传统中国的主流思想学说。

在曲阜学习研究儒学别有一种滋味,另有一番感觉。我无数次走进孔庙、周公庙等古迹,犹如穿越在几千年的时空里。比如,你沿着孔庙神道往里走,庄严肃穆的历代建筑、多姿多彩的营造法式、由近而远的历史回溯……你可能不禁会问:孔庙何以会不断地扩建重修?孔庙何以会越建越大?或许,此时出现在左右的众多石碑就可以告诉你答案。漫步在一幢幢石碑前,就像在历史中沉思,那些只有在历史书中才能读到的鼎鼎大名的人物,又都不约而同地出现在孔庙里,令人遐想,让人回味无穷。孔庙是中国古代士人的精神家园,是认知文化中国的教科书。孔庙碑刻就像一本本耐读的书,每一通石碑都有属于它们自己的故事。不走近它们,它们悄无声息;你与它对话,它们就会生动活泼地给你传达来自前代的信息,述说关于孔子与中国的历史过往。

我们处在一个需要由文化自知而文化自信自强的新时代,需要具有清醒的文化意识和高度的文化自觉。西方不少人对"中国"了解有限是客观现实,但睿智的学者看到了古老中国智慧的价值,有学者呼吁西方人要"从尊重中国哲学的特殊性入手",达到对中国哲学特殊性的同情与理解,因为中国哲学最初是由来华的传教士们翻译的,基督教意味的词汇主宰着西方中国哲学著作的书写。如安乐哲先生,他作为当代中西比较哲学领域的领军人物,就希望西方读者能够像尊重希腊哲学传统一样尊重中国哲学。他认为,翻译者本身必须是专业哲学家。他的言语值得回味,因为中文西译如此,古文今译同样如此!

就中国传统文化认识的现状而言,理解自我比介绍自我显得更为紧要,不论中外,需要更多的人真正认识“中国人的精神生活”。就像很难“完全学透”《易经》一样,在许多人心目中,孔子只能是“一个实际的世间智者”。那么,中国先哲们何以乐此不疲地争论对“知”与“行”有用的事情,实际上,他们沟通天与人,贯通政治与伦常,拓展个体到社会。中国的圣哲很早就在思索“太一生水”“礼达天道”之类与世界本源相关的问题。

能看清多远的过去,才能看见多远的未来。研究儒学与中国,不能没有古老文明现代发展的纵深视野,不能不清醒认识中国学术发展的特殊历史文化背景。近代以来,中国落后挨打,不少人迁怒于中国的传统文化,从而强化、放大了人们对传统文化负面影响的认识。20世纪中国形成了“反传统的传统”,似乎中华民族要摆脱苦难,就必须摒弃中华文化传统。后来“古史辨”运动兴起,学者们由疑古史到疑古书,中国古代文化典籍遭到前所未有的怀疑。

人们曾反思这样一种“反传统的传统”,也提出种种设想,探讨祖国优秀文化的传承,思索返本开新的具体途径。很显然,要将所谓儒学的“现代转化”问题梳理清楚,对儒学价值的认识必须到位,要培根固元,就要经由中国文化的“干”思考中国文化的“根”。要准确、充分认识传统文化的价值，不仅要研究孔子儒学与中国社会历史文化的关联，更要弄清这种关联的内在机制，为此，现在最为迫切的工作应该是正本清源，认清原始儒学面貌，了解原始儒学本真。

说起来，许多学者所从事的都是“正本清源”的工作，每个人也都有自己心目中的中国传统文化真面目。研究者主观上都在“考信”“求是”，都希望通过研究和探索追问本来“有什么”“是什么”，进而追问“为什么”“怎么办”。但事实却是，无论是研究方法上的“二重证据”（或“多重证据”），还是“大胆假设，小心求证”；无论是标举要做“超然者”以求研究结果客观真实，还是所谓“疑古”“释古”“证古”乃至“走出疑古”，大家用力的方向似乎并无二致，可人们的研究结论却往往大相径庭，现状并不能够令多数学者满意。

无论是具体的历史问题研究，还是思想文化研究，都离不开理论的指导。但同任何理论都应当来源于实践一样，理论或方法不能仅仅是对自身学术实践的简单归纳，任何人的研究都有自身的时代印记，也都可能会带着个人的“特点”乃至偏见。有效的理论应具有普遍的指导意义，应当具有指导实践以理性、健康行进的功效，而不是导引实践者直如脱缰野马般不知回头地前奔。

仅从逻辑上推论他人的方法或“理论”，论述其他理论指导下的他人实践，往往会因为一个环节把握不准而出现极大偏差。历史研究中我们不难见到的一个现象，是正确的理论和方法并没有在实践中发挥应有的作用，最显而易见的例证就是宣扬“大胆假设，小心求证”，而事实却是假设非常大胆而求证未必小心。这正如“取其精华，去其糟粕”应是一个正确、科学的提法，而在操作层面上，人们竟然偏离得那么远。传统的“辨伪学”考辨中国古代文化典籍就是如此，从事辨伪学的学者们古书辨伪热忱越高，人们就越无书可读了。仅张心澄的一部《伪书通考》，其辨及的伪书将近一千一百多部，说它“将我国古代的文化名著几乎一网打尽”（廖名春先生语），真是恰如其分！

学术研究首先应当认真辨析材料，怀疑精神在任何时候、任何人的历史研究中都不可或缺。但“走出疑古”不一定就意味着盲目“信古”。“征信”者，求其可信也。求其可信，需要察其原委，明其可疑，征于文献，看见真相。显然，重视出土文献也同样不意味着完全相信出土文献，也不是就认定其中的记载为“真实的历史”。如今，中国传统学术研究借助地下早期文献出现新的转机，中国古典文明正在逐渐揭开疑古大幕的遮掩。此时，我们不仅需要理论或逻辑推理，更需要对中国古代文明深入探索，提升对古代文化的敏锐洞察力。不难看出，“正本清源”确实“说起来容易做起来难”，如果放在整个中国学术史的视野中来观察，真正做到“正本清源”还将有一个艰苦而漫长的历程。

古书真伪是古代文献中的重要问题，清人姚际恒称其为“读书第一义”。清代以前，学者们研究古籍真伪问题时，绝大多数都侧重于伪书的考订,将许许多多传闻为"真"的古籍判定为伪书。由"真"而"伪"的研究线索,是整个古籍辨伪学史的主流。有学者曾经将明代宋濂的《诸子考》、胡应麟《四部正讹》及清末姚际恒《古今伪书考》比较,宋、胡认为是"真"或者"真杂以伪"的许多古籍,到了姚的手中,都无不变为伪书了。而前者认为是"伪"的古籍,无一被姚判断为真书。张心澄《伪书通考》所录,基本都是由"真"而"伪"的考订文字。当然,改变这种趋向极难,因为这种方法影响太大。

毕竟学术在进步,不少学者在研究过程中已经发现了问题的严重性。海外有学者认为,"古籍辨伪"这样的名字是一个"十分不理想的名称",因为研究应当有两条路线,不仅研究"真"书,也要考订"伪"书。这门学问应当是一门由"真"到"伪"和由"伪"而"真"双轨的学问,而不是单向的由"真"而"伪"的单轨学问。"就古籍辨伪而言,竹简帛书出土所带来的震撼,恐怕与古史辨学派新说的震撼不相伯仲;因为古史辨学派为古籍真伪带来'石破天惊'的新说,而竹简帛书却为这些新说带来'冷酷无情'的否决……在竹简帛书严峻的考验下,许多被过去学者判定为伪造的古籍,都纷纷平反翻身。"①所谓的"古籍辨伪学"存在着严重问题显而易见。

对于古书的成书年代,显然应当动态地加以理解和认识。余嘉锡先生在《古书通例》中曾说:"古人著书,本无专集,往往

① 郑良树:《论古籍辨伪的名称及其意义》,《诸子著作年代考》,北京图书馆出版社2001年版,第3页。

随作数篇，即以行世。传其学者各以所得，为题书名。”意思是说，先秦两汉诸子就像后世的文集，作者随写随传，有时是单篇流传，常常不署姓名，到后来才由其后学或者后人汇集成书。实际上，有许许多多的书籍都是多次、多人、多时结集而成的。不少书籍其实都未必是一人所作，有的则是一个学派的集体作品，由学派中的第二代、第三代等陆续收集编订而成，而该书的名字，便取其祖师爷的名字。

有了这样的认识，我们研究先秦两汉时期的典籍，特别是对这些典籍进行所谓真伪问题的研究，就应当采取逐篇研究的方式，以“篇”为单位，甚至以“段”为单位，逐篇逐段考订及观察，而不是过去那种以书为单元的方式。这些认识，学术界已经有不少学者明确指出。

儒学研究要正本清源，首先应当明白何谓儒学“本”“源”。探寻儒学本源的途径很多。1980年，在美国哈佛大学人类学系执教的张光直教授出版了《商代文明》一书，这本书是耶鲁大学出版社“中国早期文明丛书”的第一本。他在书中列举了“通向商代的五条门径”，就是指传统的历史文献学、青铜器、甲骨文、考古学、理论模式。用国内通用的词语来说，这五条门径包括了历史学、文献学、考古学、古文字学和理论的探讨。儒学本源于古代文明，根植于古代文化传统，没有对中国古代文明的深入研究，正本清源就无从谈起。

从理论上讲，“条条大路通罗马”，无论哪种方法与途径，都能很好地从事古文明或孔子儒学研究，但事实上，任何有影响力的研究都不是只采取单一的研究方法。可细细想来，好像研究门径又不是同样的宽广，似乎中国古典文献的研究显得十分紧要，不然，“古史辨”就不会最终变成“古书辨”。人们应该能够赞同这样的看法，儒家文献研究是孔子儒学和传统文化研究的基础或中心，就像辨别古史最后都落脚到辨别古书那样，文献是思想的载体，没有对儒家文献相关学术问题的正确辨析和准确把握，孔子与儒学研究也往往如沙上之塔经不起历史的检验。但晚清以来人们辨别古书的严重后果又让我们警觉：古文献研究应该怎样努力，才能避免学术路向上大的偏离？

或许儒家文献研究的重要性已经决定了它的难度，儒家文献研究之难可谓原因多多：其一，学术界对中国上古文明的发展程度认识不够，估价偏低；其二，儒家认为“六经”乃“先王政典”，是儒学根本，但“六经”性质不同，且相关记载匮乏；其三，孔子“述而不作”，孔子遗说由其弟子后学整理，数量虽多却显得凌乱；其四，孔子儒学胸怀天下而关注民生，思维恢宏却包蕴精微；其五，自宋代开始兴起的疑古思潮到古史辨时期，怀疑古书似乎成为不可逆转的学术趋向；其六，近代以来中国国力落后，人们迁怒于传统文化，严重影响到对孔子儒学的客观评价，反过来影响了对古代文献的认识。

孔子儒学存在如此之多的难题与纷争，除了儒学自身体大思精的特质外，最重要的原因就在于古代文献研究的严重失误。学术界过于苛刻地审查史料，戴着有色眼镜检查审核古书，最终使中国古代文化典籍研究成为“受灾”最为严重的领域，早期儒学典籍几乎无一幸免。它同时又带来另一严重恶果，即它给人以这样的印象：中国的早期文化典籍多是伪书、多不可靠，中国古代学人有很多“作伪”高手。后来，疑古辨伪思潮兴起，学者们开始了“捉盗”的“搜捕”与“调查”行动，后世不少“辨伪学者”费尽千辛万苦，取得学术“成就”，于是人们赞叹其好像“捕盗者之获得真赃”（陈鳣《孙志祖家语疏证序》）。这样，向来最讲诚实守信的中国儒家学者，竟然出现了众多的伪造古书者，中华文化中的诚信美德又从根基上被彻底撼动。

当然，这种具有极大讽刺意味的结局，并不说明所有的学者都没有看到或者远离了事实的真相，只是这样的声音显得十分微弱，如近代学者谈及《古文尚书》研究时高声赞扬阎若璩而很少注意毛奇龄等人的结论；像顾颉刚先生《孔子研究讲义》介绍清代学者《孔子家语》的研究仅仅表彰孙志祖、范家相，而仿佛没有陈士珂。《孔子家语》这部后来被认为是“赝中有赝”，连“痛加攻击之必要”都没有的古籍，陈士珂作《孔子家语疏证》十卷，旁征博引，多书互参，以严谨的态度梳理材料，把大量的客观证据摆在读者面前，认为《孔子家语》并非伪书，更不是王肃为攻难郑玄而伪造。但在疑古大潮的推动下，人们的倾向性十分明显，人们已经难以理性客观，难以做到“正本清源”。

研究儒家学术，必须明白以往问题的症结所在。具体而言，儒家文献研究出现的问题主要体现为：其一，怀疑古书的相关记载，不相信古代典籍有关成书时代与作者的记载，人为后置了不少典籍的成书年代；其二，不明古书传流的一般规律，不能动态观察古书的形成过程，于是以今例古，造成了对古书的很多误解；其三，缺乏对先秦时期中国学术源流的细致研究，不能整体把握夏、商、西周到春秋、战国学术文化的发展演变，从而颠倒了同类文献的先后顺序，甚至误判了学派属性；其四，不能理解各个学术派别之间的纵横关系，不能理解各个学派之间的彼此交融与互相影响，先入为主，用贴标签的方式进行学派判断，无端地将古书问题复杂化。

儒家文献研究出现问题，与整个孔子儒学与传统文化的研究和认识出现重大失误紧密联结。学术问题直接与社会生活的运行息息相关，本来儒学是修身的学问，儒学是社会管理的学说，可是随着儒学研究种种问题的出现，儒学在当今社会几乎丧失了治世理人的功能。正像钱穆先生所说，许多人"感到现在我们是站在已往历史最高之顶点"（见钱穆《国史大纲》卷首"凡读本书请先具下列诸信念"），可以标榜自己的"清高"或"高超"，依然动辄"轻贱唐虞而笑大禹"（嵇康《卜疑集》）、"非汤武而薄周孔"（嵇康《与山巨源绝交书》），导致了浅薄狂妄的"自大"与"无畏"。

事实上，我国从很早的时候起，就已经形成了足以令国人骄傲的文化，有了丰富的文献记载，所以《尚书·皋陶谟》说："天叙有典，敕我五典五惇哉！天秩有礼，自我五礼有庸哉！"《尚书·多士》说："惟殷先人，有册有典。"我们的祖国很早就形成了"有典有则，贻厥子孙"（《尚书·五子之歌》）的传统。

今天学术上正本清源所要做的,其实就是清楚认识这种久已被人为湮没的传统,还原根植于这种深厚传统中的儒家文化真相。

当然,孔子儒学的研究不仅是文献的研究。在文献研究的基础上,义理问题自然不容忽视、必须重视,这是孔子儒学研究的必然选择。今天,传统文化研究已经遍地开花,所涉及的领域也极为广泛,从传统的文史哲的论域,逐渐扩展到伦理学、宗教学、社会学、政治学、法学及比较文明等广阔领域,涌现出不少新颖独到的见解。反观自我,研究领域还十分狭窄,研究视野非常狭隘。

本书作为个人自选集,本应在自己所有论著中选取,但考虑到已经选编了《三代文化与儒学的形成》《从文化自知到文化自信》等书,本书就侧重于古文献的研究。"读书未到康成处,安敢高声论圣贤",个人好像明白这个道理,但却做得不好。选编本书之后,心中很忐忑。

杨朝明

2023年12月27日

目　录

儒学五经研究

儒学四书研究

古代典籍研究

出土文献研究

儒学五经研究

《齐风》三诗《南山》《敝笱》《载驱》诗旨新说*

《诗经·齐风》计有诗十一首，依照《诗序》以来的传统解释，其中《南山》《敝笱》《载驱》三诗涉及文姜与齐襄私通事，或刺襄公“鸟兽之行，淫乎其妹”；或刺鲁桓、庄公以有国之尊，为夫为子，却不能防闲文姜；或者直刺文姜本人。甚至《猗嗟》一诗《诗序》亦言庄公“失子之道”，“不能以礼防闲其母”。自汉人倡率此说之后，人们大都这样理解前述各诗诗旨。当然，对个别诗篇主旨提出异议者亦不乏其人，以至于现今已很少有人相信《诗序》对于《猗嗟》一诗的解说了。然而，对《南山》等三诗的传统解释，持异议者较少，尤其《南山》《敝笱》二诗，几无离开文姜淫乱之事以说诗者。有人曾说：“《齐风》中《敝笱》、《南山》和《载驱》三篇可谓是三驾马车，诗旨相同，都是讽刺统治阶级荒淫无耻与奢侈放荡，从不

---

* 本文原为1995年8月在北戴河举行的“第二届《诗经》国际学术研讨会”上提交的论文，由于篇幅原因，曾分为两篇刊出：其一，《“文姜之乱”异议》，《管子学刊》1994年第1期；其二，《〈齐风〉三诗〈南山〉〈敝笱〉〈载驱〉诗旨新说》，《第二届诗经国际学术研讨会论文集》，语文出版社1996年版。入选本书时有改动，以下各篇同，不再一一注明。

同角度、以不同艺术方法揭露齐襄公与文姜兄妹通奸的丑行。”①这种说法十分具有代表性，今之《诗经》译注、赏析之类的读本大都与之相类。

笔者在研究鲁国历史的过程中，发现文姜乃是齐、鲁关系史上颇为引人瞩目的人物。文姜是齐僖公的女儿，后嫁于鲁为桓公夫人。由于她与其异母兄齐襄公通奸事，鲁桓公赔上了性命。鲁庄公时期，文姜生活了不足 21 年，但在《春秋》《左传》中，她的名字却出现了 15 次之多。史书中历历记载她的活动，显见她是一位在当时有很大影响力的人物。然而，因为文姜的活动多是与齐国交往，故后人认为她仍然是一如既往地恣其淫志，“狂走无忌”，“淫奔之行遂至于不可制”。② 杜注如是，孔疏复如是，自后，《左传》家更无不持“夫人奸淫齐侯”之一说。清代以来，高士奇《左传纪事本末》、马骕《左传事纬》、韩席筹《左传分国集注》分别改《左传》为纪事本末体以叙春秋史事，三公所论虽不乏精义，但皆又立“文姜之乱”一目，仍未脱前人窠臼。不仅如此，这种渲染又强化了人们“文姜淫荡”的观念。而事实上，《春秋》《左传》本义实与“夫人奸淫齐侯”无关，《春秋》并没有记载文姜“乱伦丑行”的意思，《诗经·齐风》中《南山》《敝笱》《载驱》三诗亦与文姜淫乱无直接关系。

---

① 金启华等主编：《诗经鉴赏辞典》，安徽文艺出版社 1990 年版，第 251 页。

② （清）高士奇撰，杨伯峻点校：《左传纪事本末》，中华书局 2015 年版，第 63 页。

一、“文姜之乱”异议

所谓“文姜之乱”，应从文姜嫁鲁之初开始说起。春秋之时，诸侯国间的婚姻关系有的掺杂政治因素，不少是被当作外交的手段，鲁桓公求婚于齐即属此例。

一方面，齐国此时国力强盛，已经成为一个大国，而且当时周室衰微，诸侯以国力相尚，动辄以维护周室和周礼自居，并以此为借口攻讨他国。另一方面，人们注意到要保持自己国家的稳定，应注意“结邻国之援”（《国语·鲁语上》）。齐鲁近邻，桓公惧讨，他交结齐国可一举两得，所以便主动向齐国求婚。《左传·桓公三年》记：“会于嬴，成昏于齐也。”杜预注曰：“公不由媒介，自与齐侯会而成昏，非礼也。”依礼，男女婚姻应由媒氏出面，“娶妻如之何？匪媒不得”（《诗·齐风·南山》），“媒氏掌万民之判”（《周礼·地官·媒氏》），齐、鲁两国都是如此，国君亦莫能外。桓公为交结强齐，连婚姻礼仪也顾不得了。也是因为如此，文姜嫁于桓公后，桓公对她格外依顺。

鲁国号为“秉礼”之邦，宗法观念较强，故鲁人尤其强调“男女有别”和“夫妇有别”，以“男女之别”为“国之大节”（《左传·僖公二十四年》）。由于礼在“别男女……之亲，昏姻疏数之交”（《礼记·哀公问》）上所起的作用，鲁人就十分注意在这方面循礼而动，以礼作为评判标准。如桓公三年（前709年）二人成婚之时，“齐侯送姜氏于欢”，依礼“凡公女嫁于敌国，姊妹，则上卿送之，以礼于先君；公子，则下卿送之。于大国，虽公子，亦上卿送之；于天子，则诸卿皆行，公不自送；于小国，则上大夫送之"(《左传·桓公三年》)。实际上，在当时，即使大夫与士嫁女，主人亦不自送，诸侯嫁女，更无自送之理，所以齐侯送姜氏实是违礼的举动。齐人这一观念淡薄，鲁国却不应如此。婚礼乃吉礼之大者，桓公置齐侯逆送于不顾，可能是为了求得文姜的欢心，以冀无失齐援，不然的话，鲁桓公就不会冒着违礼的讥刺，在公元前694年与文姜一道至齐。因为在鲁人看来，男各有妻，女各有夫，宜界限谨严，不得轻易亵渎之。即使是夫妻也不能一起出入，招摇入国更不应该，也就是鲁大夫申繻所说："女有家，男有室，无相渎也，谓之有礼。易此，必败。"(《左传·桓公十八年》)所以说，文姜既归于鲁，"则帷簿不修，桓公不能辞其咎也"，"桓公不能以礼防闲文姜，而纵使穷其欲者，盖身为篡逆，欲结大援以求免于讨耳"①，诚哉，斯言也！

文姜与齐襄公的私情当然是存在的。《史记·齐太公世家》说："齐襄公故尝私通鲁夫人。鲁夫人者，襄公女弟也。自僖公时，嫁为鲁桓公妇。"鲁桓公十八年(前694年)，桓公会齐侯于泺，与文姜一道至齐，"而襄公复通焉"。桓公知道后指责文姜，文姜便告诉了齐襄公。于是，齐襄公请桓公宴饮，酒醉之后，让大力士彭生送他回去，乘机把桓公害死。桓公死后，鲁人也无奈于齐，只是告于齐说："寡君畏君之威，不敢宁居，来修旧好。礼成而不返，无所归咎，恶于诸侯，请以彭生除之。"(《左传·桓公十八年》)齐人便杀彭生了事。一君之死，这样淡然了结，是否由桓公败德所致，不得而知。

对于文姜与齐襄私通事，有关典籍均有记叙，可见此事影

---

① 韩席筹编注:《左传分国集注》，江苏人民出版社1963年版，第52页。

响之大。马骕认为:“夫齐僖小霸,雄长东方,而于国储无世子之教,爱女无公宫之训。文姜一嫁,两国行秽,《春秋》病襄,兼以病僖也。”韩席筹认为“此固探本之论矣”。撇开对《春秋》微言大义的探讨,单就文姜通襄一事言,它在齐、鲁两国的影响实在不小。在齐国,男女之间的关系相对来说束缚不多,女子在婚姻、家庭中的地位并不低,宗法观念也不如鲁人浓重。不过,在婚姻上也是讲究父母之命、媒妁之言的。《诗·齐风·东方之日》就反映了齐人的恋爱生活,写一个女子主动追求男子。《毛序》就认为:“《东方之日》刺衰也。君臣失道,男女淫奔,不能以礼化也。”毛亨所言自然未必是诗作本意,但像齐襄公那样无媒自交,“淫乎其妹”的事还是受人指责的。文姜当初嫁鲁时,婚礼既备,服饰又盛,鲁桓娶妻亦告宗庙。堂而皇之之下,文姜又悄然与齐襄往来,后人讥刺齐襄、文姜等人,亦属情理中事。

桓公死后,庄公继位。庄公名同,乃文姜之子。他生于桓公六年(前706年),到桓公被杀时,年龄尚不足12岁。当时,文姜在齐,没有立即返鲁。《史记·鲁周公世家》说:“庄公母夫人因留齐,不敢归鲁。”是则桓公之丧从齐返回时,文姜没有随丧归鲁。《左传》记,庄公元年(前693年)三月,“夫人孙(按:通‘逊’)于齐”,说明文姜在庄公即位后一度回鲁,所以郑玄认为:“夫人久留于齐,庄公即位后乃来。”(《诗·齐风·南山》序郑笺)

作为齐女,文姜又是庄公之母,于是,在庄公年幼即位的情况下,文姜便屡屡来往于齐、鲁之间,参与鲁政,与齐交涉,甚至还参与与他国的外交。《春秋》经、传对此有不少记载:

二年冬,夫人姜氏会齐侯于禚。书,奸也。(庄公二年)

四年春,王二月,夫人姜氏享齐侯于祝丘。(庄公四年)

五年夏,夫人姜氏如齐师。(庄公五年)

六年冬,齐人来归卫宝,文姜请之也。(庄公六年)

七年春,夫人姜氏会齐侯于防。冬,夫人姜氏会齐侯于谷。(庄公七年)

十五年夏,夫人姜氏如齐。(庄公十五年)

十九年秋,夫人姜氏如莒。(庄公十九年)

二十年春,王二月,夫人姜氏如莒。(庄公二十年)

由于文姜与齐襄私通,故历来人们都以文姜至齐,乃为齐襄而往,以其仆仆齐、鲁道上为狂走无忌,肆行其志。实际上这是一种误解。诚然,文姜与齐襄有私情存在,她与齐侯相会,也不排除有纵其淫欲的因素在内,但绝不可将前引记载均作这种理解。

清人于鬯独具慧眼,发现了此处《春秋》经、传记载的本意。他认为,《春秋·庄公二年》"夫人姜氏会齐侯于禚",《左传》说:"书,奸也。"这里的"奸",其意应为"干",即"干预"之意,而不是"奸淫"。本来,古代"干""奸"二字是可通的。《国语·晋语》曰:"且不及而言,奸也。"不及而言,"奸"非奸淫之意可知。《淮南子·主术训》有"各守其职,不得相奸",亦是说不得相干。这都是此"奸"字的意思。《说文解字》曰:"古文奸,从旱心。"其声谐"旱",而"旱"即谐"干"声,亦足见"干""奸"二字可通。庄公二年与齐侯相会,本应鲁庄会之,而庄公暗弱,没能参与此会,而夫人与之,是文姜干国之政,故《春秋》

书之，而传明之曰“奸”。谓文姜干预此会，正得经、传本意。①

对《春秋》经、传本意的误解实始于杜预。杜预注解《左传》此处曰：“会非夫人之事，显然书之。《传》曰‘书奸’，奸在夫人。”又解七年传曰：“文姜数与齐侯会，至齐地则奸发夫人。”是则他以“奸”为奸淫之意。此后，《左传》家更无不持夫人奸淫齐侯之一说。由于误解了传文一字，《春秋》成了表淫之书。但是，文姜所淫者乃是齐襄公，而齐襄公已于鲁庄公八年被弑。此后，庄公十五年文姜又如齐，十九、二十年又两次至莒，《春秋》仍记之，左氏虽然无传，但这些显然与淫乱无关。杜预昧于《春秋》本意，又解十九年“夫人姜氏如莒”为“书奸”，仍以文姜淫乱目之。杨伯峻先生也觉得此处这样解说于理难通，说“文姜于桓公三年嫁至鲁国，至此已三十五年，则其年龄已五十余矣”，谓杜注“恐未必然”。② 于鬯也说，文姜淫于齐襄，“信不可讳”，又谓其淫他人、淫莒，实在难以讲通。如后来庄公夫人哀姜淫于庆父等，“夫人诚欲淫，即鲁宫中何独不可淫，而必出外。至于如莒，年且六十矣。知《春秋》书之不以淫也”。《公羊传·庄公十八年》曰“日有食之”，何休《解诂》则云“夫人如莒，淫泆不制”所致，亦以文姜淫莒，当然更是离谱谬说。既然后面书之不以淫，则庄公二年所谓“书，奸也”显系因文姜干政而记。《穀梁传》就说“妇人既嫁不逾境。逾境，非正也；妇人不言会，言会非正也”；“享甚矣，享齐侯所以病齐侯也”。此处亦无淫说。所以于鬯总结说：“桓公薨，庄公立，

---

① 参见（清）于鬯：《香草校书》，中华书局 1984 年版，第 752—754 页。

② 杨伯峻编著：《春秋左传注》，中华书局 1981 年版，第 210 页。

而夫人遂以国母之尊，乘其子之愚弱，无所顾忌。”到庄公二十一年文姜去世，她一再干国，“故《春秋》历历表之”。

另外，不仅《春秋》三传之解说并无表淫之意，而且《春秋》之书亦有内证可寻。如庄公二十七年记曰：“公会杞伯姬于洮。”杞伯姬为鲁庄公女、杞成公夫人。鲁庄乃是与女儿相会，这与夫人姜氏会齐侯于禚极为相类，总不能谓鲁庄公父女亦相奸淫吧。

自然，文姜在庄公幼弱时干预国政，也不能概以“乱国”目之。在当时看来，文姜之举违背了礼制，但文姜对鲁国政治也不是没有任何帮助。齐襄公在位时，齐鲁未有战事，不能说与文姜无关。这时期鲁与齐的交往中自有文姜的周旋之功在焉，如庄公五年冬与齐侯等联结诸侯伐卫，即与文姜此年夏入于齐师有密切联系。次年，齐人到鲁归卫俘、归卫宝，《左传》则明言是因“文姜请之也”。当然，卫与鲁为兄弟之国，鲁、齐等伐卫，周室甚至“救卫”，是鲁伐卫乃弃同姓兄弟。不过，鲁在此时毕竟加入了齐国联盟。

依传统观点，桓公死后，庄公“不能兴一旅问罪之师，仅以一彭生塞责”，是其已“忘父之仇”。不仅如此，他还反听齐人之命，“田猎则从，征伐则偕”①，并“腼然主王姬之昏，同伐卫之举。及围郕，郕降于齐师。仲庆父请击齐，犹欲引修德待时之义以自解”②。这些斥责也都失之简单。如庄公八年齐、鲁围郕时，郕降于齐师，此时齐之国力在鲁之上。仲庆父请伐，鲁庄

① （清）马骕撰，徐连成点校：《左传事纬》，齐鲁书社1992年版，第30页。

② （清）高士奇撰，杨伯峻点校：《左传纪事本末》，中华书局2015年版，第63页。

公并不听仲庆父之言，认为“我实不德”，并说“姑务修德，以待时乎”。这便不是一时的“自解”之词。两年后，鲁、齐长勺大战前，庄公与曹刿在对话中说“衣食所安，弗敢专也，必以分人”；“牺牲玉帛，弗敢加也，必以信”；“小大之狱，虽不能察，必以情”（《左传·庄公十年》），也可说明庄公实非草囊之人。所谓庄公不能“防闲”于文姜的指责亦缺乏根据。

《左传·桓公六年》记庄公出生时，“公与文姜、宗妇命之”，所以高士奇谓“文姜此际亦似少娴于礼者”。但由于误解经、传本意，偏信前人注疏，遂致误入歧途，高士奇、马骕、韩席筹无不如此，文姜淫乱齐、鲁两国成了不易之论。我们认为，文姜通于齐襄，致使鲁桓丧命，当然责所难逃。但此事鲁桓也不无其咎，他欲结齐援，放纵文姜，终至命丧异国。庄公即位时年少，文姜参与齐交；庄公长大以后注重修德，敬重其母，文姜以国母之尊偶干国政，亦为常理中事。更何况文姜为齐女，鲁国宗法礼乐传统对她束缚较少，而齐女在家庭中地位较高的社会风俗又在她身上体现得较为明显。

二、《南山》等三诗考辨

不过，人们以“文姜之乱”理解《春秋》《左传》，又用来解说《南山》诸诗，其影响可谓至深至广。窃以为此处人们对经书的误解实始于《诗序》，继《诗序》用文姜通于齐襄事说诗后，汉代其他学者更伸张其说。杜预注解《左传》时曾“大观群典”[①]，汉

---

① （晋）陈寿：《三国志》，黄山书社 2014 年版，第 484 页。

人说诗对他解释《春秋》经、传可能不无影响。而后来人们对《春秋》《左传》的误解,又着实深深加强了对《齐风》中《南山》诸诗诗旨的错误认识。

鲁国讲究男女之别和夫妇有别,文姜"干政",《春秋》记之,其本意与文姜淫乱无关。既然如此,《齐风》中《南山》诸诗之《诗序》中文姜"宣淫于通都大道"这类的说法也就打了很大折扣。事实上,《南山》等三诗也不是讽刺文姜之"淫",这方面,在各诗中亦有内证,只是传统上的错误解释掩盖了这一点而已。

为了叙述的方便,兹先将《南山》诸诗抄录于下。

《南山》诗曰:

南山崔崔,雄狐绥绥。鲁道有荡,齐子由归。既曰归止,曷又怀止?

葛屦五两,冠緌双止。鲁道有荡,齐子庸止。既曰庸止,曷又从止?

艺麻如之何?衡从其亩。取妻如之何?必告父母。既曰告止,曷又鞠止?

析薪如之何?匪斧不克。取妻如之何?匪媒不得。既曰得止,曷又极止?

《敝笱》诗曰:

敝笱在梁,其鱼鲂鳏。齐子归止,其从如云。
敝笱在梁,其鱼鲂鱮。齐子归止,其从如雨。
敝笱在梁,其鱼唯唯。齐子归止,其从如水。

《载驱》诗曰：

载驱薄薄，簟茀朱鞹。鲁道有荡，齐子发夕。
四骊济济，垂辔沵沵。鲁道有荡，齐子岂弟。
汶水汤汤，行人彭彭。鲁道有荡，齐子翱翔。
汶水滔滔，行人儦儦。鲁道有荡，齐子游敖。

以上三诗中，“鲁道有荡”出现于《南山》《载驱》两诗计六次，“归”字出现于《南山》《敝笱》两诗计五次，它们是理解《南山》等三诗的关键。“鲁道有荡”之“道”，传统上多释为“道路”，或以为文姜“自齐之鲁之道”，或以为文姜“自鲁返齐之道”；“荡”，古释为“平易也”，后人疏之为“平坦”，意指“道路平坦”。但是，笔者以为这里的“道”不应实指“道路”，而是一个属于中国古代哲学范畴的概念，这个“道”无具体的形象，含有规律与准则的意义。它与具体事物的“器”相对，又与事物特殊规律的“德”相对。《尚书·洪范》有“无偏无党，王道荡荡”之语，这里的“王道”即“先王之道”，此“道”即与诗中所言之“道”同义。

《诗经》中，形容词、副词以“有”字作词头者有几十处，前人解诗，多数不专为“有”字作训。据当今学者的研究，诗中凡形容词、副词以“有”字作词头者，莫不相当于该词之重叠词，用以状事状物。《南山》《载驱》中“鲁道有荡”之“有荡”即“荡荡”。① 曾运乾《毛诗说》亦以“有荡犹荡荡”，是则“鲁道有荡”

① 参见郭晋稀：《诗经蠡测》，甘肃人民出版社 1992 年版，第 31—32 页。

犹“鲁道荡荡”，其结构与《尚书·洪范》之“王道荡荡”完全相同。《吕氏春秋·贵公》篇引《洪范》“无偏无党，王道荡荡”，高诱注曰：“荡荡，平易也。《诗》云：‘鲁道有荡。’”是亦认为《诗》《书》两句结构相同。可以肯定地说，《尚书·洪范》中“王道”之“道”绝不可训为“道路”。

“荡荡”有广大、广远之义，是含有赞美意味的褒义词。如《论语·泰伯》：“大哉，尧之为君也！巍巍乎！唯天为大，唯尧则之，荡荡乎！民无能名焉。”《魏书·明帝纪》注引《献帝传》云：“仲尼盛称尧舜巍巍荡荡之功者，以为禅代乃大圣之懿事也。”包咸《论语章句》则解释《泰伯》曰：“荡荡，广远之称。言其布德广远，民无能识其名焉。”皇侃《论语义疏》引王弼之言解释得更加细腻，他说：“圣人有则天之德，所以称‘唯尧则之’者，唯尧于时全则天之道也。荡荡，无形无名之称也。夫名所名者，生于善有所章，而惠有所存，善恶相须，而名分形焉。若夫大爱无私，惠将安在？至美无偏，名将何生？故则天成化，道同自然，不私其子而君其臣，凶者自罚，善者自功，功成而不立其誉，罚加而不任其刑，百姓日用而不知所以然，夫又何可名也？”①从这些解释中足可窥得“荡荡”一词的意思。

《左传·襄公二十九年》记有吴公子季札至鲁“请观周乐”事，当鲁国乐工为之歌《豳》诗后，季札叹曰：“美哉！荡乎！乐而不淫，其周公之东乎！”杨伯峻先生注曰：“荡乎犹《论语·泰伯》之‘荡荡乎’，博大貌。”②《齐风》中《南山》《载驱》之“鲁道

① （南朝梁）皇侃：《论语义疏》，转引自程树德：《论语集释》，中华书局1990年版，第550页。

② 杨伯峻编著：《春秋左传注》，中华书局1981年版，第1162页。

有荡”之“荡”亦然。

学者们的研究已经证实,《诗经》中的《豳风》乃出于鲁,为鲁国之诗。① 是则季札关于《豳》乐的评论,恰是对鲁国的赞美。在西周、春秋时期众多的诸侯国中,鲁国居于十分重要而特殊的地位。鲁为周公之子伯禽的封国,在周族向东方发展的过程中,周公父子功莫大焉。东方稳定后,鲁国又承当了周室东方代理人的角色,成为“姬姓宗邦”、诸侯“望国”,故“周之最亲莫如鲁,而鲁所宜翼戴者莫如周”②。初受封时,鲁得赐丰厚,而且周室为“褒周公之德”,特命“鲁有天子礼乐”(《史记·鲁周公世家》),春秋时期有“周礼尽在鲁矣”的说法,直到春秋后期,鲁国仍是诸侯学习周礼的去处③,《左传·昭公五年》记曰:“卿丧自朝,鲁礼也。”《礼记·檀弓上》曰:“小敛之奠在西方,鲁礼之末失也。”这里所说的“鲁礼”实际就是周礼。如关于“卿丧自朝”,《礼记·檀弓下》亦曰:“丧有死之道焉,先王之所难言也。丧之朝也,顺死者之孝心也。其哀离其室也,故至于祖考之庙而后行。殷朝而殡于祖,周朝而遂葬。”是知鲁礼本同周礼。杨伯峻先生在注解《左传·昭公五年》时,即把“鲁礼”扩大为“周代之礼”,这样解说显然是有道理的。鲁之所尊同于周之所尊,鲁之所循亦是周代先王之道,在其他邦国看来,鲁在当时简直就是周室的影子。因此,与“鲁礼”近于“周礼”相同,“鲁道”这一概念,也有与“周道”或“王道”相近

---

① 参见杨朝明:《鲁国与〈诗经〉》,《中国史研究》1994 年第 2 期。

② (清)高士奇撰,杨伯峻点校:《左传纪事本末》,中华书局 2015 年版,第 5 页。

③ 《左传·襄公十年》记:“诸侯宋、鲁,于是观礼。”宋国保存的自是殷礼,而鲁国保存的则是典型的周礼。

的内涵。总之,就像吴公子季札以“美哉！荡乎”称颂鲁国的诗乐那样,“鲁国有荡”乃属齐人对鲁人行为准则的评价,甚至含有赞美的意味。

“归”字对于理解诗意也十分重要。由于文姜嫁鲁后尤其是鲁桓公被害后多次回到齐国,故有不少解诗者以“归”为“归齐”,如王质《诗总闻》、朱熹《诗集传》、方玉润《诗经原始》等皆然,而以朱熹《诗集传》影响最大。当然,不同意朱熹等的说解,而直得“归”字本义者亦有不少,如何楷《诗经世本古义》、陈启源《毛诗稽古编》、姚际恒《诗经通论》、胡承珙《毛诗后笺》等。其中,陈启源的论述很能解决问题。他在说解《敝笱》时说:“女子之归有三:于归也、归宁也、大归也,舍是无言归者。文姜如齐始于桓末年耳,时僖公已卒,不得言归宁,又非见出,不得云大归;则诗言‘齐子归止’,定指于归无疑。”①《敝笱》之“归”如此,《南山》之“归”亦然。只是前述各家正确解释了“归”字本义,却接着又滑到了诗旨“刺淫”说中去了。

三、《南山》等三诗的诗旨

在这样理解“鲁道有荡”和“归”之后,我们便可对《南山》等三诗试加解说了。

(一)《南山》

笔者以为该诗本意是说鲁国既重男女之别和夫妇有别,鲁

① (清)陈启源:《毛诗稽古编》卷六,影印文渊阁《四库全书》本。

桓公为何却又以夫人文姜至齐。前已述及，鲁桓公十八年，文姜始与桓公到齐国去时，鲁臣申繻曾加以劝止，说：“女有家，男有室，无相渎也，谓之礼。易此，必败。”在他们看来，桓公如齐，文姜随行，便是“相渎”，便是违礼。《南山》之诗与申繻之言一刺一劝，二者所指都是桓公不应与文姜一道至齐。文姜母家在齐，她又是桓公夫人，依我们现在眼光来看，二人一道入齐是极合理的事情。然而，那时的鲁国却绝不如此，这或许也是人们不得《南山》本旨的一个重要原因。据史料记载，鲁国有不少与此事相近的情况。如宣公五年冬，“齐高固及子叔姬”一道回鲁，《公羊传》就说：“其诸为其双双而俱至者与？”当代有学者解曰：“公羊学者说‘双双’是如鸟兽成匹而行，雌雄无别，义在讥高固不当‘及子叔姬来’。按孟子说：‘人之所以异于禽兽者几希。’人的男女婚姻，本同于禽兽的雌雄交配，几希之异，就是人有夫妇的名分，禽兽则无，人知从一而终之义，禽兽则不知。”①何休的《公羊解诂》也说公羊子之言“言其双行匹至，似于鸟兽”。以上所言并不是汉人的曲解，对此，顾颉刚先生曾加以论述，并举出了许多春秋时代传下来的直接资料加以证明，其言凿凿，鲁国严格的男女之别和夫妇有别，不容人不信。在鲁国，甘居寂寞、宁死不越礼的妇女受到表彰，用顾颉刚先生的话说：“要根究所以会得出现这一事故，原有它在鲁国的积渐的舆论力量。”②这里所谓的“舆论力量”，应该就是“鲁道有荡”的表现之一了。

---

① 傅隶朴：《春秋三传比义》中册，中国友谊出版公司 1984 年版，第 171 页。

② 顾颉刚：《由“烝”、“报”等婚姻方式看社会制度的变迁》（下），中华书局编辑部编：《文史》第十五辑，中华书局 1982 年版，第 2 页。

齐国的情形与鲁国不同,在男女关系方面不像鲁国那样拘泥和严格。齐人虽然看不惯鲁国特别是后来儒者所提倡的"繁文缛礼",但齐人对周礼在鲁国社会中所起的作用还是有所认识的。如鲁国闵公年间遭庆父之乱时,齐国有人打算攻伐鲁国,齐大臣仲孙湫则阻止说:"不可,犹秉周礼。周礼,所以本也。臣闻之:'国将亡,本必先颠,而后枝叶从之。'鲁不弃周礼,未可动也。"(《左传·闵公元年》)仲孙湫说鲁以周礼为本是切中要害的。鲁人都知道礼有"经国家,定社稷,序民人,利后嗣"(《左传·隐公十一年》)的功能,同时认识到男女、夫妇为人伦之始,即所谓"有男女然后有夫妇,有夫妇然后有父子,有父子然后有君臣,有君臣然后有上下"(《易传·序卦》),礼可以"别男女……之亲,婚姻疏数之交"。因此,可以"序民人"的礼当属于齐人所说"鲁道"的重要部分。

《南山》全诗共四章,前两章的开头两句是发兴之语,前以南山雄狐隐喻鲁桓与文姜至齐,后以冠屦上下各自成双,隐喻男女成双亦应各自有别。南山属齐,指鲁桓已到齐国,清马瑞辰《毛诗传笺通释》说:"《小雅》'节彼南山,维石岩岩'以南山石之岩岩喻三公之尊严,与此诗以南山喻君之严取兴正同。"雄狐,喻指桓公;绥绥,《诗·卫风·有狐》中"有狐绥绥"计三句,《传》曰"绥绥,匹行貌",即雌雄并行的样子。朱熹《诗集传》训为"独行求匹之貌",与《毛传》正相反。我们认为朱熹所解不当。《南山》中"雄狐绥绥",《毛传》云:"雄狐相随绥绥然无别,失阴阳之匹。"清陈奂《诗毛氏传疏》以为"喻襄公之随文姜无别,失阴阳之匹",误,实应指鲁桓与文姜并行。

继发兴之语后,前两章的后四句是说鲁为有道之国,齐子文姜因而嫁鲁,既然鲁为秉礼之国,桓公为何还要与已嫁的文姜一道来齐呢？第二章中的“庸”即“由”之双声借字，《君子阳阳》传曰：“由，用也。”曾运乾《毛诗说》认为本文“庸，用也”，此处“庸”与“由”同义。诗之前两章的后四句意思基本一致。清人庄有可《毛诗说》以为“鲁道有荡”犹之“赫赫宗周”，《诗三百篇》中六言“周道”，周，时王也；六言“鲁道”，鲁，宗国也。周鲁虽衰，独有先王不可离之遗风焉。庄氏所论，已触及该诗之肯綮。

诗中之三、四两章，人们的认识较为一致。其中两言“取妻”，明指鲁桓无疑。理解前两章之后，后两章也其意自见了。

（二）《敝笱》

我们认为，《敝笱》诗中之“笱”犹指鲁国对妇人的约束颇为严格的礼制。该诗含有对文姜的赞美意味，通过追忆文姜归鲁时扈从之盛，说明那时已隐见文姜在鲁游刃有余之端。

对《敝笱》的理解历来分歧较大。《毛诗序》、郑《笺》以为刺文姜淫乱，桓公不能制文姜，从者亦随之为恶；孔颖达《正义》认为文姜既嫁于鲁，齐人不当刺之。由其兄与妹淫，齐人恶君，而复恶文姜，亦所以刺君，故编之为襄公诗也；朱熹《诗集传》以为齐人以敝笱不能制大鱼，比鲁庄公不能防闲文姜，故归齐，而从之者众也。方玉润等则以之刺鲁桓公不能防闲文姜。又因《敝笱》表面刺齐子初归鲁，而在《南山》《卢令》等诗之后，故魏源《诗古微》认为：“若刺文姜，则《南山》‘既曰归止’，不应此篇反追刺其初嫁之时，且文姜归鲁十余年，同公如齐始通齐侯，不闻其始即有难制之势。”故他以此诗乃“刺哀姜也”。今有人在总结、比较和研究前人各家之说以后，仍认为：“此诗讽刺鲁文姜乱伦的丑行，鲁国君臣不但不制止，反而有众多无耻之徒随之。……敝笱不能制鱼，犹文姜任意而行也。"[①]这些理解都没有能够跳出"文姜淫乱于齐襄"的深刻影响。

诗中之"敝笱"历来解释无甚异议，明人郝敬《毛诗原解》曰："笱之制鱼，可入不可出。敝则鱼出也。"清汪梧凤《诗学女为》引戴震之语曰："笱所以取鱼，敝笱则取之不能制之。"[②]"唯唯"，陆德明《经典释文》曰："《韩诗》作'遗遗'，言不能制也。"《毛传》亦谓"唯唯，出入不制"，陈奂解释前说曰："遗，亡也；不能制，即遗亡之意。毛《诗》'唯唯'即'遗遗'之假借。《玉篇》：'遗遗，鱼行相随。'《笺》：'唯唯，行相随顺之貌。'与《玉篇》同。此必齐、鲁义，而与毛、韩亦未有异也。"诗中分别以鲂、鳏、鲔作比，又反复言敝笱难制大鱼，不似专指桓公十八年文姜随鲁桓之一行。《敝笱》一诗在《南山》之后，其成诗时间或所言事当亦后于《南山》。

诗中有"其从如云""其从如雨""其从如水"，姚际恒《诗经通论》认为，盖指文姜初至鲁时嫁从之盛，诗中"鱼"，阴类，故比文姜；"云""雨""水"亦皆阴气，故比从者，该诗所以追忆文姜，陈奂分析说："考桓三年，《春秋》书'齐侯送姜氏于欢'。齐侯，僖公也；桓以弑兄篡国，求昏于齐，而文姜又为僖公宠女，亲送之欢，嫁从之盛，骄伉难制，鲁为齐弱，由来者渐。……诗乃作于十八年后，而追刺其嫁时之盛，为淫乱之由，实始于微弱。"陈奂的分析很有道理，只是诗作年代可能更晚。而该诗

---

① 郝志达主编：《国风诗旨纂解》，南开大学出版社 1990 年版，第 385 页。

② （清）汪梧凤：《诗学女为》，转引自陈子展撰述，范祥雍、杜月村校阅：《诗经直解》，复旦大学出版社 1983 年版，第 309 页。

追忆其始嫁之盛，亦并非寻找所谓“淫乱之由”。

（三）《载驱》

历代诗家对《载驱》的解说可谓纷纷纭纭，莫衷一是。我们认为方玉润《诗经原始》中的理解较为接近诗之本意。他认为该诗乃是“刺文姜如齐无忌也”，因为《春秋》中多次记述文姜如齐、会齐侯等，故“发夕”“岂弟”“翱翔”“游遨”是记“文姜之如齐肆无忌惮矣”。当然，他仍是以文姜如齐，乃为淫于其兄，翱翔远游，乃宣淫于通都大道。接着，方玉润便斥骂文姜不知“人间羞耻事”“遗臭千古”等。如果能够摆脱“文姜淫乱”说的影响，他或许能够解释得更加合理。

《载驱》在《南山》《敝笱》解释之后，三诗虽然诗旨有异，但皆与文姜有关。《南山》属刺诗，诗中二言“鲁道有荡”，意在明言鲁为有道之国，不应鲁桓与文姜夫妇无别。《敝笱》对文姜有赞美之意，却是通过追忆其初嫁鲁时情景表达出来的，诗意并不明显。《载驱》紧接《敝笱》，其所指也是文姜参与国交之事，但诗中四言“鲁道有荡”，却是通过文姜来直接称颂鲁为有道之国。文姜身为庄公之母，在庄公幼弱时，她参与国交，可在鲁国朝夕行走，虽然有时途中行人众多，文姜依然“翱翔”“游遨”，这里似乎给人展现了一种社会安定的晏然气象。在鲁国，妇人不夜行，文姜参与国交也属违礼之举，但文姜毕竟有国母身份，而且齐、鲁两国在对妇人的限制上简直就像是两个世界，齐人与鲁人这方面的行为准则亦迥然有别。如桓公三年齐侯送姜氏于欢，在鲁人看来，诸侯嫁女，公不自送，僖公的举动属于违礼，但齐人却未必亦如是观。

总之，《南山》等三诗均无刺淫之意，而更多的是对鲁国的赞扬或颂美，只是《南山》一诗似有对鲁桓公的诘问语气，而这又与鲁臣申缥之规劝属于一途。据《左传·襄公二十九年》记，吴公子季札在鲁观乐时，鲁国乐工亦曾为之歌《齐》。[①] 如《齐风》中《南山》诸诗果如传统所见，则鲁国工师及环座听乐之三桓子孙，该作怎样感想？因此，我们前述不同意三诗刺淫说又得一佐证。

---

① 学术界有人提出“季札观乐不可信”的说法，如赵制阳：《〈左传〉季札观乐有关问题的讨论》，《诗经国际学术研讨会论文集 1993》，河北大学出版社 1994 年版，第 478—507 页；翟相君：《孔子删诗说》，《河北学刊》1985 年第 6 期。笔者不同意此说。

《周诰》诸篇次序考订*

今存的《尚书》二十八篇中，竟有十二篇与周公有直接的关系，这便是《周书》部分的《金縢》和《周诰》诸篇。然而，由于《尚书》本身佶屈聱牙，汉人对周公事迹又不甚明了，他们对《周诰》诸篇叙事时间的认识十分模糊，故而整理《尚书》时造成了《周诰》次序上的混乱。《尚书》是儒家宝典，历代研治者很多，但人们对《周诰》的理解，也像对周公"摄政称王"等问题的看法那样，给人一种治丝益棼的感觉。因此，对《周诰》诸篇的次序有进一步认真订正的必要。

笔者认为，《今本竹书纪年》对理解《尚书·周诰》之序极有帮助。汉人未见《纪年》，晋代汲冢竹书出土后，学者们可能整理出了被后人分别称为"古本"和"今本"的两种《竹书纪年》。《古本竹书纪年》亡佚较早，《今本竹书纪年》流传则晚，清代以来更视《今本纪年》①为伪品，学界从而很少有人认真研究此书，利用它考证史事者更少，至为可惜！笔者经过初步研

---

* 原载于《孔子研究》1998 年第 2 期。

① 《今本纪年》即《今本竹书纪年》，本书为行文方便，有时简写，不再标注。

究,深信《今本竹书纪年》绝非后人的赝品。[①] 因此,本文订正《周诰》之序便给予该书以足够的重视。只是《今本竹书纪年》久被视为伪撰,难免会有"以伪证伪"之讥。为此,我们利用《今本竹书纪年》的同时,还有必要进行一些相应的求证。

一、《书序》所说的《周诰》篇次不可信

今本的《尚书》次序,无论今文、古文,都与《书序》大致相同。《书序》有百篇《尚书》的篇题,并托名孔子,说明了各篇的写作缘由。《书序》出现于西汉中叶,它到底出自谁手不得而知。朱熹和蔡沈等反对孔子作《书序》的说法,康有为、崔适等人站在今文经学的立场上,认为《书序》乃刘歆伪作。顾颉刚先生将这些辨伪资料搜集起来,辑录而成《书序辨》,颇便参考。该书卷首有赵贞信作的《序》,对《书序》的真伪进行了详细考辨。

《书序》是否孔子亲作当然存在着一个真伪问题,而《书序》所说各篇的写成缘由和各篇的次序是否可靠又是另外一个问题。《书序》作者尽力搜采了相关材料加以分辨,故其所言各篇的写成缘由不少都与《史记》的夏、商、周三《本纪》和有关《世家》相同。就《周诰》各篇而言,《书序》《史记》所述的写成缘由是基本相同的。《书序》所述的《周诰》篇次是:

1. 金縢,2. 大诰,(微子之命),(归禾),(嘉禾),3. 康

---

① 参见杨朝明:《〈今本竹书纪年〉并非伪书说》,《齐鲁学刊》1997年第6期。

诰,4. 酒诰,5. 梓材,6. 召诰,7. 洛诰,8. 多士,9. 无逸,10. 君奭,(成王政),(将蒲姑),11. 多方,(周官),12. 立政。(注:加括号者今已不存)

《史记》之中,《金縢》篇名见于《太史公自序》。由于误读《金縢》,司马迁在《鲁周公世家》中把《金縢》的内容分别在武王崩前直到周公去世后分几处进行引述;《君奭》篇名见于《燕召公世家》,其说该篇的写作缘由与《书序》相近而又有所不同。《金縢》《君奭》二篇在《周书》中的位置没有明说,而从《周本纪》《鲁周公世家》所说其他各篇次序与《书序》相同看,对《金縢》《君奭》二篇,可能司马迁的看法也同于《书序》。

但是,《书序》所说篇次是靠不住的。例如,如依《书序》,《多士》在《多方》之前,这是不正确的,顾炎武说:"《多方》之诰曰:'惟五月丁亥,王来自奄。'是《多方》应在《多士》之前,后人到其篇第耳。"实际上,《周诰》中次序有误者还有不少。在此,我们不妨以其中对《归禾》《嘉禾》排列的位置不当为例进行说明。

《书序》将《归禾》《嘉禾》置于《康诰》《酒诰》《梓材》之前,是其以唐叔归禾之事发生在封卫之前。《书序》曰:

唐叔得禾,异亩同颖,献诸天子;王命唐叔归周公于东,作《归禾》。周公既得命禾,旅天子之命,作《嘉禾》。

《史记》的说法与之相近,《鲁周公世家》曰:

天降祉福,唐叔得禾,异亩同颖,献之成王。成王命唐

> 叔以馈周公于东土，作《馈禾》。周公既受命禾，嘉天子命，作《嘉禾》。

接着，《鲁周公世家》又曰："东土以集，周公归报成王，乃为诗贻王，命之曰《鸱鸮》。王亦未敢训周公。"司马迁将唐叔献禾事属之东征之时。又，《周本纪》叙周公摄政时事曰：

> 初，管、蔡畔周，周公讨之……故初作《大诰》，次作《微子之命》，次《归禾》，次《嘉禾》，次《康诰》《酒诰》《梓材》，其事在《周公》之篇。周公行政七年，成王长，周公反政成王，北面就群臣之位。

显然，司马迁认为唐叔献禾事在周公摄政、东征时期，亦在封卫之前。

唐叔得禾的年份正是《归禾》（或《馈禾》）、《嘉禾》的撰作之年，从《书序》和《史记》的叙述看，唐叔得禾时当已受封，得禾之地应是他个人的封土。《史记·周本纪》中言"晋唐叔得嘉谷，献之成王，成王以归周公于兵所"。这里的"晋唐叔"之称，似也透露了唐叔此时已经受封。

《史记·晋世家》曰："武王崩，成王立，唐有乱，周公诛灭唐。"成王"封叔虞于唐"。关于灭唐、封叔虞的时间都语焉不详。《今本竹书纪年》却明确记载了相关事件发生的具体时间。成王纪谱下曰：

> 八年……冬十月，王师灭唐，迁其民于杜。……十年，王命唐叔虞为侯。……周文公出居于丰。十一年春正月，

王如丰。唐叔献嘉禾,王命唐叔归禾于周文公。

这里的记载与《书序》和《史记》是有矛盾的。首先,《今本竹书纪年》的唐叔献禾事在封卫之后,亦在周公致政之后;其次,《书序》《史记》言唐叔归周公禾于“东”,而《今本竹书纪年》则“东”作“丰”。实际上,《今本竹书纪年》除了成王十年记“周文公出居于丰”之外,于成王元年还记“周文公出居于东”,这与《尚书·金縢》所说“周公居东”为一事。而“居东”与“居丰”却并非一事,《书序》作者和司马迁未见《纪年》,不详当时之事,遂将两者混为一谈。

《今本竹书纪年》记唐叔献禾事合情合理,其叙灭唐、封叔虞也与《史记·晋世家》暗合。此外,说明唐叔封于成王十年的还有《国语》的记载,《晋语四》曰:“晋之始封也,岁在大火。”又曰:“岁在大火……唐叔以封。”《周语下》则曰:“昔武王伐殷,岁在鹑火。”《今本竹书纪年》记武王克殷后第5年去世,第6年为成王元年,唐叔虞被封在成王十年,也就是说“王命唐叔为侯”在武王灭殷后第15年。按照岁星的十二星次武王克殷岁在鹑火,以后第15年恰好岁在大火。是则《今本竹书纪年》与《国语》正相吻合。

今之学者已经论定:《国语》所载的岁星所次“不合天象”,“它是战国初期晋、魏史官根据历史年数,依岁星十二年一周天逆溯来的”,“《国语》的岁次,以夏历为准,这是根据秦纳重耳岁在大梁、晋取五鹿岁在鹑尾确定的”。[1]“有的学者论证认

---

① 白光琦:《西周的年代与历法(节选)》,陕西历史博物馆编:《西周史论文集》(上),陕西人民教育出版社1993年版,第70页。

为《国语》天象是后人伪造的。”[①]《今本竹书纪年》的原本亦出于先秦时的晋、魏史官之手,美国学者夏含夷发现了《今本竹书纪年》中西周初期部分的一处错简。[②] 其论证细致精到,足能服人。只是他说这处错简是西晋学者在整理竹简时误排,其实,可能汲冢原简就是如此。因为《国语》《今本竹书纪年》都有此错,二者的年历同出于晋、魏史官,故有这种相同的错误。

此外还需要说明,如果以武王克商之年岁在鹑火,则此后第三年亦岁在大火,《书序》作者、司马迁可能都认为唐叔之封即在此年,今之学者也有人这样认为。[③]

古文献中有关武王之死年表面上有克商后一年、二年、三年、六年和七年等不同说法,有人分析认为,这些异说可以归纳为两类,即克商后二年崩和克商后六年崩。克商后二年崩的说法原载于《尚书·金縢》篇,后被司马迁编入《史记》,为较多史学家所接受,“武王克商后二年而崩几乎可以视为定论”[④],这是对的。武王克商后的第三年便是武王去世的次年,即成王初立之年,就是说成王元年岁在大火。如果唐叔虞受封于此年,显与事理乖迕太多,所以,还是应以《今本竹书纪年》所载唐叔

---

① 张培瑜:《西周天象和年代问题》,陕西历史博物馆编:《西周史论文集》(上),陕西人民教育出版社 1993 年版,第 42 页。

② 参见[美]夏含夷:《也谈武王的卒年——兼论〈今本竹书纪年〉的真伪》,中华书局编辑部编:《文史》第二十九辑,中华书局 1988 年版,第 7—16 页。

③ 参见王晖:《周初唐叔受封事迹三考》,陕西历史博物馆编:《西周史论文集》(下),陕西人民教育出版社 1993 年版,第 933—936 页。

④ [美]夏含夷:《也谈武王的卒年——兼论〈今本竹书纪年〉的真伪》,中华书局编辑部编:《文史》第二十九辑,中华书局 1988 年版,第 10 页。

受封于成王十年较为符合事实。

既然唐叔受封于成王十年，那么《今本竹书纪年》所载唐叔献嘉禾在成王十一年也是合理的。由此我们可以认为，《书序》《史记》将《归禾》《嘉禾》置于《大诰》和《微子之命》后、《康诰》和《酒诰》等之前便不妥当。进而，我们又可断定，《书序》所说《周诰》诸篇的次序是靠不住的。

二、《金縢》《大诰》

《金縢》与《周诰》各篇不同，它以叙事为主。笔者认为，该篇叙事跨三年（从武王病重去世之年到成王二年），记述了成王对周公由疑而信的全过程。同时，从《金縢》篇中，我们也看到武王刚刚去世，形势就变得危急起来。成王年幼，殷遗势力蠢蠢欲动，在这种情况下周公摄政，却遭到了各方面的疑忌，成王对周公有所顾虑，周公的同胞兄弟也生流言，欲联纣子武庚叛周，甚至召公、太公也疑周公。于是，为了周室的大局，周公不得不安抚各方，即《逸周书·作雒》所谓"内弭父兄，外抚诸侯"，做了东征之前的各种准备。

《金縢》篇的记载为了解《大诰》提供了方便。笔者以为，周公居东为成王元年事，则《大诰》亦为成王元年事。然而，对《大诰》为何年事，历来也异说甚多，如郑玄以《金縢》所说"周公居东"为避流言而居东，认为成王迎归，乃伐管、蔡。他在《诗·东山》笺中云："成王既得金縢之书，亲迎周公。周公归，摄政。三监及淮夷叛，周公乃东伐之，三年而后归耳。"是郑玄亦认为《大诰》之作至少在成王二年后。

实际上，周公安抚诸侯，为东征做准备应在成王即位之初，这在史料记载中是很明确的。除《金縢》外，如《今本竹书纪年》：

> 成王元年……秋，王加元服。武庚以殷叛，周文公出居于东。

又如《尚书大传》：

> 周公摄政，一年救乱。

周公作《大诰》在武王崩后不久。《书序》述《大诰》之作正是这样：

> 武王崩，三监及淮夷叛。周公相成王，将黜殷，作《大诰》。

《史记》的记载也大致如此，《周本纪》曰：

> 成王少，周初定天下，周公恐诸侯畔周，公乃摄行政当国。管叔、蔡叔群弟疑周公，与武庚作乱，畔周。周公奉成王命，伐诛武庚、管叔，放蔡叔。……初，管、蔡畔周，周公讨之，三年而毕定，故初作《大诰》。

《鲁周公世家》又曰：

> 管、蔡、武庚等果率淮夷而反。周公乃奉成王命，兴师

东伐，作《大诰》。

其实，《大诰》篇中已隐含着问题的答案。《大诰》开头曰：

王若曰："猷！大诰尔多邦，越尔御事。弗吊，天降割于我家不少。延洪惟我幼冲人，嗣无疆大历服。"

这是周公权代成王大告众国之君与治事大臣的诰语。《大诰》多主卜言，至于终篇。周公以讨叛卜吉之义，谓天命不可违，故而反复告谕。《大诰》篇首即曰"天降割于我家不少"，割，马融谓：害也。"不少"即不稍待之意，此谓祸乱频仍相连，指武王刚刚去世而葬，又有武庚继而叛乱。下言"洪惟我幼冲人，嗣无疆大历服"，此是成王语气，乃周公代成王所言。其中似也隐隐含有"我年幼的成王刚刚继此无疆的大业"之义。

宋朱熹曾疑该篇词缓不切，对此，王夫之《尚书稗疏》卷四所言极是："《大诰》之作，盖周师未出，而邦君庶士有疑于行，因作此以诰用兵之期。故不扬文、武之德，不数武庚之罪，不悬赏罚，不戒进止。"①

《大诰》为成王元年事，恰在《金縢》篇所叙事三年的中间，故两篇的次序《书序》以《金縢》在前，《尚书大传》则以《大诰》在前。应该说两种排序均无不可。既然《金縢》记有武王生前事，而《大诰》为成王元年事，则今之通行的众多《尚书》注、译本多以《金縢》在《大诰》之前亦有道理。

① （明）王夫之：《尚书稗疏》，《船山全书》第三册，岳麓书社 2005 年版，第 159 页。

三、《康诰》《酒诰》《梓材》

《康诰》等三篇为康叔封于卫时周公以成王的名义所作。因为文内有以“弟”相称处，有人认为《康诰》是武王所作。其实，康叔之封在武王去世后应该是没问题的，周公命诰仅是权代成王，故《诰》文中周公仍以“兄”的身份，且直呼康叔之名。除此之外，《康诰》等三篇人们俱认为作于周公东征伐灭武庚、管、蔡之后。

但康叔之封具体在何年，史籍所载并不明确。因为《尚书大传》有周公摄政“四年建侯卫”的说法，故一般认为卫国之封亦在此年。其实《尚书大传》铺陈周公德业仅是一个笼统的说法，依笔者看，康叔之封在成王三年的可能性似乎更大。

让我们试来比较《今本竹书纪年》和《尚书大传》的记载，见表1：

表1 《今本竹书纪年》和《尚书大传》记载的比较

《今本竹书纪年》	《尚书大传》	参考
成王元年……武庚以殷叛，周文公出居于东。	一年救乱	《史记·周本纪》：“周公乃摄行政，当国。管叔、蔡叔群弟疑周公，与武庚作乱，畔周。”
二年，奄人、徐人及淮夷入于邶以叛。秋，大雷电以风，王逆周文公于郊，遂伐殷。	二年克殷	

（续表）

《今本竹书纪年》	《尚书大传》	参考
三年，王师灭殷，杀武庚禄父，迁殷民于卫。遂伐奄，灭蒲姑。	三年践奄	《书序》："成王既伐管叔、蔡叔，以殷余民封康叔，作《康诰》《酒诰》《梓材》。"《左传·定公四年》："分康叔以……殷民七族。"
四年……王师伐淮夷，遂入奄。	四年建侯卫	《书序》："成王东伐淮夷，遂践奄，作《成王政》。"
五年春正月，王在奄，迁其君于蒲姑。夏五月，王至自奄，迁殷民于洛邑，遂营成周。	五年营成周	《书序》："成王既践奄，将迁其君于蒲姑，周公告召公，作《将蒲姑》。"
	六年制礼作乐	
七年，周公复政于成王。	七年致政成王	《礼记·明堂位》："七年，致政于成王。"

从表1的比较看，《尚书大传》的说法基本上是符合实际的，只是其中"四年建侯卫"之说无具体的落实。"侯卫"之"卫"当然与康叔所封的卫国之"卫"是两码事。周室封建，目的是"为周室辅""以藩屏周"，"建侯卫"也就是建立侯国以为周室藩屏之意。《尚书大传》说"四年建侯卫"并不一定意味着卫国之封在成王四年。

从《今本竹书纪年》看，成王三年既有"迁殷民于卫"事，又有"伐奄，灭蒲姑"之事，这应该都是事实。毫无疑问，周初的主要任务是稳定和巩固统治，而稳定则是当务之急。武王虽然灭商,但殷商势力的残余尚盛,周公摄政之初的三年东征对周朝的稳定,意义十分重大。细绎之,周公三年东征又以救乱、克殷、践奄三项为主要任务。管、蔡反对周公乃依托武庚,而武庚叛周则凭借管、蔡。奄人、徐人及淮夷也是殷遗中的顽固势力,成王二年他们亦“入于邶以叛”。要稳定东方,奄人也是必须平定翦灭的大敌,因而成王三年去除了管、蔡、武庚之后,周公又继续向东方进军,这便是伐奄的开始。

奄在殷都旧地以东。伐奄之前,殷都王畿旧地已被平定,宋、卫之封很可能即在此时。《书序》曰:“成王既黜殷命,杀武庚,命微子启代殷后,作《微子之命》。”《史记·宋微子世家》云:“周公既承成王命诛武庚,杀管叔,放蔡叔,乃命微子开代殷后,奉其先祀,作《微子之命》以申之,国于宋。”按照《书序》所述《周诰》篇次,除去《归禾》《嘉禾》的误排,《康诰》等紧接《微子之命》,《书序》且曰:“成王既伐管叔、蔡叔,以殷余民封康叔,作《康诰》《酒诰》《梓材》。”从这些看,宋、卫之封即使不是大致同时,也不至于相距较远。

按《书序》注引郑玄曰:“言伐管、蔡者,为因其国也。不言霍叔者,盖赦之也。康为号谥,初封于卫,至子孙而并邶、墉也。”郑玄《诗·邶鄘卫谱》云:“邶、鄘、卫者,商纣畿内方千里之地……周武王伐纣,以其京师封纣子武庚为殷后……乃三分其地置三监,使管叔、蔡叔、霍叔尹而教之。自纣城而北谓之邶,南谓之墉,东谓之卫。”《逸周书·作雒》曰“临卫政殷”,可能东征之师到了纣城之东卫地。郑氏《诗谱》又曰:“成王既黜殷命,杀武庚,复伐三监,更于此三国建诸侯,以殷余民封康叔于卫,使为之长。后世子孙稍并彼二国,混而名之。”《今本竹书纪年》记成王三年“迁殷民于卫”,而迁卫之殷民乃是封于康叔的，那么，成王三年康叔已封，当是没大问题的。又，《左传·定公四年》记鲁国伯禽受封时，分之以殷民六族；卫国康叔受封时，分之以殷民七族。《今本竹书纪年》于成王八年纪谱下曰："命鲁侯禽父……迁庶殷于鲁。"是鲁侯受封后便迁殷民六族至鲁。以此例彼，成王三年既然迁殷民于卫，则康叔此时当已经受封。自然，《康诰》等亦可能成在是年。

成王三年封卫，但也开始了伐奄。征服奄国是一个长期的过程，前后历时三年，《今本竹书纪年》对此有明确记载，即三年初伐奄，四年王师入奄，五年迁奄君于蒲姑，所以《孟子·滕文公下》曰："诛纣伐奄，三年讨其君。"奄国征服之后，周朝也就初步控制了东方局势，这对周的稳固有至关重要的意义。既然如此，《尚书大传》排列周公德业时，也就于成王三年言其"践奄"，而"建侯卫"（当然也包括宋、卫之封）则被列于封建的次年。也是由于征奄、灭奄十分重要，《尚书》中原来还有《成王政》《将蒲姑》两篇，依《书序》，前者应作于成王四年，后者应作于成王五年正月以前。

四、《召诰》《洛诰》《多士》

应该说，《召诰》《洛诰》《多士》的年代是比较明确的，只是由于人们对周公摄政的问题理解不当，甚至有的认为周公摄政时自纪其元，周公归政后成王才即位改元，这使得本来并不复杂的问题反而被复杂化了。

《洛诰》最后一段曰："戊辰，王在新邑烝。……王命周公后，作册逸诰，在十有二月。惟周公诞保文武受命，惟七年。"

《伪孔传》云："言周公摄政尽此十二月，大安文武受命之事；惟七年，天下太平。"《经典释文》引马融注曰："惟七年，周公摄政七年，天下太平。"孔疏云："在十有二月，惟周公大安文武受命之事，于此时，惟摄政七年矣。"又《诗·大雅·文王》序孔疏引郑注云："文王得赤雀，武王俯取白鱼受命，皆七年而崩。及周公摄政，不敢过其数也。"汉儒以及唐代经师俱以此句为周公摄政七年之证。

关于《洛诰》"惟七年"的意思，王国维先生以周代彝铭对照进行解释说："惟周公诞保文武受命惟七年者，上纪事，下纪年。"①这种解释非常正确。然而，笔者的管见是：这里的"七年"虽然不是在说周公共摄政七年，而是周公摄政的第七年，但这并不妨碍周公摄政七年说的成立。周公摄政的七年中，他"勤劳王家"，到第七年，东土已安，周朝的统治已经基本稳固起来，故《洛诰》言"周公诞保文武受命"，这与前文中成王所谓"诞保文武受民"及周公所谓"承保乃文祖受命民"意义相同。王国维说此句前面纪事，此事正指周公摄政，辅佐成王。

"七年"指周公摄政的第七年是没问题的，诚如杨向奎先生说："武王时代，周公还未负起保安周朝的作用，因为武王在，其他开国元老在。"②对《洛诰》中的"七年"也有许多不同理解，如王国维《周开国年表》说："成王即位、周公摄政之初，亦未尝改元。《洛诰》曰'惟七年'，是岁为文王受命之十八祀，

---

① 王国维：《洛诰解》，《观堂集林》第一册卷一，中华书局1959年版，第39页。

② 杨向奎：《宗周社会与礼乐文明》，人民出版社1992年版，第154页。

武王克商后之七年，成王嗣位，于兹五岁，始祀于新邑。”①王国维不知道成王嗣位是确实改元的，故解《洛诰》之“七年”为武王克商后七年，即武王去世前两年加上周公摄政五年。杨向奎先生同意王国维的这个看法，故而不得不认为《洛诰》中“有关‘七年’这几个字不是《洛诰》原文，这是后来删《书》人的注解”②。实际情况可能未必如此。

王国维、杨向奎先生以《洛诰》作于周公摄政的第五年，很可能与《尚书大传》“五年营成周”的影响不无关系。1963 年，陕西宝鸡出土了一件西周前期的重要青铜器何尊，其器铭之首有“惟王初堙（迁），宅于成周”，篇末纪年曰“惟王五祀”。于是，不少学者以此与《洛诰》为同时，“王五祀”即成王五年，即周公摄政的第五年。③ 实际上，不仅《洛诰》不是此年事，“何尊”之五年也不指此年。周公摄政的第五年（成王五年），洛邑刚刚开始营建，此时成王怎么“宅于成周”呢？成周作为周的东方陪都，它的营建怎么能在短时间内即可完工？况且，据《今本竹书纪年》，成王“五年春正月，王在奄，迁其君于蒲姑。夏五月，王至自奄”。也就是说，成王五年的一至五月，成王一直在东方未回。而何尊铭文中记“王五祀”的“四月丙戌，王诰宗小子于京室”，因此可以肯定，何尊中的“五祀”不会是成王

① 王国维：《周开国年表》，《观堂集林·观堂别集》卷一，中华书局 1959 年版，第 1142 页。

② 杨向奎：《宗周社会与礼乐文明》，人民出版社 1992 年版，第 154 页。

③ 如马承源《西周金文和周历的研究》即是如此。参见朱凤瀚、张荣明编：《西周诸王年代研究》，贵州人民出版社 1998 年版，第 203 页。

五年,何尊不会是成王时期。①

《洛诰》为成王七年(周公摄政的第七年)事,还可由《今本竹书纪年》得到佐证。不仅如此,《今本竹书纪年》成王七年纪谱也与《召诰》《多士》有相合处,《洛诰》《召诰》《多士》同记成王七年事亦得到较好的说明,如表2所示:

表2 《今本竹书纪年》《召诰》《洛诰》《多士》所记成王七年事

《今本竹书纪年》	《召诰》	《洛诰》	《多士》
春二月,王如丰。	惟二月既望,越六日乙未,王朝步自周,则至于丰。		
三月,召康公如洛度邑。	越若来三月,惟丙午朏。越三日戊申,太保朝至于洛,卜宅。厥既得卜,则经营。		
	乙卯,周公朝至于洛,则达观于新邑营。	予惟乙卯,朝至于洛师。我卜河朔黎水,我乃卜涧水东,瀍水西,惟洛食;我又卜瀍水东,亦惟洛食。	
	太保先周公相宅。	予乃胤保,大相东土。	

① 参见李学勤:《何尊新释》,《中原文物》1981年第1期,并收入先生论文集《新出青铜器研究》,文物出版社1990年版。李先生认为"何尊应作于周康王五年",笔者以为极是!

（续表）

《今本竹书纪年》	《召诰》	《洛诰》	《多士》
甲子，周文公诰多士于成周，遂城东都。	越七日甲子，周公乃朝用书，命庶殷侯、甸、男邦伯。厥既命殷庶，庶殷丕作。	惟三月哉生魄，周公初基，作新大邑于东国洛。四方民大和会。侯甸男邦，采卫百工，播民和见，士于周。周公咸勤，乃洪大诰治。	惟三月，周公初于新邑洛，用告商王士。
王如东都，诸侯来朝。		孺子来相宅，其大惇典殷献民。	

表 2 所列《洛诰》中的“惟三月哉生魄，周公初基，作新大邑于东国洛。四方民大和会。侯甸男邦，采卫百工，播民和见，士于周。周公咸勤，乃洪大诰治”，今被置于《康诰》篇，自宋代以来有人认为是《洛诰》篇首的脱简，笔者以为很有道理。

从表 2 对比看，《召诰》《洛诰》《多士》都为成王七年事是显而易见的。除此之外，还有不少其他证据可以说明。如《今本竹书纪年》记成王五年“夏五月，王至自奄”，成王在奄实为一大事，不仅伐奄十分重要，而且成王自四年入奄，直到次年五月返回，在东方留住时日很久。《多士》中有成王之言曰：“昔朕来自奄，予大降尔四国民命。”所以，顾颉刚先生说此时距离自奄归来“在时间上很清楚地有着一段距离”①，所以《多士》为成王七年事正与之相合。

---

① 顾颉刚：《周公执政称王——周公东征史事考证之二》，中华书局编辑部编：《文史》第二十三辑，中华书局 1984 年版，第 30 页。

五、《无逸》

《无逸》又作《毋佚》《无佚》《毋逸》《亡逸》等等，段玉裁认为当以《毋佚》为是。皮锡瑞同意此说，认为"文字当依今文作'毋佚'，其或作'无'、或作'逸'，疑后人改之也"①。

《无逸》作于何时？司马迁以为与《多士》同时，故《史记·周本纪》曰："成王既迁殷遗民，周公以王命诰，作《多士》《无逸》。"《鲁周公世家》曰："周公归，恐成王壮，治有所淫佚，乃作《多士》，作《毋逸》。"成王七年，洛邑既成，天下已安，此时对迁洛的殷民进行告诫，使之顺从周治；又劝成王不可逸豫而荒废政事。故《史记》中《周本纪》言作《多士》而兼举《无逸》，《世家》言作《无逸》而兼举《多士》。此外，《书序》也在叙《多士》之作后接着说"周公作《无逸》"，可能《多士》和《无逸》之作是大致同时的。

六、《君奭》

《君奭》一篇，今在《尚书》之《周诰》诸篇中的编次甚后，实有不当。关于《君奭》，有作于周公摄政之时和还政之后的不同看法。笔者认为该篇应作于周公摄政时，而且所作很早，

---

① （清）皮锡瑞：《今文尚书考证》卷二十，中华书局1989年版，第263页。

甚至应在《大诰》之前。

司马迁认为《君奭》作在周公摄政时。《史记·燕召公世家》曰:"其在成王时,召公为三公:自陕以西,召公主之;自陕以东,周公主之。成王既幼,周公摄政,当国践祚,召公疑之,作《君奭》。《君奭》不说周公。周公乃称'汤时有伊尹……'于是召公乃说。"孙星衍的看法则不同。他说:"史公以召公不说在周公践阼之时,太子贤以为在还政之后,或今古文异说也。编篇在《多士》之后,疑非践阼时矣。"①皮锡瑞对孙说进行了分析批驳,认为其说非是。首先,《列子·杨朱篇》曰:"武王既终,成王幼弱,周公摄天子之政,邵公不说,四国流言。"列子为六国时人,与史公说正同,是其说远有所本。接着,皮锡瑞又引据《汉书》之《王莽传》《孙宝传》《后汉书·申屠刚传》等的有关说法,证明"西汉今文家皆以周公作《君奭》在摄政当国时,与《史记》合",汉人时代稍后,其说可供参考。而将该说法与当时的可靠记载进行比照,则更具有说服力。皮锡瑞说:

> 史公云"召公疑周公"者……观《金縢》篇公告二公以弗避义,则二公亦未尽知其心,盖以公处嫌疑之地,欲其远避。召公不说之意,当是如此。公作《君奭》,即在此时。盖公既以弗避之义兼告二公,又作此篇专告君奭。《大传》云:"周公盛养成王,使召公奭为傅。"然则当时召公为傅,较太公之任更重,故公专告召公也。②

---

① (清)孙星衍:《尚书今古文注疏》卷二十一,中华书局 1986 年版,第 446 页。

② (清)皮锡瑞:《今文尚书考证》卷二十一,中华书局 1989 年版,第 381 页。

皮氏以《金縢》之“辟”为避位，笔者认为不妥，除此之外，其说很是允当。周公之被疑，本在摄政之初。当时，不仅二公，连成王也对周公有了疑虑。成王二年秋，“天大雷电以风”，成王与二公发金縢之书，成王便彻底解除了对周公的怀疑。而召公、太公之疑，脱释可能更早。《金縢》记：“周公乃告二公曰：‘我之弗辟，我无以告我先王。’”是周公在做召公、太公的工作，《君奭》极可能作于此时。《逸周书·作雒》说，周公东征前，“周公、召公，内弭父兄，外抚诸侯”，是召公已相信周公，并帮助周公做了东征前的准备工作。

从《君奭》篇本文也能看出其作于周公摄政之初。《君奭》篇开头记周公曰：“我有周既受。我不敢知曰，厥基永孚于休，若天棐忱。我亦不敢知曰，其终出于不祥。呜呼！君已！曰，时我，我亦不敢宁于上帝命。”意思是说我们周朝虽然已受天命，但还不知道周的前景会怎样。这正是成王即位、周公摄政之初的实际情况。因此，周公直接向召公叹道“君已！曰，时我”，对这句话，《伪孔传》的解释是：“叹而言曰：‘君已！当是我之留……’”此言的背景正是召公对周公摄政之不悦。于是周公又以殷商以及周文王、武王为例论证有良臣作为辅佐的必要性和重要性，从而说服召公，以继续辅佐朝政。

《君奭》有“在今予小子旦。非克有正，迪惟前人光，施于我冲子”，此言似乎是周公解释自己无意正式当政，而是要将前人的光美延及幼君成王。清人陈乔枞于此也发现了问题，他说：“周公以成王为冲子，自是幼少之时，若在复辟之后，则成王年逾二十，早有成人之道，岂得称为冲子哉！《尚书》篇次或亦不无错出，故《成王政》《将蒲姑》二篇事本在前而编于后。

未可以《君奭》编次在《洛诰》《多士》后,而遂以为作于致政之后也。"①陈说是。

七、《多方》

一般认为,《多方》在《无逸》乃至《召诰》《洛诰》《多士》之后,时间在周公归政的次年。如《伪孔传》说:"周公归政之明年,淮夷奄又叛。鲁征淮夷,作《费誓》。王亲征奄,灭其国,五月还至镐京。……周公以王命顺大道,告四方。称周公,以别王自告。"《史记·周本纪》也将《多方》属之周公归政之后,排次在《多士》《召诰》《洛诰》等篇之后。

但《伪孔传》《史记》是不对的。清人孙星衍发现了这种编次有问题。他认为《书序》把《多方》篇列在《无逸》《君奭》之后,前尚有《成王政》《将蒲姑》二佚篇;《史记·周本纪》将《召诰》《洛诰》《多士》《无逸》及《多方》俱列在周公行政七年成王长、周公反政之后,与伐诛管、蔡非一时事,而《尚书大传》曰"三年伐奄",按照这个说法,《多方》应是摄政三年事,当在《召诰》《洛诰》诸篇之前。② 顾颉刚先生也看到了这里编次上的不当。《多方》云:"惟五月丁亥,王来自奄,至于宗周。周公曰:'王若曰:猷告尔四国多方……'"《多士》则云:"惟三月,周公初于新邑洛,用告商王士。……王曰:'多士,昔朕来自奄。'"

---

① (清)陈乔枞:《今文尚书经说考》,转引自(清)皮锡瑞:《今文尚书考证》卷二十一,中华书局 1989 年版,第 383 页。

② 参见(清)孙星衍:《尚书今古文注疏》卷二十三,中华书局 1986 年版,第 459 页。

可见,《多方》是刚从奄回镐京时讲的,《多士》是践奄之后,筑成东都,迁殷民于洛邑时讲的。所以顾颉刚先生说“两文在时间上很清楚地有着一段距离;《多方》应在前,《多士》应在后,本无疑义”①,这是没问题的。只是顾先生误认为周公在摄政时期称王,《尚书》中的“王”亦指周公,这影响了顾先生对《尚书》中《周诰》诸篇相关问题的看法。

孙星衍以为《多方》是周公摄政三年事,《书序》疏引郑玄注亦认为“伐淮夷与践奄是摄政三年事”,从而认为《多方》之作也应在成王三年。其实,这是因为其不了解伐奄前后经历了三个年头。将《今本竹书纪年》与《多方》文稍事比较,便可发现《多方》乃是成王五年之事:

> 《今本纪年》:“成王……五年……夏五月,王至自奄。”
>
> 《多方》:“惟五月丁亥,王来自奄,至于宗周。”

又,《多方》本文中还有下列两句已明确交代了该篇为周公摄政五年(成王五年)之事:

> 天惟五年,须暇之子孙。
>
> 今尔奔走臣我监五祀。

这两句中的“五年”“五祀”都是指成王即位五年,因为此两句是

① 顾颉刚:《周公执政称王——周公东征史事考证之二》,中华书局编辑部编:《文史》第二十三辑,中华书局1984年版,第29—30页。

成王对“多方士”亲言或周公代成王言。《多方》是记成王对众方国邦君的告词，此时，奄国彻底平定，东方尽皆归周，周朝的安定已经取得。《多方》先言成王自奄归，然后宣告诸侯，前后实有内在的联系。杨向奎先生以为《多方》的开头“惟五月丁亥，王来自奄，至于宗周”可能不是《多方》的开头，而是错简，又说《多方》中的“五年”“五祀”乃是从周公摄政之四年以后五年，即成王八年，因为《尚书大传》言“四年建侯卫”，到此时，殷侯殷士已臣服于周五年了。① 笔者不同意杨先生的这个看法。

八、《立政》

《立政》一篇，人们言其篇第时往往与《尚书》佚篇《周官》一起论说，只是有的认为《立政》在前，有的认为《周官》在前。清人皮锡瑞则根据《史记》以《周官》和《立政》二篇相接，连文为义，认为二篇为一时所作。笔者亦持这种看法。《史记》的记载：

《周本纪》：“既绌殷命，袭淮夷，归在丰，作《周官》。兴正礼乐，度制于是改，而民和睦，颂声兴。”

《鲁世家》：“成王在丰，天下已安，周之官政未次序，于是周公作《周官》，官别其宜。作《立政》，以便百姓。百姓说。”

① 参见杨向奎：《宗周社会与礼乐文明》，人民出版社 1992 年版，第 150—152 页。

《书序》的说法与《史记》相合：

> 周公作《立政》。
>
> 成王既黜殷命，灭淮夷，还归在丰，作《周官》。

《周官》一篇已佚，今只有《立政》尚存。仅从《立政》篇中看不出其作于"成王在丰，天下已安"之时，但《史记》《书序》并以作于"成王在丰"，已黜殷命之时，必有所据。笔者认为，皮锡瑞的分析很有道理，他说：

> 《鲁世家》云"成王在丰"，与《周本纪》云"在丰"相合。《本纪》云"既绌殷命，袭淮夷"，亦与古文《书序》同者，盖《周官》篇中必有绌殷命之语，故《序》追溯前事言之，如《多士》《多方》皆去克殷已久，而皆追述克殷之事。今《周官》篇亡，无以考见其文，而据《史记》所列次序与古文《书序》不异，必不以绌殷命为此时事也。①

《周官》既佚，今无从考见其是否一定有无绌殷命之语。但《书序》《史记》所言必不会只是臆说，故《周官》有类似记载极有可能。既如此，我们依据《史记》《书序》所说推定《立政》之作的大致时间是可行的。

《史记》《书序》中言"绌殷命"之后何年并不具体，而成王"在丰"倒是一个确定时间。《立政》经文中周公两次说"孺子

---

①　(清)皮锡瑞：《今文尚书考证》卷三十，中华书局1989年版，第529页。

王矣”，又说“嗣天子王矣”“今文子文孙，孺子王矣”，故《立政》作在周公致政成王后当无问题。按成王的重要行踪，《今本竹书纪年》都有记载，周公摄政期间，《今本竹书纪年》无成王在丰的记载。而周公致政之后，成王曾两次至丰。《今本竹书纪年》记曰：

> 七年，周公复政于王。春二月，王如丰。
>
> 十一年春正月，王如丰。

《史记·鲁周公世家》在叙周公作《立政》后，接着说“周公在丰，病，将没”，好像《立政》应作于成王十一年。笔者认为这种可能性很小。首先，《立政》中一再言“孺子王矣”，似周公刚刚致政成王，这颇合于成王七年二月“王如丰”之时。其次，据考，周公在成王十一年逝世。① 周公摄政七年归政，《通鉴外纪》曰：“周公归政，三年之后老于丰。”②这与《今本竹书纪年》所记成王十年“周文公出居于丰”正合。成王十年便是周公养老之始年。《今本纪年》在记周公居丰后接着记成王如丰，又记唐叔献嘉禾，成王命唐叔归于周公事。成王如丰很可能是看望已经年在晚暮的周公，周公于此时作《立政》《周官》似于情理不合。最后，《立政》《周官》之作，据《史记》乃是由于周之官政未次序。《尚书大传》称周公摄政六年制礼作乐，次年又次序官政亦符合逻辑。总

① 参见[美]夏含夷：《周公居东新说——兼论〈召诰〉〈君奭〉著作背景和意旨》，陕西历史博物馆编：《西周史论文集》（下），陕西人民教育出版社 1993 年版，第 872 页。

② （宋）刘恕：《资治通鉴外纪》第三卷，上海古籍出版社 1987 年版，第 43 页。

之《立政》和《周官》作于成王七年可能是近真的。

九、结语

以上我们逐次考察了《尚书·周书》中有关周公事迹的诸篇《周诰》,并连带对这一时期的《尚书》佚篇也有涉及。其中,多数篇章的写作年代得到了落实。笔者自以为这种考察是切实的,它可作为今后论说周公事迹等的依据。

这样,我们考订之后的《周诰》篇第次序应该是:

1. 金縢,2. 君奭,3. 大诰,(微子之命),4. 康诰,5. 酒诰,6. 梓材,(成王政),(将蒲姑),7. 多方,8. 立政,(周官),9. 召诰,10. 洛诰,11. 多士,12. 无逸,(归禾),(嘉禾)。

也说《金縢》*

《尚书》中的《金縢》一篇，今文、古文皆有。该篇所记因为牵涉到周初的重要史实，历来倍受人们重视。但由于《尚书》本身的成书与流传过程比较复杂，加之疑古学风的影响，人们观察《金縢》之篇时也往往带着怀疑的眼光。因此，自来说《金縢》者虽多，而其聚讼亦不少。笔者近考周公事迹，对《金縢》篇有新的认识，故愿踵武前贤，谈谈个人的管见。

一

今人说《金縢》者，如赵光贤先生《说〈尚书·金縢〉篇》、赵俪生先生《说〈鸱鸮〉兼及〈金縢〉》、李民先生《说〈金縢〉》都将该篇分作三段（或三个部分）①：第一段，从"既克商二年，王

---

* 原载于《庆祝杨向奎先生教研六十年论文集》，河北教育出版社1998年版；又收录于杨朝明：《儒家文献与早期儒学研究》，齐鲁书社2002年版。

① 参见赵光贤：《说〈尚书·金縢〉篇》，《中华文史论丛》1982年第1辑，收入其《古史考辨》，北京师范大学出版社1987年版；赵俪生：《说〈鸱鸮〉兼及〈金縢〉》，《齐鲁学刊》1992年第1期，收入其《学海暮骋》，新华出版社1992年版；李民：《说〈金縢〉》，《王玉哲先生八十寿辰纪念文集》，南开大学出版社1994年版。

有疾”到“王翼日乃瘳”;第二段,从“武王既丧”到“王亦未敢诮公”;第三段,从“秋,大熟”到全文结束。其中第一段记述武王在克商后二年生病,周公遂设坛向先王太王、王季、文王祷告,表示自己愿以身代替武王,去侍奉先王。而后,周公将祷告的祝册放到金縢质封缄起来的柜中。次日,武王的病情有了好转。对于这一段,历来没有争议。而后两段中问题却有不少,争论都集中在这两部分。

笔者认为,这两部分本应为一段或一部分,它们间的内容存在着有机的联系。为了论述的方便,让我们先来节引《金縢》后面部分的内容,如下:

> 武王既丧,管叔及其群弟乃流言于国,曰:“公将不利于孺子。”周公乃告二公曰:“我之弗辟,我无以告我先王。”周公居东二年,则罪人斯得。于后,公乃为诗以贻王。名之曰《鸱鸮》,王亦未敢诮公。
>
> 秋,大熟,未获,天大雷电以风,禾尽偃,大木斯拔,邦人大恐。王与大夫尽弁,以启金縢之书,乃得周公所自以为功代武王之说。……王执书以泣,曰:“其勿穆卜,昔公勤劳王家,惟予冲人弗及知。今天动威,以彰周公之德,惟朕小子其新逆,我国家礼亦宜之。”王出郊……

以上引文,其中的标点、分段都是根据传统的理解所作,对此很少有人提出异议。笔者认为,“周公居东二年”实际上应为“周公居东。二年”,此六字应属两句,“二年”指周成王二年。以下“秋,大熟”一段应紧接上段,“秋”指周成王二年的秋天。人们将“二年”与“周公居东”连言,实在是个关键性的错误,《金縢》篇的诸多聚讼或错误认识都是由此而起。

我们说《金縢》中的“二年”指成王二年,“秋”为成王二年秋天,只要将《金縢》与下引两则材料稍事比较便不难明白。

《今本竹书纪年》:“成王元年丁酉春正月,王即位,命冢宰周文公总百官。庚午,周公诰诸侯于皇门。夏六月,葬武王于毕。秋,王加元服,武庚以殷叛。周文公出居于东。二年,奄人、徐人及淮夷入于邶以叛。秋,大雷电以风,王逆周文公于郊。”

《逸周书·作雒》:“武王……崩镐,肂于岐周,周公立,相天子,三叔及殷东徐、奄及熊盈以略。周公、召公内弭父兄,外抚诸侯。元年夏六月,葬武王于毕。二年,又作师旅,临卫政(征)殷,殷大震溃,降辟三叔,王子禄父北奔,管叔经而卒,乃囚蔡叔于郭凌。凡所征熊盈族十有七国,俘维九邑。俘殷献民,迁于九毕。”

传统上,《今本竹书纪年》是公认的伪书。但笔者的看法与之相反,我们认为它即使不是根据汲冢原简改编而成,也依据了没有散佚的《竹书纪年》的墓本。其中虽有写定者的个别更动,如改东周时的晋、魏纪年为周王纪年,加进了所谓的“笔法”等等,但细心辨别这些问题之后,该书仍具有相当重要的史料价值。[①] 况且研究者已发现了其中周武王、成王纪谱中的一处错简,以令人信服的证据说明《今本竹书纪年》的该处错

---

① 参见杨朝明:《〈今本竹书纪年〉并非伪书说》,《齐鲁学刊》1997年第6期。

简得以纠正后,成王的纪年相当完整,“从元年到十四年乃至十八年,可以说一个字也没有失传”①。至于《逸周书》,虽然其中各篇成书年代还难确定,但《作雒》篇却已被公认为可靠的早期文献。② 因此,将《金縢》与《今本竹书纪年》《逸周书·作雒》进行比较是靠得住的。通过比较,看得出《金縢》通篇所记不过是从武王去世之年到成王二年的史事,而后面的部分实只记周公在成王即位前两年中由被疑忌到被信任的过程。

此外,《公羊传·隐公元年》疏引许慎《五经异义》曰:“古《尚书》说云:‘武王崩时,成王年十三,后一年管、蔡作乱,周公东辟之,王与大夫尽弁,以开金縢之书。’时成王年十四,言弁,明知已冠矣。”由谯周《五经然否论》所引《异义》知许慎同意此说。《宋书·志第四·礼一》曰:“《古尚书》说武王崩,成王年十三。”又曰:“推武王以庚辰岁崩,周公以壬午岁出居东,以癸未岁反。《礼》周公冠成王,命史祝辞。辞,告也;是除丧冠也。周公居东未反,成王冠弁以开金縢之书,时十六矣。是成王年十五服除,周公冠之而后出也。”这里所说的“古《尚书》”盖指孔壁所出古文。我们认为“古《尚书》说”是大体可信的。只是它将开金縢之书属之武王去世的次年,显然不妥。《宋书·志第四·礼一》似乎也看到了这一点,遂将开金縢之书置于武王去世的第三年,则又超过了实际一年,这极可能是为了凑合

---

① [美]夏含夷:《也谈武王的卒年——兼论〈今本竹书纪年〉的真伪》,中华书局编辑部编:《文史》第二十九辑,中华书局 1988 年版,第 12 页。

② 如有人说《作雒》与《世俘》《度邑》《克殷》《皇门》《祭公》《芮良夫》等篇一样,“基本是西周文献”。参见陈高华、陈智超等:《中国古代史史料学》,北京出版社 1983 年版,第 52 页。

“三年之丧”之数。

许慎《五经异义》、沈约《宋书·志第四·礼一》俱以“古《尚书》说”而言成王年龄，他们都看到了《金縢》“王与大夫尽弁”所透露的信息。“弁”指古代男子穿礼服时所戴的冠。吉礼之服用冕，通常礼服用弁。古代男子加冠也称弁。所以，成王与大夫们启金縢之书时“尽弁”，是知此时成王已冠。古《尚书》说以及许慎、沈约将成王启金縢之书属之武王去世后不久，按《孔子家语·冠颂》曰：“天子冠者，武王崩，成王年十有三而嗣立。周公居冢宰，摄政以治天下。明年夏六月，既葬，冠成王而朝于祖，以见诸侯，示有君也。”知成王于即位之年已冠。古《尚书》说以及许慎、沈约的解释看来都近于情理。因此，我们以《金縢》中的二年为成王二年或者不谬。难怪人们解释“周公居东二年”歧说纷纭，无一令人满意的说法。

纠正了前人标点断句之失，便可对该篇中的一些聚讼之处进行重新认识了。

（一）“武王既丧”

对“既丧”一语，后人有两种理解：

一是认为丧者，亡也，即死亡。如《史记·鲁周公世家》作“其后，武王既崩”，《白虎通·崩薨》云：“丧者，亡也。人死谓之丧何？言其丧亡不可复得见也。不直言死，称丧者何？为孝子之心不忍言也。《尚书》曰‘武王既丧’。”

二是谓“既丧”为终三年丧之后。如郑玄云：“武王崩，周公免丧。”孙星衍疏引《释诂》曰：“卒，既也。”所以他说：“既丧谓终三年丧之后。”又曰：“云‘周公免丧居摄者’，郑注《诗·鸱鸮》亦云：‘时周公竟武王之丧，欲摄政成周道，致太平之功。’

是以周公为免丧居摄,则以既丧为终丧也。"

由《金縢》之文,显见后说是不妥当的。因为"二年"既为成王二年,则管蔡流言、周公居东等都在成王元年,即武王去世的次年。如果依《今本竹书纪年》的说法,武庚以殷叛在成王元年之秋。奄人、徐人及淮夷入于邶以叛也在成王二年秋天以前。武王去世在成王即位的前一年十二月,至武庚之叛不到一年,至奄人、徐人等叛也不过一年半时间。因此"武王既崩"只能理解为武王刚去世。"既"有已、已经之义,如《左传·僖公二十二年》:"宋人既成列,楚人未既济。"《尚书·尧典》:"九族既睦,平章百姓。"又,《孔子家语·正论解》引孔子曰:"古者天子崩,则世子委政于冢宰三年。成汤既没,太甲听于伊尹;武王既丧,成王听于周公,其义一也。"此处"既丧"与"既没"并言,显见"丧""没"都是"崩"的同义语。"既丧"为去世后,与所谓"三年之丧"没有丝毫关系。

(二)"我之弗辟"

关于"弗辟",人们的解说可谓纷纷纭纭,所以有人说:"说此经者,谬乱不可胜辨。"①然要而言之,不外以下三种解释:

一是司马迁的说法。《史记·鲁周公世家》曰:"周公乃告太公望、召公奭曰:'我之所以弗辟而摄行政者,恐天下畔周,无以告我先王太王、王季、文王。三王之忧劳天下久矣,于今而后成。武王蚤(早)终,成王少,将以成周,我所以为之若此。'"是则"弗辟"意为不回避摄行政之责,有不避嫌的意思。

---

① 刘申受语,转引自周秉钧:《尚书易解》,岳麓书社 1984 年版,第152页。

二是马融、郑玄的解释。马、郑与司马迁一样,亦读“辟”如“避”,但二者的理解却有显著区别。马融以“辟”为“避居东都”;郑玄则以其意为:“我今不避孺子而去,我先王以谦让为德,我反有欲位之谤,无以告我先王。”马、郑都把“辟”字解为避位,说周公因避位而居东都。此说与司马迁的理解之不同正如赵光贤先生所说,一是周公对管、蔡流言与武庚叛乱采取积极对策,另一则采取消极的态度。

三是《伪孔传》的解释。谓:“辟,法也。告召公、太公,言我不以法法三叔,则我无以成周道告我先王。”孙星衍《尚书今古文注疏》也说:“辟者,《说文》作‘擘’,云法也,《周书》曰:‘我之不擘。’……许氏言我之不法,谓我不以法治管、蔡,则天下畔周,无以告我先王。”是辟为惩治、惩伐之意。

以上三说,与《今本竹书纪年》和《逸周书·作雒》相较,当以伪孔传的解释为妥。《逸周书·作雒》篇中言“周公立,相天子,三叔及殷东徐、奄及熊盈以略。周公、召公内弭父兄,外抚诸侯”,而后,便于次年临卫征殷,降辟三叔。《金縢》中“我之弗辟,我无以告我先王”可能就是周公内弭父兄的内容之一,因此,《金縢》中的“弗辟”之“辟”,与《逸周书·作雒》中“降辟三叔”以及“古《尚书》说”中的“管、蔡作乱,周公东辟之”之“辟”应该同义。这样,《伪孔传》的解释既合于《说文》,又合于“古《尚书》说”和《逸周书》。此外,司马迁在《史记·鲁周公世家》中先具“弗辟”以不回避、不避嫌之义,但其后也说:“管、蔡、武庚等果率淮夷而反。周公乃奉成王命,兴师东伐……杀武庚,放蔡叔。收殷余民……宁淮夷东土,二年而毕定。”如以这些史实来理解初始时周公“我之弗辟”之言,似也应以《伪孔传》的解释较为妥帖。

（三）“周公居东”与“罪人斯得”

周公所说“我之弗辟，我无以告我先王”得到合理解释后，“周公居东”和“罪人斯得”便不难理解了。

周公既然认为必须惩罚罪人，只有这样才能向先王交代，可见他下定了决心惩治为乱者。在这种情况下，周公居东显然不应是闲居、回避，而应该是为东征做准备，即调查流言之所由生，因此，下文才有“罪人斯得”，“为诗贻王”。《史记·鲁周公世家》以“居东”为“兴师东伐”，而且接着说：“遂诛管叔，杀武庚，放蔡叔。收殷余民……宁淮夷东土，二年而毕定。”司马迁《鲁周公世家》此处参考了《金縢》，但他对“居东”的理解并不正确，诚如王夫之所说：“经言‘居东’，则其非讨殷可知。”① “居”有闲处而无所作之义，然当时的周公却不会是真正的闲居无作。司马迁也没有把《金縢》中“周公居东”与“二年”分开，即没有把“二年”作为周成王二年来理解。不过，他这里的记述却接触到了《金縢》之“罪人斯得”的含义。也就是说，“罪人”乃是发动叛乱的管、蔡等人。居东之前，不少人未知罪人是谁，成王二年，始知流言为管、蔡等人所制造，始知动乱乃是管、蔡与武庚勾结的结果。所以罪人即指武庚、管、蔡等。

周公居东既然是为东征做准备，查找流言所由起，动乱所由生，则所谓“避居东都”说显然不当。郑玄则曰：“居东者，出处东国待罪，以须君之察己。”②郑玄还解“罪人斯得”曰：“罪

① （明）王夫之：《尚书稗疏》卷四上，《船山全书》第二册，岳麓书社1988年版，第156页。

② （汉）毛亨传，（汉）郑玄笺，（唐）孔颖达疏：《毛诗正义》，（清）阮元校刻：《十三经注疏》，中华书局2009年版，第829页。

人,周公之属党与知居摄者。周公出,皆奔。二年尽为成王所得。”①又曰:“谓之罪人,史书成王意也。”②这些更是他个人的臆说。

与误解“周公居东”为“避居东都”或“出处东国待罪”相联系,另外还有“周公奔楚”或“东处于商盖”等的附会之说。这些,于后还要详谈,此不赘说。

(四)“新迎”与“我国家礼亦宜之”

“新迎”有的作“亲逆”“亲迎”。由于误读《金縢》,不少人遂不知其中“秋,大熟”之“秋”何指,从而对“亲迎”一语的解说也出现了分歧。

一是以马融、郑玄等为代表,他们深信周公避居东都之说,认为此事发生在周公生前。如郑玄谓《金縢》中的“秋”乃指“周公出二年之后明年秋也”③。又解“新迎”为“改先时之心,更自新以迎周公于东,与之归,尊任之”④。

二是司马迁、班固等的说法。司马迁《史记·鲁周公世家》、班固《白虎通·丧服》皆认为“秋”在周公死后的某年之秋,因主改葬周公之说。今人持此说者很多,如赵光贤、李民

---

① (汉)毛亨传,(汉)郑玄笺,(唐)孔颖达疏:《毛诗正义》,(清)阮元校刻:《十三经注疏》,中华书局2009年版,第842页。

② (汉)毛亨传,(汉)郑玄笺,(唐)孔颖达疏:《毛诗正义》,(清)阮元校刻:《十三经注疏》,中华书局2009年版,第843页。

③ (汉)毛亨传,(汉)郑玄笺,(唐)孔颖达疏:《毛诗正义》,(清)阮元校刻:《十三经注疏》,中华书局2009年版,第827页。

④ (汉)毛亨传,(汉)郑玄笺,(唐)孔颖达疏:《毛诗正义》,(清)阮元校刻:《十三经注疏》,中华书局2009年版,第844页。

先生。

笔者认为郑玄等的看法是接近事实的。说周公避居东都虽然不当,但说周公生前成王已经悔悟而迎周公却是对的。持改葬周公说者,有的说《金縢》记成王之语有“昔公勤劳王家”,“昔”为往昔之辞,成王说此话时不应在周公生前。按《今本竹书纪年》,成王即位之年的秋天“周公出居于东”,成王启金縢之书在成王二年的秋天,时间已经过去一年,此言彼时为“昔”自然是可以的。

武王崩后,成王刚刚即位,即“命冢宰周文公总百官”,而此时成王尚为十三四岁的少年,此“命”或者谋在周公。按照《今本竹书纪年》所载,周公在总百官后,又诰诸侯于皇门。《孔子家语》也说“周公居冢宰,摄政以治天下”,葬武王之后,又“冠成王而朝于祖,以见诸侯”,周公此间的种种作为,可能正是管、蔡流言,认为周公不利于成王的借口所在。成王当时年幼,对周公产生疑忌也是很正常的。

次年秋天,“天大雷电以风”,成王亦恐,待与大夫以启金縢之书后,方悟周公当初的摄政乃“勤劳王家”,因此他执书而泣,决定出郊亲迎周公。下言“我国家礼亦宜之”,是言周公摄政(或“总百官”)是合于殷时“百官总已以听于冢宰”之礼的,我们周家亦应如此。此言“我国家礼”正与“周公勤劳王家”相呼应。昔成王之疑周公,乃因管、蔡流言;管、蔡之流言乃因周公总权。今成王释疑而悔曰:“我国家礼亦宜之。”除了周公摄政之外,不应还有其他解释。

二

《金縢》所记是成王由疑周公到信周公的全过程，成王对周公由疑而信，“金縢之书”起了直接的作用。《金縢》所记，当为实录。

与《金縢》的内容相关，《史记》等书又有周公为成王祝祷藏策于府的说法。对于此说，历来怀疑者有之，否定者有之，信之者更大有人在。笔者对此是持否定态度的。正确理解了《金縢》篇的记载后，我们以此来讨论周公为成王祝祷之事不可信，比单凭理性进行判断会更有说服力。

周公为成王祝祷而藏策于府的说法首先见于《史记》，《鲁周公世家》曰：

> 初，成王少时，病，周公乃自揃其蚤沈之河，以祝于神曰：“王少未有识，奸神命者乃旦也。”亦藏其策于府。成王病有瘳。及成王用事，人或谮周公，周公奔楚。成王发府，见周公祷书，乃泣，反周公。

《蒙恬列传》所记蒙恬的说法更为详细：

> 昔周成王初立，未离襁褓，周公旦负王以朝，卒定天下。及成王有病甚殆，公旦自揃其爪以沈于河，曰：“王未有识，是旦执事。有罪殃，旦受其不祥。”乃书而藏之记府，可谓信矣。及王能治国，有贼臣言：“周公旦欲为乱久

矣,王若不备,必有大事。”王乃大怒,周公旦走而奔于楚。成王观于记府,得周公旦沈书,乃流涕曰:“孰谓周公旦欲为乱乎!”杀言之者而反周公旦。

清代学者孙星衍认为:“恬时百篇之《书》未焚,当亲见之而为此说,史公用其言以作《鲁周公世家》。”[①]他说司马迁因前有此说而采用可能没什么问题,因为司马迁本人也对《金縢》产生了误解;但说蒙恬的说法来自已亡佚的《尚书》却值得推敲。

首先,蒙恬说成王初立时“未离襁褓”便是对《尚书》中“孺子”一词的误解,对此,清人崔述[②]、今人杨伯峻[③]都曾加以指出,他们的论证都很有见地。后来,又有人申论此说。[④] 即使周成王初立时果真“未离襁褓”,那么周公摄政七年后成王不到十岁,难道此时周公旦会因成王“大怒”走而奔楚?不然的话,周公的出走又在何时?蒙恬本人所说已不能自圆,他又怎会根据什么可靠的其他记载呢?

然而,蒙恬的这个说法却对后世影响很大。司马迁不仅引用了成王“未离襁褓”说,而且也引用了“周公奔楚”说。司马迁如此,其他不少人也是如此。

于此,我们应该比较一下蒙恬前后的一些有关说法,以资观察。

---

① (清)孙星衍:《尚书今古文注疏》卷十三,中华书局1986年版,第323页。

② 参见(清)崔述:《丰镐考信录》,(清)崔述撰著,顾颉刚编订:《崔东壁遗书》卷四,上海古籍出版社1983年版,第201页。

③ 参见杨伯峻编著:《春秋左传注》,中华书局1981年版,第362页。

④ 参见王慎行:《周公摄政称王质疑》,《河北学刊》1986年第6期。

《墨子·耕柱》:"古者周公旦非关(管)叔,辞三公,东处于商盖。人皆谓之狂。后世称其德,扬其名,至今不息。"

《尚书大传》:"周公致政封鲁,三年之后,周公老于丰。……及周公薨,成王欲葬之于成周,天乃雷电以风,禾既尽偃,大木斯拔,国人大恐。"

《焦氏易林·需之·无妄》:"载璧秉圭,请命于河。周公作誓,冲人瘳愈。"

《论衡·感类》:"当此之时,周公死。儒者说之,以为成王狐疑于周公。欲以天子礼葬公,公,人臣也;欲以人臣礼葬公,公有王功。狐疑于葬周公之间,天大雷雨,动怒示变,以彰圣功。古文家以武王崩,周公居摄,管、蔡流言,王意狐疑周公,周公奔楚。"

《琴操·周金縢》:"周《金縢》者,周公作也。书曰:武王薨,太子诵袭武王之业,年十岁,不能统理海内。周公为摄政。是时,周公囚诛管、蔡之后,有谤公于王者,言公专国大权,诈策谋将危社稷,不可置之。成王闻之,勃然大怒,欲囚周公。周公乃奔于鲁而死。成王闻公死,且怒之,且伤之,以公礼葬之。天乃大暴风疾雨,禾稼皆偃,木折伤,成王惧,发金縢之书,见周公所为武王祷命以身赎之书。成王执书而泣,曰:'谁言周公欲危社稷者?取所谗公者而诛之。'天乃反风霁雨,禾稼复起,成王作思慕之歌。"

上引材料中,《墨子》在战国时成书,早于蒙恬,其言"东处于商盖”,可能源于《金縢》“居东”之言,此与蒙恬的说法当然不同。秦代以后,《尚书大传》《易林》《论衡》《琴操》所说此事显然都是源于《金縢》,其中,王充的《论衡》说到“周公奔楚”,但很明显,他并不同意此说。《琴操》的说法显然与蒙恬之言有关,但他却说周公奔鲁,且说成王发金縢书在周公死后,也不同意蒙恬的说法。于此,我们已可断言,蒙恬言“周公奔楚”,乃是他本人的臆说而已。

前引的材料说明,对成王之疑周公,歧说虽多,但都是对《金縢》的误解,因为各种说法都显而易见是本于《金縢》篇的。

让我们回过来再看司马迁在《鲁周公世家》中的记述。司马迁先叙武王病时周公祷告事,且言“周公藏其策金縢匮中”;继叙周公因成王病而祝祷事,又说“亦藏其策于府,成王病有瘳”,接着说“及成王用事,人或谮周公,周公奔楚。成王发府,见周公祷书,乃泣,反周公”,是成王已消除了对周公的疑忌;然而,《鲁周公世家》于周公卒后又记天变示怒,成王开金縢书事。如果两次事件俱为事实,那么不仅“周公奔楚”后“成王发府”的直接导因不明,而且成王在天变而开金縢书时因何“执书而泣”似也为无因之果。司马迁叙天变示怒,成王得书而悟,后“王出郊,天乃雨,反风,禾尽起”等之后,又说:“于是成王乃命鲁得郊祭文王。鲁有天子礼乐者,以褒周公之德也。”似乎成王出郊与郊祭文王之间有直接的联系,这便有些牵强了。如果我们对《金縢》的重新认识没什么问题,那么,成王在即位的第二年秋天对周公的疑忌已经消失,不应此后又有成王对周公疑而复释的过程,而且还都是以祷告之后藏策书始,以开府书终。

将周公为成王祝告事的前后与《金縢》对比,不难发现两事很有相通之处，或说它们有惊人的相似。所以，明人邵宝《学史》云："公前事武王，后事成王，病也，祷也，藏册而祝也，谗且谮而居东与奔楚也，天动威发书以泣而反之也，何其同也？史氏之附会，一至于是。"[①]其实，司马迁因误读《金縢》，而将天变后成王开金縢书认定于周公死后，而又见前人对蒙恬附会之说的记载，便据而写入《鲁周公世家》，以至于缘《金縢》之文而误分为二，致使一事两出。故《史诠》谓《鲁周公世家》所记周公为成王祝告而藏策，直至成王泣悟而反周公一节错复当删。[②] 极是！

三

对《金縢》篇进行重新理解之后，我们还在以下几个方面得到启示。

（一）关于《金縢》篇的写作时代

由于误读，有人认为《金縢》篇有脱简、遗漏，从而对该篇的完整性或制作时代有不当的看法。如孙星衍《尚书今古文注疏》卷十三曰："此'秋大熟'已下有脱简，不知何年秋也。"遂以为："此篇经文当止于'王翼日乃瘳'，或史臣附记其事，亦止于'王亦未敢诮公'也。其'秋大熟'已下，考之《书序》，有'成

---

① （明）邵宝：《学史》，转引自（清）梁玉绳：《史记志疑》卷十八，中华书局 1981 年版，第 874 页。

② 参见（清）梁玉绳：《史记志疑》卷十八，中华书局 1981 年版，第 874 页。

王告周公作《薄姑》',则是其逸文。后人见其词有'以启金縢之书',乃以属于《金縢》耳。"[①]今赵光贤先生也说:"这段'秋大熟,未获',无年月,陡然而起,根本不像史官记事。"[②]赵光贤先生认为《金縢》"文字不明,且有漏洞","原文无纪年",因而认为孙星衍《金縢》之经文应止于"王翼日乃瘳"的说法"甚确"。李民先生则认为"秋大熟"以下乃是前面所述"又过了数年之后,在某年的一个秋收时节",因而他认为:"《金縢》虽写成于战国时代,但现今见到的《金縢》篇,亦并非战国的本子,即非秦火前之底本。"[③]又说:"在司马迁时期,《金縢》篇尚有散乱痕迹,至汉中叶后,才有人复将散乱处加以整理。"[④]

还有学者根本不相信《金縢》。如徐中舒先生说:"盖《金縢》称周公欲以身代武王,及天雨反风禾尽起之说,种种灵异之迹,断非信史所宜有,亦非党羽或其后裔之言。"[⑤]赵俪生先生也说"《金縢》很大程度上靠不住"[⑥]。我们认为,《金縢》中的灵异之说自难据信,然时人迷信观念浓重,并且相信灵异,周初遇事必卜等足以说明。因此他们附会偶然的天象变化应是

---

① (清)孙星衍:《尚书今古文注疏》,中华书局1986年版,第323页。

② 赵光贤:《说〈尚书·金縢〉篇》,《中华文史论丛》1982年第1辑,收入其《古史考辨》,北京师范大学出版社1987年版,第66页。

③ 李民:《说〈金縢〉》,《王玉哲先生八十寿辰纪念文集》,南开大学出版社1994年版。

④ 李民:《说〈金縢〉》,《王玉哲先生八十寿辰纪念文集》,南开大学出版社1994年版。

⑤ 徐中舒:《豳风说——兼论〈诗经〉为鲁国师工歌诗之底本》,中华书局编辑部编:《中研院历史语言研究所集刊论文类编·历史编》先秦卷(一),中华书局2009年版,第164页。

⑥ 赵俪生:《说〈鸱鸮〉兼及〈金縢〉》,《齐鲁学刊》1992年第1期。

比较正常的，我们不可据此否认《金縢》的可靠性。

《金縢》叙事时间跨度不大，而且从藏书到发书，仅说成王对周公由疑而信一事。所以，《金縢》应该是一篇完整而可靠的西周文献，其间并无脱漏之处。

（二）《鸱鸮》一诗的作者问题

《金縢》篇记周公居东而“罪人斯得”后接着说：“于后，公乃为诗以贻王，名之曰《鸱鸮》，王亦未敢诮公。”此《鸱鸮》一诗，应该是指存于今《诗经·豳风》中的《鸱鸮》。该诗《诗序》曰：“《鸱鸮》，周公救乱也。成王未知周公之志，公乃为诗以遗王，名之曰《鸱鸮》焉。”此说可能即本于《金縢》，这代表了《诗序》作者对《金縢》之言的理解。我们认为这种理解是对的。

但是，近人多不同意《诗序》的说法。如傅斯年先生说：“《鸱鸮》本是学鸟语的一首诗，在中国文学中有独无偶，而《金縢》中偏偏把它解作周公、管、蔡间事，必是《鸱鸮》之歌流行之地与《金縢》篇产生之地有一种符合，然后才可生这样造作成的‘本事’。”①顾颉刚先生则说：“这是一个人借了禽鸟的悲鸣来发泄自己的伤感。……读了这首诗，很可见得这是做诗的人在忧患之中发出的悲音。”②

今赵俪生先生同意傅、顾的看法，认为《鸱鸮》一诗“从自然主义角度来看，它是一只鸟自诉其苦难。用比拟的眼光看，

① 傅斯年：《周颂说附论鲁南两地与诗书之来源》，中央研究院历史语言研究所集刊编辑委员会编：《历史语言研究所集刊》第一本第一分，商务印书馆 1928 年版，第 110 页。

② 顾颉刚编著：《古史辨》（三），上海古籍出版社 1982 年版，第 316—317 页。

它像是贫苦人民的一篇诉苦”①。依笔者之见，由于周公与鲁国的关系，傅斯年认为《鸱鸮》之诗乃至《豳风》都与鲁地有重要关系很是灼见②；顾颉刚先生所言《鸱鸮》之诗本身的内容也如赵俪生先生所说很是“中的”。但他们都否认周公与《鸱鸮》的关系，恐未必然。

《鸱鸮》诗毛氏传谓周公以鸱鸮比武庚，以我子比管、蔡，以我室比周室，以叛乱的罪魁祸首为武庚。清人毛奇龄《尚书广听录》说：“《鸱鸮》之诗，管、蔡既诛之诗也，所宜更防者，殷顽未靖耳。”观诗中“既取我子，勿毁我室”等句，毛传和毛奇龄之言都与诗意相合。《金縢》之中，周公作诗以贻成王，时在成王二年“罪人斯得”之后、秋天天变之前。据《今本竹书纪年》，成王二年秋成王迎周公于郊后“遂伐殷”，于三年纪谱中又曰：“王师灭殷，杀武庚禄父。迁殷民于卫。遂伐奄，灭蒲姑。”而据《逸周书·作雒》“临卫政殷，殷大震溃，降辟三叔，王子禄父北奔”，时在二年，此时恰值毛奇龄所谓管、蔡既诛，殷顽未靖，故后又有“伐殷”“灭殷”“杀武庚禄父”等事。所以《金縢》言周公贻诗成王时，“王亦未敢诮公”，意谓此时成王疑周公之意未解，但见《鸱鸮》之诗，虽未信公，亦未责备周公。直到秋天天变而开金縢匮书后，才彻底解除了对周公的怀疑。周公于《鸱鸮》诗中言武庚为祸首，故成王迎回周公后便“遂伐殷”。至此已可以说，我们既然承认《金縢》是可靠的西周文献，便不能不同意周公作《鸱鸮》诗的说法。

又，《左传·襄公二十九年》记吴公子季札至鲁请观周乐

---

① 赵俪生：《说〈鸱鸮〉兼及〈金縢〉》，《齐鲁学刊》1992年第1期。

② 参见杨朝明：《鲁国与〈诗经〉》，《中国史研究》1994年第2期。

事，鲁国师工为他歌《王风》时，他说："美哉！思而不惧，其周之东乎！"而为他歌《豳风》时，他说："美哉，荡乎！乐而不淫，其周公之东乎！"杨伯峻先生说："季札一言'其周之东乎'，一言'其周公之东乎'，意自不同，盖《王风》为东周作品，《豳风》则西周所作，故此周公之东杜解为征东。"①《豳风》诸诗是否皆为西周作品，尚存异说，但《鸱鸮》一诗作于周初、成于周公之手应该近于事实。

（三）《金縢》与周公摄政

关于周公摄政乃至他称王与否，古来说解纷纷纭纭。笔者认为，正确理解了《金縢》的记载，对周公摄政问题就会有更为恰当的看法。《金縢》中"我国家礼亦宜之"一语，正是理解该问题的关键所在。这一点，我们前面已经谈到。

为了周室的稳固，周公在武王死后以冢宰的身份总领百官，大权总揽，以至于连他的同母兄弟管、蔡等人都生流言反对，成王也从而对他有所疑忌。

然而，此时的形势却是非常严峻的。《逸周书·成开》记曰："成王元年，大开告用。周公曰：'呜呼！余夙夜之勤，今商孽竞时逋播以辅，余何循何循何慎？''王其敬天命无易，天不虞。……'"朱右曾《逸周书集训校释》曰："孔曰：言商余纣子禄父，竞求是逋逃播越之人以自辅，当敬天命，备不度者也。"当时的主要危险乃是殷余未清。所以，据《逸周书·皇门》，成王元年正月庚午，周公诰诸侯于皇门时说："维其开告予于嘉

① 杨伯峻编著：《春秋左传注》，中华书局 1981 年版，第 1162—1163 页。

德之说，命我辟王小至于大。”周公既立成王，因此他一再希望众人“以助厥辟，勤王国王家”，“人斯是助王，恭明祀，敷明刑”，“人斯既助厥辟，勤劳王家”。

但周公“勤劳王家”却遭到了误解，管、蔡作为周公母弟甚至勾结武庚欲乱。周公为了周室，为了不愧对先王，只得东辟三叔。因为周公此时摄政，他必须从周朝新得天下的大局出发。“降辟三叔”之后，周公为诗贻成王，成王虽未尽释对周公的怀疑，但也没敢责备周公。直到开金縢匮书，才彻底悔悟，明白了周公往日“勤劳王家”的良苦用心，认为天象大变也是“动威以彰周公之德”。另外，成王认为冢宰在新王初立时总政也应是周朝国家之礼。所以，周公从此得以继续摄政。从上述内容看，周公“称王”也就无从谈起。

除了以上三个方面，我们还重新认识了《金縢》，也看到周武王死后成王并没有守所谓“三年之丧”；同时，它还有助于我们对《今本竹书纪年》和《逸周书》一些篇章的正确认识。

《洛诰》研究*

《尚书·周书》中的《洛诰》一篇，篇幅较长，内容重要，历来备受人们关注。然而，在《周书》各篇中，它也是争议较多的一篇。清代学者孙诒让尝谓“商周命诰，繁而难读”①，之所以如此，除了自经秦火，简札淆乱；辗转授受，舛牾益孳；字多假借，文字殊异等以外，还在于其多为“雅言”，若非淹贯故训，实在难通其词。《洛诰》篇尤其“缀累晦涩”，所以该篇记何时事、本事为何、有无错简等，人们的说解纷纷纭纭，分歧很大。笔者不揣浅陋，拟在前人研究的基础上，就《洛诰》篇中的几个问题提出个人的管见，以期引起人们的进一步关注，使该篇记事能得到正确理解。

---

* 原载于《李学勤先生学术活动五十年纪念文集》编委会主编：《追寻中华古代文明的踪迹——李学勤先生学术活动五十年纪念文集》，复旦大学出版社 2002 年版。又编入杨朝明《周公事迹研究》附录部分，中州古籍出版社 2002 年版。又载于杨朝明《儒家文献与早期儒学研究》，齐鲁书社 2002 年版。

① （清）孙诒让：《尚书骈枝叙》，《大戴礼记斠补》附，齐鲁书社 1988 年版，第 3 页。

一、《洛诰》所记为成王七年事

由于《洛诰》文字古奥,后人对文义的理解颇多参差,从而对该篇记事的完整性也提出怀疑。元人金履祥曾谓该篇所记若无伦次;清人于鬯谓《洛诰》之文有"《伯禽》篇之语"[①],并有一些错简;郭沫若先生则认为其中窜入了"《鲁诰》之佚文"[②]。郭沫若的看法在后来影响较大,如蒋大沂作《保卣铭考释》一文便同意此说[③],蒋善国《尚书综述》亦认为郭沫若的考订"对考证古史贡献很大"[④]。

对《洛诰》文义的不同理解,也导致了对该篇所记之事的不同判断。蒋善国先生认为《洛诰》记述了周成王初年的几件重大史事:

> 一、召公相宅,周公营洛。新邑建成,周公作《洛诰》,诰成王居洛之义,成王到成,烝祭文、武,命周公后事,均成王立,周公摄政第七年事。
>
> 二、《洛诰》篇中,周公诰诫伯禽学效他营洛之功,成王诰命伯禽毋忘"文、武勤教"等语,原是杂入今本《洛诰》

---

① (清)于鬯:《香草校书》卷八,中华书局1984年版,第151页。

② 郭沫若:《由〈矢彝考释〉论到其他》,《中国古代社会研究》,商务印书馆2017年版,第291页。

③ 参见蒋大沂:《保卣铭考释》,中华书局上海编辑所编辑:《中华文史论丛》第五辑,中华书局1964年版,第93页。

④ 蒋善国:《尚书综述》,上海古籍出版社1988年版,第249页。

篇中的《鲁诰》篇佚文，均是成王七年后明年事。

三、至于成王在成周行殷礼，周公致政，祀天改元，称元祀，更是成王七年后明年“大祀”之年事，亦既成王元祀二月既望日事。①

蒋大沂的《保卣铭考释》也认为前述第二事和第三事均是成王七年后明年事，并提出成王元祀为成王七年过完以后的明年大祀之年说。蒋善国认为这种看法“实一启思决疑之至论”②。

应该说，《洛诰》等篇的年代本来是比较明确的，只是由于人们对周公摄政的问题理解不当，甚至有的认为周公摄政时自纪其元，周公归政后成王才即位改元，这使得本来并不复杂的问题反而被复杂化了。《洛诰》最后一段曰：“戊辰，王在新邑。……王命周公后，作册逸诰，在十有二月。惟周公诞保文武受命，惟七年。”关于其中“惟七年”的意思，王国维以周代彝铭对照进行解释说：“惟周公诞保文武受命惟七年者，上纪事，下纪年。”③这是正确的。但他又说：“成王即位周公摄政之初，亦未尝改元。《洛诰》曰‘惟七年’，是岁为文王受命之十八祀，武王克商后之七年，成王嗣位，于兹五岁，始祀于新邑。”④王国维不知道成王嗣位是确实改元的，故解《洛诰》之“七年”为武王克

① 蒋善国：《尚书综述》，上海古籍出版社1988年版，第249页。

② 蒋善国：《尚书综述》，上海古籍出版社1988年版，第249页。

③ 王国维：《洛诰解》，《观堂集林》第一册卷一，中华书局1959年版，第39页。

④ 王国维：《周开国年表》，《观堂集林·观堂别集》卷一，中华书局1959年版，第1142页。

商后七年,即武王去世前两年加上周公摄政五年。也就是说,他认为《洛诰》中所说的"惟周公诞保文武受命,惟七年",乃是指周成王五年。这种看法在今人中仍有广泛的影响。王国维等人以《洛诰》作于周公摄政的第五年,很可能与《尚书大传》"五年营成周"的影响有关。1963 年,陕西宝鸡出土的青铜器何尊有铭文曰"惟王初堙(迁),宅于成周",篇末纪年曰"惟王五祀",不少学者又以此与《洛诰》为同时。[①] 这当然也是误解。[②]

王国维说"书法先日次月次年者,乃殷周间记事之体"[③],这是没问题的,契文彝铭之中这种上纪事下纪年的例证很多。这里的"惟七年"是指周公摄政的第七年。其实,皮锡瑞也揭示了《洛诰》的这种叙事形式。他说:"经云'戊辰',有日无月,'在十有二月',有月无年,于末结之曰'惟七年',则当为七年十二月戊辰日无疑。古人文法多倒装,故先日、次月、又次年。"[④]《洛诰》言年之时,先言"惟周公诞保文武受命",显然,"七年"是指周公诞保文武受命的第七年。"周公诞保文武受命"与《洛诰》上文中的成王所谓"诞保文武受民"、周公所谓"承保乃文祖受命民"同义。文中既言"诞保文武",则"七年"就是文、武二王都去世后七年,是年既为周公摄政的第七年,亦

① 参见李民:《何尊铭文补释——兼论何尊与〈洛诰〉》,《尚书与古史研究》增订本,中州书画社 1983 年版,第 182 页。

② 参见杨朝明:《〈周诰〉诸篇次序考订》,《孔子研究》1998 年第 2 期。

③ 王国维:《洛诰解》,《观堂集林》第一册卷一,中华书局 1959 年版,第 40 页。

④ (清)皮锡瑞:《今文尚书考证》卷十八,中华书局 1989 年版,第 354 页。

为成王即位的第七年，即成王七年。

《洛诰》为成王七年（周公摄政的第七年）事，还可由《今本竹书纪年》得到佐证。不仅如此，《今本竹书纪年》成王七年纪谱也与《召诰》《多士》有相合处，将《今本竹书纪年》与《洛诰》《召诰》《多士》相对照，《洛诰》所记为成王七年事会看得更加清楚。对此，笔者在对《周诰》诸篇的次序进行考订时已经加以论述。① 只是还有必要说明的是，关于《今本竹书纪年》，有所谓真伪问题的争论。笔者曾对此书进行了初步研究，深信它绝非后人的赝品。②

其实，即使郭沫若所谓《洛诰》中窜入的"《鲁诰》佚文"那部分，亦即前述蒋善国所说的《洛诰》所记第二、三事，亦可由其与《今本竹书纪年》的对照，证明其为成王七年之事。例如，周公所说"王肇称殷礼"以及"汝其敬识百辟享"等，就与《今本纪年》中成王七年纪谱中的"王如东都，诸侯来朝"等暗合。

"王肇称殷礼"中的"殷礼"，有的说指殷商所行之礼，有的说为成王会见诸侯之礼。汉人郑玄持前说，他说："王者未制礼乐，恒用先王之礼乐。"③随后，孔安国解释道："是言伐纣以来，皆用殷之礼乐，非始成王用之也。周公制礼乐既成，不使成王即用周礼，仍令用殷礼者，欲待明年即取，告神受职，然后班

---

① 参见杨朝明：《〈周诰〉诸篇次序考订》，《孔子研究》1998 年第 2 期。

② 参见杨朝明：《〈今本竹书纪年〉并非伪书说》，《齐鲁学刊》1997 年第 6 期。

③ （汉）孔安国撰，（唐）孔颖达疏：《尚书正义》，李学勤主编：《十三经注疏》，北京大学出版社 1999 年版，第 409 页。

行周礼。班讫始得用周礼，故告神且用殷礼也。”[①]郑玄等人的解释影响较大，今之学者中仍有人坚持这一说法。而持后说者认为“殷”有盛大之义，“殷礼”即天子会见诸侯的盛大典礼。笔者同意后说。

其实，郑玄等人的说法并没有什么根据，且与文义不合。如果“殷礼”是指所谓殷商所行之礼，那么，经文便出现扞格难通的现象。其一，经文中“肇”，始也；“称”，举也。郑玄等人所谓“伐纣以来，皆用殷之礼乐，非始成王用之也”与“肇称殷礼”不合。其二，“王肇称殷礼”，下文为“祀于新邑，咸秩无文”，这里似乎是说王始用殷礼“以祭祀新都洛邑”[②]，但后面的“咸”字似乎又不好落其实指。而如果以后说来解，则文从字顺，无不得体。此外，郑玄等人先言“王者未制礼乐，恒用先王之礼乐”，但鉴于此际“周公制礼乐既成”，遂又不得不曲为之解，言“欲待明年即取，告神受职，然后班行周礼。班讫始得用周礼”。看来，郑玄等人的解释是不符合事实的。

在当时礼制中，也的确存在天子大会诸侯的“殷礼”。如：

> 《周礼·春官宗伯·大宗伯》：“殷见曰同。”郑玄注：“十二岁王如不巡狩，则六服尽朝，朝礼既毕，王亦为坛，合诸侯以命政焉。”[③]

---

① (汉)孔安国撰，(唐)孔颖达疏：《尚书正义》，李学勤主编：《十三经注疏》，北京大学出版社 1999 年版，第 409 页。

② 有人确实是这样翻译的，如杨任之译注：《尚书今译今注》，北京广播学院出版社 1993 年版，第 252 页。

③ (汉)郑玄注，(唐)贾公彦疏：《周礼注疏》，李学勤主编：《十三经注疏》，北京大学出版社 1999 年版，第 464 页。

《周礼·秋官司寇·大行人》:“殷同以施天下之政。”郑玄注:“殷同,即殷见也。”[1]

《周礼·夏官司马·职方氏》:“王将巡守,则戒于四方。……及王之所行,先道,帅其属而巡戒令。王殷国亦如之。”郑玄注:“殷,犹众也。十二岁王若不巡守,则六服尽朝,谓之殷国。其戒四方诸侯,与巡守同。”[2]

《周礼·秋官司寇·掌客》:“王巡守、殷国,则国君膳以牲犊,令百官百牲皆具。”郑玄注:“国君者,王所过之国君也。……令者,掌客令主国也。”[3]又《大行人》:“十有二岁王巡守殷国。”[4]

由《周礼》的记述可知,王十二年“巡守”一次,若不“巡守”,诸侯则同来王都朝会,谓之“殷见”,亦称“殷同”;如果王不遍“巡守”而仅至一国,召各国诸侯均来此诸侯国行朝会之礼,则称“殷国”。《周礼·天官冢宰·大宰》曰“陈其殷,置其辅”,郑玄谓:“殷,众也,谓众士也。”[5]“殷见”“殷国”的“殷”即衍此义而来。所以金鹗的《求古录礼说·会同考》曰:“夫殷见之礼,

---

① (汉)郑玄注,(唐)贾公彦疏:《周礼注疏》,李学勤主编:《十三经注疏》,北京大学出版社1999年版,第992—993页。

② (汉)郑玄注,(唐)贾公彦疏:《周礼注疏》,李学勤主编:《十三经注疏》,北京大学出版社1999年版,第880页。

③ (汉)郑玄注,(唐)贾公彦疏:《周礼注疏》,李学勤主编:《十三经注疏》,北京大学出版社1999年版,第1037页。

④ (汉)郑玄注,(唐)贾公彦疏:《周礼注疏》,李学勤主编:《十三经注疏》,北京大学出版社1999年版,第1006页。

⑤ (汉)郑玄注,(唐)贾公彦疏:《周礼注疏》,李学勤主编:《十三经注疏》,北京大学出版社1999年版,第43页。

四方诸侯毕至，故有殷名。”①殷商时或许也有殷见诸侯之礼，但由上述可见，《洛诰》中的“殷”与殷商之殷没有任何关系。

自洛邑营建之后，这里便成为周朝重要的政治中心之一，尤其是周王会见众诸侯，常常在此进行，这可能与其地理位置有关。从武王开始，之所以选中此地，很重要的原因也是这里位居“天下之中”，故《逸周书·作雒》称“俾中天下”“作大邑成周于土中”，何尊铭文称“余宅兹中国，自兹乂民”，《史记·周本纪》称“此天下之中，四方入贡道里均”。彝器铭文中亦可见在成周“殷诸侯”的记载②：

《臣辰盉》：“辛酉，王令士上暨史寅殷于成周，豊百生豚。

《作册申卣》：“唯明保殷成周年。”

《小臣传簋》：“王在旁京，令师田父殷成周年。”

彝铭中的“殷”显然都是指的殷见（或“殷同”）之礼。

《逸周书》中有《王会》一篇，该篇开始即云：“成周之会，墠上张赤帟阴羽。”这与《周礼·大宗伯》郑注“六服尽朝，朝礼既毕，王亦为坛，合诸侯以命政”正合。所以朱右曾说：“此名为会，其实殷同，故为坛于国外。”③由于《王会》篇存在一定的问

① （清）金鹗：《求古录礼说》，光绪二年影印本，第54页。

② 参见赵伯雄：《成王的迁洛与成周时代》，南开大学历史系先秦史研究室编：《王玉哲先生八十寿辰纪念文集》，南开大学出版社1994年版，第135页。

③ 朱右曾：《逸周书集训校释》，《万有文库》本，商务印书馆1937年版，第114页。

题,使人们对该篇的制作时间产生了不同看法,但此次“成周之会”,其中的“王”谓周成王人们并无异议,而且认定其为周初大会同之礼。①

按,周成王时的确曾举行殷同之礼,据《今本竹书纪年》记,周成王时有两次会见诸侯:一次是“七年……王如东都,诸侯来朝”,另一次是“二十五年,王大会诸侯于东都,四夷来宾”。《王会》所记的成周之会中,周公旦尚在,周公旦去世之年当成王十一年②,显然这次成周之会不会是成王二十五年那次,而只能是成王七年的那次。

《洛诰》中的“殷礼”正是指的成王七年这次会见诸侯,主要原因有以下两点:

第一,今《尚书·康诰》篇首的“惟三月哉生魄,周公初基作新大邑于东国洛,四方民大和会。侯、甸、男邦、采、卫百工、播民和见士于周。周公咸勤,乃洪大诰治”48 个字,宋苏轼以为应移冠在《洛诰》“周公拜手稽首”的上面,蔡沈、朱熹等人也赞成这种看法,认为这 48 个字是《洛诰》篇首的错简。这是对的。其中,“周公初基”之“基”,郑玄谓谋也;百工即百官;播民

① 如颜师古云:“愚谓成周之会在成王时。”唐大沛云:“据下文有周公旦、太公望诸人,则天子谓成王也。其实此篇不知作于何时,篇首不纪成王年月及洛邑告成、大会诸侯于东都事,而概之曰成周之会。所列旦、望诸人又无伦次,殆因图中所绘者任意胪举耳。”孙诒让云:“此篇为周初大会同之礼,而絻服与《仪礼·觐礼》《周礼·司服》《弁师》不合,为此书一大疑案。……窃以二礼参综详核,以意推之,疑此文本有省假展转讹舛,遂致差迕。”(转引自黄怀信等:《逸周书汇校集注》,上海古籍出版杜 1995 年版,第 850、852、853 页)

② 参见[美]夏含夷:《周公居东新说》,陕西历史博物馆编:《西周史论文集》(下),陕西人民教育出版社 1993 年版,第 887 页。

谓播迁之民,即谓殷之遗民;和,会也;士,《诗传》谓“事也”。可见,齐集于成周的正是参加成王殷见之礼的诸侯百官及“殷遗多士”。这里的“四方民大和会。侯、甸、男邦、采、卫百工、播民和见士于周”①,或即指殷见之事。

第二,周朝建立后,武王不久病死。周成王即位后,周朝动荡不安,幸有周公摄政,辅佐成王稳定了局势。为巩固周的统治,遂迁殷遗民,营成周。至七年,召公、周公先后到洛邑,继而成王至洛,周公告多士,诸侯朝成王。此次成王殷见诸侯,是成王即位后的第一次,在周朝的历史上也是第一次,这或许也是《洛诰》中周公言“肇称殷礼”的原因所在。又,《洛诰》还记周公对成王说:“汝其敬识百辟享,亦识其有不享。享多仪,仪不及物,惟曰不享。惟不役志于享,凡民惟曰不享,惟事其爽侮。”其中,百辟谓众诸侯;享即诸侯来朝时的享礼。曾运乾《尚书正读》谓此时“周公欲成王亲受朝享,以瞻诸侯向背。故使之不观其物而观其仪如此”②。这也可作为成王曾举行殷见诸侯之礼的一个旁证。

二、《洛诰》本事非在洛邑既成之后

《洛诰》与周初营洛密切相关,该篇篇题取名“洛诰”,原因也在于此,但此时洛邑建到什么程度,抑或洛邑是否建成,关系

---

① 笔者在拙文《〈周诰〉诸篇次序考订》(《孔子研究》1998 年第 2 期)中曾引这些文字,但由于未及细酌,标点不确。

② 曾运乾:《尚书正读》,中华书局 1964 年版,第 206 页。

到能否对《洛诰》正确理解。

王国维作《洛诰解》，认为此时洛邑已经建成。《洛诰》前面追述成王至洛以前事，后面的部分他都以洛邑既成作解，如：

> "王肇称殷礼。"解曰：肇，始；称，举也；殷礼，祀天改元之礼，殷先王即位时举之，文王受命建元，亦行之于周。及洛邑既成，成王至洛，始举此礼。①
>
> "今王即命曰：记功宗以功，作元祀。惟命曰：女受命笃，弼丕视功载，乃汝其悉自教工。"解曰："记功宗"以下，周公述成王之言也。功谓成洛邑之功。殷人谓年为祀，元祀者，因祀天而改元，因谓是年曰元祀矣。时洛邑既成，天下大定，周公欲王行祀天建元之礼于宗周，王则归功于洛邑之成，故即命曰记功宗以功，作元祀，意欲于洛邑行之也。载，事也。教工，《大传》作学功。学，效也。欲令周公效洛邑之功，以示天下也。②
>
> "即辟于周，命公后。"解曰：成王将归宗周，命公留守新邑之辞也。后者，王先归宗周，周公留洛，则为后矣。③

---

① 王国维：《洛诰解》，《观堂集林》第一册卷一，中华书局 1959 年版，第 33 页。

② 王国维：《洛诰解》，《观堂集林》第一册卷一，中华书局 1959 年版，第 33—34 页。

③ 王国维：《洛诰解》，《观堂集林》第一册卷一，中华书局 1959 年版，第 36 页。

不仅如此,王国维还说“惟周公诞保文武受命”与成王所谓“诞保文武受民”、周公所谓“承保乃文祖受民命”皆指留守新邑之事,即留洛邑监东土之事。

王国维的这种解释在后来影响很大,今之《尚书》译注者信从其说者甚多。[①] 如周秉钧先生便认为《洛诰》解决了在“洛邑建成”之后“由谁居洛治理”的“重大问题”。[②] 他说:“洛邑既成,周公劝导成王居洛主持政务,成王根据当时形势,甚思倚重周公治洛,以安定殷民。周公与成王更相报答,终于决定周公治洛,成王将此重大决策册告天下。史官记录其诰语,名曰《洛诰》。”[③]

其实,洛邑的兴建有一个长期的过程,周人克殷之后,为便于统治东方地区,客观上需要周人的政治中心东移。对此,周初的政治家是很清楚的。还在周武王时,他们对于在洛邑兴建新都就已有考虑,而且周武王甚至已基本选定了城址,并对周公谈论了自己的想法。[④] 只是由于周室新建,政权尚不稳固,当时还没能来得及付诸实施。

武王的愿望是在周公当政时开始变为现实的。成王五年五月,伐奄结束,东土平定下来,周公、成王从东方返回后,开始

---

① 如屈万里《尚书今注今译》(台湾商务印书馆 1969 年版)、周秉钧《尚书易解》(岳麓书社 1984 年版)、王世舜《尚书译注》(四川人民出版社 1982 年版)等。

② 参见周秉钧注译:《尚书》,许嘉璐主编:《文白对照十三经》上册,广东教育出版社 1995 年版,第 75 页。

③ 参见周秉钧:《尚书易解》,岳麓书社 1984 年版,第 209 页。

④ 对此,《逸周书·度邑》有较详的记述。

"迁殷民于洛邑,遂营成周"①,成周洛邑的兴建自成王五年开始,而此时洛邑的营建应该说尚处于准备阶段,仅仅居其民,以繁荣其地。

洛邑的真正大规模营建是周成王七年才开始的,这一年,成王先使召公"如洛度邑"②,继而周公"复卜申视"③,"诰多士于成周,遂城东都"④,开始了洛邑兴建的实质性工作。《尚书》中的《洛诰》以及《召诰》《多士》,其本事皆发生在此时,不仅如此,其他文献中对这年洛邑的兴建也有所反映,如《逸周书·作雒》云:"周公敬念于后,曰:'予畏周室不延,俾中天下。'及将致政,乃作大邑成周于土中。"《史记·周本纪》则云:"成王在丰,使召公复营洛邑,如武王之意,周公复卜申视。"

从武王初选地址,周公、成王迁殷民至洛邑,到最后确定具体方位、实施建设,已经历了七八年的时间。而据《今本竹书纪年》,成周洛邑可能到成王十七年才真正建成⑤,成王十八年

---

① 王国维:《今本竹书纪年疏证》,辽宁教育出版社1997年版,第82页。

② 王国维:《今本竹书纪年疏证》,辽宁教育出版社1997年版,第82页。

③ (汉)司马迁:《史记·周本纪》,中华书局1982年版,第41页。

④ 王国维:《今本竹书纪年疏证》,辽宁教育出版社1997年版,第82页。

⑤ 《今本竹书纪年》中西周初期部分有一处错简,即今本中武王纪谱里的"十五年……十七年"40个字,可能原来置于成王十四年和十八年之间。美国学者夏含夷说这处错简是西晋学者们在整理竹简时误排,其实,可能汲冢原简就是如此,因为战国时期的晋、魏史官当时对周初年代就有这种错误看法。(参见拙文《〈今本竹书纪年〉并非伪书说》,《齐鲁学刊》1997年第6期)如此,则"洛邑告成"时在成王十七年冬。

正式定鼎洛邑①。这应该是对的。诚如皮锡瑞所言:“营洛大事,非一时所能办。”②洛邑的兴建短时间内肯定不会完成。

我们在前面说《洛诰》所记为成王七年事,其中所记正是洛邑确定方位和开始兴建之事。如该篇云:

> 予乃胤保大相东土。
> 公不敢不敬天之休,来相宅。
> 公既定宅。
> 孺子来相宅。

“相”,郑玄谓“视也”;《释诂》亦云“相,视也”。“相”,即相度之义。对此,古今学者并无异议,“大相东土”与《召诰》之“达观于新邑营”同义,段玉裁曰:“‘达观’如今俗语云通看一遍。”③这是说周公在召公所卜城址的基础上遍视其地,即《洛诰》所说的那些占卜的工作。“宅”,《尔雅·释言》曰“居也”,

① 关于周定鼎于洛邑,《史记·周本纪》曰:“卒营筑,居九鼎焉。”我们同意这里的记载,即洛邑建成后方定鼎于此。《左传·桓公二年》记臧哀伯之语云:“武王克商,迁九鼎于洛邑。”并非言九鼎由武王迁于洛邑。对此,杨伯峻先生《春秋左传注》所说极是:“据《尚书》,武王亦无经营洛邑之事。成王之营洛邑,先卜其地,则迁鼎恐亦非武王事。迁鼎由于克商,克商乃武王,臧哀伯因顺文及之。古人言语简略,未可深求拘执。”《左传·宣公三年》记王孙满之言,曰:“成王定鼎于郏鄏。”这才是写实之语。按照《今本竹书纪年》,“迁九鼎于洛”在成王十五年冬,而“王如洛邑定鼎”则在“洛邑告成”之后的成王十八年春正月。

② (清)皮锡瑞:《今文尚书考证》卷十八,中华书局1989年版,第334页。

③ (清)皮锡瑞:《今文尚书考证》卷十八,中华书局1989年版,第335页。

一般理解为居址。而《洛诰》中的“宅”可能也有“度”的意思。《召诰》中“宅”也出现过几次，如“太保先周公相宅”“太保朝至于洛，卜宅”“知今我初服，宅新邑”等。关于其中的“宅”，皮锡瑞说：

> “宅”疑亦当作“度”，今文《尚书》“宅”为“度”，《史记》《汉石经》可证。汉人引三家《尚书》、三家《诗》“宅”皆为“度”。《逸周书》有《度邑》篇，言营洛之事。《诗·灵台》篇云：“经之营之。”《毛传》：“经，度之也。”笺云：“度始灵台之基趾，营表其位。”是“度”与“营”义同。①

应该承认，皮氏的见解是符合实际的。

《召诰》记召公至洛“卜宅”之后曰：“厥既得卜，则经营。”此“经营”亦《诗·灵台》之“经之营之”，营即所谓“营表其位”。卜度之后得吉兆，于是确定基址，加以标识。将《洛诰》《召诰》进行对比看得更清楚：

> 《召诰》：“乙卯，周公朝至于洛，则达观于新邑营。”
>
> 《洛诰》：“予惟乙卯，朝至于洛师。我卜河朔黎水，我乃卜涧水东、瀍水西，惟洛食；我又卜瀍水东，亦惟洛食。伻来以图及献卜。”

《召诰》中这里的“营”显然是指召公“卜宅”之后所作的标识。

---

① （清）皮锡瑞：《今文尚书考证》卷十八，中华书局1989年版，第334—335页。

《史记·周本纪》言周公"复卜申视"乃是在召公标识的基础上进行的,这也是此处所引《洛诰》的内容。正因如此,《洛诰》下面才有"伻来以图及献卜"的话。关于这一句,"自来说者皆以'伻'为使,'来'为来往之来",清人于鬯不同意这种解释,他说:"伻来,盖发语辞。……伻来以图及献卜者,周公以洛地图及献卜兆也。"①

《洛诰》中以成王与周公二人对话为主。此时,洛邑已经开始了动工兴建,《洛诰》脱简(今本《康诰》首简)中的"作新大邑",《召诰》中的"庶殷丕作""作大邑",《今本竹书纪年》成王七年三月甲子"遂城东都",都是佐证。至于前述确定方位等的规划,则为成王、周公所叙及的前事,所以成王才有"公既定宅"之语。

有必要指出的是,成王七年开始的洛邑的兴建,是指修筑王城。《洛诰》脱简(今本《康诰》首简)中所说的"新大邑",《召诰》中的"新邑""大邑"皆指王城。《逸周书》中的《作雒》篇可作印证。该篇记曰:

> 周公……及将致政,乃作大邑成周于土中。城方千七百二十丈,郛方七百里,南系于洛水,北因于郏山,以为天下之大凑。……乃设丘兆于南郊,以上帝,配以后稷。日月星辰、先王皆与食。……乃建大社于周中。……乃位五宫:大庙、宗宫、考宫、路寝、明堂。

---

① (清)于鬯:《香草校书》卷八,中华书局1984年版,第148—149页。

该篇在叙述立城规模之后，还明确地谈到“大县城方王城三之一，小县立城方王城九之一”。这明确显示出此时所作之大邑即为王城。此王城即为周公“将致政”时始作，则其最终建成一定尚待时日。

三、《洛诰》有命鲁之事，但无“《鲁诰》佚文”

成王七年时洛邑未成，那么，王国维等《洛诰》中所谓洛邑既成，天下大定，周公欲行祀天改元大礼，以及成王命周公留守新邑等说便不能成立。

《洛诰》主要记周公、成王的对话，而其具体何义，尚需仔细斟酌。蒋善国先生曾将《逸周书》各篇的类别与《尚书》进行比较，认为《度邑》《作雒》两篇在事实方面都与《洛诰》相同。他说：“《度邑解》记武王、周公计划建洛邑的事情……是武王和周公问答的话，《洛诰》是成王和周公相告的话，一件事前后相衔，虽文词不同，体裁却相合；只因地位关系，《度邑解》里面武王的话较多，《洛诰》里面周公的话较多罢了。”又说：“《作雒解》记周公克殷后，营建洛邑的事情……纯是叙述体裁……《洛诰》却为诰体，是君臣对答的话。”①笔者以为这里对《洛诰》内容的总体把握是准确的。在这样的前提下，进而分析周公、成王的对话，我们认为篇中周公所言“孺子来相宅”是理解问题的关键。“孺子”指成王，该句言成王至洛邑也为“相宅”而来，只是成王“相宅”与召公、周公不同；成周王城的兴建是

---

① 蒋善国：《尚书综述》，上海古籍出版社1988年版，第442页。

当时周朝的头等大事，他虽然年龄还不大，但作为周王，应该在召公、周公的基础上对营洛方案进行确定，并举行祭祀。《召诰》中“有王虽小，元子哉”正是此义，所以《洛诰》才记有周公“伻来以图及献卜”。

成王至洛，其活动都是围绕“新邑”而展开的，如“相宅”、“殷见”诸侯等。而其活动主要还在于祭祀。《洛诰》中有两处提到“元祀”，其一曰：

> 予齐百工，伻从王于周，予惟曰：“庶有事。”今王即命曰：“记功，宗以功作元祀。”惟命曰：“汝受命笃弼，丕视功载，乃汝其悉自教工。”

其中的“周”以及篇中下文“予小子其退，即命于周”的“周”，孙星衍认为都是指新邑成周。这是对的。今人多以“周”指镐京，其实不然，彝铭中称成周为“周”的例子就有很多。① “元祀”以及篇中下文“称秩元祀”中的“元祀”，历代注解都释为大祀。而自王国维以来，不少人却认为是“受命称王、配天改元之谓”。此说之误，李学勤先生已经指出。② 对这一段，孙星衍疏曰：

> 言我整齐百官，使从王于成周。予徒以尚有祀事，今王就大命书识其功，尊异之，令以功助大祀。……王命汝

---

① 参见赵伯雄：《成王的迁洛与成周时代》，南开大学历史系先秦史研究室编：《王玉哲先生八十寿辰纪念文集》，南开大学出版社 1994 年版，第 136 页。

② 参见李学勤：《何尊新释》，《中原文物》1981 年第 1 期。

诸臣曰：汝受先王命厚辅国家，既奉视记功之书，乃汝其尽自效功也。①

曰，爰也。《释诂》云："爰，曰也。"记，书也。《王制》云："太史执简记。"注云："简记，册书也。"宗，《白虎通·宗族》云："尊也。"所以孙星衍释"曰记功宗"为"爰记功宗"，意为"书识其功，尊异之"。② "丕视功载"之"载"，《诗传》云"识"，《左传·僖公二十六年》有"载在盟府"，注云："载，载书也。"《周礼·夏官司马·司勋》云："凡有功者，铭书于王之大常，祭于大烝，司勋诏之。"郑注："铭之言名也。生则书于王旌，以识其人与其功也。死则于烝先王祭之。"孙星衍谓"是功臣有配享之礼"。

既然在祭于新邑时要有功臣配享，成王则不能不与周公的功绩联系起来。周公在周初地位最显。据《尚书·金縢》，武王去世后，周公摄政，他的这一行动还受到包括成王在内很多人的怀疑。但在成王二年秋天发现金縢之书后，方明白周公往日"勤劳王家"的良苦用心，认为当时天象大变也是"动威以彰周公之德"③。以后，周公更一心辅佐成王，平定武庚三监之乱，东征践奄，稳定周初局势；又采取一系列措施，巩固周朝统治。而迁殷民、营成周更与周公的谋划密不可分。所以《洛

① （清）孙星衍：《尚书今古文注疏》卷二十，中华书局1986年版，第407页。

② （清）孙星衍：《尚书今古文注疏》卷二十，中华书局1986年版，第407页。

③ 杨朝明：《也说〈金縢〉》，《儒家文献与早期儒学研究》，齐鲁书社2002年版，第56页。

诰》中成王言“公明保予冲子”[①],“公称丕显德”,“惟公德明光于上下,勤施于四方”。成王还一再提到“公功”:

公功棐迪,笃罔不若时。
未克敉,公功迪将。
公功肃将祗欢。

鉴于周公的巨大功绩,成王便提出为周公立后,并于这年十二月戊辰日在洛邑举行了仪式。这便是封命鲁国之事。《洛诰》曰:

王曰:“公!予小子其退,即辟于周,命公后。四方迪乱未定,于宗礼亦未克敉,公功迪将。……”

戊辰,王在新邑烝,祭岁,文王骍牛一,武王骍牛一。王命作册逸祝册,惟告周公其后。王宾杀禋咸格,王入太室,祼。王命周公后,作册逸诰,在十有二月。惟周公诞保文武受命,惟七年。

文中的“王”为周成王,成王所言“予小于其退,即辟于周,命公后”,孙星衍疏云:“后,谓立后于鲁,言我小子其退就王位于新

① 该句中的“明保”,不少学者认为是人名,笔者以为非是。清人江声《尚书集注音疏》云:“此下文,称述周公往日居摄之功,非谓自今以后。知者,以下文明光于上下云云,赞美公德,是谓已然之效。则此经明保佑我冲子,亦指当日言之。”

邑，为公立后，欲留公辅我王室也。”①下文中“惟告周公其后”“王命周公后”皆是指封命伯禽一事。“四方迪乱未定，于宗礼亦未克敉，公功迪将”，则是“言四方虽进于治，犹未定尊礼功臣之事，亦未能抚循公之功绩”②，由是观之，封鲁实有尊礼周公、抚循周公功绩之义。

从前引《尚书·洛诰》看，封命伯禽似乎是在周公摄政的第七年，即成王七年，而《今本竹书纪年》曰：“成王……八年春正月，王初莅阼亲政。命鲁侯禽父（伯禽）……迁庶殷于鲁。”《洛诰》好像与《今本纪年》不一致，实则不然。《洛诰》中“烝，祭岁”一语是理解该问题的关键。一般以“烝祭岁”为句，将“烝”与“祭”二字连续上属。实际上，“烝”即冬祭，“祭”当与下“岁”连读。孙星衍疏云：

> 烝者，《周礼·大宗伯》云：“以烝祭冬享先王。”《释天》云：“冬祭曰烝。”马、郑读见《释文》。《释文》“烝”下无“祭”字。《书》疏云：“郑以‘烝祭’上属。”江氏声云：“烝下不必言祭。”举《春秋》文为证，云：“《释文》是也。”③

关于“祭岁”，《尚书·洛诰》注引郑康成曰：“岁，成王元年正月朔日也。以朝享之后，用二特牛祫祭文王、武王于文王庙，使史

---

① （清）孙星衍：《尚书今古文注疏》卷二十，中华书局1986年版，第412页。

② （清）孙星衍：《尚书今古文注疏》卷二十，中华书局1986年版，第412页。

③ （清）孙星衍：《尚书今古文注疏》卷二十，中华书局1986年版，第419页。

逸读所作册祝之书,告神以周公其宜立为后者。谓将封伯禽也。是非时而特格祖庙,故文、武各特牛也。”对郑玄(康成)所云“岁,成王元年正月朔日”,孙星衍疏谓:

> 上文烝是冬祭,于烝下言祭岁,明是冬后改岁,有事而祭。此时周公既反政,则成王即政及封公后二事,皆当于岁首行之。故知是元年正月朔日也。①

皮锡瑞《今文尚书考证》亦说:

> 刘(歆)以“烝,祭岁,命作册”为一时之事,在摄政七年十二月戊辰晦,伯禽于十二月晦始受策,则是年不得就国,故俾侯于鲁在成王元年。②

郑玄、孙星衍、皮锡瑞皆以周公反政、成王即位后改元,故将成王初亲政的第一年误为“成王元年”。实际上,周公摄政并未称王,周代并没有所谓的周公纪年。武王死后的次年成王即位,为成王元年,从这一年到成王七年,由周公摄政,辅佐成王。成王七年周公归政,周公还政成王的次年是成王八年。这已为学界越来越多的人所承认。这样《洛诰》所记与《今本竹书纪年》正相一致。

《洛诰》一再言“命公后”“命周公后”“告周公其后”,诚如

---

① (清)孙星衍:《尚书今古文注疏》卷二十,中华书局1986年版,第420页。

② (清)皮锡瑞:《今文尚书考证》卷十八,中华书局1989年版,第353页。

《今本竹书纪年》所言此为命伯禽,此次封命的落脚点在于使伯禽为侯。然《洛诰》的记载又与单纯封命伯禽不同,伯禽之封,实由于周公,有尊礼周公的意义在焉。孙星衍根据《祭统》所言爵赏施行的方法,说成王封命伯禽时的情形,曰:

> 王命封伯禽为周公后,作为册书。王南向,周公北面,伯禽后之,亦北面,史逸由王右执册诰之。皆降,拜册受册。①

孙星衍的这个说法可以视作下面《公羊传》之文的注解。《公羊传·文公十三年》云:

> 封鲁公以为周公也。周公拜乎前,鲁公拜乎后。曰:"生以养周公,死以为周公主。"

建伯禽乃为尊周公,从《诗·鲁颂·閟宫》篇中也隐约可见,《閟宫》曰:"王曰叔父,建尔元子,俾侯于鲁。大启尔宇,为周室辅。"周成王对周公言称"大启尔宇",这是建伯禽的目的之一。正由于建伯禽使之侯于鲁乃为大启周公之宇,所以直到春秋时期,鲁人还以能"复周公之宇"来颂扬鲁僖公。②

《洛诰》还记有成王的话:"公定,予往已。公功肃将祗欢,公无困哉!"今人多以此言是说成王令周公居洛,自己要回宗

---

① (清)孙星衍:《尚书今古文注疏》卷二十,中华书局1986年版,第421页。

② 关于鲁国的始封问题,笔者曾专文进行论述,参见《关于鲁、齐两国的始封问题》,《管子学刊》1998年第2期。

周镐京。其实不然。据孙星衍疏,“已”同“以”,用也;哉,郑注:一作“我”,各书引此皆作“我”。此“言公其留止,我往日以公功进奉而敬说之”①,公毋令我困。成王的意思是封命伯禽以后,请周公留在京师,继续作为自己的辅佐。

综合前面的论证可以看出,《洛诰》再加上错入《康诰》前面的 48 个字后,文章更为完整。脱简部分记成王七年三月周公和会诸侯、告诫多士,并开始了洛邑的兴建;继而全篇大部记叙周公、成王的对话。首先,周公向成王汇报占卜情况,献洛地图及卜兆,成王敬而答之。接着周公告诫成王为政之要,成王则称颂周公之德,并言为周公立后,从而留周公辅佐王室,周公遂敬答王命。最后记成王在洛举行祭祀,册命周公立后,以建立鲁国。

通观全篇,文中表彰周公精诚谋国和成王倚重周公的宗旨是显而易见的,全文最后落脚在“王命周公后,作册逸诰”很能说明问题。这句话是说王命封伯禽为周公后,作为册书,史逸执册诰之。这个“册”或即《左传·定公四年》的《伯禽之命》,即人们所称的《鲁诰》,我们推测它可能另有其文。而《洛诰》的文章内容层层相连,线索明晰,过渡自然,其中虽记有命鲁之文,但它与周公封命康叔于卫的《康诰》在性质上颇不相类。笔者认为,《洛诰》中应没有所谓的“《鲁诰》佚文”窜入。

---

① (清)孙星衍:《尚书今古文注疏》卷二十,中华书局 1986 年版,第 413 页。

《孔子家语·执辔》篇与《周礼》成书问题*

在中国文化的典籍之中，无论是《孔子家语》还是《周礼》，在关于作者与成书年代问题上，都曾具有极大争议。但是，即使在疑古思潮盛行的时期，除了少数极端的疑古论者，学术界大多数学者还是隐约看到了它们的价值。然而，其价值究有几何，却未必符合实际。

宋代以来，《孔子家语》一书曾长期被疑为王肃伪作，甚至被认为是"赝之中又有赝焉"①。稍后，虽有学者对王肃伪造说提出怀疑，然而，以疑辨风气所趋，并没有得到应有的响应。近几十年来，随着学术风气的转向，特别是相关简帛陆续出土问世，人们由此重新认识了《孔子家语》问题。而今，许许多多的学者都深感《孔子家语》的价值实在不容低估。

---

* 本文系与崔海鹰合作。崔海鹰，孔子研究院助理研究员。原题为《〈孔子家语·执辔〉篇与〈周礼〉可靠性问题》，载于《济南大学学报》(社会科学版)2015 年第 3 期；转载于《〈孔子家语〉综合研究》，齐鲁书社 2017 年版。又以《〈孔子家语〉与〈周礼〉》为题，转载于杜泽逊主编：《儒家文明论坛》(第一期)，山东人民出版社 2015 年版。

① 顾颉刚先生语。参见《孔子研究讲义按语》，《中国典籍与文化》编辑部编：《中国典籍与文化论丛》第七辑，北京大学出版社 2002 年版，第 1—49 页。

《孔子家语》是关于孔子言行、思想的珍贵文献，也包含诸多关于古籍成书问题的重要信息，其中《执辔》篇就透露了关于《周礼》成书年代的极其重要信息，值得引起学界足够的注意！

一

《执辔》篇的前半部分是记孔门弟子闵子骞向孔子问政时，孔子关于治国主张的论述。在该篇中，孔子十分强调“德法”，也就是强调德治。这些认识，与其他资料中所显示的孔子治国思想是完全合拍的。

在《执辔》篇中，孔子开门见山地提出为政治国应当“以德以法”，认为“德法者，御民之具”，即把“德法”看作治国的根本。需要指出的是，这里的“法”是“礼法”之“法”，有法则、法度、规章之义，与今天所说的“法制”之“法”有所区别，故孔子将“德法”与“刑辟”对举。

孔子是典型的德治论者，而《执辔》篇所反映的同样如此。他把治国形象地比喻为驾车，而把德法看作统御人民的工具：“夫德法者，御民之具，犹御马之有衔勒也。君者，人也；吏者，辔也；刑者，策也。夫人君之政，执其辔策而已。”接着，又结合对“古之为政”的论述，具体阐述了他对德、法关系的认识，其荦荦大端有以下三点。

（一）治国者不可不有“德法”与“刑罚”

在《执辔》中，孔子以“辔”喻吏，以“策”喻刑，指出作为君主,只不过“执其辔策而已”。古代的天子即是如此,他们以内史为左右手,以德法为衔勒,以万民为马,从而执其辔策“御天下数百年而不失”。在此,孔子虽没有特别强调刑罚,但也没有忽视、放弃刑罚。在他看来,“善御马者”的前提之一就是“齐辔策”,策即是刑,因此刑罚不可不有。当然,只是作为德法的补充而出现。《孔子家语·刑政》篇记载孔子说:“大上以德教民,而以礼齐之。其次以政焉导民,以刑禁之,刑不刑也。化之弗变,导之弗从,伤义以败俗,于是乎用刑矣。”表明刑罚之用乃以德法为前提,只能施用于愚顽不化、不守法度的人。

(二)盛德薄刑而天下治

在孔子看来,“善御马者”,应将重点放在“均马力,和马心”上面,这样才有可能收到“口无声而马应辔,策不举而极千里”的功效。与之相应,善御民者应将重点放在德法上面,他指出:“善御民,壹其德法,正其百官,以均齐民力,和安民心,故令不再而民顺从,刑不用而天下治。”

孔子重视德治,倡导以礼为国,主张先礼后刑,盛礼薄刑,在其他文献中也有反映。《孔丛子·刑论》记述孔子弟子冉雍向老师请教古今“刑教”的差别,孔子回答说:“古之刑省,今之刑繁。其为教,古有礼然后有刑,是以刑省;今无礼以教而齐之以刑,刑是以繁。”①在他看来,对民众进行教化,统治者首先应当为政以礼。为政以礼就是崇德,就是建立德行,以德待民。凡是安人、安国、安天下,都应当首先修己,这样才能使臣以礼,

---

① (战国)孔鲋:《孔丛子》卷上,《丛书集成初编》本,商务印书馆1936年版,第23页。

使民以时。统治者以“德”训民,上行下效,作奸犯科的人就会大量减少。如果民众不明礼仪,是非不分,而上层管理者却只靠强力压制,结果只会徒增刑罚,却无益于治国安邦。

这一点,与《论语·为政》篇所记“道之以政,齐之以刑,民免而无耻;道之以德,齐之以礼,有耻且格”的思想内涵完全一致。

(三)治国而无德法则民无修

孔子认为,治国者不可丢弃德法而专用刑罚,这样,就会造成非常严重的后果。《执辔》篇记孔子的话说:“不能御民者,弃其德法,专用刑辟,譬犹御马,弃其衔勒而专用棰策,其不制也可必矣。夫无衔勒而用棰策,马必伤,车必败;无德法而用刑,民必流,国必亡。治国而无德法,则民无修。民无修,则迷惑失道。”此阐述可谓既形象又富有历史逻辑性。

《孔丛子·刑论》的记述也可以与之印证。《尚书·康诰》中有“兹殷罚有伦”之语,有弟子向孔子请教此言何指,回答是“不失其理之谓也”。在孔子看来,为政治国应当法令一致,刑狱适当,不可随意处置。一个好的执法者应当慎重对待刑狱,尽量广施教化,注意防止犯罪,使人们远离刑狱,从根本上杜绝刑狱。因而孔子又说:“古之知法者能远,今之知法者不失有罪。不失有罪,其于恕寡矣;能远则于狱,其防深矣。寡恕近乎滥,防深治乎本。《书》曰:‘维敬五刑,以成三德。’言敬刑所以为德矣。”①与《执辔》篇所记显然是相应、一致的。

---

① (战国)孔鲋:《孔丛子》卷上,《丛书集成初编》本,商务印书馆1936年版,第26页。

此外,《孔子家语·执辔》篇的内容、思想还与诸多孔子、儒学文献皆存在密切关系。① 概而言之,该篇所揭示的孔子德法为治的思想,与其整体的治国思想完全相应、一致,无疑应是一篇重要、可靠的孔子儒学文献。

二

在上节论述中,本文征引了《孔丛子》的部分材料。然而,在一些传统观点中,《孔丛子》亦为伪书,果如是,此处就有"以伪证伪"之嫌,因此,尚有必要一提此书的可靠性问题。

该书二十一篇,旧题孔鲋撰,记述了孔氏家族从孔子到孔鲋数代人物的言行。由于《汉志》不著其书,加之书中有明显的舛误,故宋代以来不少人不信其真,近人更多认定其书为汉魏时期的王肃所伪造。其实,问题绝不如此简单。该书涉及孔氏家族人物前后九代,历时二三百年,宋人宋咸在《注孔丛子序》中谈到了他对《孔丛子》成书问题的看法。他认为该书是孔子之孙孔鲋在秦末所撰,其名曰《孔丛子》,是因为"言有善而丛聚之也"。至于后面的《连丛子》上、下篇,则是汉武帝时期的太常孔臧以其所为赋与书结集而附益的结果。

黄怀信先生曾对《孔丛子》进行专门研究,也发现该书是所谓"伪书"的说法并不可靠,进而认为其中所记孔子、子思、子高的部分均有原始材料,其文字基本上是采集旧材料或据旧

---

① 杨朝明:《〈孔子家语·执辔〉篇与孔子的治国思想》,《儒家文献与早期儒学研究》,齐鲁书社 2002 年版,第 274—294 页。

材料加工而成,子顺以下的材料则基本上属于直接编撰。① 事实上,将该书的每一部分与相关资料认真比较研究,应该承认这种观点是正确的。

在传统的疑辨古书过程中,由于古代学术、文献之间的密切联系,对古书真伪、可靠性的判定往往呈现"一伪俱伪",最终导致近乎无书可读的局面。由此反过来讲,如果一种传统的"伪书"被证实为真,也应反证与其密切相连的其他文献绝非断然的伪作,至少为其真实性、可靠性提供了一种正面的参照。《孔丛子》与《孔子家语》即是如此,《孔子家语》与《周礼》也应是如此。在《孔子家语·执辔》篇中,最值得注意的是孔子有关古代"以六官总治"的论述,这一部分论述与《周礼》相应,既是本篇撰写时间方面的一个重要信息,也是《周礼》成书年代的重要参照,其文献价值自不待言。

在这段文字中,孔子同样将治国与驾车作比,称古代御天下的天子与三公一起,"以内史为左右手,以六官为辔",从而注重德法,考课官吏,治理国家。这里的记载与前面的部分是相应的。

孔子所说的"六官"即《周礼》中的冢宰、司徒、宗伯、司马、司寇、司空。将《周礼》六官以及太宰一职的职掌与孔子的论述相对应的部分一一对照,不难发现他们之间的内在联系,如表3所示:

① 参见黄怀信:《〈孔丛子〉的时代与作者》,《西北大学学报》(哲学社会科学版)1987年第1期。

表3 《周礼》六官以及太宰一职的职掌与孔子的论述相对应的部分对照表

《周礼》六官	《周礼》太宰	《孔子家语·执辔》论述“以六官总治”		
乃立天官冢宰，使帅其属而掌邦治，以佐王均邦国。治官之属……	一曰治典，以经邦国，以治官府，以纪万民。	冢宰之官以成道。	以之道，则国治。	官属不理，分职不明，法政不一，百事失纪，曰乱。乱则饬冢宰。
乃立地官司徒，使帅其属而掌邦教，以佐王安扰邦国。教官之属……	二曰教典，以安邦国，以教官府，以扰万民。	司徒之官以成德。	以之德，则国安。	地而不殖，财物不蓄，万民饥寒，教训不行，风俗淫僻，人民流散，曰危。危则饬司徒。
乃立春官宗伯，使帅其属而掌邦礼，以佐王和邦国。礼官之属……	三曰礼典，以和邦国，以统百官，以谐万民。	宗伯之官以成仁。	以之仁，则国和。	父子不亲，长幼失序，君臣上下，乖离异志，曰不和。不和则饬宗伯。
乃立夏官司马，使帅其属而掌邦政，以佐王平邦国。政官之属……	四曰政典，以平邦国，以正百官，以均万民。	司马之官以成圣。	以之圣，则国平。	贤能而失官爵，功劳而失赏禄，士卒疾怨，兵弱不用，曰不平。不平则饬司马。
乃立秋官司寇，使帅其属而掌邦禁，以佐王刑邦国。刑官之属……	五曰刑典，以诘邦国，以刑百官，以纠万民。	司寇之官以成义。	以之义，则国义。	刑罚暴乱，奸邪不胜，曰不义。不义则饬司寇。
	六曰事典，以富邦国，以任百官，以生万民。	司空之官以成礼。	以之礼，则国定。	度量不审，举事失理，都鄙不修，财物失所，曰贫。贫则饬司空。

《周礼》原称《周官》，是关于周代官制、典志、礼法的最重要文献，包含着中国古代文明，尤其是周代礼乐文明的大量核心信息。

关于《周礼》的真伪及成书年代问题，学术界的看法存在重大分歧。其中原委，贾公彦《序周礼废兴》指出：

> 《周官》，孝武之时始出，秘而不传。《周礼》后出者，以其始皇特恶之故也。是以《马融传》云："秦自孝公已下，用商君之法，其政酷烈，与《周官》相反。故始皇禁挟书，特疾恶，欲绝灭之，搜求焚烧之独悉，是以隐藏百年。孝武帝始除挟书之律，开献书之路，既出于山岩屋壁，复入于秘府，五家之儒莫得见焉。至孝成皇帝，达才通人刘向、子歆，校理秘书，始得列序，著于《录》《略》。然亡其《冬官》一篇，以《考工记》足之。时众儒并出共排，以为非是。唯歆独识，其年尚幼，务在广览博观，又多锐精于《春秋》。末年，乃知其周公致太平之迹，迹具在斯。"①

据学者归纳，《周礼》成书有为周公手作说、作于西周说、作于春秋说、作于战国说、作于周秦之际说、刘歆伪造说等。近来，又有学者论证《周礼》成书于西汉初年。② 需要指出的是，大致而言，关于《周礼》成书于春秋以后的诸多观点实际是与"伪书"说相应的。

---

① （唐）贾公彦：《序周礼废兴》，《周礼注疏》，《四库全书》本，第1369页。

② 参见彭林：《〈周礼〉主体思想与成书年代研究》（增订版），中国人民大学出版社2009年版，第1—16页。

应当看到,《周礼》"伪书"说的形成,极为复杂,既源于其现世较晚,未有著录,又与宋代以降疑经之风、近代以来疑古辨伪思潮密切相关,甚至还与北周、北宋时期的政治实践存在千丝万缕的联系。尽管如此,《周礼》的文献价值却又着实难以否定。杨向奎先生曾说:"《周礼》今文家视为伪书,乃不足道者。康有为出,此说大盛;疑古派出,《周礼》遂无人齿及。实则此乃冤案,冤案不解,将使中国失去一资料丰富的文化宝库。"①李学勤先生更明确指出:"实际上,凡是研究中国古代历史文化的学者,尽管对《周礼》如何诟病,他们的作品总是在不同程度上引据《周礼》,罕有例外。"②这种悖论的背后,其实就是《周礼》真实存在、不容忽视的文献价值。

从表 3 中,我们可以清楚地看到,孔子所说的六官管理之法正是以《周礼》六官系统为依据的。其间虽然没有明确提到《周礼》一书的名字,但《周礼》、周官的格局、规模已经呼之欲出。因此,如果《孔子家语·执辔》篇的材料没有问题,那就可以说明,《周礼》材料、成书应当远在孔子之前。特别是《执辔》篇所述的"以六官总治",据孔子称乃是"古之御天下"的情形。孔子生于春秋末年,实际属于东周中前期,则孔子所谓"古",至晚亦属于西周时期的情形。因此,《周礼》成书于西周的可能性极大。

近年来大量的出土文物尤其是金文资料,似乎都在不断证明着《周礼》的早出。有学者看到,《周礼》中有不少古字古义,

---

① 杨向奎:《宗周社会与礼乐文明》,人民出版社 1992 年版,第 285 页。

② 李学勤:《失落的文明》,上海文艺出版社 1997 年版,第 361 页。

往往与甲骨文、金文相同，在文物研究中，《周礼》的内容也得到了越来越多的印证。最有启示意义的是，有学者在整理西周金文职官资料时，发现西周金文中的职官有许多与《周礼》所记相合，他们甚至认为，要想了解西周金文中的职官，"无法脱离《周礼》一书"①。还有一类情况，即在墓葬发掘中发现的一些现象，竟然只能参照、依靠《周礼》才能加以解释。这一点，实际佐证了《执辔》篇对《周礼》成书问题的参照意义。

此外，如果考虑自西汉以来，刘歆、郑玄、贾公彦、孙诒让等《周礼》研究最精深的学者，概以《周礼》为周公所作，就更令我们不得不重新、认真地评估、掂量其中的内涵与分量。

三

清末，康有为主要从政治角度考虑，提出孔子等古人"托古改制"之说。在嗣后的疑古辨伪活动中，这一观念与疑辨古书紧密结合，发挥到了极致甚至泛滥的程度。事实上，"托古改制"固有不免，但古人更多的是即事言理，其所述古事、古道，自具体事实而言或有不合，但由通性真实角度而言却往往大致可靠，具有珍贵价值。

例如，周秦西汉典籍中多有春秋、战国时人关于"古之制""古之道"的记载和论述。经过初步检论，这些言论往往包含关于古代制度、思想的重要内容，意义可谓重大。这些典籍，有

---

①　张亚初、刘雨：《西周金文官制研究》，中华书局 1986 年版，第 112 页。

《左传》《国语》《孔子家语》《礼记》《论语》《淮南子》等,按当下通行观点,都是可信度较高的古籍。而叙述此类言论的人物,有圣贤、卿相、大夫及其书作者等,属于当时受教育程度最高、博学多闻的一群人,故其言亦应有较高的可信性、权威性。现略分类列举如下:

(一)君主之道、之制类

例如,《左传·隐公五年》:

> (隐)公将如棠观鱼者。臧僖伯谏曰:"凡物不足以讲大事,其材不足以备器用,则君不举焉。……春蒐、夏苗、秋狝、冬狩,皆于农隙以讲事也。三年而治兵,入而振旅,归而饮至,以数军实。昭文章,明贵贱,辨等列,顺少长,习威仪也。鸟兽之肉不登于俎,皮革、齿牙、骨角、毛羽不登于器,则公不射,古之制也。"

(二)君臣之道、之制类

例如,(1)《左传·僖公二十三年》:

> (狐突)对曰:"子之能仕,父教之忠,古之制也。"

(2)《左传·文公十五年》:

> 诸侯五年再相朝,以修王命,古之制也。

(3)《国语·楚语上》:

(范无宇)对曰:"……地有高下,天有晦明,民有君臣,国有都鄙,古之制也。"

（三）君主继承之制、立太子之制类

例如,(1)《左传·闵公二年》:

晋侯使大子申生伐东山皋落氏。里克谏曰:"大子奉冢祀,社稷之粢盛,以朝夕视君膳者也,故曰冢子。君行则守,有守则从。从曰抚军,守曰监国,古之制也。"

(2)《左传·襄公三十一年》:

穆叔……曰:"大子死,有母弟则立之,无则长立。年钧择贤,义钧则卜,古之道也。"

(3)《礼记·檀弓》:

(子服)伯子曰:"仲子亦犹行古之道也。昔者文王舍伯邑考而立武王,微子舍其孙腯而立衍也。夫仲子亦犹行古之道也。"

(4)《淮南子·氾论训》:

古之制，婚礼不称主人，舜不告而娶，非礼也。立子以长，文王舍伯邑考而用武王，非制也。

（四）诸侯、卿大夫之制、之道类

例如，(1)《左传·成公三年》：

(臧宣叔)对曰："次国之上卿当大国之中，中当其下，下当其上大夫。小国之上卿当大国之下卿，中当其上大夫，下当其下大夫。上下如是，古之制也。"

(2)《国语·鲁语上》：

鲁饥，臧文仲言于庄公曰："……今国病矣，君盍以名器请籴于齐？"公曰："谁使？"对曰："国有饥馑，卿出告籴，古之制也。"

（五）后宫、内室之制类

例如，《国语·鲁语下》：

(文伯之母)叹曰："……王后亲织玄沈，公侯之夫人加之以纮、綖，卿之内子为大带，命妇成祭服，列士之妻加之以朝服，自庶士以下，皆衣其夫。社而赋事，烝而献功，男女效绩，愆则有辟，古之制也。"

（六）国都、邑城之制类

例如，(1)《国语·楚语上》：

（范无宇）对曰："……地有高下，天有晦明，民有君臣，国有都鄙，古之制也。"

(2)《孔子家语·相鲁》：

孔子言于定公曰："家不藏甲，邑无百雉之城，古之制也。"

（七）孝悌之道类

例如，(1)《孔子家语·正论解》：

孔子曰："昔者，有虞氏贵德而尚齿，夏后氏贵爵而尚齿，殷人贵富而尚齿，周人贵亲而尚齿。……七十杖于朝，君问则席；八十则不仕朝，君问则就之，而悌达乎朝廷矣。其行也，肩而不并，不错则随，斑白者不以其任于道路，而悌达乎道路矣。居乡以齿，而老穷不匮，强不犯弱，众不暴寡，而悌达乎州巷矣。古之道，五十不为甸役，颁禽隆之长者，而悌达乎蒐狩矣。"

(2)《礼记·祭义》记载与此基本相同。

就所涉人物而言，出言者皆为博学、受过当时高等教育之人。第六类第二条，第七类第一、二条之孔子无须多言；第一类第一条之臧僖伯，第二类第一条之狐突，第三类第一条之里克、第二条之穆叔，第四类第一条之臧宣叔、第二条之臧文仲，第二类第三条之范无宇，皆是当时各诸侯国之名卿大夫；第五类之文伯之母为卿大夫之母，乃贵族女子；第二类第二条，出自《左传》作者，按一般观点，应为左丘明。在当时的社会背景下，他们都堪称是最精英的知识阶层。

又，考察周代贵族子弟所受教育，古事、典制、古训等均占重要地位。以楚国太子教育制度而论，据《国语·楚语上》：

> （申叔时）曰："教之春秋，而为之耸善而抑恶焉，以戒劝其心；教之世，而为之昭明德而废幽昏焉，以休惧其动；教之诗，而为之导广显德，以耀明其志；教之礼，使知上下之则；教之乐，以疏其秽而镇其浮；教之令，使访物官；教之语，使明其德，而知先王之务用明德于民也；教之故志，使知废兴者而戒惧焉；教之训典，使知族类，行比义焉。

太子所受教育的内容，若春秋、世、语、故志、训典等，多与前言往行、典制古训等有关。其他贵族子弟教育的内容也应与此相类。可以想见，这些名卿大夫，包括他们的配偶、母亲等，对古代的史事、制度、训语等，均是极为熟悉的。可以说，这些材料是大家共有的文化资源，是彼此熟知的知识，自然也会在讨论、辩论时成为权威的论据。故其真实性、权威性、可靠性几乎毋庸置疑。

由前引文可见，所谓"古之制"，多属于礼制的范畴，而所谓"古之道"则多属于古训的范围。而此二者，皆需要长久的时间,反复地锻炼、凝成,故由此可见中国古代文明的深厚根源和底蕴。

此外,典籍中常见的“先王之制”“先王之道”“古训有之”等,实际亦属于同类。其中,与本文主题相关,特别值得注意的是《左传·昭公十七年》所记郯子论述的“少皞氏鸟名官”问题:

> 秋,郯子来朝,公与之宴。昭子问焉,曰:“少皞氏鸟名官,何故也?”郯子曰:“吾祖也,我知之。昔者黄帝氏以云纪,故为云师而云名;炎帝氏以火纪,故为火师而火名;共工氏以水纪,故为水师而水名;大皞氏以龙纪,故为龙师而龙名。我高祖少皞挚之立也,凤鸟适至,故纪于鸟,为鸟师而鸟名。凤鸟氏,历正也;玄鸟氏,司分者也;伯赵氏,司至者也;青鸟氏,司启者也;丹鸟氏,司闭者也;祝鸠氏,司徒也;鴡鸠氏,司马也;鸤鸠氏,司空也;爽鸠氏,司寇也;鹘鸠氏,司事也。五鸠,鸠民者也。五雉,为五工正,利器用,正度量,夷民者也。九扈为九农正,扈民无淫者也。自颛顼以来,不能纪远,乃纪于近,为民师而命以民事,则不能故也。”

黄帝“以云纪”,炎帝“以火纪”,共工“以水纪”,大皞氏“以龙纪”,以及少皞氏“以鸟名官”既与其他文献相应,彼此之间也相互照应,透露出上古时代图腾制的史影。因此,可以认定,郯子的这段论述的确有显著的古老性与可靠性。

其中,少皞氏的五氏分官,更与《周礼》六官分治、《执辔》篇所谓“六官总治”大致相应。如祝鸠氏,明确可对应《周礼》

地官司徒;鹍鸠氏,对应夏官司马;鸤鸠氏,对应冬官司空;爽鸠氏,对应秋官司寇;鹘鸠氏司事,近于冬官司空,虽看似与前鸤鸠氏职守重合、抵牾,实际恰反映当时官制、职守的原始性与真实性。

如果与《周礼》六官比照而观,恰可印证孙诒让之言:"粤昔周公,缵文武之志,光辅成王,宅中作洛,爰述官政,以垂成宪,有周一代之典,炳然大备。然非徒周一代之典也,盖自黄帝、颛顼以来,纪于民事以命官,更历八代,斟酌损益,因袭积累,以集于文武,其经世大法,咸萃于是。"①

更引人深思的是,孔子在听闻这段论述后,立即"见于郯子而学之",并"既而告人曰:'吾闻之,天子失官,学在四夷,犹信。'"可见,孔子对政治管理中的官制、职守等问题夙所关注,而《执辔》篇所论绝非无源之水、无本之木。

总而言之,孔子了解并熟悉《周礼》的内容、结构与内涵,可见此书在西周时代就应成书、存在了。孔子自称祖述尧舜,宪章文武,特别推崇周公,亲近周代礼乐文明,当与其对《周礼》的研习、思考存在密切关系。由此可见,刘歆、郑玄、贾公彦、孙诒让等所持的《周礼》为周公所作说尚值得认真考虑、品量。

---

① (清)孙诒让撰,王文锦、陈玉霞点校:《周礼正义》序,中华书局1987年版,第1页。

《周礼》成书年代问题新证*

——以《大戴礼记·朝事》为中心的考察

在《大戴礼记》中,《朝事》为第七十七篇,今本列第十二卷第一篇。该篇主要记朝事之仪及其意义,讲述诸侯朝觐天子以及诸侯之间相互聘见的礼节及意义,所以郑玄《周礼注》《仪礼注》引述该篇又称其为《朝事仪》,清代学者孙诒让则以为“仪”本为“义”。重要的是,该篇与《周礼》相通相同,实际透露了《周礼》成书时代的重要信息,尤其值得注意。

一、《大戴礼记·朝事》与《周礼》的关系

通观《朝事》全文,无论其文本内容还是思想精神,都与《周礼》有直接的关联。清人王聘珍《大戴礼记解诂目录》也指出《朝事》“经文多同《周礼·典命》《大行人》《小行人》《司仪》《掌客》诸职”①,是《朝事》中的叙述材料与《周礼》相通或

---

* 原载于《湖南社会科学》2021 年第 1 期。

① (清)王聘珍撰,王文锦点校:《大戴礼记解诂》,中华书局 1983 年版,目录第 8 页。

相同。《朝事》内容丰富，先论“古者圣王”设置典命、大行人掌管诸侯礼仪的意义，叙述他们所负责的具体事务；然后叙述诸侯朝见天子、诸侯之间相互聘问的礼仪和细节。最后讲述大行人掌管招待诸侯或者诸侯之代表或使者的礼仪等。其中，除了诸侯朝见天子、诸侯之间相互聘问的礼节描述，其他几乎都与《周礼》有文字上的因袭关系。

首先，在典命、大行人具体执掌上，《大戴礼记·朝事》直接引用了《周礼》之《春官·典命》和《秋官·大行人》的表述，如表4所示：

表4 《周礼》《朝事》在典命、大行人具体执掌上的表述

《周礼》	《朝事》
典命掌诸侯之五仪，诸臣之五等之命。 上公九命为伯，其国家、宫室、车旗、衣服、礼仪，皆以九为节；侯伯七命，其国家、宫室、车旗、衣服、礼仪，皆以七为节。子男五命，其国家、宫室、车旗、衣服、礼仪，皆以五为节。①	典命诸侯之五仪，诸臣之五等，以定其爵，故贵贱有别，尊卑有序，上下有差也。命：上公九命为伯，其国家、宫室、车旌、衣服、礼仪，皆以九为节； 诸侯、诸伯七命，其国家、宫室、车旌、衣服、礼仪，皆以七为节；子、男五命，其国家、宫室、车旌、衣服、礼仪，皆以五为节。
王之三公八命，其卿六命，其大夫四命。及其出封，皆加一等。其国家、宫室、车旗、衣服、礼仪亦如之。	王之三公八命，其卿六命，其大夫四命。及其封也，皆加一等。其国家、宫室、车旌、衣服、礼仪亦如之。

① （清）孙诒让撰，王文锦、陈玉霞点校：《周礼正义》，中华书局1987年版，第1605—1606页。

（续表）

《周礼》	《朝事》
凡诸侯之适子誓于天子，摄其君，则下其君之礼一等；未誓，则以皮帛继子男。①	凡诸侯之适子，省于天子，摄君，则下其君之礼一等；未省，则以皮帛继子男。
公之孤四命，以皮帛视小国之君，其卿三命，其大夫再命，其士壹命，其宫室、车旗、衣服、礼仪，各视其命之数。侯伯之卿大夫士亦如之。子男之卿再命，其大夫壹命，其士不命，其宫室、车旗、衣服、礼仪，各视其命之数。②	公之孤四命，以皮帛视小国之君，其卿三命，其大夫再命，士一命，其宫室、车旂、衣服、礼仪，各视其命之数；侯伯之卿大夫士亦如之。子男之卿再命，其大夫一命，其士不命，其宫室、车旂、衣服、礼仪，各如其命之数。③
大行人掌大宾之礼……以九仪辨诸侯之命，等诸臣之爵；以同邦国之礼，而待其宾客。④	礼，大行人以九仪别诸侯之命，等诸臣之爵，以同域国之礼，而待其宾客。
上公之礼，执桓圭九寸，缫藉九寸，冕服九章，建常九斿，樊缨九就，贰车九乘，介九人，礼九牢，其朝位宾主之间九十步……飨礼九献，食礼九举。……⑤	上公之礼，执桓圭九寸，缫藉九寸，冕服九章，建常九旒，樊缨九就，贰车九乘，介九人，礼九牢，其朝位宾主之间九十步，飨礼九献，食礼九举。

① （清）孙诒让撰，王文锦、陈玉霞点校：《周礼正义》，中华书局1987年版，第1608—1612页。

② （清）孙诒让撰，王文锦、陈玉霞点校：《周礼正义》，中华书局1987年版，第1615页。

③ （清）王聘珍撰，王文锦点校：《大戴礼记解诂》，中华书局1983年版，第225—226页。

④ （清）孙诒让撰，王文锦、陈玉霞点校：《周礼正义》，中华书局1987年版，第2945—2951页。

⑤ （清）孙诒让撰，王文锦、陈玉霞点校：《周礼正义》，中华书局1987年版，第2952页。

（续表）

《周礼》	《朝事》
诸侯之礼，执信圭七寸，缫借七寸，冕服七章，建常七斿，樊缨七就，贰车七乘，介七人，礼七牢，朝位宾主之间七十步……飧礼七献，食礼七举……诸伯执躬圭，其他皆如诸侯之礼。①	诸侯之礼，执信圭七寸，缫藉七寸，冕服七章，建常七旒，樊缨七就，贰车七乘，介七人，礼七牢，其朝位宾主之间七十步，飧礼七献，食礼七举。诸伯执躬圭，其他皆如诸侯之礼。
诸子执谷璧五寸，缫借五寸，冕服五章，建常五斿，樊缨五就，贰车五乘，介五人，礼五牢，朝位宾主之间五十步……飧礼五献，食礼五举……②	诸子执谷璧五寸，缫藉五寸，冕服五章，建常五旒，樊缨五就，贰车五乘，介五人，礼五牢，其朝位宾主之间五十步，飧礼五献，食礼五举。
诸男执蒲璧，其他皆如诸子之礼。③	诸男执蒲璧，其他皆如诸子之礼。
凡大国之孤，执皮帛以继小国之君……诸侯之卿，其礼各下其君二等以下，及其大夫士皆如之。④	凡大国之孤，执皮帛以继小国之君。诸侯之卿，礼各下其君二等，以下及大夫士皆如之。

① （清）孙诒让撰，王文锦、陈玉霞点校：《周礼正义》，中华书局1987年版，第2952页。

② （清）孙诒让撰，王文锦、陈玉霞点校：《周礼正义》，中华书局1987年版，第2952—2953页。

③ （清）孙诒让撰，王文锦、陈玉霞点校：《周礼正义》，中华书局1987年版，第2953页。

④ （清）孙诒让撰，王文锦、陈玉霞点校：《周礼正义》，中华书局1987年版，第2970—2974页。

（续表）

《周礼》	《朝事》
邦畿方千里，其外方五百里谓之侯服，岁一见……又其外方五百里谓之甸服，二岁一见……又其外方五百里谓之男服，三岁一见……又其外方五百里谓之采服，四岁一见……又其外方五百里谓之卫服，五岁一见……又其外方五百里谓之要服，六岁一见。①	天子之所以明章着此义者，以朝聘之礼也。是故千里之内，岁一见；千里之外、千五百里之内，二岁一见；千五百里之外、二千里之内，三岁一见；二千里之外、二千五百里之内，四岁一见；二千五百里之外，三千里之内，五岁一见；三千里之外，三千五百里之内，六岁一见。②

其次，在大行人招待诸侯的礼节、天子处理诸侯事务方面，《大戴礼记·朝事》直接引用了《周礼》之《秋官·大行人》和《秋官·小行人》的表述，如表5所示：

表5 《周礼》《朝事》在大行人招待诸侯的礼节、天子处理诸侯事务方面的表述

《周礼》	《朝事》
大行人掌大宾之礼及大客之仪，以亲诸侯。春朝诸侯而图天下之事，秋覲以比邦国之功，夏宗以陈天下之谟，冬遇以协诸侯之虑，时会以发四方之禁，殷同以施天下之政，时聘以结诸侯之好，殷眺以除邦国之慝，闲问以谕诸侯之志，归脤以交诸侯之福，贺庆以赞诸侯之喜，致禬以补诸侯之灾。③	古者大行人掌大宾之礼及大客之义，以亲诸侯。春朝诸侯而图天下之事，秋覲以比邦国之功，夏宗以陈天下之谋，冬遇以协诸侯之虑，时会以发四方之禁，殷同以施天下之政，时聘以结诸侯之好，殷眺以成邦国之贰，闲问以谕诸侯之志，归脤以教诸侯之福，贺庆以赞诸侯之喜，致会以补诸侯之灾。

① （清）孙诒让撰，王文锦、陈玉霞点校：《周礼正义》，中华书局1987年版，第2974—2975页。

② （清）王聘珍撰，王文锦点校：《大戴礼记解诂》，中华书局1983年版，第226—228页。

③ （清）孙诒让撰，王文锦、陈玉霞点校：《周礼正义》，中华书局1987年版，第2945—2949页。

（续表）

《周礼》	《朝事》
王之所以抚邦国诸侯者，岁遍存，三岁遍眺，五岁遍省，七岁属象胥，谕言语，协辞命；九岁属瞽史，谕书名，听声音；十有一岁达瑞节，同度量，成牢礼，同数器，修法则；十有二岁王巡守殷国。①	天子之所以抚诸侯者，岁遍在；三岁遍眺；五岁遍省；七岁属象胥，喻言语，叶辞令；九岁属瞽史，谕书名，听音声；十有一岁，达瑞节，同度量，成牢礼，同数器，修法则；十有二岁，天子巡狩殷国。②
以和诸侯之好故。若国札丧，则令赙补之；若国凶荒，则令赒委之；若国师役，则令槁禬之；若国有福事，则令庆贺之；若国有祸灾，则令哀吊之。凡此五物者，治其事故。③	是故诸侯上不敢侵陵，下不敢暴小民。然后诸侯之国，札丧则令赙补之，凶荒则令赒委之，师役则令槁禬之，有福事则令庆贺之，有祸灾则令哀吊之。凡此五物者，治其事故。
及其万民之利害为一书，其礼俗政事教治刑禁之逆顺为一书，其悖逆暴乱作慝犹犯令者为一书。其札丧凶荒厄贫为一书，其康乐和亲安平为一书。凡此五物者，每国辨异之，以反命于王，以周知天下之故。④	及其万民之利害为一书，其礼俗、政事、教治、刑禁之逆顺为一书，其悖逆、暴乱、作慝、欲犯令者为一书，其札丧、凶荒、厄贫为一书，其康乐、和亲、安平为一书。凡此五物者，无国别异之，天子以周知天下之政。⑤

① （清）孙诒让撰，王文锦、陈玉霞点校：《周礼正义》，中华书局 1987 年版，第 2982 页。

② （清）王聘珍撰，王文锦点校：《大戴礼记解诂》，中华书局 1983 年版，第 236—237 页。

③ （清）孙诒让撰，王文锦、陈玉霞点校：《周礼正义》，中华书局 1987 年版，第 3001—3005 页。

④ （清）孙诒让撰，王文锦、陈玉霞点校：《周礼正义》，中华书局 1987 年版，第 3007 页。

⑤ （清）王聘珍撰，王文锦点校：《大戴礼记解诂》，中华书局 1983 年版，第 238 页。

从上述比较可以看出,《大戴礼记·朝事》的几个部分,几乎就是直接采用了《周礼》中的相关部分。但不难看出,《朝事》的材料采用不是直接生硬地照搬,从数量上看《朝事》采用材料不少,但基本都是把《周礼》作为论说的依据,最终落脚在对诸侯朝天子、诸侯相互朝聘的礼仪意义之阐发上。

除了前述两项对《周礼》的引述,《朝事》篇还有许多与《周礼》一致或者相通的表述,这些文字看起来不是完全一样,但很明显就是暗引,本就来自《周礼》,是对《周礼》的进一步诠释。例如《朝事》的最后一节就是如此,其中所述完全可以看成对《周礼》的解释,如表6所示:

表6 《周礼》《朝事》其他一致或相通之处的表述

《周礼》	《朝事》
《夏官·射人》:射人……掌其治达。以射法治射仪。王以六耦射三侯,三获三容,乐以《驺虞》,九节五正;诸侯以四耦射二侯,二获二容,乐以《狸首》,七节三正;孤卿大夫以三耦射一侯,一获一容,乐以《采蘋》,五节二正。①	古者天子,为诸侯不行礼义,不修法度,不附于德,不服于义,故使射人以射礼选其德行。②

① (清)孙诒让撰,王文锦、陈玉霞点校:《周礼正义》,中华书局1987年版,第2420—2426页。

② (清)王聘珍撰,王文锦点校:《大戴礼记解诂》,中华书局1983年版,第238—239页。

（续表）

《周礼》	《朝事》
《夏官·职方氏》：职方氏掌天下之图，以掌天下之地，辨其邦国、都鄙、四夷、八蛮、七闽、九貉、五戎、六狄之人民与其财用、九谷、六畜之数要，周知其利害。乃辨九州岛之国，使同贯利。①	职方氏、大行人以其治国，选其能功。诸侯之得失治乱定，然后明九命之赏以劝之，明九伐之法以震威之。②
《秋官·掌交》：掌交掌以节与币巡邦国之诸侯及其万民之所聚者，道王之德意志虑，使咸知王之好恶，辟行之。使和诸侯之好，达万民之说。③	尚犹有不附于德不服于义者，则使掌交说之。④

从表6的对比中可以看出，《朝事》对于《周礼》中的射人、职方氏、掌交等职官之设的出发点、功能都有得其要领的把握，如果不是对于《周礼》职官体系制作精神的通盘掌握与融会贯通，就不会有如此融为一体的理解。

① （清）孙诒让撰，王文锦、陈玉霞点校：《周礼正义》，中华书局1987年版，第2636—2640页。

② （清）王聘珍撰，王文锦点校：《大戴礼记解诂》，中华书局1983年版，第239页。

③ （清）孙诒让撰，王文锦、陈玉霞点校：《周礼正义》，中华书局1987年版，第3095页。

④ （清）王聘珍撰，王文锦点校：《大戴礼记解诂》，中华书局1983年版，第239页。

二、《大戴礼记·朝事》或为孔子议礼之文

对于《朝事》篇的特点或性质,清代学者王聘珍《大戴礼记解诂》说该篇"是记者抄录旧闻,以为《礼经》之记"①,黄怀信等《大戴礼记汇校集注》则说该篇"皆为古礼,而为记者辑抄之,本不为记"②,以为是"抄录"或者"辑抄"而成,非是。通观《大戴礼记·朝事》全篇,可以看出它不是对既有文献的简单辑录或抄写,而是一篇前后连贯、逻辑清晰的完整文章,在《礼记》《大戴礼记》中,它的"礼记"色彩比之其他各篇并不逊色。

无论诸侯朝见天子,还是诸侯之间相互聘问,都有显著的调节与调和政治秩序的功能与意义,这就是所谓"昭义"或"明义",这是全篇的中心,是贯穿始终的灵魂。《朝事》开宗明义指出:"古者圣王明义,以别贵贱,以序尊卑,以体上下,然后民知尊君敬上,而忠顺之行备矣。"③而《朝事》篇的最后又与开头呼应,说:"古者天子,为诸侯不行礼义,不修法度,不附于德,不服于义,故使射人以射礼选其德行……尚犹有不附于德不服于义者,则使掌交说之,故诸侯莫不附于德服于义者。"④前后

---

① (清)王聘珍撰,王文锦点校:《大戴礼记解诂》,中华书局 1983 年版,目录第 8 页。

② 黄怀信主撰,孔德立、周海生参撰:《大戴礼记汇校集注》,三秦出版社 2005 年版,第 28 页。

③ (清)王聘珍撰,王文锦点校:《大戴礼记解诂》,中华书局 1983 年版,第 225 页。

④ (清)王聘珍撰,王文锦点校:《大戴礼记解诂》,中华书局 1983 年版,第 238—239 页。

呼应如此紧密,显然不是简单的辑抄而已。

如何"昭义"或"明义"? 无非就是开头所说的"别贵贱""序尊卑""体上下"。那么,如何使民"忠顺",怎样才能使民众知"尊君敬上",这就是朝聘之礼的意义与功能了。文章最后一句说:"此天子之所以养诸侯,兵不用而诸侯自为政之法也。"[①]文章对于"古礼"的理解与认识,就是在这样的意义上一层层铺展开来的。因为《朝事》文本主要对古礼意义进行阐发,竟至少出现"……所以……也""……也""所以……者……"这类句式二三十个,是则该文是典型的"礼记"文本了。例如:

> 所以明别义也;……所以教尊尊也;……所以别亲疏外内也;……所以别贵贱、字尊卑也;……明臣礼也;……明臣职也;……以听事也;……所以教臣也;……所以教民报德不忘本也……所以教孝也。[②]

每个句子"也"字之前,都是说礼之义。又如:

> 及将币,拜迎于大门外而庙受,北面拜贶,所以致敬也。三让而后升,所以致尊让也。敬让也者,君子之所以相接也。诸侯相接以敬让,则不相侵陵也。此天子之所以

---

① (清)王聘珍撰,王文锦点校:《大戴礼记解诂》,中华书局 1983 年版,第 239 页。

② (清)王聘珍撰,王文锦点校:《大戴礼记解诂》,中华书局 1983 年版,第 228—231 页。

养诸侯,兵不用而诸侯自为正之具也。①

说到这里,我们不禁想到该篇的篇名。孙诒让认为《仪礼·觐礼》《周礼·大行人》郑注并引作"朝事仪",是古本目有"仪"字。窃疑"仪"又当作"义",与聘义、乡饮酒义义同,作"仪"者,古字通也。② 此说很有道理。

我们大胆推测,《朝事》篇虽然是戴德编撰《大戴礼记》时最终写定,但其主体内容可能写成时间比较早,这些对古礼的讨论,属于孔子本人议礼之文的可能性很大。我们这样推测,是基于那时文献传流的实际。只要把《朝事》与相关文献进行比较,该篇的许多迷惑就可以迎刃而解。

首先,《朝事》是通过《周礼》谈治国之道,显示出了对《周礼》(或《周官》)精神实质的深入理解。可以说,对周代礼乐精神有如此造诣,并且继续受到汉代学者们推尊者,除孔子之外,恐怕没有其他人。关于这一点,《孔子家语·执辔》可以作为很好的佐证。

我们以前曾经探讨过,《孔子家语·执辔》篇有一段孔子关于古代"以六官总治"③的论述。在这段论述中,孔子将治国与驾车作比。孔子曰:"古之御天下者,以六官总治焉。"后面还有大段论述。经细心比较,发现其论述与《周礼》完全相应。

---

① (清)王聘珍撰,王文锦点校:《大戴礼记解诂》,中华书局 1983 年版,第 233 页。

② 黄怀信主撰,孔德立、周海生参撰:《大戴礼记汇校集注》,三秦出版社 2005 年版,第 1264 页。

③ 杨朝明、宋立林主编:《孔子家语通解》,齐鲁书社 2013 年版,第 297 页。

孔子所说的“六官”即《周礼》中的冢宰、司徒、宗伯、司马、司寇、司空。将《周礼》六官以及太宰一职的职掌与孔子论述相对应的部分逐一对照，可以发现孔子所说的六官的管理正是以《周礼》六官系统为依据的。①

在《执辔》篇的记载中，孔子用“驾车之道”类比“治国之道”，所谓“道不远人”“能近取譬”，孔子把《周礼》的国家政治架构看作一驾马车，可谓形象而生动。在相关典籍记载中，孔子以驾车马的道理作为比喻，从而谈论如何为政，如何管理社会国家，这样的例子俯拾即是，《孔子家语》各篇中就有很多。而在《执辔》篇中，孔子对《周礼》体现的御政之术及其进退缓急深入剖析，在孔子看来，古之“为政”而“御天下”，最根本的框架就是《周礼》的“以六官总治”，这样的方法切实可行。②大量中国早期出土文献证明了《孔子家语》成书与价值的可靠性。《孔子家语·执辔》篇给我们的最大启示，就是孔子崇尚周礼，他本人甚至常常“梦见周公”，更有他对于包括《周礼》（即《周官》）在内的周公创制的深刻理解与倾心服膺。③

其次，《朝事》没有明确显示出与孔子的关系，这并不意味着它一定与孔子没有关系，也存在着《大戴礼记》写定时改写或去掉的可能。《大戴礼记》中的各篇大都此前已经存在，有的篇章属于孔子遗说的范畴，本来有清楚详尽的背景交代，而

① 参见杨朝明：《齐鲁历史文化丛书·周公》，山东文艺出版社 2004 年版，第 105 页。

② 参见杨朝明：《〈孔子家语·执辔〉篇与孔子的治国思想》，《儒家文献与早期儒学研究》，齐鲁书社 2002 年版，第 274—294 页。

③ 参见杨朝明、崔海鹰：《〈孔子家语·执辔〉篇与〈周礼〉可靠性问题》，《济南大学学报》（社会科学版）2015 年第 3 期。

《大戴礼记》却不取这些内容,《朝事》篇很可能与之类似。

例如,《孔子家语·本命解》记载了孔子与鲁哀公的一次重要对话。鲁哀公向孔子请教“命”“性”等问题,由此引发了孔子对性命生死的议论,孔子强调了礼与男女婚育的关系,并谈及了关于丧礼的问题。《孔子家语》这里的记载,其可靠性应该没有问题。本篇亦见于《大戴礼记·本命》,最后一段还见于《礼记·丧服四制》。《孔子家语·本命》开头曰:

> 鲁哀公问于孔子曰:“人之命与性何谓也?”孔子对曰:“分于道,谓之命;形于一,谓之性。化于阴阳,象形而发,谓之生;化穷数尽,谓之死。故命者,性之始也;死者,生之终也。有始,则必有终矣。……”①

《大戴礼记》收入该篇也称《本命》,其开篇则是:

> 分于道谓之命,形于一谓之性,化于阴阳,象形而发谓之生,化穷数尽谓之死。故命者,性之终也。则必有终矣。②

从两篇文本开头,就可看出《大戴礼记》进行了改写。我们曾对二者进行过比较,《大戴礼记》的改写其实还出现了问题③,

---

① 杨朝明、宋立林主编:《孔子家语通解》,齐鲁书社 2013 年版,第 308 页。

② (清)王聘珍撰,王文锦点校:《大戴礼记解诂》,中华书局 1983 年版,第 250—251 页。

③ 详参杨朝明:《读〈孔子家语〉札记》,《文史哲》2006 年第 4 期。

此不赘述。

再如,《大戴礼记》有《盛德》篇,该篇与《朝事》相近,也有政论的性质,其中记述了古圣王之德与治国御民之道。该篇开头就说:

> 圣王之盛德,人民不疾,六畜不疫,五谷不灾,诸侯无兵而正,小民无刑而治,蛮夷怀服。古者天子常以季冬考德,以观治乱得失。凡德盛者治也,德不盛者乱也,德盛者得之也,德不盛者失之也。①

以下便是一些具体的论述。然而,这些论述有的就见于《孔子家语》,而这些话原本出于孔子。如《盛德》中有:

> 凡民之为奸邪窃盗靡法妄行者,生于不足,不足生于无度量也。无度量则小者偷堕,大者侈靡而不知足。故有度量则民足,民足则无为奸邪窃盗靡法妄行者。故有奸邪窃盗靡法妄行之狱,则饰度量也。凡不孝生于不仁爱也,不仁爱生于丧祭之礼不明。丧祭之礼所以教仁爱也。②

这些话见于《孔子家语·五刑解》:

> 孔子曰:"……凡夫之为奸邪、窃盗、靡法、妄行者,生

① (清)王聘珍撰,王文锦点校:《大戴礼记解诂》,中华书局1983年版,第142页。

② (清)王聘珍撰,王文锦点校:《大戴礼记解诂》,中华书局1983年版,第143页。

于不足，不足生于无度。无度则小者偷盗，大者侈靡，各不知节。是以上有制度，则民知所止，民知所止则不犯。故虽有奸邪、贼盗、靡法、妄行之狱，而无陷刑之民。不孝者生于不仁，不仁者生于丧祭之礼无，明丧祭之礼所以教仁爱也。

《盛德》中又有如下的话：

是故古者天子孟春论吏德行，能（理）功、能德法者为有德，能行德法者为有行，能理德法者为有能，能成德法者为有功。故论吏而法行，事治而成功。季冬正法，孟春论吏，治国之要也。

德法者御民之衔也，史者辔也，刑者筴也，天子御者，内史太史左右手也。古者以法为衔勒，以官为辔，以刑为筴，以人为手，故御天下数百年而不懈堕。善御马者，正衔勒，齐辔筴，均马力，和马心，故口无声，手不摇，筴不用，而马为行也。善御民者：正其德法，饬其官，而均民力，和民心，故听言不出于口，刑不用而民治，是以民德美之。①

《盛德》篇以上的话都见于《孔子家语·执辔》篇，这些话都出于孔子。

孔子去世以后，直到汉朝二戴《礼记》成书的那个年代，有很多孔子遗说在传抄、被研习、在流传，人们借以论述自己的主

① （清）王聘珍撰，王文锦点校：《大戴礼记解诂》，中华书局1983年版，第144—145页。

张，辗转引述、使用，也有字句的变化和不同。除了上述情况，《盛德》中有关聘礼的部分内容见于《礼记·聘义》，而《礼记·聘义》中有一段“子贡向孔子请教君子贵玉”的内容，而《孔子家语》又有《问玉》篇与这一节相同，很好地说明了这种情况。

最后，《朝事》的思想有孔子学说的神韵，与孔子思想深度契合。孔子思想在汉代受到重视，是由孔子思想的特点决定的。《朝事》篇无论是约取《周礼》材料还是直接引用，其主旨都是论述朝聘礼仪的内涵，这当然与《大戴礼记》的编撰目的一致，都是为适应汉代社会政治的需要。《周礼》文本基本都是以职官及其执掌的记述为重点，而《朝事》的重点在于阐发意义，这就是所谓“大戴礼记”之为“记”的特点。

《大戴礼记》作者戴德取相关材料写定《朝事》，正如前面提到的，十分看重朝聘礼仪的“昭义”功能。例如，《孔子家语·五刑解》记孔子说：

> 杀上者，生于不义。义，所以别贵贱、明尊卑也。贵贱有别、尊卑有序，则民莫不尊上而敬长。朝聘之礼者，所以明义也。义必明，则民不犯。故虽有杀上之狱，而无陷刑之民。①

孔子强调“明义”，其所“明”之“义”，就是别贵贱、明尊卑。《朝事》开篇交代十分清晰：

---

① 杨朝明、宋立林主编：《孔子家语通解》，齐鲁书社2013年版，第346页。

古者圣王明义，以别贵贱，以序尊卑，以体上下，然后民知尊君敬上，而忠顺之行备矣。

是故古者天子之官，有典命官掌诸侯之仪，大行人掌诸侯之仪，以等其爵，故贵贱有别，尊卑有序，上下有差也。

典命诸侯之五仪，诸臣之五等，以定其爵，故贵贱有别，尊卑有序，上下有差也。①

《大戴礼记·朝事》的宗旨与《孔子家语·五刑解》这里所说完全一致。《五刑》中的“明义”，在《朝事》中作“昭义”。《朝事》所“昭”之“义”，同样也是别贵贱、明尊卑，使贵贱有别，尊卑有序。

三、从《大戴礼记·朝事》看《周礼》的成书

既然《大戴礼记》的《朝事》与《周礼》有如此密切联系，而且它有可能就是孔子议礼之文，那么透过《朝事》与《周礼》的联系，能否看到《周礼》成书的时代信息？我们认为这样的信息是比较明确的！

第一，《朝事》明确说《周礼》所记述的内容属于“古”之“天子”，这是《周礼》时代性问题最直接的材料。

《朝事》说《周礼》是古代圣王治理天下的创制，也就是说，汉代人称《周礼》出于“古者天子”，今人研究古代文明，不能不

① （清）王聘珍撰，王文锦点校：《大戴礼记解诂》，中华书局 1983 年版，第 225 页。

引起足够的注意。

《朝事》中一再有这样的表述,其中说:

> 古者圣王明义,以别贵贱,以序尊卑,以体上下……①
>
> 古者天子之官,有典命官掌诸侯之仪。②
>
> 古之用财不能均如此,然而用财如此其厚者,言尽之于礼也。尽之于礼,则内君臣不相陵,而外不相侵,故天子制之而诸侯务焉。③
>
> 古者大行人掌大宾之礼及大客之义,以亲诸侯。④
>
> 古者天子,为诸侯不行礼义,不修法度,不附于德,不服于义……⑤

《朝事》言《周礼》的时代为"古",那么它在什么时候?作为《大戴礼记》中的一篇,戴德整理写定《朝事》,不论其所据文本属于何时,即使他去掉了文本原来的背景交代,也应该不影响其时代的大致方位。也就是说,至少在戴德那个时候,就是在被称为"古"的时代。

---

① (清)王聘珍撰,王文锦点校:《大戴礼记解诂》,中华书局1983年版,第225页。

② (清)王聘珍撰,王文锦点校:《大戴礼记解诂》,中华书局1983年版,第225页。

③ (清)王聘珍撰,王文锦点校:《大戴礼记解诂》,中华书局1983年版,第236页。

④ (清)王聘珍撰,王文锦点校:《大戴礼记解诂》,中华书局1983年版,第236页。

⑤ (清)王聘珍撰,王文锦点校:《大戴礼记解诂》,中华书局1983年版,第238—239页。

戴德言其“古”,与孔子言其“古”,二者并不矛盾。《孔子家语·执辔》篇叙述《周礼》“以六官总治”,孔子也称其时为“古”。《执辔》记曰:

> 子骞曰:“敢问古之为政。”孔子曰:“古者天子以内史为左右手,以德法为衔勒,以百官为辔,以刑罚为策,以万民为马,故御天下数百年而不失。……
>
> “……今人言五帝三王者,其盛无偶,威察若存,其故何也?其法盛,其德厚,故思其德必称其人,朝夕祝之,升闻于天,上帝俱歆,用永厥世,而丰其年。……
>
> “……古之御天下者,以六官总治焉:冢宰之官以成道,司徒之官以成德,宗伯之官以成仁,司马之官以成圣,司寇之官以成义,司空之官以成礼。”①

在《执辔》篇中,孔子所论述的“以六官总治”,据孔子称乃是“古之御天下”的情形,孔子言其“古”,则此圣王之距离孔子时代可想而知。在孔子的表述中,他说“古者天子”因为以《周礼》制度而为政,故“御天下数百年而不失”,这个“数百年”值得特别注意。《执辔》篇还有这样一句:“夫天地之所德,兆民之所怀,其政美,其民而众称之。今人言五帝三王者,其盛无偶,威察若存,其故何也?”②似乎古代圣王应该与“五帝三王”一样,如此,我们就自然联想到文武周公,想到作为周公封国的

---

① 杨朝明、宋立林主编:《孔子家语通解》,齐鲁书社 2013 年版,第 294、297 页。

② 杨朝明、宋立林主编:《孔子家语通解》,齐鲁书社 2013 年版,第 294 页。

鲁国的礼乐传统①,想到几乎成为鲁人口头禅的"先君周公制周礼"的说法。

从《执轡》到《朝事》,其中都论述《周礼》的意义,都以《周礼》之时代为"古"。我们曾专门探讨《执轡》与《周礼》的关系,认为《执轡》可以确凿证明《周礼》出于周公。② 通过以上的研究,《大戴礼记 · 朝事》实际又为《周礼》成书于周公之时添一新证。

第二,与《朝事》关涉《周礼》成书时代认识密切相关的,是《周礼》在汉代的流传问题。在我们看来,《周礼》作为职官制度的记载,它是一部极其特殊的典籍,它不像《仪礼》那样的仪节需要很多人关注,也不像《礼记》那样的思想典籍人们需要研读思考,《周礼》是国家制度设计,不需要一般人研习阅读,它只为天子以及王公大臣所明所知即可,因此流传一定不广。不过,它可能通过孔子的论述与传播流传下来,也有可能影响到汉代。

孔子博学,又曾"适周问礼",要知道,孔子所在的鲁国本来就文化积淀丰厚,有丰富的典籍守藏,时人甚至有"周礼尽在鲁矣"这样的说法。尽管如此,孔子还专程至周都洛邑考察学习。《孔子家语》记载了孔子此行的收获:"观乎明堂,睹四门墉有尧舜之容、桀纣之象,而各有善恶之状、兴废之诫焉。又

① 参见杨朝明:《鲁国礼乐传统研究》,《历史研究》1995 年第 3 期。

② 参见杨朝明、宋立林主编:《孔子家语通解》,齐鲁书社 2013 年版,第 291—292 页;杨朝明、崔海鹰:《〈孔子家语 · 执轡〉篇与〈周礼〉可靠性问题》,《济南大学学报》(社会科学版)2015 年第 3 期;等等。

有周公相成王，抱之负斧扆，南面以朝诸侯之图焉。”①孔子思考最多的是“周之所以盛”的问题，十分关注并研究周公德业。《孔子家语》又说孔子：“问礼于老聃，访乐于苌弘，历郊社之所，考明堂之则，察庙朝之度。于是喟然曰：‘吾乃今知周公之圣，与周之所以王也。’”②孔子向当时作为“周守藏室之史”的老聃请教。司马贞《史记索隐》曰：“藏室史，周藏书室之史也。”③孔子观周，“观先王之遗制，考礼乐之所极”④。其中说不定就有对《周礼》的学习。

《周礼》是一部古籍，该书在汉代大概也一直在流传，未必像传统所说的出现很晚。汉代官方有不少图书收藏，虽经秦朝焚书，但民间的收藏依然存在。例如，孔安国叙述《孔子家语》源流时提到一个细节：“当秦昭王时，荀卿入秦，昭王从之问儒术，荀卿以孔子之语及诸国事、七十二弟子之言凡百余篇与之，由此秦悉有焉。……高祖克秦，悉敛得之，皆载于二尺竹简，多有古文字。及吕氏专汉，取归藏之，其后被诛亡，而《孔子家语》乃散在人间。”⑤荀子所携“百余篇”传至汉代吕后时散于民间，其中不一定仅仅只有《孔子家语》。这是说古代典籍的流传是复杂的，不可简单视之！

---

① 杨朝明、宋立林主编：《孔子家语通解》，齐鲁书社 2013 年版，第 128 页。

② 杨朝明、宋立林主编：《孔子家语通解》，齐鲁书社 2013 年版，第 125 页。

③ （汉）司马迁：《史记》，中华书局 1982 年版，第 2140 页。

④ 杨朝明、宋立林主编：《孔子家语通解》，齐鲁书社 2013 年版，第 125 页。

⑤ （元）马端临：《文献通考》，中华书局 1986 年版，第 1582 页。

关于《周礼》(或《周官》)在汉代的流传,贾公彦在《序周礼废兴》中引马融《传》说该书一直收藏于秘府,因而"五家之儒莫得见焉",但实际也未必如此,不仅司马迁《史记》有所引述,而且《周官》立博士之前也应该有古文先师旧传。其实,如果《周官》没有民间流传,则《大戴礼记·朝事》出于孔子议礼旧文的可能性更大。如果是这样,《朝事》等(包括《礼记》)在汉代整理写定时,就用汉代的通行语言,这是容易理解的。

作为直接为汉代社会政治服务的《大戴礼记》(或《礼记》),不仅在文字上改成当时通行的用法,在内容表述、思想传递中,也会特别注意与当时的现实政治保持一致与协调。例如社会上的纲纪观念、威权思想等,更不用说一定会尤其注重时讳了。例如以下两组文本的对比,就很清楚。

《周礼》:王之所以抚邦国诸侯者……十有二岁王巡守殷国。①

《朝事》:天子之所以抚诸侯者……十有二岁,天子巡狩殷国。②

《周礼》:凡此五物者,每国辨异之,以反命于王,以周知天下之故。③

① (清)孙诒让撰,王文锦、陈玉霞点校:《周礼正义》,中华书局1987年版,第2982页。

② (清)王聘珍撰,王文锦点校:《大戴礼记解诂》,中华书局1983年版,第237页。

③ (清)孙诒让撰,王文锦、陈玉霞点校:《周礼正义》,中华书局1987年版,第3007页。

《朝事》:凡此五物者,无国别异之,天子以周知天下之政。①

两组文字,都把"王"改为"天子",这当然与汉代的时势是一致的。戴德处西汉后期,而整个西汉的前期,中央与藩王的关系一直是政治的主线,一会儿封王置藩,一会儿又削藩平乱。开始,异姓诸王曾经拥兵自重,专制一方;后来,刘邦所封的同姓王也自为法令,僭越礼制,不仅对朝廷态度傲慢,甚至公开举兵叛乱。到汉武帝时期,他依然不得不将一部分精力倾注到打击地方割据势力,解决诸侯王的问题上面。戴德改"王"为"主",很可能与之有关。其实,《大戴礼记》其他篇章也是如此,如见于《孔子家语》的《王言》篇,收入《大戴礼记》时改为《主言》,不仅正文改过,篇名亦然。

在第一组文字中,不仅"王"改为"天子",而且还有意地把"抚邦国诸侯"改为"抚诸侯",去掉"邦国"。《朝事》还有"以同域国之礼",显然来自《周礼·秋官·大行人》"以同邦国之礼"。此处改"邦"为"域",与去掉"邦国"二字相同,都是避汉高祖刘邦的名讳,汉代人所作书籍,都会于此特别留意。一般情况下讳"邦"为"国",这里改为"域",不过是因原句"邦""国"二字连言,此处只是技术上的灵活处理而已。

晚清孙诒让作《周礼正义》之前,很少有人反对"周公作《周礼》"的传统观点。《周礼》记政权架构与职官制度,表现了经国济世的大思维、大手笔、大创制。而今随着学术研究的不

---

① (清)王聘珍撰,王文锦点校:《大戴礼记解诂》,中华书局1983年版,第238页。

断发展,人们越来越清楚地看到这样一个事实:在孔子时代以前,中国文化已经有数千年以上之积累,而孔子集其大成。但近代以来疑古思潮的盛行,却几乎把中华文明“拦腰斩断”,于是,在许多人的观念中,与中国古代文明息息相关的很多典籍变得可疑难信。《周礼》的成书问题也成了纠葛百年的学术公案。幸有地下文献材料问世,激活了许多相关的学术材料,不然《周礼》的可靠性问题永远没有得到正确认识的那一天。

《礼运》成篇与学派属性等问题*

《礼运》篇分别见于《孔子家语》和《礼记》，是中国古代思想史的重要文献，其中的“大同”思想以及对礼的论述，都对后世影响极大。然而，对于该篇的有关问题，学者们的看法却存在很多分歧，很有认真研究的必要。例如，《礼运》成于何时？其中的思想是否属于儒家，或者其学派性质如何？这关涉到对于早期思想史面貌的描述。现在，大量地下文献的出土推动了学术的进步，人们对于《孔子家语》和《礼记》等文献的认识有了很大改观，我们已经有条件对《礼运》篇进行重新认识了。

一、《礼运》的成篇年代

《礼运》篇所见的《孔子家语》和《礼记》两书，人们对其成书问题的认识都不一致，争议很大，这自然也影响到对《礼运》篇的理解。

我们研究《礼运》篇，最根本的是它的成篇时间，因为这直接与该篇的思想特征以及学派属性等问题直接关联。对《礼

---

* 原载于《中国文化研究》2005 年第 1 期。

运》篇成篇时间的研究，自然也与《孔子家语》和《礼记》成书问题相互连接。

以前，人们多以《孔子家语》为伪书，因而，考察《礼运》的问题，自然就以保存在《礼记》中的《礼运》篇为依据进行论证。《礼记》为汉代编辑成书，而关于该书成书的具体情形，大家各有自己的理解，因而，《礼运》成于何时，如何成篇，人们各逞其说，有明显的分歧。现在，人们已经认识到《孔子家语》不伪，学术界不论从文献还是思想上研究《家语》①，都得出了基本一致的结论，认为此书的确像孔安国《孔子家语后序》所言，是孔子与弟子门人及当时公卿大夫相互对问的言语，出于弟子所记，其间虽有"润色"的成分，大抵不离"夫子本旨"。对《家语》的这些认识有利于正确理解《礼记》的材料来源，因为除了《礼运》以外，二者相同的内容还有很多。

现在，《孔子家语》成书时间在《礼记》之前应该说已成定论。特别是定州汉墓竹简、阜阳汉简的发现与研究，人们已经无法再相信《家语》晚出的观点。《上海博物馆藏战国楚竹书》中有与《礼记》和《家语》相同的篇章，在比较研究中，人们的认识更加清楚，它改变了学者们原来的一些成见。例如，庞朴先生曾经研究孔子的"五至三无"之说，此说见于《孔子家语·论礼》《礼记·孔子闲居》，同时又出现在新出的上博竹书《民之父母》篇中，这三篇本为一篇。庞朴先生对比之后说道：

> 以前我们多相信，《家语》乃王肃伪作，杂抄自《礼记》等书；《礼记》乃汉儒纂辑，非先秦旧籍，去圣久远，不足凭

---

① 《孔子家语》简称《家语》。本书为行文方便，有些地方使用简称。

> 信。……现在上博藏简《民之父母》篇的再世，轰然打破了我们这个成见。对照竹简，冷静地重读《孔子家语·礼论》和《礼记·孔子闲居》，不能不承认，它们确系孟子以前遗物，绝非后人伪造所成。

《孔子家语》成书得到正确的认识，这是上博竹书研究的一项重要成果。

庞朴先生说《孔子家语》是"孟子以前遗物"是没有任何问题的，这与我们通过文献的比较研究结论完全一致。[①] 既然《家语》成书很早，我们研究《礼运》的成篇年代，就不能继续对《家语》载有《礼运》一篇的事实视而不见。事实上，由于《家语》伪书说的影响，以前学者们考察《礼运》，几乎不再考虑《孔子家语》的因素，现在，我们不应仍然如此。

但是，《家语》一书不伪，也并不是说其中所载《礼运》就与最初成篇时完全一致，今本《孔子家语》由流传到写定的复杂过程，决定了其中有篇章的散乱和文字上的个别变动。按照孔安国《后序》的介绍，该书曾经辗转流传，后来"散在人间"，再往后，孔安国才"因诸公卿大夫，私以人事募求其副"。因此，今本《家语》虽然绝非伪书，而个别文字的错乱、变动却会存在。

将《孔子家语》和《礼记》中的《礼运》篇进行比较，不难看出《家语》与《礼记》有文字上的差别，这当然是辗转流传、后人

---

① 参见杨朝明：《〈礼记·孔子闲居〉与〈孔子家语〉》《〈孔子家语·执辔〉篇与孔子的治国思想》，《儒家文献与早期儒学研究》，齐鲁书社2002年版，第262—294页。

"增损"所致。从比较中看出,孔安国所说《孔子家语》曾经"散在人间",他自己借来录副保存,这样的情况的确是存在的。更重要的一点也可以肯定,孔安国虽然在文字上进行了"写定",但仅仅限于原简错乱、文字不清等方面,他的出发点一定是为了保存"夫子本旨"。

而《礼记》的情况则有不同。我们综合审视《家语》与《礼记》的差异,会比较强烈地感觉到《礼记》的不少改编的特征。例如篇首部分,《家语》的《礼运》篇作:

> 孔子为鲁司寇,与于蜡。既宾事毕,乃出游于观之上,喟然而叹。言偃侍,曰:"夫子何叹也?"孔子曰:"昔大道之行,与三代之英,吾未之逮也,而有记焉。"

《礼记》中的该篇则作:

> 昔者仲尼与于蜡宾,事毕,出游于观之上,喟然而叹。仲尼之叹,盖叹鲁也。言偃在侧,曰:"君子何叹?"孔子曰:"大道之行也,与三代之英,丘未之逮也,而有志焉。"

与《礼记》相比,不难看出《家语》更像时人所记,给人以明显的现场感。《家语》中的"夫子何叹",《礼记》中作"君子何叹"。很显然,《家语》所记是对的,因为孔子的弟子乃至当时的公卿大夫大多习惯上称孔子为"夫子"。我们综合以往的比较研究,能够判断出,相比于《家语》,《礼记》对材料的变动很大,而《家语》可能更接近简书原貌。

从《家语》的记载看,孔子为鲁国司寇时,曾经参与蜡祭。

蜡祭是每年十二月举行的祭祀礼仪活动,孔子忧国忧时,他由此进行了很多的思考。后来,孔子与子游说起此事,言偃记录下孔子的论说,遂有这一儒学名篇。据记载,孔子为司寇时间不长,因此,我们可以判定孔子参与蜡祭,时间应在鲁定公十年到十二年这三年之内的某年十二月,当时孔子五十三岁左右。从孔子的谈论中,可以看出孔子当时的心情比较沉重。也就在此后不久的鲁定公十三年,孔子离开了鲁国,开始了漫长的“周游列国”的生涯。

将《家语》与《礼记》相比,《礼记》被加工的痕迹更为明显。戴圣编订《礼记》,着眼于西汉时的历史实际,他没有明确的保存“夫子本旨”的意图,因而其中的改编便不像《孔子家语》那样忠实于原文。他必须立足于汉朝,更不应有违犯时忌的言语。例如,《孔子家语》的《礼运》中所记言偃的问话中有“今之在位,莫知由礼”,《礼记》该篇中便找不到。孔子“喟然而叹”,《礼记》还画蛇添足般地加上“仲尼之叹,盖叹鲁也”,因为在戴圣他们看来,汉家王朝大一统的“清明”政治,哪里能有令人叹息的“莫知由礼”。对照《礼记》与《孔子家语》的其他不少相同的篇章,类似的例子很容易找到。①

将《孔子家语》和《礼记》的《礼运》篇进行比较,我们发现《家语》缺少了自“我欲观夏道”至“此礼之大成也”一节,而这一节却出现在今本《家语》的卷一《问礼》篇中。细致观察前后文的联系,可看出《礼记》以之在《礼运》篇是正确的。今本《家

① 笔者在《〈中庸〉成书问题新探》(黄怀信、李景明主编:《儒家文献研究》,齐鲁书社 2004 年版,第 262—282 页)等文中曾举出《礼记·中庸》对《孔子家语·哀公问政》的改编,还说到《大戴礼记·主言》对《孔子家语·王言》篇的字词改动,都与西汉中央集权政治的加强有关。

语》类似的错乱还有不少。[①] 孔安国在《后序》中说，他得到这些简册后，“乃以事类相次，撰集为四十四篇”，可见，《家语》的这些篇章都由他编次而成。可以想见，他在遇有简册散乱时，只能依据内容进行新的编排。《问礼》篇可能就是如此，该篇除了言偃问礼的内容，还有鲁哀公问礼的一部分，可能当时他觉得这两部分归属不明，遂以“问礼”名篇，将这两部分归入。这一点反而证明《家语》的古朴可靠，证明孔安国《后序》所言不虚。

这样，《礼运》的成篇年代已经十分明确了。虽然《礼记》编成在汉代，《家语》也由汉代的孔安国写定，但《礼运》的成篇时间却很早。既然《家语》如孔安国在《后序》中所说的那样“由七十二子各共叙述首尾”，那么，《礼运》也应该成于孔子弟子之手。

任铭善《礼记目录后案》说：“按《论语》文例，凡弟子门人所记者称子，曾子、有子是也；弟子互记或门人记他弟子之语者称字，子贡、子夏、原思、宰我是也；弟子自记者称名，宪、宰予、冉求是也；其称孔子，或曰夫子，或曰仲尼，子贡曰：‘仲尼，不可毁也。’是也。于长者乃称名，子路对长沮曰：‘为孔丘。’是也。此篇称仲尼而名言偃，疑子游所自记也。”[②]言偃，字子游，若是其弟子门人所记，其中不应直称其名。我们认为，《礼运》篇记言偃与孔子的问对，称孔子曰“仲尼”，应该出于言偃自记。

---

① 例如，将《礼记》中的《仲尼燕居》《孔子闲居》分别与《孔子家语》中的《论礼》《问玉》进行比较，也可以发现这一点。

② 任铭善：《礼记目录后案》，齐鲁书社 1982 年版，第 23 页。

但是,有一点必须指出的是,子游“少孔子四十五岁”,孔子仕鲁期间,他还是一个不足十岁的孩子,这是历来学者怀疑乃至否定《礼运》真实性的很重要的原因。唐代以前,人们没有怀疑《礼运》;宋代学者怀疑该篇,只是从内容、思想上进行分辨。到了清代,崔述在《洙泗考信录》中以孔子、子游年龄上的差距否认孔子与《礼运》的关系。其实,这里所记一定是出于子游的追述,《家语·礼运》中的一段应该分开来读,其中,“孔子为鲁司寇,与于蜡。既宾事毕,乃出游于观之上,喟然而叹”,应该与后来的内容分为两节。孔子晚年一般不会再参加鲁国的蜡祭之类的重大活动,这里记述的是后来孔子与子游谈论自己那次经历时的言语,由子游节略整理记录下来。

关于这一点,《礼记》整理记述《礼运》完全可以给我们启发。《礼记·礼运》在记述“孔子为鲁司寇,与于蜡。既宾事毕,乃出游于观之上,喟然而叹”时,特意加上“昔”字,而且在这几句的后面还有解释性的话:“仲尼之叹,盖叹鲁也。”尔后,才叙述“言偃在侧”与孔子谈论的内容。

二、《礼运》的学派性质

《礼运》成于孔子弟子之手,则其属于儒家便不言自明。可是,人们以前的种种看法与之相距太远,还有加以辨析的必要。

大要说来,关于《礼运》的学派属性,学界的看法可以分为四种:一是属于“子游氏之儒”,二是出自“荀子学派”,三是包含“邹衍学派”,四是融合“先秦诸子”。实际上,这些说法都经不起推敲。

（一）属于“子游氏之儒”说

较早谈论《礼运》作者的是元人陈澔，他在《礼记集说》中说：“此篇记帝王礼乐之因革及阴阳造化流通之理，疑出于子游门人之所记，间有格言，而篇首大同小康之说，则非夫子之言也。”他所说的“篇首大同小康之说”不是孔子的言语，其实没有任何根据，只是他的想当然而已。

与陈澔相同，郭沫若先生也认为该篇出于子游门人。他说：“《礼运》篇毫无疑问，是子游氏之儒的主要经典。那不必一定是子游所记录，就在传授中著诸竹帛也一定是经过了润色附益的。但要说孔子不能有那样的思想，子游也不能有那样的思想，那是把它的内容太看深远了。”①

关于子游，相关的记载并不太多，子游是否收徒授学并不明确。《韩非子·显学》所说的“儒家八派”，并没有所谓“子游氏之儒”，《荀子·非十二子》批评“子游氏之贱儒”，其实是批评子游本人。郭沫若说得对，《礼运》篇的思想其实并不十分深奥，其中谈礼的发展、演变及运用，多可以与孔子的其他材料相互印证。孔子向往所谓大同之世，其实正是他一贯的崇尚古圣先王思想的体现；孔子之时，孔子认为“礼崩乐坏”，所以他感世伤时，故有这样一番论说，这与孔子礼的思想符节密合。

通观《礼运》全篇，孔子的论说前后连贯，不像是多次添加、陆续附益而成的。本篇当然会有“润色”的成分，但这出于

---

① 郭沫若：《儒家八派的批判》，《郭沫若全集》历史编第二卷，人民出版社 1982 年版，第 135 页。

整理者言偃之手。孔安国说得很清楚,《孔子家语》现在的面貌实际是当初孔子弟子整理的结果,他在《后序》中说:"凡所论辩,疏判较归,实自夫子本旨也。属文下辞,往往颇有浮说、烦而不要者,亦由七十二子各共叙述首尾,加之润色,其材或有优劣,故使之然也。"

(二)出于"荀子学派"说

还有的学者认为《礼运》篇出自荀子后学。通过《礼运》与荀子学派观点的排比考订,发现《礼运》的内容与荀学主要体系大致相同,两者有直接关系。从而"认为《礼运》在传承过程中,受到荀子学派之《易传》的明显影响,可见《礼运》出自于荀子及其后学"①。

关于《易传》的性质和成书问题,学术界有许多不同认识。马王堆帛书《易传》被发现后,孔子与《周易》的关系已经可以得到确立。我们认为,不论被称为"十翼"的传世本《易传》,还是帛书本《易传》,都应该与孔子有密切的关系,或者孔子就是"一定意义上的作者",《易传》晚出和别属于道家的看法都是不正确的。但即使不是这样,它也不应属于什么"荀子学派"。

至于说《礼运》的内容与荀学主要体系大致相同,两者有直接关系,这自然没有问题。清人陈士珂作《孔子家语疏证》,曾经详细对照今本《家语》及其他传世古书,证明该书多与《荀子》《韩诗外传》《礼记》《大戴礼记》《说苑》等书相出入。作为《家语》中的一篇,《荀子》等书自然也受到了影响。更为重要

---

① 范友芳、赵宏伟、康德文:《〈礼运〉篇出自荀子后学考辨——兼谈〈礼运〉与〈易传〉的关系》,《九江师专学报》2001年第1期。

的是，荀子曾经传习《孔子家语》，今本《家语》实际就是经由他才得以传留下来。关于这一点，孔安国《后序》有明确的交代：

孔子既没而微言绝，七十二弟子终而大义乖。六国之世，儒道分散，游说之士各以巧意而为枝叶，唯孟轲、荀卿守其所习。当秦昭王时，荀卿入秦，昭王从之问儒术，荀卿以孔子之语及诸国事、七十二弟子之言凡百余篇与之，由此秦悉有焉。

荀子不仅修习孔子学说，而且将《孔子家语》带到秦国。经过荀子这一关键环节，才有了后来刘邦破秦"悉敛得之"，又有了吕氏"取归藏之"，还有了吕氏被诛灭后"散在人间"等情况，以后在汉代流传开来。可见，《荀子》书与《礼运》主要体系相同，是荀子修习孔子学说的结果，说《礼运》受到荀子学派的影响，是把逻辑顺序搞颠倒了。

（三）包含"邹衍学派"说

不少学者又看到其中五行四时更迭的论述，遂认为其中有邹衍学派思想的影响。按照郑玄的说法，《礼运》记载："五帝三王相变易，阴阳转旋之道。"王梦鸥先生的《礼记今注今译》便发挥郑玄的说法道：

"运"字可有二义，一为"演变"，一为"旋转"（按：郑注原作"转旋"）。演变者，是就时代生活的沿革而言；旋转者，是就五行四时之更迭而言。四时更迭，周而复始，礼治依此而行，故一年一周转。以此观察《礼运》，则本篇有

> 似《月令》的说明文。但是篇中既言大同小康乱世的演变,又言桧巢营窟的生活变为宫室台榭的生活等等,这都是随时沿革而非周而复始的。二者基本的观念不同,今混为一篇,乃不能不分割"礼"为内容与形式,内容即礼之"义",形式即礼之"数"。数是演变的,义是旋转的,所以在后起的礼数中,仍可找到原始的礼义。这种思想,好像是荀子学派和邹衍学派的调和,疑其写作时代当在西汉时代,古文学渐起而替代今文学,遂出现了这样不相干的调和论。①

关于《礼运》中的阴阳运转,其实很多学者都已注意到。前已提及,元人陈澔的《礼记集说》也说此篇有"阴阳造化流通之理",这里的说法与之相似。

在一篇文章中调和两派思想,而且两派本"不相干",这样的观点是否有些勉强?王梦鸥先生将《礼运》五行四时的更迭看作了邹衍阴阳学家的思想。

杨天宇先生《礼记译注》的观点与之类似。杨先生认为《礼运》的成篇"不会早于阴阳五行思想盛行的战国晚期,很可能是秦、汉时期的作品",在他看来,《礼运》"作者已经具备了较完整的阴阳五行思想"。尤其《礼运》中"故人者,其天地之德,阴阳之交,鬼神之会,五行之秀气也"一节,杨先生认为"此节记孔子论人本天地、阴阳、鬼神、五行之气而生,连带论及天

---

① 王梦鸥注译:《礼记今注今译》上册,天津古籍出版社 1987 年版,第 289 页。

地间的一切皆据阴阳五行的原理周而复始、循环往复地运动”①。

关于阴阳观念，其产生时间很早是学者们的共识，无须赘说。在《礼运》中，“阴阳”与“五行”是分说的。《礼运》认为，像一切事物一样，礼的发展变化也与天地、阴阳等有关。《礼运》中说道：

> 夫礼，必本于大一，分而为天地，转而为阴阳，变而为四时，列而为鬼神。其降曰命，其官于天也。

这里的论述很容易令人想到郭店楚简的《太一生水》②和《性自命出》。《太一生水》说：

> 太一生水，水反辅太一，是以成天。天反辅太一，是以成地。天地〔复相辅〕也，是以成神明。神明复相辅也，是以成阴阳。阴阳复相辅也，是以成四时。……四时者，阴阳之所生〔也〕。阴阳者，神明之所生也。神明者，天地之所生也。天地者，太一之所生也。

《太一生水》这里的论说与《礼运》简直如出一辙。

我们再看《礼运》的“其降曰命，其官于天也”，它不仅与《中庸》“天命之谓性”相似，更与《性自命出》中所说“性自命

---

① 杨天宇译注：《礼记译注》，上海古籍出版社 1997 年版，第 378 页。

② 关于郭店楚简《太一生水》篇的思想，学者间还没有取得一致的认识。笔者认为它应该属于儒家。

出，命自天降”一致。

郭店楚简出土于战国中期的墓葬，其中书籍写成的时间更早。郭店竹书属于儒、道两家文献，其中的儒家文献属于《子思子》，其成于鲁，后来影响及于楚国，可见，其中的思想形成时间之早，一定在子思以前。所以，我们不能看到《礼运》之中有阴阳、四时的概念，就认定其成在阴阳学派盛行之后。

“五行”的概念同样产生很早，如《尚书·甘誓》有“威侮五行”一语，《洪范》详细叙说了“五行”，《逸周书》的《小开武》也出现了“五行”。《小开武》文曰：“在我文考，顺明三极，躬是四察，循用五行。”后文具体地说：“五行：一黑，位水；二赤，位火；三苍，位木；四白，位金；五黄，位土。”《国语·郑语》载厉王时的周太史史伯之言也曰：“故先王以土与金、木、水、火杂，以成百物。”可见“五行”为西周时已有。《小开武》所言五行之顺序与《尚书·洪范》同，说明《小开武》应与《洪范》时代基本相同。①

后人论《洪范》，多以其为春秋中期的作品，因而《小开武》的时代亦被后置。其实，《洪范》写定很早，诚如金景芳先生所说，“它为西周的作品是不容怀疑的”，李学勤先生也说：“《洪范》一篇成于西周，应该没有什么问题。”并指出了《洪范》成于西周的其他许多重要证据。李学勤先生还说：“很多人觉得《洪范》晚出，是由于篇中首列五行，而近人的一项成见，是以

① 参见杨朝明：《新出简帛与早期儒学的重新认识》，山东省儒学研究基地、曲阜师范大学孔子文化学院编：《孔子·儒学研究文丛》（一），齐鲁书社 2001 年版，第 121—147 页。又收入杨朝明：《儒家文献与早期儒学研究》，齐鲁书社 2002 年版，第 191—220 页。

为五行的出现很迟。这种论证的方式,在逻辑上是颠倒的。”① 人们论说《礼运》的时代,也陷于这样的错误。

（四）融合“先秦诸子”说

陈正焱、林其锬所著《中国古代大同思想研究》②的分析更有意思,说“《礼运》的大同以儒家的面目出现而溶合先秦诸子的社会理想于一炉”,除了儒家思想之外,他们认为还有道家、墨家、农家、阴阳家的思想。他们简直把《礼运》看成了一盘“大杂烩”,从中品出了各种各样的滋味。基于这样的理解,他们认定:“《礼运》大同不单是儒家的社会理想,也是先秦诸子社会理想的汇合与总结,是集我国古代社会理想的大成者。当然,这个总结和集中,是由儒家七十子的余裔,以及战国末期和秦汉之际的礼家共同完成的。”

关于《礼运》与阴阳家的联系,其观点与前述各家相同,不必再说。该书认为《礼运》之中有道家思想,是因为“《礼运》把‘大同’社会称之为‘大道之行’,把‘天下为家’的社会称之为‘大道既隐’”。在他们看来,“‘大道’正是道家的术语,历史倒退观也正是道家的历史观”。他们还引述《老子》说:“有物混成,先天地生。寂兮寥兮！独立而不改,周行而不殆。可以为天下母。吾不知其名,字之曰道,强为之名曰大。”“大道氾,其可左右。万物恃之以生而不辞,成功不名有。”“大道废,有仁义。智慧出,有大伪。”

---

① 李学勤:《失落的文明》,上海文艺出版社 1997 年版,第 310—317 页。

② 参见陈正焱、林其锬:《中国古代大同思想研究》,中华书局香港分局 1988 年版,第 84—93 页。下引该书引文均出自此,不再标注。

《老子》的“大道”其实与《礼运》的“大道”并不完全一致，《礼运》所说的“大道”，是指儒家心目中“圣道”大行的社会，它是一种政治理想。相比之下，《老子》所谓的“大道”更加抽象，更具有本体论意义。

该书认为“大道”是道家的术语，似乎儒家就没有这样的“术语”，而事实就像《礼运》所显示的，孔子特别注重“大道”，这一概念在孔子心目中有重要位置。如《左传·哀公六年》记孔子之言道：“孔子曰：‘楚昭王知大道矣！其不失国也，宜哉！’”《孔子家语·正论解》也记有此事。另外，许多早期典籍和儒家著作如《逸周书》《管子》《孟子》《荀子》等言及“大道”的事例同样比比皆是。《吕氏春秋·谕大》篇曰：“孔子、墨翟欲行大道于世而不成，既足以成显名矣。夫大义之不成，既有成矣已。”《务大》篇又说：“孔、墨欲行大道于世而不成，既足以成显荣矣。”孔子的理想是推行“大道”，这个“大道”实际就是《礼运》中所言及的“大道”。另外，不仅儒家，墨家也同样以推行“大道”为其社会理想的终归。

该书还说《礼运》的“选贤与(举)能”“显然出自墨家”，我们认为这更是“显然”的错误。大量的孔子“尚贤”的思想资料暂且不说，仅《论语》之中，就有孔子的“贤贤”“见贤思齐”“君子尊贤”等语词，还有孔子论述怎样识别贤人、批评有贤不举的论述。《墨子·尚贤》说“夫尚贤者，政之本也”，而《论语·子路》篇记仲弓向孔子“问政”时，孔子也明确回答“举贤才”，不知道为什么该书在审视《礼运》时竟然对儒家的“尚贤”主张视而不见。

该书又说《礼运》的思想有的来自农家，这也十分牵强。书中说：

《礼运》:"货恶其弃于地也,不必藏于己;力恶其不出于身也,不必为己。是故谋闭而不兴,盗窃乱贼而不作,故外户而不闭。"农家也有"贤者与民并耕,饔飧而治""市贾不贰,国中无伪"的主张。财产公有,共同劳动,不"厉民而以自养"以及国中"无伪",正是农家的社会理想,联系《礼运》"天生时而地生财"以农业为本,以及上述各尽其力的思想,显然是有农家思想影子的。

其实,以农业为本的思想正是儒家经济思想的特色。作为鲁国产生的大思想家,孔子的思想根植于鲁国文化,立足于鲁国这样的宗法农业社会。而鲁文化与周人的传统文化一脉相承,所以周、鲁文化的风格就在于其重礼与重农特点,"动不妨农,使民以时",一直是鲁人的传统。① 孔子同样强调农业的重要性,《论语·学而》篇记孔子的话说:"道千乘之国……使民以时。"孔子的以农为本的思想,从他所整理的《春秋》一书中也能明显体现出来。这些,实际都是儒家经济思想的研究者们的共识。

至于所谓农家"市贾不贰,国中无伪",这更是孔子早已经具体实施过的。《孔子家语·相鲁》篇记:

孔子初仕,为中都宰,制为养生送死之节,长幼异食、强弱异任、男女别涂,路无拾遗、器不雕伪……行之一年,而西方之诸侯则焉。定公谓孔子曰:"学子此法以治鲁

① 参见杨朝明:《鲁文化史》,齐鲁书社 2001 年版,第 117—125 页。

国,何如?”孔子对曰:“虽天下可乎,何但鲁国而已哉?”

孔子的做法不仅成了各地学习的榜样,还得到了鲁国国君的赞赏,并且孔子还说这样的做法可以推行到天下。这其中的“器不雕伪”与“市贾不贰,国中无伪”并无二致。

看来,关于《礼运》思想源于其他各家以及该篇写成较晚的各种说法都是难以成立的。按照我们的认识,《礼运》是可靠的文献,绝非后人“假托孔子”之名伪作。所以,其中有儒家的思想自不待言。其中论述“讲信修睦”“故人不独亲其亲,不独子其子,使老有所终,壮有所用,幼有所长,矜寡孤独废疾者皆有所养”,与《论语》等书所记孔子的“博施济众”“老者安之,朋友信之,少者怀之”的社会理想完全相同。篇中论述有关礼的发展与运用等内容,其他的相关材料中也都能找到相同或者相通的论述。

三、《礼运》的“错简”问题

《礼运》篇大同、小康之说可谓影响极大,但是,《礼运》的最初面貌可能并不是《礼记·礼运》篇中记载的这个样子。由于在对《礼记·礼运》这里的解说时感到文意不畅,后人遂认为《礼运》篇中存在“错简”问题。其实不然。之所以如此,我们认为这里确有《礼记·礼运》文本本身的问题,也有人们对文本解读时出现的问题。

笔者认为,《礼记·礼运》文本本身最大的问题是戴圣编订时对原有材料的添加与改动,尤其是添加了所谓的“小康”

这样的概念，贻误后世深远；人们对文本解读时出现的最大的问题，是误解孔子所说的“大道之行”的时代为所谓“五帝时期”，而孔子的本意却是“大道之行”的时代就是“三代之英”的时代。

（一）关于《礼运》篇的文本

《礼运》同时见于《礼记》与《家语》，但两篇《礼运》在文辞上有一些区别。如前所说，《家语》中《礼运》篇的记述应该更为可靠。

为了论述的方便，我们将《孔子家语·礼运》篇的相应部分抄录于下，而将《礼记·礼运》多出的句子用括号括出：

> 孔子为鲁司寇，与于蜡。既宾事毕，乃出游于观之上，喟然而叹。（仲尼之叹，盖叹鲁也。）言偃侍，曰：“夫子何叹也？”孔子曰：“昔大道之行，与三代之英，吾未之逮也，而有记焉。大道之行，天下为公，选贤与能，讲信修睦。故人不独亲其亲，不独子其子。老有所终，壮有所用，（幼有所长，）矜寡孤（独废）疾皆有所养。（男有分，女有归；）货恶其弃于地，不必藏于己；力恶其不出于身，不必为人。是以奸谋闭而不兴，盗窃乱贼不作，故外户而不闭。谓之大同。今大道既隐，天下为家，各亲其亲，各子其子。货则为己，力则为人。大人世及以为常，城郭沟池以为固（，礼义以为纪，以正君臣，以笃父子，以睦兄弟，以和夫妇，以设制度，以立田里，以贤勇知，以功为己，故谋用是作，而兵由此起）。禹、汤、文、武、成王、周公由此而选，（此六君子者，）未有不谨于礼（者也，以着其义，以考其信，着有过，刑仁

讲让，示民有常）。礼之所兴，与天地并。如有不由礼而在位者，（在位者去，）则以为殃（是谓小康）。”

两书还有个别文字的不同，其中一处比较重要的差别如下：

《家语》：“货恶其弃于地，不必藏于己；力恶其不出于身，不必为人。……货则为己，力则为人。”

《礼记》：“货恶其弃于地也，不必藏于己；力恶其不出于身也，不必为己。……货力为己。”

我们认为，《家语》的记载应该更为近真。在这句话的前面，孔子实际讲的是人们财产共有，各尽其力，所以在对待财物方面，人们都嫌恶浪费，但也不必为自己所有；而对待个人力气方面，一则嫌恶偷懒不用，二则自己出力也是出于个人的志愿或者需要，并不是为了他人，也不是为了邀功图名。所以，王肃注“力恶其不出于身，不必为人”曰：“言力恶其不出于身，不以为德惠也。”在“大道既隐”之后，情况发生了变化，人们将货物据为己有，自己出气力也不是志愿，就好像是对别人的德惠，这就是“货则为己，力则为人”。这里的“为人”就是“以功为己”。另外，《家语》这里不仅意义合理，而且“己”与“人”对文，语气显然更为顺畅。相比之下，《礼记》的文字应该是经过了改动。

我们认为《礼运》篇中《礼记》比《家语》多出来的句子可能都是后来添加上去的。如其中的“仲尼之叹，盖叹鲁也”，显然就不是言偃记述时所有。《礼记·礼运》称禹、汤、文、武、成王、周公等人为“君子”，也应该不是孔子的语气，在孔子心目中，他们都是古代圣王，孔子一般以“圣”相称，比之于“圣”，“君子”分量轻了许多。单看《家语》的文字，也不觉像《礼记》那样有明显的文意不畅。孔安国在《后序》中说，《家语》“散在人间”时，“好事者或各以意增损其言，故使同是一事而辄异辞”，《礼记·礼运》中多出来的这些句子，很有可能即出于后人的添加。这样理解，再认识《礼运》可能就容易多了。

（二）关于后人的解读

自郑玄以来，人们论说《礼运》，总是将“大同”与“小康”看成前后相继的两个阶段，其实，《孔子家语》的记述并没有说到“小康”。

按照郑玄的理解，“大同”之世谓五帝时期；“小康”之世谓三王时期，也就是三代时期。下面的“今大道既隐”是“前明五帝已竟，此明三代俊英之事。孔子生及三代之末，故称今也”。

《礼运》中前面说“昔大道之行也”，后面讲“今大道既隐”，一“昔”一“今”，后人自然很容易理解成前后相继的阶段。其实，我们认为，《礼运》所说，的确不是前后相继的两阶段，文中并没有专门论及“五帝”。

《礼运》“昔大道之行，与三代之英”，其中的“与”字十分关键。这里的“与”不是连词，应该当动词讲，是“谓”“说的是”的意思。该字之训，清人王引之《经传释词》有说。前人也已经指出《礼运》此字应该从释为“谓”。[1] 这句话应当译为：

---

① 据说，四川师范大学教授徐仁甫先生早年发表文章指出这一点。参见永良：《〈礼记·礼运〉首段错简应当纠正》，《西南民族学院学报》（哲学社会科学版）1996 年第 S6 期。

“大道实行的时代，说的是三代之英。”

“三代之英”即三代时期的英杰人物，当然是指的禹、汤、文、武、成王、周公等人。孔子推崇三代圣王（文献所说的“三王”），后世所谓的“孔子之道”，实际就是孔子推崇的三代圣王之道，所以，孔子作《春秋》的意义就在于《史记·太史公自序》所说：“夫《春秋》，上明三王之道。”孔子虽然也崇尚“五帝”，但正如司马迁在《五帝本纪》中所言：“学者多称五帝，尚矣。”关于黄帝等上古帝王的事迹，“荐绅先生难言之”，孔子也曾经回答弟子宰我问五帝之德，但“儒者或不传”。相比之下，孔子更加推崇三代圣王。这样的材料很多，如：

> 《礼记·表记》：“子言之：‘昔三代明王，皆事天地之神明。’”
>
> 《礼记·哀公问》：“孔子遂言曰：‘昔三代明王之政，必敬其妻子也，有道。’”
>
> 上博竹书《从政》篇：“孔子曰：‘昔三代之明王之有天下者，莫之余（予）也，而□（终）取之，民皆以为义。……其乱王，余（予）人邦家土地，而民或弗义。’”①

而且，孔子时代，三代圣王之治被社会普遍认可。因为推崇三王者不止儒家，如《墨子·鲁问》云：“昔者三代之圣王禹汤文

---

①　上博竹书《从政》篇引此言为“闻之曰”，据笔者的研究，这是孔子的孙子子思所记孔子之言。参见杨朝明：《上博藏竹书〈从政〉篇“五德”略议——兼说〈从政〉应该属于〈子思子〉佚篇》，简帛研究网，2003年6月5日；又见杨朝明：《上博竹书〈从政〉篇与〈子思子〉》，《孔子研究》2005年第2期。

武，百里之诸侯也，说忠行义，取天下。三代之暴王桀、纣、幽、厉，仇怨行暴，失天下。”

“今大道既隐”的“今”也不是“现在”“当今”的意思，应该依清人王引之《经传释词》“今，指事之词也”为训，强调的是“大道既隐之后”。“今大道既隐”泛指三代末世，既指夏、商末世，亦模糊包含孔子所处的时代。孔子之叹时势，实由此而发。

这样，孔子的论说就很清楚了。孔子所言“大同”之世，指的是三代圣王时期；“大道既隐”的时代就是三代时期“圣王之治”结束的时期。从时间上讲，它们并不是前后相继的关系。对此，前引上博竹书《从政》篇可以帮助我们理解《礼运》，三代时期有“圣王”“明王”，也有“乱王”，三代有治有乱。三代的治世，就是“三代之英”时期，他们之后就是“大道既隐”的时期。

另外，《礼运》开始记孔子曰：“昔大道之行，与三代之英，吾未之逮也，而有记焉。”如果像多数人理解的那样“与”是连词，大道推行的时代指“五帝”时期，那么，“有记”的时代应该包括“五帝”之时，而实际上，先秦时期人们认为的“有记”时代主要指三代圣王。如《墨子》说：

> 何知先圣六王之亲行之也？子墨子曰：吾非与之并世同时，亲闻其声，见其色也。以其所书于竹帛，镂于金石，琢于盘盂，传遗后世子孙者知之。(《墨子·兼爱》)
>
> 古者圣王必以鬼神为其务，鬼神厚矣。又恐后世子孙不能知也，故书之竹帛，传遗后世子孙。咸恐其腐蠹绝灭，后世子孙不得而记，故琢之盘盂，镂之金石，以重之。

(《墨子·明鬼》)

昔者暴王作之,穷人术之,此皆疑众迟朴。先圣王之患之也,固在前矣。足以书之竹帛,镂之金石,琢之盘盂,传遗后世子孙。(《墨子·非命》)

古之圣王,欲传其道于后世,是故书之竹帛,镂之金石,传遗后世子孙,欲后世子孙法之也。(《墨子·贵义》)

《墨子》这些话的下面有的说"何书焉存?禹之《总德》有之",一般是接着引述或者论及《禹誓》《汤说》《泰誓》等"故先王之书,圣人之言"。书中所说的"古之圣王"都是指禹、汤、文、武、周公等人。

长期以来,由于人们不信《孔子家语》,故其中的《礼运》原文并不被人注意。因此,人们惑于《礼记》中对《礼运》的增添,搞不清楚《礼运》的意思,于是进行了许多的发挥和引申,因此称孔子所说的"大同"之世指的是"原始共产主义",是孔子的"空想"等等。孔子对于三代"圣王"之治当然有理想化成分,但孔子毕竟说的不是"原始公社时期"的情形。

人们指出《礼运》中的所谓"错简",其实也与对文本的不当认识和解读有关。其实,按照《孔子家语》中的《礼运》篇,理解起来就更容易。

最早提出《礼运》"错简"问题的是清人邵懿辰,他在《礼经通论》中说:

《礼运》一篇,先儒每叹其言之精,而不甚表彰者,以不知道章有错简,而疑其发端近乎老氏之意也。今以"禹汤文武成王周公由此其选也,此六君子者未有不谨于礼者

> 也”二十六字，移置“不必为己”之下、“是故谋闭而不兴”之上，则文顺而意亦无病矣。①

据说，后来徐仁甫先生在四川省社科院作古汉语学术讲座，同样曾讲到《礼记·礼运》首段有错简，今也有学者赞同此说。②

实际上，“禹、汤、文、武、成王、周公由此而选”中的“此”是三代乱世之时，意思是桀、纣、幽、厉之世需要有禹、汤、文、武、成王、周公这样的“圣人”出来。孔子这里所强调的依然是“礼”，因为这些“圣人”“未有不谨于礼”。最后一句“如有不由礼而在位者，则以为殃”有点题的作用，言大同之世有大道行，人们自觉谨礼而行；大道既隐的时代，呼唤像禹、汤、文、武、成王、周公这样的圣人；礼制施行之后，如果不依礼而行，大家就以为是祸殃。

还有人怀疑另一处有错简。任铭善先生《礼记目录后案》说：

> “今大道既隐”章，“故谋用是作而兵由此起”十字，当在“货力为己”句下，因“为己”字同而致错简，谓谋作兵起，然后不得已而为世及之礼，以息天下之争也。不然，以禹、汤、文、武、成王、周公为兵谋之首选，岂孔子之言乎？③

---

① （清）邵懿辰：《礼经通论》，《皇清经解续编》卷一千二百七十七，南菁书院刻本，叶 17b。

② 参见永良：《〈礼记·礼运〉首段错简应当纠正》，《西南民族学院学报》（哲学社会科学版）1996 年第 S6 期。

③ 任铭善：《礼记目录后案》，齐鲁书社 1982 年版，第 24 页。

这里所说的“故谋用是作而兵由此起”十字,《孔子家语》中没有,应该是后人增添的。这种增添是基于增添者本人对《礼运》篇内容的理解,而这种理解未必妥当,未必认识到孔子所言大同之世指的就是三代圣王之治。

《礼运》“大同”说的实质与意义*

孔子长期从事教学与社会活动，留下了大量而珍贵的言论，综观相关材料特别是孔子遗说，谁都不会怀疑孔子对夏、商、周三代礼制的稔熟，也不会怀疑孔子对三代“明王”的崇敬。保存在《孔子家语》和《礼记》中的《礼运》篇正是孔子社会理想的集中体现，系统地展示了孔子的礼学思想，是儒学乃至中国思想文化史的一篇重要文献。长期以来，人们对《礼运》及其“大同”思想学说进行了很多研究，只是由于《孔子家语》“伪书”说的影响，人们很少注意到《孔子家语》中的《礼运》篇，很少注意到该篇与《礼记·礼运》的差别及其文献学意义。但是，尽管人们主要以《礼记》中的《礼运》为研究文本，依然有学者看到了《礼运》与孔子的密切关系，认识到该篇思想的先秦时代特征，认为《礼记》虽然成书时代较晚，而其中关于“大同”之道的思想却是先秦的。① 鉴于人们在认识上依然存在很大误解，该篇的重要价值明显受到遮蔽，本文试在以往研究的基础上，对《礼运》中的“大同”说再加讨论。

---

* 原载于《衡水学院学报》2016年第6期。

① 参见周继旨：《“大同”之道与“大学”之道——论先秦儒家对人生的“终极关怀”与“具体设定”》，《孔子研究》1992年第2期。

一、《礼运》篇的“大同”思想属于孔子

长期以来，由于疑古思潮的严重影响，人们怀疑《孔子家语》，在《礼记》成书问题上异说纷呈，严重影响到了对《礼运》价值的认识。时至今日，依然有学者怀疑《礼运》的真实性，对该篇的认识与理解存在一些偏差。例如，金春峰先生虽然认为《礼运》是儒学和中国文化思想史的一篇重要文献，但以为《礼运》为汉儒所采辑、编撰，其中的一些内容为汉人撰写，反映了汉人天人同类的大礼乐观。[①] 这个问题很有必要认真研究，不然真的会出现“思想史的错置和混乱”的现象。

如果在文献成书问题上出现偏差，如果像金先生所说把汉代的思想当作孔子与其弟子论礼之言，就会“把孔子思想汉人化、董仲舒化”。反过来，如果其中的思想本属于孔子及其弟子，今人却以为属于汉人，这样的错乱同样严重，就会把孔子思想人为地拉到汉代，实际上也低估了孔子思想，看低了早期儒学的发展水平。显而易见，把《礼运》之中明确记载“孔子曰”的文献说成是“汉人撰写”，这等于说“汉代学者假冒孔子之名”，这与疑古思潮盛行时期所谓的“汉人伪造说”观念完全相同。当然，这里的错误与混乱还是不难看清的。

十几年前，笔者曾经关注《礼运》，对它的成篇与学派属性等问题进行思考，发现人们对于该篇的有关问题存在很大混

---

① 参见金春峰：《〈礼运〉成篇的时代及思想特点分析》，《衡水学院学报》2015 年第 6 期。

乱。例如,连许多基本的问题,如《礼运》成于何时,其中的思想是否属于儒家,或者其学派性质如何等都存在严重分歧,甚至可以说乱作一团,代表了疑古思潮影响下学术认识的严重失范。对这样一篇重要文献的认识,关涉到中国早期思想史面貌的描述①,实不能不认真辨析。通过研究《礼运》的成篇问题,通过研究《孔子家语》与《礼记》中《礼运》篇的异同,我们清楚地看到,汉代编辑《礼记》,其中不少篇章确实经过了重新连缀和编辑,但汉儒并不是像今人所认为的那样对孔子缺乏敬畏,他们很可能没有动辄就假借"孔子"来表述自己的主张。或者说,《礼运》并非"出于汉人的伪作"。通过对其中关键问题的分析,可以说我们应该能解开《礼运》成篇的谜团,可以消除人们的疑虑。

《礼运》最大的问题是该篇的作者。《礼运》是怎样写成的,这与文本中的许多问题相连,比如《孔子家语》和《礼记》都有《礼运》,如果以传统的观点,舍弃《家语》而用《礼记》的文本,那么,得出的结论可能会有较大偏差。实际上,我们曾经反复地细致比较《家语》与《礼记》两个文本,比较二者的相同和相通之处,明显发现《礼记》文本不如《家语》,综合审视二者共同内容之间文本的差异,强烈感觉到了《礼记》的不少改编痕迹。②

---

① 参见杨朝明:《〈礼运〉成篇与学派属性等问题》,《中国文化研究》2005年第1期;韩国成均馆大学校东亚学术院、儒教文化研究所:《儒教文化研究》第五辑,2005年。

② 参见杨朝明:《〈孔子家语·弟子行〉研究》,杨朝明主编:《孔子学刊》第四辑,上海古籍出版社2013年版,第86—110页;杨朝明、张磊:《〈孔子家语·致思〉篇研究》,《东岳论丛》2009年第4期;杨朝明、魏玮:《〈孔子家语〉"层累"形成说考辨》,《古籍整理研究学刊》2009年第1期。

例如《礼运》篇首部分,《孔子家语》的《礼运》篇作:“孔子为鲁司寇,与于蜡。既宾事毕,乃出游于观之上,喟然而叹。言偃侍,曰:‘夫子何叹也?’孔子曰:‘昔大道之行,与三代之英,吾未之逮也,而有记焉。’”《礼记》中的该篇则作:“昔者仲尼与于蜡宾,事毕,出游于观之上,喟然而叹。仲尼之叹,盖叹鲁也。言偃在侧,曰:‘君子何叹?’孔子曰:‘大道之行也,与三代之英,丘未之逮也,而有志焉。’”不难看出,与《礼记》相比,《孔子家语》更像时人所记,给人以明显的现场感。《孔子家语》中的“夫子何叹”,《礼记》中作“君子何叹”。很显然,《孔子家语》所记是对的,因为孔子的弟子乃至当时的公卿大夫大多习惯上称孔子为“夫子”。我们综合以往的比较研究,很容易能够判断出,相比于《孔子家语》,《礼记》对材料的变动很大,而《孔子家语》更注重维持简书原貌。

孔子回答言偃进行这番论说的具体时间,《孔子家语》的记载比较明确,就是在孔子为鲁国司寇时期,具体就在参与蜡祭活动之后。蜡祭是每年十二月举行的祭祀礼仪活动,孔子忧国忧时,他由此进行了很多思考。言偃记录下孔子的论说,于是才有了《礼运》这一儒学名篇。据记载,孔子为司寇时间不长,因此,我们可以判定孔子的这次谈论,时间应在鲁定公十年到十二年这三年之内的某年十二月,当时孔子五十三岁左右。从孔子的谈论中可以看出,孔子当时的心情比较沉重。也就在此后不久的鲁定公十三年,孔子离开了鲁国,开始了漫长的“周游列国”的生涯。

相比之下,《礼记》仅仅用了一个“昔”字表示时间,令人对孔子论说的时代背景不好把握。戴圣编订《礼记》,着眼于西汉时的历史实际,他没有明确地保存“夫子本旨”的意图,因而其中的改编便不像《家语》那样忠实于原文。他必须立足于汉朝,更不应有违犯时忌的言语。例如,《孔子家语》的《礼运》中所记言偃的问话中有“今之在位,莫知由礼”,《礼记》的《礼运》篇中便找不到。孔子“喟然而叹”,《礼记》还画蛇添足般地加上一句解释性质的话,说“仲尼之叹,盖叹鲁也”,因为在戴圣他们看来,汉家王朝大一统的“清明”政治,哪里能有令人叹息的“莫知由礼”。对照《礼记》与《孔子家语》的其他不少相同的篇章,类似的例子很容易找到。例如《礼记·中庸》对《孔子家语·哀公问政》的改编、《大戴礼记·主言》对《孔子家语·王言》篇的字词改动,其实都与西汉中央集权政治的加强有关。

将《孔子家语》和《礼记》的《礼运》篇进行比较,我们发现《家语》缺少了自“我欲观夏道”至“此礼之大成也”一节,而这一节却出现在今本《家语》的卷一《问礼》篇中。细致观察前后文的联系,可看出《礼记》以之在《礼运》篇是正确的。今本《家语》类似的错乱还有不少。例如,将《礼记》的《仲尼燕居》和《孔子闲居》分别与《孔子家语》的《论礼》《问玉》进行比较,也可以发现这一点。孔安国在《后序》中说,他得到这些简册后,“乃以事类相次,撰集为四十四篇”。可见,《家语》的这些篇章都由他编次而成。可以想见,他在遇有简册散乱时,只能依据内容进行新的编排。《问礼》篇可能就是如此,该篇除了言偃问礼的内容,还有鲁哀公问礼的一部分,可能当时他觉得这两部分归属不明,遂以“问礼”名篇,将这两部分归入。这一点反而证明《家语》的古朴可靠,证明孔安国《后序》所言不虚。①

---

① 参见杨朝明:《读〈孔子家语〉札记》,《文史哲》2006 年第 4 期;杨朝明:《〈孔子家语〉的成书与可靠性研究》,(台北)《故宫学术季刊》2008 年第 1 期。又见杨朝明:《〈孔子家语〉通说》,杨朝明注说:《孔子家语》,河南大学出版社 2008 年版。

这样,《礼运》的成篇年代已经十分明确了。虽然《礼记》编成在汉代,《家语》也由汉代的孔安国写定,但《礼运》的成篇时间却很早。既然《家语》如孔安国在《后序》中所说那样是“由七十二子各共叙述首尾”,那么,《礼运》也应该成于孔子弟子之手。

任铭善《礼记目录后案》说:“按《论语》文例,凡弟子门人所记者称子,曾子、有子是也;弟子互记或门人记他弟子之语者称字,子贡、子夏、原思、宰我是也;弟子自记者称名,宪、宰予、冉求是也;其称孔子,或曰夫子,或曰仲尼,子贡曰:‘仲尼,不可毁也。’是也。于长者乃称名,子路对长沮曰:‘为孔丘。’是也。此篇称仲尼而名言偃,疑子游所自记也。”①言偃,字子游,若是其弟子门人所记,其中不应直称其名。我们认为,《礼运》篇记言偃与孔子的问对,称孔子曰“仲尼”,应该出于言偃自记。

人们怀疑该篇出于子游,还有一个很大的障碍,那就是子游的年龄问题。作为儒学名篇,《礼运》应当是孔子与其弟子子游对话的记录。但是,如果按《史记》所言子游“少孔子四十五岁”,则当时子游不到十岁,由此,人们不能不质疑该篇记载的可靠性,对该篇的种种说解也进而随之产生。其实,《孔子家语》明确记述子游“少孔子三十五岁”,只是由于人们对《孔子家语》的价值认识不清,而且《孔子家语》本身版本不一,致使这一问题长期没有得到解决。事实上,当时的子游应当早已年过十五而学于孔子,符合孔门教学的历史实际。关于这一点,我们已经专文讨论②,此不赘述。

---

① 任铭善:《礼记目录后案》,齐鲁书社 1982 年版,第 23 页。

② 参见杨朝明、卢梅:《子游生年与〈礼运〉的可信性问题》,《史学月刊》2010 年第 7 期。

确定了本篇材料的来源，该篇的真实性问题也就清除了最大的障碍。那么，《礼运》中的“大同”思想属于孔子就没有大的问题了。

二、“大同”思想的实质在于“道承三王”

孔子的一生是求“道”的一生，实现“大同”之世是他的理想和追求。孔子心中的“有道”之世，是他十分尊崇的“三王”时期。“三王”概指夏、商、周“三代之明王”，具体说来，就是禹、商汤、文、武、成王、周公，就是《礼运》所说“三代之英”。

金春峰先生认为，《礼运》赞扬“天下为公”，当以五帝为背景。金先生的观点很有代表性，学界很多人认为《礼运》的成篇时间有问题，大多是在这里出现了问题。这个问题十分关键，也是很多认识分歧的一个症结所在。

《礼运》“昔大道之行，与三代之英”中的“与”字何解，的确还有一些争议。“与三代之英”的“与”字，人们一般都会把它作为连词。其实，它应该作指示动词，意思是“谓”“说的是”的意思。该字之训，清人王引之《经传释词》有说。前人也已经指出《礼运》此字应该从释为“谓”。① 这句话应当译为：“大道实行的时代，说的是三代之英。”只有理解了这一点，才不至于在《礼运》成篇的时间问题上出现迷乱。吴光教授曾经指

① 据说，四川师范大学教授徐仁甫先生早年发表文章指出这一点。参见永良：《〈礼记·礼运〉首段错简应当纠正》，《西南民族学院学报》（哲学社会科学版）1996 年第 S6 期。

出,“选贤与能”的“与”与之一致,可以作为“举”或者“举出”来理解。他把“选贤与能”看作“选贤举能”。[①]

在孔子心目中,“三代之英”即三代时期的英杰人物,当然是指禹、汤、文、武、成王、周公等人。孔子推崇三代圣王(文献所说的“三王”),后世所谓的“孔子之道”,实际就是孔子推崇的三代圣王之道,所以,孔子作《春秋》的意义就在于《史记·太史公自序》所说:“夫《春秋》,上明三王之道。”孔子虽然也崇尚“五帝”,但正如司马迁在《五帝本纪》中所言:“学者多称五帝,尚矣。”关于黄帝等上古帝王的事迹,“荐绅先生难言之”,孔子也曾经回答弟子宰我问五帝之德,但“儒者或不传”。相比之下,孔子更加推崇三代圣王。这样的材料很多,如《礼记·表记》:“子言之:‘昔三代明王,皆事天地之神明。’”《礼记·哀公问》:“孔子遂言曰:‘昔三代明王之政,必敬其妻子也,有道。’”上博竹书《从政》篇:“孔子曰:‘昔三代之明王之有天下者,莫之余(予)也,而□(终)取之,民皆以为义。……其乱王,余(予)人邦家土地,而民或弗义。’”[②]孔子时代,三代圣王之治被社会普遍认可。因为推崇三王者不止儒家,如《墨子·鲁问》云:“昔者三代之圣王禹、汤、文、武,百里之诸侯也,说忠行义,取天下。三代之暴王桀、纣、幽、厉,仇怨行暴,失天下。”

儒家学派有一个重要特征,他们都崇尚先王之道,尤其称颂尧舜及西周以来的传统文化。正如荀子所说“儒者法先王”

---

① 参见吴光:《儒家大同思想的内涵》,第三届中韩儒学交流大会,山东济南,2016年8月。

② 杨朝明:《上博竹书〈从政〉篇与〈子思子〉》,《孔子研究》2005年第2期。人大报刊复印资料《中国哲学》2005年第5期。

(《荀子·儒效》),"先王"指尧、舜、禹、汤、文王及武王,尧、舜是传说中的古代帝王,禹、汤、文王和武王分别是夏、商、周三代的开国之君。

儒家称颂尧舜、宗法文武始自孔子,《中庸》说"仲尼祖述尧舜,宪章文武",尧舜文武是孔子心目中的圣王明君。据《论语·泰伯》,子曰:"大哉尧之为君也!巍巍乎!唯天为大,唯尧则之。""巍巍乎!舜、禹之有天下也,而不与焉!"尧的伟大在于能够像天养育万物那样治理天下,舜、禹贵为天子富有四海能为百姓忧劳却不为自己。古代圣王治理天下达到了很高的境界,如舜能够选贤任能以至无为而治。此即《论语》:"舜有天下,选于众。""舜有臣五人而天下治。""子曰:'无为而治者,其舜也与?夫何为哉,恭己正南面而已矣。'"这是孔子心目中理想的治国之道,"无为而治"在孔子那里也就是"德治",如《卫灵公》:"子曰:'为政以德,譬如北辰,居其所而众星共之。'"孔子对古圣先王的礼乐文明制度倍加赞赏,如赞尧:"巍巍乎!其有成功也。焕乎!其有文章!"南宋大儒朱熹注曰:"成功,事业也。焕,光明之貌。文章,礼乐法度也。"

金春峰先生还说:"《礼运》第二部分的核心内容是表述天地阴阳、天人同类之大礼乐观。这不可能是孔子思想。"这里涉及的问题就更复杂了,比如如何认识中国古代文明的发展水平?怎样理解孔子思想的高度与深度?孔子礼乐思想体系怎样把握?孔子遗说是怎样形成的?问题复杂,我们也已经进行过一些讨论[①],此处不再论说。

① 详细内容参见杨朝明:《新出简帛与早期儒学的重新认识》,《儒家文献与早期儒学研究》,齐鲁书社2002年版,第191—220页。

其实,金先生可能没有认真研究《孔子家语》的《礼运》篇。比如,他提到"《礼运》第三部分抄自先秦文献",金先生所说的三段如下:(1)自"夫礼之初,始诸饮食"至"生者南乡,皆从其初";(2)自"昔者先王未有宫室"至"以事鬼神上帝,皆从其朔";(3)"故玄酒在室,醴盏在户"至"此礼之大成也"。他还说:"这三段话《孔子家语》既收入其《礼运》中,又收入其《问礼》,这种重复收录,可见其编辑成书的粗忽。"实际上,这不是《孔子家语》编者的疏忽,而是金先生自己疏忽了,《孔子家语》的《礼运》篇根本就没有这三段,《孔子家语》并没有重复收录。实际上,当初编辑《孔子家语》时,很可能是将既有材料进行编辑,没能将孔子与言偃论礼的材料集合在一起,《礼记·礼运》将二者编在同一篇中可能符合实际。显然,这不是《孔子家语》编者的疏忽,却更显示了《孔子家语》材料的古朴。金先生可能没有认真核实《孔子家语·礼运》篇的原文,对《孔子家语》的成书问题也没有认真思考。

周礼经由对夏商二代之礼的损益以至礼文大备,孔子对周代礼乐制度推崇备至。据子贡所言,孔子学修"文武之道",形成了他完备的礼乐思想体系。以孔子之言证之,子贡所说不虚,如,子曰:"周监于二代,郁郁乎文哉!吾从周。"又曰:"文王既没,文不在兹乎?天之将丧斯文也,后死者不得与于斯文也;天之未丧斯文也,匡人其如予何?"朱熹注曰:"道之显者谓之文,盖礼乐制度之谓。"这是孔子被匡人围困时说的话,孔子以文王之道的担当者自期,自认是文王之道的传人。孔子以能继文王、武王、周公之业为职志,追求"博施于民而能济众"的圣人理想境界。中国古代文明有一个漫长的发展过程,有很高的发展水平,孔子继承他以前的中华文化传统,以先王之道作为自己的旗帜和理想，述而不作，凝练提升，希望救治“礼坏乐崩”的乱局、重整社会秩序。“祖述尧舜，宪章文武”是孔子儒家思想的突出特征。

三、“大同”思想的核心是“天下为公”

孔子说：“大道之行，天下为公。”这里的“公”内涵丰富，可以是国家、社会、大众，也可以是公理、公式、公制；是正直无私、为大家利益着想，也是公正、公心、大公无私。但首要的是强调人们要有公共意识，遵守社会规范与社会公德。

人如何立身处世，怎样处理人与人、人与集体、人与社会、人与国家、人与自然的关系，是历代中国思想家、政治家最为关心的问题，也是孔子儒家思想学说的核心问题。包括孔子在内的早期儒家、历代学人都思考过“人心”与“道心”、“人情”与“人义”、“人欲”与“天理”的关系，论证过人的自然性与社会性的关系。儒家认为，“人之所以为人”，应当遵守社会的规范，自觉遵守社会的公德，这是一个人的素养所在。正如孔子所说：“人而不仁，如礼何？人而不仁，如乐何？”（《论语·八佾》）所以，在孔子“天下为公”的表述中，以自觉的修养处理好各种关系，自觉遵守社会规则与社会规范，有较高的公共意识，才是孔子所说的“公”的主要内涵。

在社会与家庭生活中，每个人的角色都是复合的，工作中都有下级与上级，具有“君”和“臣”的不同身份；在家庭中又有“父”与“子”等的不同身份……每个人都处在君臣、父子、夫妻、兄弟、朋友的各种关系中，于是，要处理好这些基本关系，孔子说："君臣也，父子也，夫妇也，昆弟也，朋友也，五者，天下之达道。"又说："父慈、子孝、兄良、弟悌、夫义、妇听、长惠、幼顺、君仁、臣忠，十者谓之人义。"社会关系以"五达道"为主并延伸开来，处理好这些关系离不开"人义"的十个方面。所谓"天下为公"，就是社会的大同与和顺，就是处理好这些关系。

孔子所说"君君、臣臣、父父、子子"见于《论语·颜渊》篇，该篇及随后的《子路》篇都围绕克己、修身以"正名"而逐步展开。正名，要求每个人都能"修己""克己""省身"，作为一个社会人，就要成为合格的"人"，具有一定的素养与内涵。孔子说："克己复礼为仁。一日克己复礼，天下归仁焉。"他强调"为仁由己"，希望人们遵守礼法，"非礼勿视，非礼勿听，非礼勿言，非礼勿动"，也许只有这样，为人之"义"的问题才能解决。

"天下为公"又与"正名"思想直接关联，或者说其中就自然包含着"正名"的思想。对社会国家的治理而言，"仁德"的实现关键在为政者，所以孔子的正名思想，首先强调"君君"，希望为政者率先垂范，做好自己，做出表率。对此，《论语·颜渊》篇一再加以铺陈。当季康子问政时，孔子说："政者，正也。子帅以正，孰敢不正？"又说"其身正，不令而行；其身不正，虽令不从。"还说："君子之德风，小人之德草，草上之风，必偃。"君子行为端正，则其德如风，君为善则民善。

孔子的"正名"主张是一贯的，如《论语·八佾》记载定公问孔子："君使臣，臣事君，如之何？"孔子对曰："君使臣以礼，臣事君以忠。"各种人伦关系都是双向的，作为人伦关系中十分重要的一种，君臣双方也应各尽其职。为政之要在于"正名"，孔子的表述非常清楚。子路问孔子为政以何为先，孔子明确回答："必也正名乎！"他论述说："名不正则言不顺，言不顺则事不成，事不成则礼乐不兴，礼乐不兴则刑罚不中，刑罚不中，则民无所措手足。”(《论语・子路》)可见正名极其重要，它是为政的前提和基础，只有正其名，知其分，才能说话顺当合理，风清气正，取得较好的社会管理效果。对于为政者来说，要正名，必正己，这恰恰是对于“君”的正名的要求。

按照“正名”的要求，人“在其位”必“谋其政”，应该勇于担当，按自己的角色定位尽力做好自己。孔子说：“唯器与名，不可以假人，君之所司也。”(《左传・成公二年》)自己的职责，自己的分内事，不可推卸责任，不能借与他人。孔子进一步解释道：“名以出信，信以守器，器以藏礼，礼以行义，义以生利，利以平民，政之大节也。”(《左传・成公二年》)所谓“名”，关涉极大，当事人应该心无旁骛，不能玩忽职守。既有其名，必负其责，这样才能人存政举，遵循礼义，取得成效。春秋末期晋大夫史墨也说：“是以为君，慎器与名，不可以假人。”(《史记・鲁周公世家》)

既然“天下为公”，大家共同工作、生活在一起，那么“正名”思想就自然包含这样一层意思，即不可逾越本分，胡乱作为。如果不集中心力，跨越领域与边界，就易造成混乱。孔子说“不在其位，不谋其政”(《论语・宪问》)，曾子说“君子思不出其位”(《论语・宪问》)，意思正是如此。有人从消极的角度理解，认为这是推卸责任，是不思进取，恐怕背离了本来的精神。从礼的功能讲，它本来就是为了“定分止争”，合理的做法自然就是“安分守己”。做大事者要尽职尽责，心无旁骛，不可左顾右盼，患得患失；还要遵守礼法制度，不逾越职权，胡乱作为。历史上违权乱政的人不都是超越本分、邪念丛生的人吗？

作为社会的人，当然不能只考虑个人，不能脑子里总是想一己之私利，应当考虑自己属于一个民族、一个国家、一个集体，有"公"的意识，才能做一个更好的"社会人"。从这样的意义上讲，"公"是一个内涵极丰富的概念，是一个极重要的概念。

在"天下为公"之后，孔子接着说"选贤与能""讲信修睦"，这是"天下为公"题中应有之义，也是值得特别申说的内容。"选贤与能"与当今时代的所谓"民主趋势"正相吻合。"天下为公"之"公"的"公平""公正""公理"等含义，与传统中国"礼"的观念相呼应。传统的"礼"，从本质上讲，就是孔子所说的"礼也者，理也"(《礼记·仲尼燕居》)，"礼也者，理之不可易者也"(《礼记·乐记》)，"礼也者，合于天时，设于地财，顺于鬼神，合于人心，理万物者也"(《礼记·礼器》)。

孔子在对"大同"理想的描述中，还说："货恶其弃于地，不必藏于己；力恶其不出于身，不必为人。"这些，也可包括在"公"之中。人有"公"心，才能不浪费，不私藏，货财尽其用，人人尽其力。

孔子说："人不独亲其亲，不独子其子，老有所终，壮有所用，矜寡孤疾，皆有所养。"这些属于"仁"的范畴。最为紧要的是，孔子所说"人不独亲其亲"有一个基本前提，就是"亲亲"，没有"亲亲之爱"，哪里会有"不独亲其亲"？

社会上最不可或缺的是"爱"与"敬"，孔子还把"爱与敬"看成"政之本"(《孔子家语·大婚解》)，很明显，儒家重视孝悌，认为孝悌是"为人之本"，也是因为社会生活不能没有"爱"与"敬"。那么，爱心如何培养？自然就是由"亲亲"到"不独亲其亲"的逻辑推演，就是将对父母的爱心放大开来。

孔子说:“立爱自亲始”,“立敬自长始”(《孔子家语·哀公问政》),孔子此言十分重要。孔子说:“仁者,人也。亲亲为大。”(《礼记·中庸》)一个人具有仁德,最基本的表现就是“亲亲”,就是孝敬父母亲。有“亲亲”这个前提,才能“不独亲其亲,不独子其子”,才能“老吾老以及人之老,幼吾幼以及人之幼”(《孟子·梁惠王上》),进而“泛爱众”(《论语·学而》)……儒家的“仁”作为一种道德范畴,指人与人之间的相互友爱、互助与同情等等,具备了“仁”的品质,才能仁爱正义,才能通情达理,为他人着想。“仁”是一个开始于“修己”的过程,是一个由“孝亲”而“仁民”进而“爱物”的逻辑推演过程。人修己的基本表现是“亲亲”,从最基本的“亲亲”之爱出发,然后推演爱心,完善人格,影响民众,改善人心,最终使社会“止于至善”(《礼记·大学》)。

孔子说:“奸谋闭而不兴,盗窃乱贼不作,故外户而不闭。”阴谋诡计被遏制而不能施展,劫掠偷盗、叛逆犯上的事也不会发生,所以外出也不用关门闭户。看起来这并不是很高的要求,但却是千百年来人们的共同追求,这就是“和”,就是社会和谐、人心和顺。其实这也是孔子社会理想的落脚点。中国人向来都以“和”为贵,几千年来,中华民族“更和睦、更和平地”相处与生活,与“和”的价值追求密不可分。

儒学四书研究

新出竹书与《论语》成书问题再认识*

《论语》的价值与它的成书问题联系在一起。《论语》何时成书？怎样成书？如何看待该书对于孔子和早期儒学研究的意义？在地下新出土材料问世之前，人们只能在既有传世文献的解释上阐述自己的理解，因而各逞其说，似乎分歧在不断地增大。

幸运的是，近些年来，定州八角廊汉墓竹简《论语》、郭店楚墓竹简、上博竹简以及其他相关儒家文献陆续问世，为我们研究《论语》的成书问题提供了不少直接或者间接的宝贵材料。本文即以新出竹简文献作为旁证，在学者们新的研究基础上，试对《论语》成书的几个问题谈谈个人的看法，希望有助于该问题的解决。

一、《论语》成书于前428年至前400年的二十多年中

对《论语》成书时间看法的分歧，主要是由对有关记载的

---

* 原载于《中国哲学史》2003年第3期，又载于《韩国哲学论集》第13辑，韩国哲学学会，2003年。

理解不同造成的,说到底它是对有关文献价值的认识问题。现在,我们看到战国竹书中已经引用《论语》中的句子,显然,这些竹书写成以前,《论语》已经编成并且开始流行,这样,以前对文献的理解正确与否,也得到了相应的验证。

关于《论语》成书时间的说法,最早的记载见于《汉书·艺文志》,其曰:"《论语》者,孔子应答弟子、时人及弟子相与言而接闻于夫子之语也。当时弟子各有所记,夫子既卒,门人相与辑而论纂,故谓之《论语》。"认为《论语》是由孔子弟子及再传弟子结集而成,结集的时间当在孔子去世后不久。这里的记载出于汉代学者刘歆,它代表了汉唐学者的一般看法。

唐朝以后,历代都有学者对《论语》成书问题进行研究。但在清朝以前,学者们的探讨似乎还大致不离《汉书·艺文志》的框架,即主要讨论《论语》具体出于哪一位或者哪几位弟子、出于孔子去世后的什么时间等。

清朝以来,疑古思潮兴起,《论语》也像几乎所有的典籍一样受到怀疑,人们对《论语》的成书问题也产生了疑虑,甚至对其真实性表示怀疑。学者们的研究主要从《论语》的流传着眼,认为《论语》等书既有递相传授,就必然会造成"不纯"。

崔述的研究最具代表性,他的《洙泗考信录》和《论语余说》用考究授受源流等方式论定《论语》一书有"窜乱",有"续附",《论语》编订初始,各篇不出于一人之手,而是"各不相谋",其后才汇为一本,又有"采自他书以足成之者"。崔述的根据主要是前十篇与后十篇文体上有所不同,认为尤以最后五篇为不足信。

对崔述的研究,顾颉刚先生叹服不已,倍加赞赏。顾先生说:"古来读《论语》者不知有几何万人,然但视为修身治国之教条而崇拜之，不闻取做学问之对象而研究之也。”在顾先生看来，柳宗元、袁枚等人谈及《论语》的作者与传流等“学术问题”已经难能可贵，康有为于《论语》没有“析论精详”，但他指出其中“左丘明耻之”一章为古文家所羼入则甚是。所以，崔述“以分析之眼光，比较之手腕而成就其研究之功”，自然为顾先生所激赏。《论语》一书，顾先生认为：“今本乃一至不纯壹之本，乃一三国时凝固之本，其中经汉人窜乱者实不知其几也。”[①]经此探研辨析，《论语》的价值自然大打折扣。

实际上，这样的观点成了后来学界对《论语》一书的主流看法。有学者说“《论语》的结集，时间可能晚得多，不是在公元前五世纪，而是在公元前二世纪的景、武之际”，不承认《论语》有“原始结集”之一事，认为不论其结集时间、篇目多少、《论语》传本还是文字真伪都还存在问题，从而主张对《论语》进行“分解”式的研究。[②] 还有学者认为，《论语》中的资料不能相信，如其中《微子》篇中的一些记载，就不能据以评价孔子，以为“他们分明是庄子学派的人编造，儒家的后生记了下来，略加改造而附在《论语》后面的”[③]。

崔述的研究还影响到国外，受到外国学者的推崇。如美国学者顾立雅（H. G. Creel）就说：“似乎不太可能确定什么时候孔子讲了这些话以及什么时候他的弟子们首次集录成书。首

---

① 顾颉刚遗著，王煦华整理：《孔子研究讲义按语》，《中国典籍与文化》编辑部编：《中国典籍与文化论丛》第七辑，北京大学出版社 2002 年版，第 1—49 页。

② 参见朱维铮：《论语结集脞说》，《孔子研究》1986 年创刊号。

③ 李毅夫：《研究孔子思想必须正确使用资料》，《齐鲁学刊》1987 年第 3 期。

先进行集录的可能不是孔子弟子而是弟子们的某些弟子。正如有人所主张的,现存《论语》的前十章是原书,接下来的五章是后来的某个时候增补的。大抵可以肯定崔述的假定是正确的,这就是,十六到二十章是更晚些的增补。"①他在其书的注中还说:"崔氏对《论语》的批判——这是一位独一无二的学者对此论题作出的最重要的贡献。"②

日本学者木村英一也是如此,他研究《论语》各篇,落实各篇写成的时间,认为某些篇成于孔子再传、三传、四传甚至五传弟子之手,这与崔述的看法大体一致。西方有学者对《论语》的怀疑更有过之而无不及,据说,20 世纪 30 年代,"受疑古思潮的影响,英国汉学家韦利坚持认为,《论语》一书 20 章,只有第 3 至第 9 章是可靠的,其余各篇均系后人所加。这一疑古考证已经成为西方汉学的经典工作,至今仍有较大的影响";"有一对学者夫妇——布鲁克斯夫妇(白牧之、白妙子)……只相信第 4 章的前 20 节是可靠的,其余都是孔子的学生们在 240 年的时间内逐步加上的。这一结论引起了较大的争议,新闻媒介对这一结论作了各种很有趣的发挥与引申"。③

从主观愿望上讲,大家都希望自己的研究是"史学的研究",试图"寻求真相辨出真的孔子学说来",但无疑地,其中的偏颇显而易见。文献的比较研究证明《论语》成书不晚,而且

---

① [美]顾立雅:《孔子与中国之道——现代欧美人士看孔子》附录《〈论语〉的确实性》,高专诚译,山西人民出版社 1992 年版,第 407 页。

② [美]顾立雅:《孔子与中国之道——现代欧美人士看孔子》附录《〈论语〉的确实性》,高专诚译,山西人民出版社 1992 年版,第 411 页。

③ 程钢:《西方学者的先秦思想史研究》,黄留珠、魏全瑞主编:《周秦汉唐文化研究》第一辑,三秦出版社 2002 年版,第 270、279—280 页。

人们以《论语》前后对孔子称谓不一，而怀疑《论语》的成书年代，现在也失去了说服力。

从新发现的材料看，《论语》中孔子称谓的差异，有些可能是在传抄中形成的，并不能作为《论语》成书较晚的证据。今本《论语》后十篇中称"孔子"的地方，竹简本有的称"子"。如《阳货》篇："子张问仁于孔子。孔子曰：'能行五者于天下，为仁矣。'"《尧曰》篇："子张问于孔子曰：'何如斯可以从政矣？'子曰：'尊五美，屏四恶，斯可以从政矣。'"在简本中以上两章中的"孔子"均称"子"。另外，今本《论语》称"子"的地方，竹简有的则称为"孔子"，说明《论语》中的称谓在抄写过程中会发生一定变化，因此，《论语》的成书时间不能完全以此来判断。①

近年来，出土文献日益丰富，极大地推动了学术研究的进程。学者们开始致力于《论语》成书问题的研究，学者们的看法也大体趋于一致。② 只是对该书的成书时间还有更为具体的讨论。

《论语》中载有曾子临终之言，因而该书成书时间的上限在曾子去世之后当然没有什么问题，问题在于《论语》成书时间的下限。从《论语》中的句子被传世文献引述看，时间较早的是《孟子》，而且其中多次征引，这样，《论语》的结集时间可

---

① 参见梁涛：《定县竹简〈论语〉与〈论语〉的成书问题》，《管子学刊》2005 年第 1 期。

② 这些研究成果主要有郭沂：《论语源流再考察》，《孔子研究》1990 年第 4 期；又见其《郭店竹简与先秦学术思想》，上海教育出版社 2001 年版，第 333—374 页。梁涛：《〈论语〉的结集与早期儒学的价值观》，《新编中国思想史 22 讲》，高等教育出版社 2012 年版，第 105—131 页；又见其《定县竹简〈论语〉与〈论语〉的成书问题》，《管子学刊》2005 年第 1 期。单承彬：《论语源流考述》，吉林人民出版社 2002 年版。

以初步定于曾子去世之后、孟子既生之前，具体时间大致在公元前428年至公元前372年间的不到六十年中。

但是，郭店竹简的发现，我们还可以继续思考《论语》结集时间的下限。

郭店楚简研究的成果证明，其中的儒家著作属于久已佚失的《子思子》，同时也证明《隋书·音乐志》引沈约所云“《中庸》《表记》《坊记》《缁衣》皆取《子思子》”是有根据的。①《礼记·坊记》中已经出现了“论语”之名，《坊记》曰：

> 子云：“君子弛其亲之过，而敬其美。《论语》曰：‘三年无改于父之道，可谓孝矣。’高宗云：‘三年其惟不言，言乃欢。’”

《坊记》现为《礼记》中的一篇，但《礼记》确实是直接汇聚原有典籍而成，《坊记》也当为戴圣取自子思之书。西汉时期，孔安国的孙子孔衍曾经上奏朝廷，希望重视《孔子家语》。孔衍的奏言中说：“戴圣皆近世小儒，以《曲礼》不足，而乃取《孔子家语》杂乱者，及子思、孟轲、荀卿之书以裨益之，总名曰《礼记》。今见其已在《礼记》者，则便除《家语》之本篇，是为灭其源而存其末也。”②孔衍所说，其言不虚。③

---

① 参见李学勤：《先秦儒家著作的重大发现》，《中国哲学》编辑部、国际儒联学术委员会编：《郭店楚简研究》（《中国哲学》第二十辑），辽宁教育出版社1999年版，第13—14页。

② （元）马端临：《文献通考》卷一百八十四《经籍考十一》，中华书局1986年版，第1583页。

③ 参见杨朝明：《〈礼记·孔子闲居〉与〈孔子家语〉》，《儒家文献与早期儒学研究》，齐鲁书社2002年版，第262—273页。

《坊记》中明引《论语》,而且《坊记》与包括《成之闻之》在内的郭店楚简许多篇章明显属于《子思子》,则子思生活的时代《论语》已经成书。

另外,郭店楚简的《语丛》中也引述了《论语》中的句子。例如:

《语丛三》第50、51简,据研究,可以隶定为“志于道,据于德,依于仁,游于艺”,这段话,明显与《论语·述而》一致。在《论语》中,这是孔子的话。《语丛》与《论语》句子完全相同,可以说明《语丛》取自《论语》。

《语丛三》第64、65简,两简有中线作为界隔,第64简编线以上有“亡(毋)意亡(毋)古(固)”四字,编线下有“亡(毋)物不物”四字;第65简中线以上是“亡(毋)义(我)亡(毋)必”,编线下有“皆至焉”三字。栏线上面的应当接着读,下面实际为对上面的解说。这样,二简应当是“毋意、毋固、毋我、毋必”。[①]《论语·子罕》曰:“子绝四:毋意、毋必、毋固、毋我。”顺序虽有差别,但二者至少应当同源。

看来,战国时的楚国不仅有《子思子》流传,也有《论语》流传。《郭店楚墓竹简》中有不少语句与其他文献记载的孔子言语相近,情况大致都是如此。出土郭店楚简的古墓,其年代约在公元前300年前后,墓葬中的书籍成书应在其前。这就意味着公元前300年以前,《论语》已经在南方的楚国流传,也证明子思在其著作中引述《论语》不成问题。

---

① 庞朴先生于此有说,见《〈语丛〉臆说》,《中国哲学》编辑部、国际儒联学术委员会编:《郭店楚简研究》(《中国哲学》第二十辑),辽宁教育出版社1999年版,第327页。

据研究，子思在世的时间约为公元前491年至前400年①，则《论语》成书的下限当在公元前400年以前。所以，《论语》成书的具体时间可以限定在公元前428年至公元前400年间的二十几年中。

二、《论语》的纂辑应该是由子思主持完成

从编纂学的角度讲，《论语》像那时的许多典籍一样，并没有现代意义上的“作者”。从字面上看，“论”有集合简册、比次群言的意义；《汉书·艺文志》认为“语”是众弟子“接闻于夫子之语”。因而，“论语”就是孔门弟子把从孔子那里得来的话汇辑起来的意思。②

那么，《论语》的汇辑者是谁？是一个人，几个人，还是一批人？关于这些问题，在没有新的直接材料问世之前，人们只有从《论语》的内证和相关材料的旁证中找出最为合理的解说。但各家的说法仍有一定差异，《论语》的编纂者，有人认为是孔子众弟子；有人认为是仲弓、子游、子夏；有人认为是有子、曾子弟子；有人认为出于曾子弟子。在前人研究的基础上，最近有学者提出《论语》为曾子领纂③，笔者认为这个说法近于实际。我们进而认为，说《论语》是子思主持完成更

① 孔德立：《〈孔丛子〉与子思生年问题》，《齐鲁学刊》2004年第2期。

② 参见单承彬：《论语源流考述》，吉林人民出版社2002年版，第8页。

③ 参见贾庆超：《曾子领纂〈论语〉说》，《东岳论丛》2003年第1期。

为合理。

子思为曾子弟子，在曾子去世后地位特殊，有儒学领袖风范。说《论语》出于子思，不仅与以前学界的论证相合之处较多，更重要的是符合《论语》记载所反映出来的信息，与孔子之后儒学传承的实际比较吻合。

在孔子的著名弟子中，有可能纂辑《论语》者，曾子当在首位，然而，《论语》记其临终之言，则曾子没有主持其事。孔门德行科弟子颜回、冉伯牛早死，仲弓年长于曾子。正如柳宗元所说："曾参少孔子四十六岁，曾子老而死。是书记曾子之死，则去孔子也远矣。曾子之死，孔子弟子略无存者矣。"①所以，柳宗元由此认定《论语》为曾子弟子所为。

除了德行科弟子，子夏、有若也是孔子弟子中的佼佼者。但与曾子相比，他们似乎都在其次。据《史记·仲尼弟子列传》，孔子去世后，子夏等人因为有子"状似夫子"，曾经推举他为"师"。对此，《孟子·滕文公上》也有记述：

> 昔孔子没……子夏、子张、子游以有若似圣人，欲以所事孔子事之，强曾子。曾子曰："不可。江汉以濯之，秋阳以暴之，皓皓乎不可尚已。"

子夏欲尊有子，以之为孔门正统。子夏等人曾"强曾子"，说明曾子对有子的正统地位不予承认，也说明曾子在孔门中颇有影响，地位不同寻常。同时，这里的记载也反映出孔门内部当时已出现分歧。

---

① （唐）柳宗元：《柳河东集》，上海人民出版社 1974 年版，第 68 页。

有若立派不久,可能因为学识不高,难以服众,孔门后学又发生分化。据《史记·仲尼弟子列传》,有人向他请教:

> 昔夫子当行,使弟子持雨具,已而果雨。弟子问曰:"夫子何以知之?"夫子曰:"诗不云乎?月离于毕,俾滂沱矣。昨暮月不宿毕乎?"他日,月宿毕,竟不雨。商瞿年长无子,其母为取室。孔子使之齐,瞿母请之。孔子曰:"无忧,瞿年四十后当有五丈夫子。"已而果然。敢问夫子何以知此?有若默然无以应。弟子起曰:"有子避之,此非子之座也。"

有子有夫子之表,无夫子之里,无法回答别人提出的问题,因而受到责难。其中的"此非子之座也"一语,已经否定了有子的特殊地位。

有子,今本《论语》载其言论四处,三处称子(有子),一处称名(有若)。称名者为与鲁哀公问答,故此章为特例,并不与前者矛盾。另外,冉有、闵子骞也偶一称"子",说明他们也是当时较有影响力的人物,但他们还都远不至于达到可以领纂孔子遗说的地步。

在孔门"四科"中,子夏长于"文学",与《论语》主题不洽。子夏尊重曾子,地位不及曾子。更重要的是,《论语》记录子夏言行,全部直称"子夏",无一处称"子"。《子张》篇两处说到"子夏之门人",如记子游曰:"子夏之门人小子,当洒扫应对进退,则可矣,抑末也,本之则无,如之何?"子夏听说后进行解释。"从记事角度和描述的语气、语感,显然不是子夏及其门弟子自为,不是己称,而是他称,是熟悉子夏的同辈或他门弟子所录所称。”①《论语》的最后编定者不会是子夏。

《论语》的材料来自众弟子所记。从《论语》本身的材料看，其中除了对不同的人有不同称谓，对于诸事的记录方式、语气也透露了其汇编的痕迹。孔门弟子有做笔记、随时记录的习惯，就像《论语》中记录孔子答“子张问行”以后“子张书诸绅”那样，《孔子家语》中的许多篇，如《入官》《论礼》《五刑解》《正论解》《曲礼子贡问》等篇所记的“退而记之”“志之”“识之”等，都是弟子随时记录孔子言语的情形。这些材料中的“志”“识”“记”有“记录”的意思。《礼记·礼运》篇中记孔子曰：“大道之行也，与三代之英，丘未之逮也，而有志焉。”其中的“志”，在《孔子家语》的《礼运》篇中作“记”。《礼运》篇中，不论“记”还是“志”，都有“记载”“记录”“志书”之义，朱彬《礼记训纂》引刘台拱解此字曰：“识也，识记之书。”

《论语》为孔门弟子所记，史书记载非常明确。刘向说《论语》为孔子弟子“辑而论撰”，王充《论衡·正说篇》说《论语》为“弟子共记孔子之言行”，应该都是可信的。《论语》中不仅以“子曰”的形式叙述孔子的言语，而且记有许多孔子与弟子的问答，其中涉及弟子有名姓者就有三十人，这些材料当不会出于一人或者少数几人，其中内容是由这些弟子或其再传弟子记录而成。

这就出现了一个矛盾，一方面，《论语》出于曾子门人，阅读《论语》，其中厚重的曾子言行会给人留下深刻的印象，除了曾子门人，他人一般不会如此。另一方面，论者又指出，《论语》形成于孔门后学分化的背景之下，而孔门的严重分化又难

---

① 贾庆超：《曾子领纂〈论语〉说》，《东岳论丛》2003年第1期。

以聚集这么多的材料。要解决这样的矛盾,合理的推论只能是众弟子将材料汇集到一起,最后主要由一人进行整理、选辑、编订。这位整理编订者应在孔门之中地位尊隆,而且是曾子门人,符合这种条件的人只有子思。

我们认为,研究《论语》的成书应当与《孔子家语》联系起来,这样会使问题更加清楚。以前,人们认为《孔子家语》是王肃的伪造,现在,阜阳汉简、定州竹简的发现证明了传统看法是错误的。上海博物馆藏战国楚竹书中的一些篇章和《孔子家语》相同,通过比较研究,证明《孔子家语》有极其重要的价值,从某种意义上讲,其价值甚至要超出《论语》。①

关于《论语》与《孔子家语》的关系,孔安国的《孔子家语后序》说《家语》乃“当时公卿士大夫及七十二弟子之所谘访交相对问言语”,认为《家语》和《论语》都出于“诸弟子各自记其所问”,说《家语》与《论语》“并时”。尔后“弟子取其正实而切事者,别出为《论语》,其余则都集录之,名之曰《孔子家语》”。所以,如果说《论语》有“语录”性质,而《家语》则与“文集”相近。《孔子家语》是弟子记录的汇编,其中虽然有后来增加、整理的成分,但基本还是原始面貌的保留。

有人推测,《论语》的结集可能在孔子去世后不久,因为“以常情而论,孔子殁,‘微言’绝,而且弟子中已有不同学派,七十子在聚会治夫子之丧时,能不考虑今后大家离去,‘微言’分散,不利以传夫子之道吗?所以说这时倡议纂辑《论语》,时

---

① 参见杨朝明:《〈孔子家语·执辔〉篇与孔子的治国思想》《〈礼记·孔子闲居〉与〈孔子家语〉》,《儒家文献与早期儒学研究》,齐鲁书社2002年版,第274—294、262—273页。

机最为成熟,汇集资料最为方便”①。我们认为很有道理。《孔子家语》中有《终记解》一篇,记录孔子临终前的一些情形,似乎可以说明这样的推测不误。只是此时汇集起来的可能是弟子们各自记录整理的孔子言行,它应该就是《孔子家语》的雏形。而从孔子言语中“取”出“正实而切事”的《论语》,很可能是此后的事情。

《孔子家语》之称为“家”,其中记录孔子身世、生平,又有《本姓》叙述其家世源流,说明《孔子家语》属于“孔氏家学”②的范畴。而《家语》与《论语》“并时”的情况表明,二者的整理与编订者只能是子思。

三、《论语》具有明显的“正实而切事”特征

与《论语》成书问题密切相连的是其性质与特征。《论语》是怎样编订的?为什么编成现在的样子?这些都与该书纂辑的指导思想有关。细细推论,孔安国在《孔子家语后序》中说《论语》“正实而切事”,这应该是《论语》最为明显的特征。而该书的这一特征,又进一步证实它确实由子思最后编定。

马承源主编的《上海博物馆藏战国楚竹书(二)》(上海古籍出版社 2002 年版)中有《从政》篇,经学者们研究,发现其中的“四毋”说与《论语·尧曰》倒数第二章“子张问政于孔子”

---

① 黄立振:《〈论语〉源流及其注释版本初探》,《孔子研究》1987 年第 2 期。

② 李学勤:《竹简〈家语〉与汉魏孔氏家学》,《孔子研究》1987 年第 2 期。

中的“四恶”相同。[①]《从政》篇的“四毋”说,下面紧接着论述“五德”,两者就在同一竹简上,我们的研究认为,《从政》的“五德”与《论语·尧曰》倒数第二章“子张问政于孔子”中的“五美”一致。

《从政》篇现存竹简中,仅仅“闻之曰”就出现了至少 13 次,经比较研究,《从政》篇中的“闻之曰”与“子曰”相同,意思正是闻于孔子之言。以“闻之曰”起始的每一节都集中论说一个主题,彼此相对独立。将《从政》篇的这些竹简与现存在《礼记》中的《子思子》四篇(《坊记》《中庸》《表记》《缁衣》)进行对照,不难发现其结构非常一致。《孔丛子·公仪》记穆公对子思所说“子之书所记夫子之言”表明《子思子》中有很多是专门记述孔子的话。《从政》篇与郭店楚简、《礼记》四篇等子思著作又在内容上有密切关联,所以,我们认定《从政》篇应该属于《子思子》的佚篇。[②]

发现《从政》篇属于《子思子》有重要的意义,一则说明《子思子》书中有多篇都是以“子曰”“闻之曰”的形式大量排比孔子言论;二则说明其中子思所记述的孔子语录就像他本人所说:“或亲闻之者,有闻之于人者,虽非其正辞,然犹不失其意。”(《孔丛子·公仪》)由此可知,《子思子》中大量的孔子言论,有不少应该就是“闻之于人者”,虽然“不失”夫子之“意”,但可能“非其正辞”。相比而言,《论语》所记则肯定是孔子“正辞”,也就是孔安国所说的“正实”。

---

① 参见陈剑:《上博简〈子羔〉、〈从政〉篇的竹简拼合与编连问题小议》,《文物》2003 年第 5 期。

② 参见杨朝明:《上博藏竹书〈从政〉篇“五德”略议——兼说〈从政〉应该属于〈子思子〉佚篇》,简帛网,2003 年 6 月 5 日。

《论语》的“正实而切事”与《孔子家语》等比较更加明显。《论语》的所谓“正实”，可以理解为它十分符合孔子一贯的思想主张。这些话，即使不是他常常说起，也一定可靠有据。相比之下，《家语》中的长篇论说，就被讥为“颇有浮词”。就像现在，人们研究孔子，似乎更习惯于像《论语》前面各个篇章中的“善言法语”，其他大量资料仿佛都有疑问。倒是朱熹对《家语》的理解比较符合历史实际，据《朱子语类》记，他认为《家语》“非王肃所作”，但其书“多疵”；又说《家语》“是当时书”，但“杂记得不纯”。朱熹毕竟对《论语》研究较多，所以对《家语》情况也看得更准确。

其实，依今天的眼光看，众多的孔子遗说都有这样的特征，这是孔子遗说流传过程中造成的。朱熹所说《孔子家语》的“多疵”或者“不纯”也是这样，稍微细心观察《家语》的整理与流传就不难理解。《家语》经过了弟子们的加工，各篇文辞或有参差，但都不离孔子“本旨”。孔安国《家语后序》谈到《家语》成书的有关情况，从中看出《家语》的形成与传流过程是复杂的。今本《家语》先后经过了“七十二子各共叙首尾，加之润色”“好事者或各以其意增损其言”等过程，因而，书中便出现了“颇有浮说，烦而不要”的情况；《家语》的辗转流传，自有文字的更改，其中既有改“古文”为“今文”的过程，也有收拾乱简、重新整合的过程，除了孔安国所撰次的本子，还有“散在人间”以及公卿大夫所持的本子，所以又出现了“同是一事，而辄异辞”的情况。

如何理解孔门后学“润色”孔子之言，《孔丛子·公仪》所记子思的话其实就是最好的回答：“虽非正其辞，然犹不失其意焉。”然而，经过后人的整理，这些大量的孔子遗说毕竟显得

"颇有浮说,烦而不要"。我们认为,《论语》的所谓"正实",就是相对于这类情况而言。

《论语》不仅"正实",而且"切事",《论语》的这一特点也应该与子思的纂辑有关。让我们从分析《论语》文本开始观察。

《论语》的结构如何?《论语》中的每一篇有没有主旨?《论语》的资料是无序的随意排列,还是有序的精心比次?这当然是一个问题的不同方面,但对这些问题,后人的理解却有不同。

《论语》各篇有无主旨,与对该书首篇的理解有关。皇侃认为每篇都有主旨,并为之一一说解。朱熹也这样认为。朱夫子谈第一篇说:"此为书之首篇,故所记多务本之意,乃入道之门,积德之基,学者之先务也。"朱熹认为《学而》篇是全书思想的根本所在。清人翟灏《四书考异》则以为不然,刘宝楠也认为皇疏"妄有联贯",他说:"《论语》章次依事类叙,无所取法,与《孟子》篇章迥殊。"所以,刘宝楠编《论语正义》,将皇侃所概括的各篇主旨尽行删除。

《论语》有无主旨的分歧,决定于对该书内容的理解。我们认为,《论语》首篇首章对于理解这一问题具有至为关键的意义。因为对于本章,传统的理解可能并不准确。

《论语》开篇曰:"学而时习之,不亦说乎?有朋自远方来,不亦乐乎?人不知而不愠,不亦君子乎?"传统上,人们认为"学"即学习,"时"为时时、常常,"习"为复习、演习。全句意思是学习了知识而能常常复习。由此造成了对全章理解上的偏差。

有学者于此发现了问题。关于"学而时习之"比较有代表性的解释都是把它当作学习方法,但仔细分析全章三节,对照孔子一生活动,参考《论语》其他关于学习方法的论述,似乎这里讲的不是学习方法,而是概括了学者可能遇到的三种不同的境界,勉励学者端正态度,树立坚持真理的君子精神。①

在这样的基础上,又有学者对此问题进行了详细论说,认为这里的"学"不是动词,而是名词,指的是孔子的"学说"。"时"不应解作"时常"或"按时",而应解作"时代"(可引申为社会)。"习"不应作"温习"讲,而应作"演习""采用"讲。这样一来,全章的意思大体是:

> 孔子说:"如果我的学说被时代(或社会)采用,那不就太值得高兴了吗?(退一步说,如果时代没采用,可是)有很多赞同我的学说的人从远方而来(和我一同讨论问题),不也很快乐吗?(再退一步说,不但社会没采用,而且人们也不理解我的学说,)我也不恼怒,不也是一位有道德修养的君子吗?"

这样理解不仅符合前后连贯的体例,符合首篇首章开宗明义的惯例,符合孔子的实际情况,而且文字训诂通顺。②

我们认为上述新解是正确的。"学而时习之"中的"学"和"时"与《庄子·天下》篇"百家之学,时或称而道之"相近。学,有作动词用的"学习",有作名词用的"学说"等,这里应为

---

① 参见刘家齐:《"学而时习之"章新解》,《齐鲁学刊》1986 年第 6 期。

② 参见李启谦:《关于"学而时习之"章的解释及其所反映的孔子精神》,《孔子研究》1996 年第 4 期。

后者,指思想主张,对社会、人生的总体认识。程树德《论语集释·学而上》即指出:"'学'字系名辞。"清人毛奇龄《四书改错》曰:"学者,道术之总名。"这样理解,还突出了《论语》首章的思想中心,不至于让人感到孔子的这些话有些散乱,没有主题。后人编辑孔子之言以成《论语》,把本章放在首篇,又作为首章,必定不应只谈论学习、交朋友一类的事情,该有较为重要的主题。这样理解,也与整篇的主旨更加吻合。

将《论语》首篇首章这样理解,突出了"人不知"情况下的君子人格主题问题。而且它不仅与《论语》的末篇末章照应,更与《论语》首篇末章照应。《论语》末篇末章云:"孔子曰:'不知命,无以为君子也;不知礼,无以立也;不知言,无以知人也。'"这里谈的是"知"的问题。《论语》首篇末章云:"子曰:'不患人之不己知,患不知人也。'"这里谈的是"人不知"的问题。结合孔子一生的出处进退,尤其是孔子晚年对于人生的感悟,就不难理解这一点有多么重要。相比之下,《论语》开篇与首篇末章的照应应该更为重要,更为直接。

这样,《论语》内在的严密逻辑就很清楚了。《论语》首篇围绕做人这一个中心问题展开,以下各篇分别谈为政以德、守礼明礼、择仁处仁等,层层剥离,依次展开。《论语》首篇十分重要,《朱子语类·论语二》引宋人吴寿昌说:"今读《论语》,只熟读《学而》一篇。若明得一篇,其余自然易晓。"这的确是通读《论语》掌握其真谛的中肯之言。

《论语》注重做人、修身,这正是曾子门派的特征,这一特征或许就是孔安国所谓的"切事"。子思学于曾子,从上博竹书《从政》篇等看,子思不仅谈论心性问题,也十分关注为人、为政等世间现实,他谈论心性也是他深刻思考社会人生的表现。正因如此，子思纂辑《论语》，才首重做人。梁人皇侃《论语义疏》说："此篇论君子、孝弟、仁人、忠信、道国之法、主友之规，闻政在乎行德，由礼贵于用和，无求安饱，以好学能自切磋而乐道，皆人行之大者，故为诸篇之先。"子思这样条次编辑，既符合乃祖孔子原意，又与其师曾子保持一致，还与他自己的思想通贯。《论语》这种清晰的思想主旨和内在逻辑，又说明其最后纂辑完成者就是子思。

《论语》成书及其文本特征*

《论语》作为儒学要典,是研究孔子思想的基本材料。然而,这部共 20 篇计 15000 余字的著作又非常特殊,这便是该书全部采用了语录体。《论语》成书以来,历代研读之人不计其数。尤其近年来,无论图书种类还是印制数量,《论语》的相关出版物都达到了空前的水平。可是,我们在感到欣慰或者欣喜的同时,也应看到在《论语》研读中存在着一些不容忽视的问题,而这又与《论语》的成书及其文本特征密切相关。那么,《论语》是怎样成书的？其文本又有什么样的特征？笔者就此谈一点个人的看法。

一、《论语》的成书

《论语》的材料来自哪里？它是怎样编撰而成的？这些都是研读《论语》很容易想到的问题。关于这一点,《汉书·艺文志》的说法是:

---

* 原载于《理论学刊》2009 年第 2 期。

《论语》者,孔子应答弟子、时人及弟子相与言而接闻于夫子之语也。当时弟子各有所记,夫子既卒,门人相与辑而论纂,故谓之《论语》。

按照这里的说法,《论语》所记载的内容有孔子的言论,有孔子弟子的言论。孔子的言论中,有他与弟子们的对话,有他与当时其他人的对话;孔子弟子的言论多是弟子之间的相互谈话,而这些也是曾经从孔子那里听来的。这就是说,不论孔子本人的言论,还是孔子弟子的言论,都出于孔子弟子所记。

关于《论语》的成书,《汉书·艺文志》至少还表述了三层意思。

第一,孔子弟子随时记录孔子言论。《论语》中,不论孔子本人的话还是孔子弟子的话,都应来自孔子弟子的记录。在孔子长期的教学生涯中,孔子弟子常常随时记录老师的言语。有一次,孔子的弟子子张向孔子请教"行"的问题,《论语·卫灵公》记曰:

子张问行。子曰:"言忠信,行笃敬,虽蛮貊之邦,行矣。言不忠信,行不笃敬,虽州里,行乎哉?立则见其参于前也,在舆则见其倚于衡也,夫然后行。"子张书诸绅。

孔子认为,人应当"言忠信,行笃敬",即说话忠诚守信,行事庄重严肃。人应当时刻牢记,将"忠信""笃敬"装在心中,用来指导自己的行动。只要做到这一点,无论走到哪里都能够顺畅通达。子张觉得老师的话太好了,于是"书诸绅",也就是把这些话写在腰间的大带上。孔子弟子随时记录孔子言语,在《孔子家语》中有更多的记载。比如《入官》篇中,子张向孔子请教为仕之道，即怎样当官治民。孔子就如何达到“安身取誉”作了详尽的回答，所以该篇最后说：“子张既闻孔子斯言，遂退而记之。”子张回去以后把孔子的话记录了下来。又如《论礼》篇记载，一次，子夏侍坐于孔子，师徒谈到《诗》中所说的“恺悌君子，民之父母”，子夏请教怎么样才可以成为百姓的父母。于是，孔子进行了一番长谈，他围绕君主修德治国的问题，从怎样为民父母、如何德配天地等方面展开论述。孔子的论述令子夏激动不已，他猛然站起来，表示一定要记录下来。所以，《论礼》最后记载：“子夏蹶然而起，负墙而立，曰：‘弟子敢不志之？’”

第二，《论语》的材料是孔子弟子集撰而来。《论语》是“门人相与辑而论纂”的结果，唐人颜师古注：“辑与集同；纂与撰同。”这样，所谓“辑而论纂”，其实就是“集撰”或者“撰集”。说到“撰集”，我们不由想到孔安国与《孔子家语》的关系。孔安国本人正是这样表述自己与《孔子家语》之间的关系的，他在《孔子家语后序》中谈道：

> 元封之时，吾仕京师，窃惧先人之典辞将遂泯没，于是因诸公卿大夫，私以人事募求其副，悉得之。乃以事类相次，撰集为四十四篇。

在《孔子家语》“后孔安国序”①中，其表述与此大体相同：

---

①　《孔子家语后序》可据文意一分为三，其一为孔安国所作序，本文称“孔安国序”，其三为王肃所作序。两者之间的部分、包含孔子世系及孔衍奏言的部分，即此所谓“后孔安国序”，该篇序文作者不详。显然，此人也是《家语》的传承之人。根据序文的语气、表述，不难推测他一定距离孔衍不远，即使不是孔衍的同一辈人，也是其不远的后辈。

又集录《孔氏家语》为四十四篇。

《孔子家语》“后孔安国序”中引述了孔衍的“奏言”。孔衍表述为：

又撰次《孔子家语》。①

所谓“集录”，就是将已经存在的材料加以聚汇；所谓“撰次”，则不仅仅是汇聚材料，这种汇聚应有一定的内在逻辑。汉代的孔子后裔们（包括孔安国）所说孔安国与《孔子家语》的关系，对我们认识孔子“门人”与《论语》的关系颇具启示意义。尽管学术界对孔安国与《孔子家语》具体关系的认识还有一些分歧，但这不会影响我们据而讨论“撰集”一词的具体含义。按照孔安国《孔子家语后序》的说法，孔安国以前，《孔子家语》的材料经过了辗转流传，到他所处的时期，这些材料“与诸国事及七十子辞妄相错杂”“与《曲礼》众篇乱简合而藏之秘府”。孔安国通过私人关系得到了《家语》，但这些却同样是一堆“乱简”，没有次序可言。于是，孔安国对这些材料进行了分类、比次、编排，即所谓“以事类相次”，也就是“撰集”，从而成为今天看到的样子。最初，《论语》恐怕也是如此。孔子弟子在“相与辑而论纂”之前，这些材料应该是已经存在的，其存在的前提

① 按：元马端临《文献通考·经籍考·经部》作此。而《四库全书》本《孔子家语》后所附该序文则作“又撰《孔子家语》”。清代多以《家语》为伪，将“撰次”省作“撰”，反映了清人的认识倾向。

便是孔子弟子们的随时记录。

第三,《论语》的编纂在孔子“既卒”之后。孔子弟子对《论语》的“撰集”,时间是在“夫子既卒”之后。那么,何谓“既卒”?《尚书·金縢》有“武王既丧”的说法,《史记·鲁周公世家》作“武王既崩”。无论“既丧”还是“既崩”都应当表示武王去世以后不太长的时间。“既”有已、已经之义,如《左传·僖公二十二年》:“宋人既成列,楚人未既济。”《尚书·尧典》:“九族既睦,平章百姓。”又,《孔子家语·正论解》引孔子曰:“古者天子崩,则世子委政于冢宰三年。成汤既没,太甲听于伊尹;武王既丧,成王听于周公。其义一也。”此处“既丧”与“既没”并言,应当与《汉书·艺文志》的“既卒”一样。《文选·辩命论》注引《傅子》还有一种说法:“昔仲尼既殁,仲弓之徒追论夫子之言,谓之《论语》。”“丧”“没”“崩”“卒”“殁”都是人“去世”的同义语。看来,“既卒”也是古代的通行用法,即表示去世以后不久。认识到《论语》结撰在孔子“既卒”以后很有必要。长期以来,学术界占主流的看法是《论语》“不纯”和“写定很晚”。比如有学者说“《论语》的结集,时间可能晚得多,不是在公元前五世纪,而是在公元前二世纪的景、武之际”,不承认《论语》有“原始结集”一事,认为不论其结集时间、篇目多少、《论语》传本抑或文字真伪,都还存在问题。① 显然,这样的看法与《汉书·艺文志》的相关记载是不一致的,因为所谓“既卒”虽然表达的是在孔子去世以后,但不可能是孔子去世后那么长的时间。

《汉书·艺文志》表明《论语》是孔子弟子在孔子去世不久

① 参见朱维铮:《论语结集脞说》,《孔子研究》1986年创刊号。

后整理编撰既有材料而成的,但是,编撰的具体时间是什么时候,又是怎样编撰而成的,这些问题《汉书·艺文志》等典籍并没有给我们提供更多更明确的说法。因此,后世学者进行研究,并在今本《论语》中寻找内证,也提出了种种看法,但分歧依然很大。实际上,《汉书·艺文志》的相关记载虽然简单,可还是为研究《论语》的成书问题提供了很多有价值的线索。

《汉书·艺文志》著录的《论语》类文献共有“十二家二百二十九篇”,在笔者看来,这些都应该与今本《论语》具有同样的性质。广义上,事实应该正是如此,比如《孔子三朝》7 篇,颜师古注曰:“今《大戴礼》有其一篇,盖孔子对鲁哀公语也。三朝见公,故曰三朝。”这也是孔子应答时人而为当时弟子所记的内容。

最值得认真思考的是,《孔子家语》也被列入《汉书·艺文志》中的《论语》类文献。《孔子家语》与《论语》两书之间的关系,对于说明《论语》的成书很有价值。这里著录的《孔子家语》27 卷,与今 10 卷本《家语》有别。学者们都知道,古代图书在形成与流传过程中,卷帙的分合是十分正常的现象,这里的 27 卷本与王肃注的 10 卷本或有不同,但二者的主要内容应该一致。颜师古说这个 27 卷本“非今所有《家语》”,这可能是收藏在西汉秘府中的本子,不过此本不如孔安国整理、后经王肃作注的本子细致。

孔安国在《孔子家语后序》中谈到《孔子家语》与《论语》的关系,他说:

> 《孔子家语》者,皆当时公卿士大夫及七十二弟子之所谘访交相对问言语也。既而诸弟子各自记其所问焉,与

> 《论语》《孝经》并时。弟子取其正实而切事者，别出为《论语》；其余则都集录之，名之曰《孔子家语》。

由于长期以来人们以《孔子家语》为伪书，孔安国序也被认为是伪品，因此，孔安国所说的这些话向来不被人们注意。而今，由于新材料的问世，学术研究的推进，《孔子家语》的重要价值被越来越多的学者认识，孔安国的叙述也应当给予应有的重视了。

《孔子家语》与《论语》《孝经》“并时”，三者在时代上一致。《汉书·艺文志》说：“《孝经》者，孔子为曾子陈孝道也。夫孝，天之经，地之义，民之行也。举大者言，故曰《孝经》。”看来，无论是《论语》《孝经》还是《孔子家语》，其材料都来自孔子弟子。所以孔安国又谈到《家语》的特征说：

> 凡所论辩，疏判较归，实自夫子本旨也。属文下辞，往往颇有浮说、烦而不要者，亦由七十二子各共叙述首尾，加之润色，其材或有优劣，故使之然也。

孔子弟子们从孔子那里得来“第一手材料”，然后“叙述首尾”，进行了适当加工。由于材料出于众手，故而“其材或有优劣”。与《论语》《孔子家语》不同，《孝经》是“孔子为曾子陈孝道”的专篇，如果这些材料都出于孔子弟子，都是孔子弟子“接闻于夫子之语”，那么《孝经》应当出于曾子，而《论语》和《孔子家语》则应当出于众手。与《孔子家语》相比，《论语》则是经过了材料的拣选，《汉书·艺文志》所说的“论纂”或即此意。

学术界有一种看法值得注意，认为“论语”的“论”有“选择”“别择”之意。清朱骏声《说文通训定声·屯部》曰:“论,假借为抡。”《国语·齐语》曰:“权节其用,论比其材。”韦昭注:“论,择也。”《荀子·王霸》曰:“君者,论一相,陈一法,明一指,以兼覆之,兼炤之,以观其盛者也。”杨倞注:“论,选择也。”

关于“语”,《说文解字》说:“语,论也。”《广雅》说:“语,言也。”是则“孔子家语”应该就是“孔子家”的论说集或言论集,也就是在“孔子家”中编辑而成的论说集、言论集。如果《论语》书名的“论”为选择之意,则《论语》应该是选自“孔子家”之“语”中的材料。当然,这不是说今本《论语》就一定出自《孔子家语》其书。这样理解的《论语》书名的含义,与孔安国所说完全一致。或者,这种看法更接近《论语》成书的历史事实。

那么,现在的问题就是《论语》最初成书于何人之手了。

从新发现的材料看,《论语》中孔子称谓的差异,有些可能是在传抄中形成的,并不能作为《论语》成书较晚的证据。今本《论语》后十篇中称“孔子”的地方,竹简本有的称“子”。如《阳货》篇:“子张问仁于孔子。孔子曰:‘能行五者于天下,为仁矣。’”《尧曰》篇:“子张问于孔子曰:‘何如斯可以从政矣?’子曰:‘尊五美,屏四恶,斯可以从政矣。’”在简本中以上两章中的“孔子”均称“子”。另外,今本《论语》称“子”的地方,竹简中有的则称为“孔子”,这说明《论语》中的称谓在抄写过程中会发生一定变化,因此,《论语》的成书时间不能完全以此来判断。

《论语》中记载有曾子临终之言,该书成书时间的上限在曾子去世之后当然没有什么问题,问题在于《论语》成书时间的下限。郭店楚简的发现,使我们可以继续思考《论语》结集时间的下限问题。

郭店楚简研究的成果证明，其中的儒家著作属于久已佚失的《子思子》，同时也证明《隋书·音乐志》引沈约所云"《中庸》《表记》《坊记》《缁衣》皆取《子思子》"是有根据的。《礼记·坊记》中已经出现了"论语"之名，《坊记》曰：

> 子云："君子弛其亲之过，而敬其美。"《论语》曰："三年无改于父之道，可谓孝矣。"高宗云："三年其惟不言，言乃欢。"

《坊记》现为《礼记》中的一篇，但《礼记》确实是直接汇聚原有典籍而成，《坊记》也当为戴圣取自子思之书。西汉时期，孔子后裔孔衍曾经上奏朝廷，希望重视《孔子家语》。孔衍在奏言中说："戴圣皆近世小儒，以《曲礼》不足，而乃取《孔子家语》杂乱者，及子思、孟轲、荀卿之书以裨益之，总名曰《礼记》。今见其已在《礼记》者，则便除《家语》之本篇，是为灭其原而存其末也……"孔衍所说，其言不虚。

《坊记》中明引《论语》，而且《坊记》与包括《成之闻之》在内的郭店楚简许多篇章明显属于《子思子》，则子思生活的时代《论语》已经成书。

另外，郭店楚简的《语丛》中也引述了《论语》中的句子：(1)《语丛三》第50、51简，据研究，可以隶定为"志于道，据于德，依于仁，游于艺"。这段话明显与《论语·述而》一致。(2)《语丛三》第64、65简，两简有中线作为界隔，第64简编线以上有"亡（毋）意亡（毋）古（固）"4字，编线下有"亡（毋）物不物"4字；第65简中线以上是"亡（毋）义（我）亡（毋）必"，编线下有"皆至焉"3字。栏线上面的应当接着读，下面实际是对上面的解说。这样，二简应当是“毋意、毋固、毋我、毋必”。《论语·子罕》曰：“子绝四：毋意、毋必、毋固、毋我。”顺序虽有差别，但二者至少应当同源。

看来，战国时的楚国不仅有《子思子》流传，也有《论语》的流传。郭店楚墓竹简中有不少语句与其他文献记载的孔子言语相近，情况大致都是如此。出土郭店楚简的古墓，其年代约在公元前 300 年前后，墓葬中的书籍成书应在其前。这就意味着公元前 300 年以前，《论语》已经在南方的楚国流传，也证明子思在其著作中引述《论语》不成问题。

据研究，子思在世的时间约为公元前 491 年至前 400 年，则《论语》成书的下限当在公元前 400 年以前。所以，《论语》成书的具体时间可以限定在公元前 428 年至公元前 400 年间的二十几年中。

关于《论语》的编纂者，有人认为是孔子众弟子；有人认为是仲弓、子游、子夏；有人认为是有子；有人认为出于曾子弟子。在前人研究的基础上，有学者提出《论语》为曾子领纂，笔者认为这个说法近于实际。我们进而认为，《论语》是由子思主持完成的，这一观点恐怕更为合理。

子思为曾子弟子，在曾子去世后地位特殊，有儒学领袖之风范。说《论语》出于子思，不仅与以前学界的论证相合之处较多，更重要的是符合《论语》记载所反映出来的信息，与孔子之后儒学传承的实际比较吻合。

《论语》的材料来自众弟子所记。从《论语》本身的材料看，其中除了对不同的人有不同称谓以外，对于诸事的记录方式、语气也透露了其汇编的痕迹。

《论语》为孔门弟子所记，史书记载非常明确。刘向说《论语》为孔子弟子“辑而论撰”，王充《论衡·正说篇》说《论语》为“弟子共记孔子之言行”，应该都是可信的。《论语》中不仅以“子曰”的形式叙述孔子的言语，而且记有许多孔子与弟子的问答，其中涉及弟子有名姓者就有30人，这些材料当不会出于一人或者少数几人，其内容应该多是由这些弟子或其再传弟子记录而成的。

这就出现了一个矛盾：一方面，《论语》出于曾子门人，阅读《论语》其中厚重的曾子言行会给人留下深刻的印象，除了曾子门人，他人一般不会如此编辑；另一方面，论者又指出，《论语》形成于孔门后学分化的背景之下，而孔门的严重分化又难以聚集这么多的材料。要解决这样的矛盾，合理的推论只能是众弟子将材料汇集到一起，最后主要由一人进行整理、选辑、编订。这位整理编订者应在孔门之中地位尊隆，而且是曾子门人，符合这种条件的人只有子思。

我们认为，研究《论语》的成书应当与《孔子家语》联系起来。孔安国的《孔子家语后序》说《家语》和《论语》都出于“诸弟子各记其所问”，说《家语》与《论语》“并时”。尔后，“弟子取其正实而切事者，别出为《论语》其余则都集录之，名之曰《孔子家语》”。所以，如果说《论语》有“语录”性质，那么《家语》则与“文集”相近。《孔子家语》是弟子记录的汇编，其中虽然有后来增加、整理的成分，但基本还是原始面貌的保留。

有人推测，《论语》的结集可能在孔子去世后不久，因为“以常情而论，孔子殁，‘微言’绝，而且弟子中已有不同学派，七十子在聚会治夫子之丧时，能不考虑今后大家离去，‘微言’分散，不利以传夫子之道吗？所以说这时倡议纂辑《论语》时机最为成熟,汇集资料最为方便”[①]。我们认为很有道理。《孔子家语》中有《终记解》一篇,记录孔子临终前的一些情形,似乎可以说明这样的推测不误。只是此时汇集起来的可能是弟子们各自记录整理的孔子言行,它应该就是《孔子家语》的雏形。而从孔子言语中“取”出“正实而切事”的《论语》很可能是此后的事情。

《孔子家语》之所以被称为“家”,其中记录孔子身世、生平,又有《本姓解》叙述其家世源流,说明《孔子家语》属于“孔氏家学”[②]的范畴。而《家语》与《论语》“并时”的情况表明,二者的整理与编订者只能是子思。

二、《论语》的文本特征

显而易见,《论语》不同于其他许多著作之处在于它是“语录体”。也是因为如此,《论语》具有孔安国所说的“正实而切事”的突出特征。

在《家语后序》中,孔安国谈到孔子后学编撰《论语》时,其选取材料的标准是“正实而切事”。我们认为,所谓“正实”,不仅说明了《论语》材料之与孔子的关系,而且与子思作为《论语》编订者有关。

如何理解孔子遗说材料的来源,马承源主编的《上海博物

① 黄立振:《〈论语〉源流及其注释版本初探》,《孔子研究》1987年第2期。

② 李学勤:《竹简〈家语〉与汉魏孔氏家学》,《孔子研究》1987年第2期。

馆藏战国楚竹书(二)》(上海古籍出版社 2002 年版)中的《从政》篇对此颇具启发意义。《从政》篇现存竹简中,仅仅“闻之曰”就出现了至少 13 次,经认真比较研究,《从政》篇中的“闻之曰”与“子曰”相同,说的正是“闻于孔子之言”。以“闻之曰”起始的每一节都集中论说一个主题,彼此相对独立。如前所述,《礼记》中有《坊记》《中庸》《表记》《缁衣》,《隋书·音乐志》中沈约曾说这 4 篇属于《子思子》。将《从政》篇的这些竹简与现存于《礼记》中的《子思子》4 篇进行对照,不难发现其结构非常一致。《孔丛子·公仪》记穆公对子思所说“子之书所记夫子之言”,表明《子思子》中有很多是专门记述孔子的话。《从政》篇与郭店楚简、《礼记》4 篇等子思著作又在内容上有密切关联,所以,我们认定《从政》篇应该属于《子思子》的佚篇。①

发现《从政》篇属于《子思子》有重要的意义:一则说明《子思子》书中有多篇都是以“子曰”或“闻之曰”的形式大量排比孔子言论;二则说明了其中子思所记述的孔子语录的性质或可靠性问题。《孔丛子·公仪》记曰:

> 穆公谓子思曰:“子之书所记夫子之言,或者以谓子之辞。”子思曰:“臣所记臣祖之言,或亲闻之者,有闻之于人者,虽非正其辞,然犹不失其意焉。且君之所疑者何?”公曰:“于事无非。”子思曰:“无非所以得臣祖之意也,就如君言,以为臣之辞。臣之辞无非,则亦所宜贵矣。事既

① 参见杨朝明:《上博竹书〈从政〉篇与〈子思子〉》,《孔子研究》2005 年第 2 期。

不然,又何疑焉?"

子思之言交代了《子思子》所记孔子遗说的特征,即子思所谓"或亲闻之者,有闻之于人者,虽非正其辞,然犹不失其意"。由此可知,《子思子》中大量的孔子言论,有不少应该就是"闻之于人者",虽然"不失"夫子之"意",但可能"非正其辞"。相比而言,《论语》所记则应当属于孔子之"正辞",也就是孔安国所说的"正实"。

在《论语》中,孔子应答弟子、时人的话自不必说,显然都是孔子弟子等人记录整理的结果,即使"弟子相与言"之语,也能够透露出他们在表达着孔子的思想。例如《颜渊》篇记曰:

司马牛忧曰:"人皆有兄弟,我独亡。"子夏曰:"商闻之矣:死生有命,富贵在天。君子敬而无失,与人恭而有礼。四海之内皆兄弟也,君子何患乎无兄弟也?"

在这里,子夏所闻,或者即是来自孔子。而按照《论衡》以及朱熹《四书集注》的说法,这里的"死生有命,富贵在天",应当就是子夏闻于孔子之言。

如果《颜渊》篇的记述还不能完全确定子夏所闻就一定来自孔子的话,那么,《季氏》所记孔子弟子陈亢与孔子的儿子伯鱼的对话则透露了孔子弟子主要是通过"闻"的方式了解孔子的教诲。显然,这些教诲被弟子记录整理下来,就见于现在的《论语》等典籍中。《季氏》记载:

陈亢问于伯鱼曰:"子亦有异闻乎?"对曰:"未也。尝独立,鲤趋而过庭。曰:‘学《诗》乎?’对曰:‘未也。’‘不学《诗》无以言。’鲤退而学《诗》。他日又独立,鲤趋而过庭。曰:‘学《礼》乎?’对曰:‘未也。’‘不学《礼》,无以立。’鲤退而学《礼》。闻斯二者。”陈亢退而喜曰:“问一得三,闻《诗》,闻《礼》,又闻君子之远其子也。”

《子张》篇中的记述更具有典型意义:

子夏之门人问交于子张。子张曰:“子夏云何?”对曰:“子夏曰:‘可者与之,其不可者拒之。’”子张曰:“异乎吾所闻。君子尊贤而容众,嘉善而矜不能。我之大贤与,于人何所不容?我之不贤与,人将拒我,如之何其拒人也?”

作为孔子的再传弟子,子夏门人向子张求教问题。子夏所言与子张不同,最后子张所表述的,还是以自己从孔子那里听到的相告。《论语》这里所表述的还是孔子的思想。《子张》篇中又记述说:

曾子曰:“吾闻诸夫子:人未有自致者也,必也亲丧乎!”

曾子曰:“吾闻诸夫子:孟庄子之孝也,其他可能也。其不改父之臣,与父之政,是难能也。”

曾子的这两段话,都是直接转述的孔子言论。

实际上,在与孔子相处的日子里,孔子往往与不同的弟子讲述不同的内容。《公冶长》篇记载:“子贡曰:‘夫子之文章,可得而闻也。夫子之言性与天道,不可得而闻也。’”子贡“不可得而闻”的内容,其他弟子未必也是如此。孔子弟子亲闻于夫子,其“正实”可靠不言而喻。

除了“正实”,《论语》还具有“切事”的特点。所谓“切事”,子贡所言恰恰也有透露。关于“夫子之文章,可得而闻也。夫子之言性与天道,不可得而闻也”,人们的理解不同:一则理解为孔子很少谈论性与天道的问题,所以子贡不能听到;二则理解为孔子关于性与天道的议论高深微妙,连子贡也难于知解。但不论哪种理解,都说明与“性与天道”相比,孔子更关注社会生活中的现实问题。这是《论语》作为“语录体”的选材标准问题,而不是孔子是否谈论性与天道的具体问题。

与《孔子家语》相比,《论语》的“切事”更加明显。有人认为《孔子家语》是王肃伪作,朱熹就不同意这一说法。他认为《家语》“非肃所作”,但其书“多疵”;又说《家语》“是当时书”,但“记得不纯”。[①] 所谓“不纯”,无非是因为《家语》乃是将孔子遗说的材料“都集录之”,而不是像《论语》那样进行了拣选。

《论语》“切事”的特点也应该与子思的纂辑有关。子思既然是总体上来编撰孔子语录,而且是要在众多的材料中选择孔子遗言,那么,他就一定会考虑哪些孔子言论更具有直接教化社会人心的作用,哪些更为符合孔子的最终关切点。显然,《论语》有特定的选材标准,正因如此,《论语》不会记录孔子的所有言语,更不会记录孔子的所有事迹。

① 参见(宋)朱熹著,(宋)黎靖德编:《朱子语类》卷一百三十七,崇文书局2018年版,第2472页。

三、关于如何准确全面了解孔子学说的一点看法

孔子遗说研究是中国儒学研究的基础,是中国古代文化研究的关键问题,但历来研究者众多,分歧却也极大,其间许许多多不正确的认识,影响广泛而深刻,这与孔子和早期儒学在中国文化中的地位极不协调。长期以来盛行的疑古思潮,由怀疑古史到怀疑古书,中国古代文化典籍更是被怀疑的重点。由于人们对于古书成书和传流规律了解不够,很多古籍被打入"伪书"行列,多数典籍的成书年代被严重后置。中国哲学史学科可谓"受灾"最为严重,不少珍贵材料被"武断地加以剔除","颠倒思想发展之绪者"不可胜数。

近30年来,地下出土了大批的学术文献,尤其是阜阳汉简、定州汉简、马王堆汉墓帛书、郭店战国楚简以及上海博物馆收藏的战国楚竹书等,不仅可以补充孔子和早期儒学研究的资料,而且可以纠正以前研究中的偏失。显然,"孔子遗说"研究应当主要结合新出土文献,分别对有关的孔子遗说进行文献学、思想史的深入考察,进而在认真对待传统记载、深刻反思既往研究、全面分析新的学术信息的基础上,对孔子遗说的形成、特征以及我们应持的态度,作出客观的、尽量接近历史实际的估价。

我们认为,对孔子遗说的研究应该注意以下几点:第一,将研究放在中国上古文化的大背景中进行。以前,人们对我国古代尤其三代文明发展的水平估价不足,而大量的出土材料已经使原来不少朦胧、模糊的认识变得清晰、生动起来,为此项研究

提供了极好的条件。第二,将孔子回归到他所处的时空中去研究。按照“知人论世”原则,将孔子真正回复到春秋末年的鲁国,回复到当时的文化背景之下,结合西周以来鲁国的礼乐传统,结合春秋时期鲁国的文化品格,从而探索孔子的心灵世界。第三,既要克服疑古思潮造成的巨大束缚,也不要盲目信古,充分利用考古新发现,将新出文献与传世文献认真比较,综合分析,从而补偏救弊,不受既有观念束缚,检核既往成果,做到言之有据,无征不信。

依照我们的看法,关于孔子遗说的许多问题,早期记载本来比较清晰,但由于对这些记载的解释不当,有的成书年代被严重后置,古书序列混乱;有的被定为伪书被弃之不用;还有的连学派属性也被误指(如《易传》)。孔子与六经、孔子遗说的研究,是整个所谓“原典”文化研究的基础。孔子“祖述尧舜,宪章文武”,熟悉古代典籍。在他看来,六经各有特征,但都有益于社会政治。孔子非常重视六经的“王道”教化功能,从而整理了六经,这是最值得珍视的宝贵遗产。在长期的教学实践中,孔子的大量说教被弟子后学记录下来,后来,这些记录流传广泛,受到普遍重视。曾子和作为孔子裔孙的子思曾经辑集孔子遗说,《论语》《孔子家语》保留在《礼记》中的有关篇章,郭店儒简、上博竹书《从政》还有保存在《孔丛子》中的4篇孔子遗说,可能都是他们进行的整理。只有了解这一点,才能更好地理解《论语》,准确而全面地了解孔子学说。

《中庸》成书问题新探*

一般认为,《中庸》是思孟学派心性哲学的代表作,千百年来,该书一直受到格外重视。《中庸》原存于《礼记》中,到宋代,人们把它和同在《礼记》中的《大学》抽出,与《论语》《孟子》并列,《中庸》遂成为儒家“四书”之一,地位甚至超过了“五经”。

可是,当人们审视该书时,却发现无论文体还是思想,《中庸》前后都缺乏应有的圆融顺通。于是,学者们认为它原不是一篇完整论文,从而提出种种推测,谈了各自对《中庸》成书情况的理解。由此,《中庸》是否完整,它的本来面目如何,竟然成了一桩学术公案。综合以往的研究,我们发现学者们指出的该篇成书的可能性,与实际还有一定距离。在诸家研究的基础上,本文拟进行新的探索,希望深化对于《中庸》成书问题的认识。

本文以儒家文献的新近研究成果为基础,特别是受到了新出上海博物馆藏战国楚竹书《从政》篇的启发。但需要说明的是,古代典籍的成书十分复杂,《中庸》又是儒家的重要文献,

---

* 原载于山东师范大学齐鲁文化研究中心编:《齐鲁文化研究》总第三辑,山东文艺出版社 2004 年版。

具有特殊的地位，该书自最初撰写到被编为《礼记》具有现在的面貌，一定不是纯粹的单面问题。笔者的理解借助了既往的研究，或许更为接近真实，却并不敢以为探得了《中庸》成书的底里。不当之处，希望得到方家教正！

一、既往的研究成果

《中庸》一书理论性较强，正如朱熹所说："《中庸》多说无形影，如鬼神，如'天地参'等类，说得高。说下学处少，说上达处多。"①现在就有学者视之为"儒家学说中最早而最精密的哲学论文"，认为它是"儒家学说的思想理论基础"②，这种看法很有代表性。

然而，《中庸》是否具有严密的逻辑，是否存在"精密"的思想体系，也未必一定能够探求得到。朱熹于"四书"倾注精力很多，对《中庸》更可谓"竭尽心智"。他觉察到《中庸》文字与它书不同，说"《中庸》一书，枝枝相对，叶叶相当，不知怎生做得一个文字整齐"。朱夫子博学，他却一直认为习读《中庸》并不轻松。他说："《中庸》之书难看"，"而今都难恁理会"。他甚至告诫别人，若读"四书"，应把《中庸》放在最后，因为该书

① （宋）朱熹著，（宋）黎靖德编：《朱子语类》卷六十二，崇文书局2018年版，第1110页。

② 来可泓：《大学直解·中庸直解》，复旦大学出版社1998年版，第125页。

“初学者未当理会”，“不要先去攻那难底”。①

《中庸》前后缺乏圆融顺通，是因为文体和思想上存在不相一致之处，《中庸》难读，正是其构成的复杂性造成的。许多学者考其义理而不察其成书实情，遂至迷惑难解。当然，也有人察觉到该书“文势时有断续，语脉时有交互”，从而提出了一些新的看法。

宋人王柏怀疑《中庸》原是所谓《中庸说》两篇，正是看到文势、语脉上的问题，他说：“一日偶见西汉《艺文志》有曰：‘《中庸说》二篇。’颜师古注曰：‘今《礼记》有《中庸》一篇。’不言其亡也。惕然有感，然后知班固时尚见其初为二也。合而乱，其出于小戴氏之手乎？”根据他的理解，本篇的重点实际应当在后面，认为传本《中庸》的二十一章（依照朱熹的分章，下同）可以作为界标，前面为“中庸”，后面为“诚明”。全文虽然题为“中庸”，本文的核心部分却是后面的“诚明”。他说道：“中庸二字为道之目，未可为纲；诚明二字可以为纲，不可为目。”②

现代学者冯友兰、徐复观，日本学者武内义雄，也都指出《中庸》原来本非一篇。王柏之后，探讨《中庸》的人还有很多，都试图修补前人的不当。

冯友兰先生较早重新认识了这一问题。在《汉书·艺文志》中，《中庸说》二篇与《记》百三十一篇各为一条，则今之《中庸》乃百三十一篇之一，而《中庸说》二篇却具有解诂性质。

---

① （宋）朱熹著，（宋）黎靖德编：《朱子语类》卷六十二，崇文书局2018年版，第1110页。

② 转引自张心澂编著：《伪书通考》上册，商务印书馆1939年版，第448页。

将二者混而为一,显然不当。可能有鉴于此,冯友兰先生不同意王柏把《中庸》等同于《中庸说》二篇,认为今本《中庸》实包括原始的《中庸》与后来掺入的《中庸说》两个部分。冯友兰的看法与王柏不同,还在于他认为今传《中庸》中有后世的文字,他说:"首末二段,乃后来儒者所加,即《汉书·艺文志》'凡礼十三家'中之《中庸说》二篇之类也。'今天下车同轨'等言,皆在后段,更可见矣。"①

可是,徐复观先生的论证结果却与王柏一致,认为今本《中庸》确由《中庸说》二篇构成。在他看来,《孔丛子》记录子思"撰《中庸》四十九篇",《史记》也有相近说法,之所以单独加以提出,乃因为《中庸》已经受到充分重视。正像有的篇章入之《礼记》而仍各自为书等,《中庸》出于《子思子》,其本书无妨继续单行。所以徐复观推论说:"所谓《中庸说》二篇者,实即《礼记》四十九篇中之一的《中庸》的单行本,二者实为一书。"在他看来,"《孔子世家》称《中庸》,《汉志》称《中庸说》,《白虎通》谓《礼中庸记》,古人对传记之称谓,并不严格,三者皆可视作一书之名称"。②

武内义雄的看法与王柏相近,只是他将今传本《中庸》首章和第二十章属之于下篇。他说道:"《中庸》之原始的部分,想是由第二章'仲尼曰'起,至第十九章为止。""《中庸》之首章与下半,乃韩非、始皇之倾,是子思学派之人所敷演之部分,非子思原始的部分。"他还说:"《中庸》此等部分,恐即由《中庸

① 冯友兰:《中国哲学史》上册,中华书局 1961 年版,第 447—448 页。

② 徐复观:《中国人性论史·先秦篇》,九州出版社 2014 年版,第 95 页。

说》所搀入。”①与冯友兰的看法也没有大的不同。

郭店楚墓竹简中的子思著作问世后，郭沂和梁涛二位先生从中得到启发，先后撰文论述《中庸》成书问题，他们的看法虽有一些差异，但都认为《中庸》可以分为不同的两篇。

郭沂先生的结论基于他对子思学派文献的总体认识。他认为，子思学派的文献可以分为四类：子思所记孔子言论、子思著作、各种典籍所载子思言行、子思门人著作。郭沂认为今本《中庸》一书包含两个部分：今本《中庸》中有“子曰”的部分，属于他所说的“《论语》类文献”，属于子思所记孔子言论，这一部分原为子思书的首篇《中庸》，也就是古本《中庸》的遗章；其余的部分原来也是一部独立的著作，郭沂名之曰《天命》，认为同样是子思著作的佚篇。②

前述各家或认为今本《中庸》即《中庸说》两篇，或认为《中庸说》只是今本《中庸》的一部分。梁涛先生不满意于这些论证，认为各家认识虽有参考价值，毕竟均只是一种推断。从文体、思想的线索上，各家都看到了今本《中庸》前后部分存在差异，但在对子思思想缺乏更多了解的情况下，仅靠文体、思想的差异来推断《中庸》的成书，根据并不充分，而且会产生新的问题，而郭店楚墓竹简为“揭开这一学术之秘，了断这一学术公案”提供了新的材料。于是，他从文献和思想两个方面对今本《中庸》的成书进行了分析，认为它应该包括原来独立的两篇：《中庸》和《诚明》。《中庸》应包括第二章到第二十章上半段

---

① ［日］武内义雄：《子思子考》，《先秦经籍考》中册，江侠庵编译，商务印书馆1931年版，第121—123页。

② 参见郭沂：《〈中庸〉成书辨正》，《孔子研究》1995年第4期。

"所以行之者,一也",这一部分主要记述孔子的言论,涉及内容较为广泛,应属于杂记性质;《诚明》包括第一章以及第二十章"凡事豫则立"以下,这一部分主要记述作者的议论,是一篇内容完整、逻辑严谨的议论文。①

综观既往的研究,大家有一个共同的认识,即《中庸》本由两部分构成,只是两部分从哪里分开或者如何区分,各自的特点如何,看法有所区别。以前,人们看到今本《中庸》前后部分存在文体和思想的差异,这当然没有问题。但其中到底存在几个方面的差异?或者《中庸》是否仅仅分为前后两个部分?我们以为还有继续思索的必要。郭沂和梁涛先生的研究借助了郭店楚简子思著作的发现这一优势,比之前人显然有了更为有利的条件,在一些问题的把握上也更为准确。然而,当我们再次借助儒家文献的最新材料和研究成果,继续思考这一学术公案时,竟然发现在郭沂和梁涛二位先生的研究之后,还可以继续向前迈进。

二、上博竹书《从政》篇的启发

今本《中庸》第二章到第九章,都是以"子曰"开头,也就是说,这一部分都是首先冠以"子曰"而引述孔子的话,它们乃是一个整体。这不仅与《礼记》所保存的《坊记》《表记》《缁衣》一致,也与上海博物馆所收藏的竹书《从政》篇一致。

---

① 参见梁涛:《郭店楚简与〈中庸〉公案》,《台大历史学报》2000 年第 25 期。

《上海博物馆藏战国楚竹书（二）》[①]中有《从政》甲、乙篇，学者们指出它本来应是一篇。我们综合学界的研究，对该篇进行了编连分章，结果发现《从政》篇每一段落都应该以"闻之曰"起始。全篇完、残简统计，共出现了十三次"闻之曰"，如果加上第十枝简开头"曰"字前的"闻之"二字，则有十四次。以"闻之曰"起始的每一节都集中论说一个主题，彼此相对独立。这种情形，与《坊记》《表记》《缁衣》等篇一样。稍加分析，就能看出上博竹书《从政》篇中的"闻之曰"其实与"子曰"相同，也就是说，"闻之曰"的后面所引述的应该是孔子的话。《从政》篇的原《考释》举出甲篇第十一简，其中曰："闻之曰：可言而不可行，君子不言；可行而不可言，君子不行。"指出此语又见于《上海博物馆藏战国楚竹书（一）·缁衣》《郭店楚墓竹简·缁衣》以及《礼记·缁衣》，唯前两者中"闻之曰"作"子曰"，说明"闻之曰"正是闻之于孔子。

如果将《从政》篇与《礼记》和《郭店楚墓竹简》中保存的子思著作进行对读，就能发现无论形式还是内容，二者都十分相近或者相通，也就是说，《从政》篇与史籍著录的《子思子》不仅形似，而且神似。关于这一点，我们已经在另文中详细申说[②]，此不赘述。

与《从政》篇以"闻之曰"的形式记录孔子遗说不同，《礼记》中的《坊记》等四篇都以"子言之""子云""子曰"起始而记

---

① 参见马承源主编：《上海博物馆藏战国楚竹书（二）》，上海古籍出版社 2002 年版。

② 参见杨朝明：《上博竹书〈从政〉篇与〈子思子〉》，《孔子研究》2005 年第 2 期；杨朝明：《上博竹书〈从政〉篇分章释文》，简帛研究网，2003 年 6 月 5 日。

录孔子言语。实际上,《礼记》中《坊记》等四篇的“子言之”“子云”“子曰”本来或者即作“闻之曰”也未可知。但有一点可以肯定,《从政》篇的确为《子思子》佚篇。①

《从政》篇来自《子思子》,也可以由《孔丛子》的记载窥得消息。《孔丛子·公仪》记有鲁穆公与子思的对话,当时,穆公对子思说:“子之书所记夫子之言,或以谓子之辞也。”子思曰:“臣所记臣祖之言,或亲闻之者,有闻之于人者,虽非其正辞,然犹不失其意焉。”鲁穆公说“子之书所记夫子之言”,表明子思著作中有很多是专门记述孔子的话;子思说这些孔子言语“或亲闻之者”“有闻之于人者”,不论是子思亲自听孔子所言,还是他从其他人那里听来,在记述时都可以很自然地冠以“闻之曰”。《从政》通篇以“闻之曰”而记孔子之言,原《考释》认为本篇凡言“闻之曰”皆缺主语②,似乎何人“闻之”,“闻之”何人都不明确。其实,这里的“闻之曰”与“子曰”相同,这里用“闻之曰”而不用“子曰”等,更能说明《从政》篇原属于子思著作。

《礼记》中的《坊记》等篇来自《子思子》。《隋书·音乐志》引沈约之言曰:“《中庸》《表记》《坊记》《缁衣》皆取《子思子》。”《汉书·艺文志》著录有“《子思》二十三篇”,只称《子思》而不是《子思子》;《隋志》《唐志》则著录《子思子》七卷;而最早提到子思著述的《孔丛子》又说子思“撰《中庸》四十九

---

① 参见杨朝明:《上博藏竹书〈从政〉篇“五德”略议——兼说〈从政〉应该属于〈子思子〉佚篇》,简帛研究网,2003年6月5日;《上博竹书〈从政〉篇与〈子思子〉》,《孔子研究》2005年第2期。

② 参见马承源主编:《上海博物馆藏战国楚竹书(二)》,上海古籍出版社2002年版,第211—238页。

篇”，另有著作称“四十七篇”，盖“九”与“七”字形相近而误，二者本来一致。这些篇卷的不同，应该都是不同的整理方式造成的。

沈约说到《中庸》《表记》《坊记》《缁衣》皆取自《子思子》，则可以将《从政》篇与《中庸》等四篇联系起来观察。相比之下，《中庸》十分特殊，这就是其中夹杂了一大部分并非以“子曰”形式起首的内容。这些与《从政》和《坊记》等不类的部分，原来本不属于《中庸》。所以，自宋代以来学者们怀疑今本《中庸》有些不属于古本《中庸》应该没有什么问题。

但是，学者们一般也把“子路问强”的部分包括在原始本的《中庸》之中，则未必正确。这一部分与下面的“哀公问政”的部分相类，他们具有共同特点，应该属于另外的部分。

子思著作本来篇数很多，据《孔丛子》等的记载[1]，子思曾经作《中庸》四十九篇（或四十七篇），可见最初各篇比较简短，篇幅不大。后来，刘向校书整理典籍，对篇幅较短而内容相近者可能有所合并，子思《中庸》四十九篇遂可能由此变成了《子思》二十三篇。[2]

我们推测，在最初的四十九篇子思著作中，《中庸》仅仅就有今本第二章到第九章，篇幅很短，很像整个子思著作的纲领性文献。

---

① 关于《孔丛子》，前人往往以“伪书”视之，其实是没有细致分析该书的成书情况。据有的学者研究，该书实具有极其重要的史料价值，而且这一看法得到了越来越多的认可。参见黄怀信：《〈孔丛子〉的时代与作者》，《西北大学学报》（哲学社会科学版）1987 年第 1 期。

② 参见郭沂：《郭店竹简与先秦学术思想》，上海教育出版社 2001 年版，第 416—417 页。

三、与《孔子家语》的比较

今本《中庸》有一部分见于《孔子家语》,即朱熹所分章的《中庸》第二十章除了"博学之"以后一小部分外的前面大部,与《家语》卷四中的《哀公问政》篇基本相同。我们研究的结果,认为是戴圣编辑《礼记》时,将《哀公问政》的内容纳入了《中庸》。

朱熹已经指出了二者的关联,他在注解《中庸》时说道:"《孔子家语》亦载此章,而其文尤详。"他还说:"'博学之'以下,《家语》无之,意彼有阙文,抑此或子思所补文也欤!"①不过,朱夫子专注于今本《中庸》的义理,对于《家语》与《中庸》之间的内容互见,他并没有继续追问。

《孔子家语》有所谓"王肃伪造"的说法,但朱熹并不同意,他认为《家语》"虽记得不纯,却是当时书",又说"其书虽多疵,然非肃所作"。② 不过,由于朱夫子单独从《礼记》中取出《中庸》,并为之作注,而且在很长的时间里朱子的注解具有绝对的权威性,后世有些《礼记》注解者便不再染指该篇③,从而妨碍了后人对二者关系的"刨根问底"。

作为一代大儒,朱熹对《论语》等孔子言论有较多研究,因而

① (宋)朱熹:《四书章句集注》,中华书局 2016 年版,第 28 页。

② (宋)朱熹著,(宋)黎靖德编:《朱子语类》卷一百三十七,崇文书局 2018 年版,第 2472 页。

③ 如朱彬《礼记训纂》于《中庸》仅录原文;孙希旦《礼记集解》于《中庸》更仅仅写"朱子《章句》"四字了事。

他对《家语》等书的理解也更为符合历史实际。《孔子家语》的真伪问题也是学术史上的一大公案，自三国时期以来，人们就怀疑该书出自王肃，后来，疑古之风越来越盛，有人连孔安国的《家语后序》、孔衍关于《家语》的“奏言”①也一并指称为王肃的伪品。不过，随着地下材料的问世和学术研究的发展，可以说这一公案已基本得到解决，目前，研究者已经基本取得共识，很少有人再相信《家语》为伪书之说。自然，孔安国的《家语后序》、孔衍关于《家语》的“奏言”也绝对不会是出于王肃的“伪造”。

但是，《孔子家语》的价值如何，除了少数研究者，人们的认识似乎还比较模糊。与《论语》相比，该书“颇有浮说”，显然这就是孔安国在《家语后序》中所言“有七十二子各共叙首尾，加之润色”的成分，是孔子弟子加工的结果。我们曾谈到，按照孔安国的说法，《家语》是孔子弟子笔记的汇编，《论语》仅仅是孔子语录的选编。因为《后序》曰：“《孔子家语》者，皆当时公卿士大夫及七十二弟子之所谘访交相对问言语也。既而诸弟子各自记其所问焉，与《论语》《孝经》并时，弟子取其正实而切事者，别出为《论语》；其余则都集录之，名之曰《孔子家语》。”所以，相比之下，《论语》有“语录”性质，而《家语》则与“文集”颇为相近。②

《家语》中的不少内容又见于《礼记》，这是西汉戴圣编辑《礼记》时进行了一些加工后收入其中的。将《家语》和《礼

---

① 俱被收录于（元）马端临：《文献通考·经籍考·经部》，中华书局 1986 年版。

② 参见杨朝明：《〈孔子家语·执辔〉篇与孔子的治国思想》《〈礼记·孔子闲居〉与〈孔子家语〉》，《儒家文献与早期儒学研究》，齐鲁书社 2002 年版，第 274—294、262—273 页。

记》对比，这样的例子很多。清人孙志祖认为《孔子家语》是拼凑各书、广搜材料而成，所以他费了不小的力气撰成《孔子家语疏证》，他一一找出《家语》与它书相近相同者，仿佛“抓贼捉到了真赃”。现在看来，他的所谓疏证却恰恰说明《家语》材料不妄，也为探索各种文献之间的关系提供了很好的素材。从孙氏的《疏证》中，也能看到《家语》中的许多材料已经被收录到《礼记》之中。

对于戴圣《礼记》对《家语》的改编，孔安国的孙子孔衍十分不满。《小戴礼记》曾被立为经学博士，甚至“百家章句无不毕记”，而《家语》作为“孔子家古文”，“其典雅正实，与世相传者不可同日而论”。于是，他上奏朝廷，希望将《家语》“记录别见”。他抨击戴圣，说：“戴圣皆近世小儒，以《曲礼》不足，而乃取《孔子家语》杂乱者，及子思、孟轲、荀卿之书以裨益之，总名曰《礼记》。今见其已在《礼记》者，则便除《家语》之本篇，是为灭其原而存其末也。”他的奏言已经得到天子的允许，不巧的是，事情还没有最后“论定”而天子去世，可以支持孔衍的大学者刘向又因病而亡，“遂不果立”。否则，《孔子家语》的命运绝对不会是后来的局面。

将《孔子家语·哀公问政》与《礼记·中庸》的相应部分对比，可以说明孔衍奏言不虚。实际上，《家语》与《礼记》众多的相应部分都是如此，如果不带有偏见或者先入之见，一定看不出《家语》杂取《礼记》的痕迹。① 事实可能正相反，《孔子家

① 笔者曾为曲阜师范大学专门史（思想史）专业研究生开列“中国思想史专题及史料选读”研究参考题，将《礼记》《大戴礼记》与《家语》的相应部分进行比较，由此观察文字差异及其透露出来的文献因革信息，大家的结论基本一致。

语》虽然晚出，但其材料较早，其他文献中的许多材料都来自《家语》，至少能看出《家语》比《礼记》更为古朴。事实上，《大戴礼记》等许多与《孔子家语》相关的内容同样如此。

当然，《孔子家语》也不是没有任何问题。该书流传过程复杂，其间经过辗转传抄，文字会有脱漏、错讹、改变；那时文字书写于竹简之上，该书内容丰富，篇幅很大，很有可能有所散乱遗失，孔衍所说“《孔子家语》杂乱者”指的就是这一点。尤其值得注意的是，在王肃之前，该书从来没有经过认真整理，就像孔安国所言，它带有显著的“集录”性质，所以，同一篇名之下，往往有联系并不密切的内容。这居然与《中庸》篇有些相像了。

我们可以将《孔子家语·哀公问政》与《礼记·中庸》的相应部分进行简单比较，以便更好地说明问题。今试举两例：

> 《孔子家语·哀公问政》：“文武之政，布在方策。其人存，则其政举；其人亡，则其政息。天道敏生，人道敏政，地道敏树。夫政者，犹蒲卢也，待化以成。故为政在于得人。”

将这一段与《礼记·中庸》比较，《家语》中的“天道敏生，人道敏政，地道敏树”，《礼记》去掉了“天道敏生”。按，“天”在孔子那里是一个十分重要的概念，孔子谈论政治问题很容易涉及；孔子也往往将“人”与“天”“地”并举。这里涉及“天道”的概念，《论语》称“夫子之言性与天道，不可得而闻也”，仅是说“夫子罕言”，决非不言。看来，原来应该有“天道敏生”，是后来被《礼记》编者去掉了。

《家语》中的“夫政者”,《礼记》作“夫政也者”,多一虚词“也”字。《礼记》编著之时,往往加入虚词,以整齐句子。我们曾经将《孔子家语》《礼记》与新出竹简在使用虚词方面进行对照,看出《礼记》往往在句子前面加发语词“夫”字及后缀“矣”字、“也”字,用这样的方法比较,《家语》的古朴,《家语》与《礼记》的先后关系,可以一目了然。①

《家语》中的“为政在于得人”,《礼记》作“为政在人”。相比之下,《礼记》语句简洁,可能经过了修饰,不如《家语》直白。新出上博藏竹书《从政》篇中有曰:“善人,善人也。是以得贤士一人,一人誉……”还说“君子难得”。该篇同样谈论从政问题,也是强调善于得人,善于得到贤士。联系上下文,该篇本来作“为政在于得人”的可能性极大。

> 《孔子家语·哀公问政》:“齐洁盛服,非礼不动,所以修身也;去谗远色,贱财而贵德,所以尊贤也;爵其能,重其禄,同其好恶,所以笃亲亲也;官盛任使,所以敬大臣也;忠信重禄,所以劝士也;时使薄敛,所以子百姓也;日省月考,既廪称事,所以来百工也;送往迎来,嘉善而矜不能,所以绥远人也;继绝世,举废邦,治乱持危,朝聘以时,厚往而薄来,所以怀诸侯也。治天下国家有九经,其所以行之者,一也。”

将这一段与《礼记·中庸》比较,有一些文字上的不同。“齐洁

---

① 参见杨朝明:《〈礼记·孔子闲居〉与〈孔子家语〉》,《儒家文献与早期儒学研究》,齐鲁书社 2002 年版,第 262—273 页。

盛服”作“齐明盛服”,盖因《礼记·中庸》的前面孔子回答“子路问强”的部分中(朱熹分章的第十六章),有“使天下之人,齐明盛服,以承祭祀”句。此句,郑玄注曰:“明,洁也。”孔疏谓:“言鬼神能生养万物,故使天下之人齐戒明洁,盛饰余服以承祭祀。”又说:“此云‘齐明盛服,以承祭祀’,是兼人之鬼神也。”《礼记》编者将后面的“齐洁盛服”加以改动以前后统一,遂变成了“齐明盛服”。孔疏则谓:“‘齐明盛服’者,齐,谓齐整;明,谓严明;盛服,谓正其衣冠,是修身之体也。此等‘非礼不动’,是所以劝修身。”前面的“明”解释为“洁”,这里本来为“洁”,却又解释成“严明”。其实,前面是对鬼神,需要“齐明”,也就是所谓齐整、严明;这里不对鬼神,而仅对现世的众生,目的在于劝人修身,只需齐整、洁净即可。这一改动,让后世注家好不为难。

治理国家的“九经”,所涉及的动词多有改变,这些显然都与西汉中央集权政治的加强有关。其中,“尊贤”“笃亲亲”“敬大臣”“子百姓”“来百工”,分别变成了“劝贤”“劝亲亲”“劝大臣”“劝百姓”“劝百工”,动词都变成了“劝”;“绥远人”变成了“柔远人”。从词义上看,“劝”为“劝勉”“劝说”。言上对下时多用“劝”,如《庄子·天地篇》:“昔尧治天下,不赏而民劝。”《左传·成公二年》:“我戮之不详,赦之以劝事君者。”《史记·货殖列传》:“太公劝其女工。”与“尊”“笃”“敬”“子”之类带有温情的字眼相比,“劝”字中包含的似乎更多的是皇权的恩威。绥,字从“妥”,为妥当、平安,有安抚之意。而“柔”虽也有安抚意,却更有通过让步而平息的含义,带有明显的以上对下的味道。

“爵其能”变成“尊其位”更显然带着汉人加工的印记。汉代,“非刘氏不王”,只有极少数异姓功臣封侯,封赐爵位是一个敏感的话题,根本谈不上什么“爵其能”,《礼记》编者改其为“尊其位”,在当时则无不可。这里的改变与《大戴礼记》将《孔子家语》的《王言》改为《主言》极为相似。《家语·王言》中的“王”,除了一处之外,其他十八处在《大戴礼记》中均被改为“主”。人们不察,多没有发现是戴德故意改动。因为戴德处西汉后期,而整个西汉的前期,中央与藩王的关系一直是政治的主线,一会儿封王置藩,一会儿又削藩平乱。开始,异姓诸王曾经拥兵自重,专制一方;后来,刘邦所封的同姓王也自为法令,僭越礼制,不仅对朝廷态度傲慢,甚至公开举兵叛乱。到汉武帝时期,他依然不得不将一部分精力倾注到打击地方割据势力、解决诸侯王的问题上面。戴德改“王”为“主”,一定与之有关。戴圣将“爵其能”改成“尊其位”,也与西汉的政治有关。

至于“举废邦”变成“举废国”,自然是为了避高祖刘邦的名讳。古人早就指出:“班(颁)讳之典爰自汉世”(《南齐书·王慈传》),“汉法,天子登位,布名于天下,四海之内,无不咸避”(《全北齐文》卷三“避太子讳议”)。汉代的颁讳布名之制,由今存文献来看,最常用的手法是以同训字相替换。汉高祖刘邦,讳邦曰国,如定州汉墓竹简《论语》之中,所有的“邦”字都用“国”代替。戴圣编订《礼记》,哪里能够允许“废邦”二字赫然存于礼书之中。

除了以上两例,还有很多例证可以说明《家语》材料早于《礼记》,《礼记》改编自以前已有著作。如文中“在下位不获于上,民不可得而治矣”一句重出,初次出现时显得突兀,所以郑玄注曰:“此句其属在下,著脱误重在此。”而《孔子家语·哀公问政》这一对应之处并无此句。

另外,除了《孔子家语·哀公问政》的一部分今见于《礼记·中庸》,《孔子家语·哀公问政》的另一部分还见于《礼记·祭义》,将这一部分对读,同样可以看出与上述相类似的问题。

四、今本《中庸》的结构

通过上述的研究,今本《中庸》的结构已经基本露出端倪。依照我们的认识,今本《中庸》应该由四个部分组成,这四个部分原来并不连属,而是各自独立。具体情况是:

第一部分即与上博竹书《从政》篇比较以后突显出来的原始本子思《中庸》,包括朱熹分章的第二至第九章。

第二部分是“子路问强”的内容,从“子路问强”直到“哀公问政”以前,包括朱熹分章的第十至第十九章。

第三部分是“哀公问政”的内容,从“哀公问政”直到“博学之,审问之”以前,即与《孔子家语》相应的内容,也就是朱熹分章的第二十章前面的大部分。

第四部分是除了前三部分以外的其余内容,包括朱熹分章的第一章和第二十章“博学之,审问之”以下的部分。

“哀公问政”一节,与《礼记》相比,《家语》具有明显的哀公与孔子的问答性质,接近二人的对白实录。而《礼记》中更像孔子的长篇论说。《家语》中的这一节首尾完具,证明《礼记·中庸》篇中我们所说第三部分应是一个独立的部分,这一部分应该尽于“择善而固执之者也”而止。“博学之,审问之”以下属于另一部分,朱熹将这一部分合于第二十章,实有不当。

“哀公问政”一节被改编到《礼记》之后，其中原来哀公与孔子往返对白的描述性文字都被删除，仅仅保留了孔子的论说。由此我们也想到，《礼记·中庸》里“子路问强”的那一部分内容也应如此。所不同的是，目前还没有发现这一节在其他文献中有所保留。

我们认为，“子路问强”原来很可能属于《孔子家语》。按，《家语》的形成与传流十分复杂，对此，孔安国的《后序》交代得比较清楚。除了孔安国所撰次的本子，还应有“散在人间”以及公卿大夫所持有的本子，汉朝肯定有许多互不相同的《家语》传本。

根据孔安国的叙述，《家语》在刘邦、吕后以后散于民间，景帝末年又募得该书，由“掌书”“藏之秘府”，故《汉书·艺文志》著录有《家语》二十七卷，称为“周孔丘门人撰”，唐代颜师古利用《家语》注《汉书》者有二十条，其注《艺文志》所著录的《家语》曰：“非今所有《家语》。”按，《家语》一书，《隋志》著录二十一卷，《唐志》著录则为十卷。有学者认为颜师古所谓“非今所有”是指《汉志》著录二十七卷本，非王肃注本，我们认为极有可能。汉宣帝时的博士严彭祖所作的《严氏春秋》引录了《孔子家语》的《观周》篇，但此文不同于今本《家语》，说明《家语》的确有不同的本子。

在“子路问强”这部分中，孔子主要谈论道德问题，基本属于一个论述线索或者话题。在《礼记·中庸》之中，这一部分与前面明显不同，以前学者将他们划在一起，有些勉强。与“哀公问政”部分相比，它篇幅要长出很多，所以中间又用“子曰”界开，就与全篇一致起来。

至于第四部分，也就是《礼记·中庸》的第一章与“哀公问政”之后的内容原为一个部分，郭沂、梁涛等先生已经进行了详尽的论述。

另外，自清朝以来，有学者因为《中庸》中有“载华岳而不重”“今天下车同轨，书同文，行同伦”等语，从而怀疑《中庸》一书晚出，因为传统上认为“华岳”战国时在秦国境内，而子思未尝入秦；至于“车同轨、书同文”，与《史记·秦始皇本纪》所记“一法度衡石丈尺，车同轨，书同文字”相似，是秦国统一后的用语，从而认为《中庸》成书当在秦统一以后乃至西汉时期。今之认为《礼记·中庸》所出不晚的学者则指称是后世文献所窜入。

其实，关于“华岳”，徐复观先生曾引《史记·封禅书》，指出“秦时之华山，不在五岳之数”，为齐国内之山，与今华山无关。① 至于“车同轨，书同文”，先秦时期已有此类说法，如《管子·君臣上》就说：“衡石一称，斗斛一量，丈尺一綧制，戈兵一度，书同名，车同轨，此至正也。”今本《中庸》里的“今天下车同轨，书同文，行同伦”等语，郑玄注说：“今，孔子谓其时。”李学勤先生则分析说：“孔子生当春秋晚年，周室衰微，在政治、文化上趋于分裂，已经没有‘车同轨，书同文，行同伦’的实际……按《中庸》此句的‘今’应训为‘若’，《经传释词》曾列举许多古书中的例子……都是假设的口气。孔子所说，也是假设，并非当时的事实，不能因这段话怀疑《中庸》的年代。”②

---

① 参见徐复观：《中国人性论史·先秦篇》，九州出版社 2014 年版，第 93—141 页。

② 李学勤：《失落的文明》，上海文艺出版社 1997 年版，第 344—345 页。

五、今本《中庸》的作者

今本《礼记·中庸》的四个部分都为先秦文献已无须怀疑。但问题在于,我们常常说子思作《中庸》,这种说法虽然也能讲通,但子思所作的《中庸》,其本来面貌却不是今存《礼记》中的样子。

前面曾说,笔者所言今本《中庸》的第一部分乃是原始本的《中庸》,其出于子思自无问题,这也是研究者们的共识,今又得到了上博竹书《从政》篇的印证。第四部分也应该属于原来《子思子》中的一篇,不论如何推定其篇名,但毕竟应当出于子思,虽然郭沂和梁涛二位先生的划分与笔者不同,但他们都认为这一部分在《子思子》中。

至于第二、三部分,它们最初可能都是《孔子家语》的部分,原本都属于孔安国在《家语后序》中所说的"公卿大夫及七十子弟子之所谘访交相对问言语",就像今存《礼记》中的众多篇章一样,其具体作者已经不易判定。但依我们的研究,《孔子家语》和《论语》的辑集整理都与子思有密切关系①,作为孔子裔孙,子思受孔子思想影响极为直接,子思著作与《家语》各篇都相通。如郭店楚简的《成之闻之》被认为属于《子思子》,而孔子回答"哀公问政"中的话就与之一致。孔子回答"哀公问政"时说:

---

① 参见杨朝明:《新出竹书与〈论语〉成书问题再认识》,《中国哲学史》2003 年第 3 期。

在下位不获乎上，民不可得而治矣；获乎上有道：不信乎朋友，不获乎上矣；信乎朋友有道：不顺乎亲，不信乎朋友矣；顺乎亲有道：反诸身不诚，不顺乎亲矣；诚身有道：不明乎善，不诚乎身矣。

臣下要获得君上的信任才能治理好民众，要做到这些，就应当获得朋友的信任，为此就应当做到顺亲、明善、诚身。由诚身始，最终达到信朋友，从而获上、治民，可以图示为：诚身→明善→顺亲→信朋友。这里所讲的是诚信或者内修在治国安民中的重要作用。

新出郭店楚简的《成之闻之》篇有一段话与之非常类似，讲的是同一问题：

君子贵成之。闻之曰："古之用民者，求之于己为恒。"行不信则命不从，信不著则言不乐。民不从上之命，不信其言，而能念德者未之有也。故君子之莅民也，身服善以先之，敬慎（顺）以导之。其所在者内矣，民孰弗从？形于中，发于色，其诚也固矣，民孰弗信？是以上之恒务，在信于众。信于众之可以济德也。

这里所讲的"求己"实际是"诚身"的问题；"服善"即所谓"明善"；"敬慎"是指"顺亲"。与孔子的思想完全一致。

戴圣撰集《礼记》，当然也不是将毫无关联的各篇硬性拼凑在一起，正因为他有一个编辑加工的过程，所以《礼记》才不至于像《孔子家语》那样带有最初的"集录"性质。今本《礼记》中的《中庸》就是如此，戴圣看到了各部分之间的联系，遂将子思的论述冠于篇首，中间合并各个部分，形成了今本《中庸》。戴圣所连缀的这些部分，实际都讲到了中庸思想：第一部分讲“中庸”自不必说，第二部分有“君子依乎中庸”“庸德之行，庸言之谨”，第三部分有“不勉而中，不思而得，从容中道”，第四部分有“极高明而道中庸”等。当然，这样的联系比较松散，并不紧密。

既然今本《中庸》至少有两部分出自《子思子》，《孔子家语》又与子思有密切关系，再考虑到子思著作本来就有专门记述孔子遗说的内容，因此，如果要说今本《中庸》的作者，我们认为不妨仍然归于子思。

了解了今本《中庸》的成书与结构，再来研读该篇时，就可以将该篇分成几个部分，理解起来就会通畅许多。朱熹当年不能理解这一点，因而分章较乱，觉得《中庸》难读。朱熹之于《中庸》，自称“自早岁即尝受读”，以后又“沉潜反复，盖亦有年”，他以自己对子思的崇拜，十分推崇该篇，认为“其味无穷”。但他毕竟看到“其书始言一理，中散为万事，末复合为一理”①，因为本篇与《礼记》中的大多数篇章一样，皆近杂记、类编性质。学者如果不能分别各个部分，如果不能认识到其间的分殊，却强作解人，而欲发掘其间的“严密逻辑联系”，寻求“贯串”全篇的“一理”，其结果自然是徒劳无益。

---

① （宋）程颢、程颐著，王孝鱼点校：《二程集》第 1 册，中华书局 1981 年版，第 222 页。

子夏及其传经之学考论*

随着地下简牍帛书的不断问世，孔子与“六经”的关系越来越受到学者们的瞩目。人们研究后发现，传世文献中所说的孔子删《诗》《书》，订《礼》《乐》，赞《易》，作《春秋》的确符合历史的实际，并非捕风捉影之说。那么，孔子之后儒家经书是怎样传述的？东汉时期有的学者说：“《诗》《书》《礼》《乐》，定自孔子，发明章句，始于子夏。”①后来又有人说：“孔子弟子，惟子夏于诸经独有书。”②看来，作为孔子高足，子夏在儒经的传述中发挥了重要作用。

为了更深入地研究子夏与儒经的关系，本文试以传世文献资料为依据，先就这一问题进行初步探讨。

一、关于子夏其人

作为教育家，孔子一生教授过的弟子数量众多，据说，学有

---

* 原载于《孔子研究》2002年第5期。

① （宋）范晔撰，（唐）李贤等注：《后汉书》卷四十四《徐防传》，中华书局1965年版，第1500页。

② （宋）洪迈：《容斋续笔》卷十四《子夏经学》，吉林文史出版社1994年版，第310页。

所成的就有七十二人。在这些弟子中,子夏是其中十分重要的一位。

子夏名卜商,春秋末战国初卫国人(一说为晋国温邑人)。据《史记·仲尼弟子列传》,子夏少孔子四十四岁,约生于公元前508年。[①] 按孔子享年七十三岁,那么孔子去世的时候,子夏还不到三十岁。《礼记·檀弓上》记孔子弟子有子的话,说"昔者夫子失鲁司寇,将之荆,盖先之以子夏,又申之以冉有",如此,子夏应在孔子周游列国时开始受学于孔子。孔子离开鲁国时年龄为五十五岁,孔子六十三岁时曾去楚国,如此推测,子夏可能是在孔子六十岁前后就学于孔子门下。曾子曾经对子夏说过:"吾与汝事夫子于洙泗之间。"[②]而据《史记·仲尼弟子列传》,曾子少孔子四十六岁,他还少于子夏二岁,他们可能都是孔子后期的弟子。

子夏的为人与他的家境是相互联系的,据载,子夏的生活较为清寒。《说苑·杂言》称他为人"甚短于财";《荀子·大略》则说"子夏家贫,衣若悬鹑"。但这也造就了他的孤傲和勇武,造就了他贫贱不移、威武不屈的性格特征,他说:"君子渐于饥寒,而志不僻;锛于五兵,而辞不慑;临大事,不忘昔席之

---

① 关于孔子的生年,《史记·孔子世家》作鲁襄公二十二年,当公元前551年;《公羊》《穀梁》二传则作鲁襄公二十一年,当公元前552年,有学者据日食等天象的研究,认为孔子当于公元前552年10月9日出生。参见江晓原、钮卫星:《回天——武王伐纣与天文历史年代学》,上海人民出版社2000年版。

② 李学勤主编:《礼记正义》,《十三经注疏》(标点本),北京大学出版社1999年版,第202页。

言。”①别人劝他出仕以改变处境，他表示不愿去争蝇头小利，以免“争利如蚤甲而丧其掌”，子夏表示：“诸侯之骄我者，吾不为臣；大夫之骄我者，吾不复见。”②孔门弟子的不同特征，连齐国的晏婴都有耳闻，《晏子春秋·内篇问上》记晏婴曰：“臣闻仲尼居处惰倦，廉隅不正，则季次、原宪侍；气郁而疾，意志不通，则仲由、卜商侍；德不盛，行不厚，则颜回、骞、雍侍。”与颜回等人在一起可以积德行善，而与子路、子夏在一起，则可以免于“气郁而疾，意志不通”。在这里子夏为人爽直、无所畏惧的特征被突出地体现出来。

在果敢率直、为人勇武方面，子路和子夏是相同的。在孔门弟子中，子路性情粗暴，《尸子上篇》称他为“卞之野人”，他甚至“陵暴孔子”（《史记·仲尼弟子列传》），经孔子诱导后，他成了孔子的学生。子路进入孔门，对孔子起到了一定程度的保护作用，孔子本人也说，自从子路入门之后，“恶言不闻于耳”（《史记·仲尼弟子列传》）。子夏与子路性情相似，晏婴所谓“气郁而疾，意志不通，则仲由、卜商侍”的话很能够说明问题。

关于子夏，人们议论不太一致处是孔子对子夏的评论。《论语·先进》篇中子贡曾经问：“师与商也孰贤？”孔子说：“师也过，商也不及。”对此，朱熹在《四书章句集注》中说：“子张（师）才高意广，而好为苟难，故常过中。子夏笃信谨守，而规模狭隘，故常不及。”有学者认为朱熹的理解不符合事实，其

① 李守奎、李轶译注：《尸子译注》，黑龙江人民出版社 2003 年版，第 113 页。

② （清）王先谦撰，沈啸寰、王星贤点校：《荀子集解》，《新编诸子集成》本，中华书局 1988 年版，第 513 页。

实,这种理解基本与子夏的表现一致。例如,孔子就告诫子夏“女(汝)为君子儒,无为小人儒”(《论语·雍也》),荀子也评价子夏氏之儒的特点说:“正其衣冠,齐其颜色,然而终日不言,是子夏氏之贱儒也。”(《荀子·非十二子》)其实子夏本人也说:“君子有三变:望之俨然,即之也温,听其言也厉。”(《论语·子张》)他所追求或者理解的“君子”,在表面上是不苟言笑、整齐严肃的,这或许也是子夏对他人评论的一种辩解。

子夏还有一个特点,就是在交友时有一定的选择,所以孔子预言自己去世后子夏会更进步。《说苑·杂言》记孔子曰:“丘死之后,商也日益,赐也日损。商也好与贤己者处,赐也还说(悦)不如己者。”子夏与子贡(端木赐)不同,子夏与比自己强的人交往,可以学到更多的东西,这正是他不断进步的前提。《说苑》这里的说法应当是可信的,《论语》中的一段记载正可以作为佐证。《子张》记曰:

> 子夏之门人问交于子张。子张曰:“子夏云何?”对曰:“子夏曰:‘可者与之,其不可者拒之。’”子张曰:“异于吾所闻:君子尊贤而容众,嘉善而矜不能。我之大贤与,于人何所不容?我之不贤与,人将拒我,如之何其拒人也?”

在交友方面,子张也不同意子夏的做法。

在孔子的众弟子中,子夏显然是比较出色的一位,故孔子谈到四科弟子较优异者10人,子夏也与子游一样被称为善于“文学”。《论衡·知实》引《孟子》曰:“子夏、子游、子张,得圣人之一体;冉牛、闵子骞、颜渊,具体而微。”然后评论说:“六子在其世,皆有圣人之才,或颇有而不具,或备有而不明,然皆称圣人,圣人可勉成也。”子夏有圣人一体而不具,与颜渊等人还有一些区别。《大戴礼记·卫将军文子》记有子贡对子夏的评论:“学以深,厉以断,送迎必敬,上友下交,银手如断,是卜商之行也。”这基本概括了子夏的为人和性格特征。

在孔子去世之前,子夏似乎就已出仕从政,《论语·子路》便记曰:“子夏为莒父宰,问政。”孔子还告诫他不要急躁冒进,不要因小失大之类。《韩诗外传》卷六第十二章有关于子夏与卫灵公的记载,李启谦先生认为可见子夏曾去卫国,还为卫灵公做了些事①,只是时间不太明确。

孔子去世后,子夏主要在魏国西河讲学。《史记》的记载正是如此,《仲尼弟子列传》曰:“孔子既没,子夏居西河教授,为魏文侯师。”但后人有的对此说表示怀疑,如宋人洪迈在所著《容斋随笔》卷二《卜子夏》曰:

> 魏文侯以卜子夏为师。按《史记》所书,子夏少孔子四十四岁,孔子卒时,子夏年二十八矣。是时,周敬王四十一年,后一年元王立,历贞定王、考王,至威烈王二十三年,魏始为侯,去孔子卒时七十五年。文侯为大夫二十二年而为侯,又十六年而卒,姑以始侯之岁计之,则子夏已百三岁矣,方为诸侯师,岂其然乎?

其实,洪迈的理解有所拘泥。按《史记·晋世家》索隐:“《纪年》:‘魏文侯初立在敬公十八年。’”王国维《古本纪年辑校》认为“十八年”乃是“六年”之讹。其说是。是则魏文侯初立之

① 参见李启谦:《孔门弟子研究》,齐鲁书社1987年版,第110页。

年为周贞定王二十四年，即公元前445年。此时距孔子去世之年（公元前479年）仅34年，子夏少孔子44岁，孔子去世时，子夏年28，则魏文侯初立时，子夏年62。洪迈以周威烈王承认魏、赵、韩为侯之年为魏文侯始称侯之年，而实际上，他此时已经在位43年。从史料看，魏文侯即位后招贤纳士，“受子夏经艺，客段干木”等等，正是其“得誉于诸侯”（《史记·魏世家》）的原因。也就是说，在周室册魏为侯前，子夏应当已经成了魏文侯师。

子夏曾经收徒授学，所收门徒可能为数不少。《后汉书》卷四十四《徐防传》注引《史记》曰：“孔子没，子夏居西河，教弟子三百人，为魏文侯师。”《论语·子张》中记有“子夏之门人”与子张的对话，《墨子·耕柱》也有关于“子夏之徒”的记载。子夏在魏时所收弟子可能为数不少，《世本》之《秦本·姓氏篇》称“魏有子伯先，子夏门人，居西河”；《史记·儒林列传》则记曰：“自孔子卒后……子路居卫，子张居陈，澹台子羽居楚，子夏居西河，子贡终于齐。如田子方、段干木、吴起、禽滑釐之属，皆受业于子夏之伦，为王者师。是时，独魏文侯好学。”这里是说田子方、段干木、吴起、禽滑釐都跟从子夏等人学习。《吕氏春秋·尊师》则具体指出了“段干木学于子夏”。有学者误解《史记·儒林列传》的记载，称田子方、吴起、禽滑釐皆为子夏弟子，不妥。

子夏的晚年是孤独的，他因丧子而双目失明，《礼记·檀弓上》等说他过着“离群而索居”的生活。

二、子夏与“六经”

孔子之学赖孔子弟子而传，孔子的这些弟子在弘扬师说方面各有侧重，故有的学者将孔门弟子分为传经派、弘道派、践履派。① 在传经学者当中，子夏应是最为突出的一位。我们可以从有关资料来看子夏与各经的关系。

（一）子夏与《诗》《乐》

谈到子夏与经学的关系，首先会想到他与《诗经》的关系。经传子书等的记载之中，子夏论《诗》说《诗》的材料很多，有的是他向孔子请教有关《诗》的问题，并受到了孔子的夸奖；有的是他与同门师友讨论《诗》的问题。他评人论事，常常将《诗》句轻松援引，谈论《诗》句，更往往纤细深刻地发掘意蕴。从这些材料可以看出，子夏对《诗》的了解明显超过了他人，达到了十分熟悉的程度。

孔子是否曾经删《诗》，学术界看法不一，据传统的史书记载，今见《诗经》乃经过了孔子的手订，但有学者不相信这种说法。上海博物馆从香港购回的竹简中有《诗论》一篇，因为其中有不见于今本《诗经》的篇名，有人便据而否定孔子删《诗》之说。其实，《诗》经过了孔子的删订，有不少踪迹可寻，孔子前后有逸诗存在，应当正是孔子删《诗》的前提。依笔者研究

---

① 参见姜广辉：《郭店楚简与道统攸系——儒学传统重新诠释论纲》，《中国哲学》第二十一辑，辽宁教育出版社 2000 年版，第 13—40 页。

的结果，孔子删《诗》之说是不应被否定的。[1] 孔子对《诗》不仅作了整理的工作，而且还向弟子授《诗》讲《诗》，这对其弟子必然产生一定的影响，而其中于《诗》所悟较深者即是子夏。

子夏于《诗》，主要是作了《诗大序》。《诗序》旨在揭橥《诗》之本义，其有《大序》《小序》之分。《诗大序》一般置于全书之首，总论《诗经》大义。关于《诗大序》的作者，唐以前一般称作于子夏，而唐宋以来，学者间颇有争论，除子夏所作说之外，尚有子夏、毛公合作说以及东汉时期卫宏所作之说。经过今之学者的辨别考察[2]，《诗大序》出于子夏之说得到了众多学者的认可。

今之《诗经》也是赖子夏传授下来。汉初传授《诗经》的有齐、鲁、韩、毛四家，据说，各家都在某种程度上渊源于子夏。今天所看到的《毛诗》，《汉》《隋》二志明记出于子夏。《汉书·艺文志》著录《诗经》二十八卷，鲁、齐、韩三家。又有《毛诗》二十九卷，《毛诗故训传》三十卷，末云："三家皆列于学官。又有毛公之学，自谓子夏所传，而河间献王好之，未得立。"《毛诗》比三家多出一卷，很可能是子夏所传《诗序》别为一卷，至于《毛诗故训传》又多出一卷，则可能是训传之文不置于经文之下，又别为一卷，郑玄于亡佚之笙诗曰："子夏序《诗》，篇义合编，故诗虽亡而义犹在也。毛氏训传各引《序》冠其篇首，故序存而诗亡。"《常棣》疏引《郑志》答张逸："此《序》子夏所为，亲受圣人，足自明矣。"是郑玄本来认为《序》为子夏所作。在

---

① 参见杨朝明：《上海博物馆竹书〈诗论〉与孔子删诗问题》，《孔子研究》2001 年第 2 期。

② 陈子展《诗经直解》（复旦大学出版社 1993 年版）附录一《论〈诗序〉作者》即其一例。

这一点上，后来的陆机、王肃看法与郑玄并同，《文选》将《诗大序》明题为“卜子夏”撰，《隋书·经籍志》也明言《序》为“子夏所创”。

诗与乐是密不可分的。古代通常所言“六经”包含《乐经》，但《乐经》今无其书，有人说它亡于秦火，有人说《诗》《乐》为一，自诗言之为《诗》，自乐言之为《乐》，《诗》重在诗章，《乐》重在乐曲。还有人说《周礼·大司乐》或者《礼记·乐记》原出于《乐经》。《诗》三百篇皆可入乐，这一点已经为学者所公认，古代宴会、宗庙祭祀等等往往诗、乐并用。《礼记·孔子闲居》等记有子夏与孔子的对话，孔子由《诗》而谈到“五至”之说，孔子曰：“志之所至，诗亦至焉；诗之所至，礼亦至焉；礼之所至，乐亦至焉；乐之所至，哀亦至焉。”诗至而礼、乐亦至，诗同时也具有了乐的功能。由此，我们认为古代诗、乐合一说可能没有问题。

子夏对于乐和乐的教化功能也颇有认识，古籍中这样的记载也有不少，其中十分典型的是他与魏文侯的对话。《隋书》卷七十五《儒林列传》记载：

> 魏文侯问子夏曰：“吾端冕而听古乐则欲寐，听郑、卫之音而不知倦，何也？”子夏对曰：“夫古乐者，始奏以文，复乱以武，修身及家，平均天下。郑、卫之音者，奸声以乱，溺而不止，猴杂子女，不知父子。今君所问者乐也，所爱者音也。夫乐之与音，相近而不同，为人君者，谨审其好恶。”

从子夏的解说中可见他对所谓“古乐”以及“郑、卫之音”等都很通晓。

（二）子夏与《尚书》

有关子夏的材料中，关于他与《尚书》的关系的记载不多，《尚书大传·周传》记有子夏关于《尚书》中所言“慎罚”的理解：

> 子夏曰：“昔者，三王悫然欲错刑遂罚，平心而应之，和。然后行之。然且曰‘吾意者以不平虑之乎，吾意者以不和平之乎’，如此者三，然后行之，此之谓慎罚。”

《尚书大传·略说》还记有子夏关于《尚书》的整体看法及孔子对子夏读《尚书》的评价：

> 子夏读《书》毕，孔子问曰：“吾子何为于《书》？”子夏曰：“《书》之论事，昭昭若日月焉，所受于夫子者，弗敢忘。退而穷居河、济之间，深山之中，壤室蓬户，弹琴以歌先王之风，有人亦乐之，无人亦乐之。上见尧、舜之道，下见三王之义，可以忘死生矣。”孔子愀然变容，曰：“嘻！子殆可与言《书》矣。虽然，见其表，未见其里；窥其门，未入其中。”

孔子之于《尚书》，所见与子夏有别。孔子说自己曾经专心于《尚书》，即他所言“悉心尽志，以入其中”，感觉《尚书》之意蕴既高且深，就像“前有高岸，后有大溪，填填正立而已”。孔子认为，《尚书》中的每一部分所能显示的各有深意在焉：

“六《誓》可以观义，五《诰》可以观仁，《甫刑》可以观诫，《洪范》可以观度，《禹贡》可以观事，《皋陶谟》可以观治，《尧典》可以观美。”《尚书大传·略说》的这段话，《孔丛子·论书》、《韩诗外传》卷二第二十九章都有相近的记载，综合这些材料可以看出，在孔子看来，了解了这些，才能算了解了“《书》之大义”，子夏读书既毕，只是见其表，窥其门，“未为精微者也”。所以，《法言·君子》所说“子夏得其书矣，未得其所以书也”可以作为对子夏之于《尚书》关系的概括。

（三）子夏与《易》

子夏与《周易》的关系，马王堆帛书发现整理后，人们给予了新的认识。汉初（下葬年代为公元前 168 年）帛书《周易》不仅卦次不同于《序卦》，与《十翼》十篇差别甚大，而且篇数亦非十，有少于今本者，也有今本中所不见者。由此可知，战国时代作翼以解《易》的学者不会止于一个人。

孔子弟子子夏可能即是解《易》学者中的一位。据说，孔子死后，子夏讲易学于西河，但孔子门人中有人认为他对易学修养不够，所以子夏以后易学的传承不见确实记载。后世目录书中所著录的《子夏易传》，后世学者多视为伪书。其实，依笔者看，这还有继续探究的余地。

首先，子夏曾作《易传》，《隋书·经籍志》有明确的记载。其曰：周文王作卦，谓之《周易》，周公又作《爻辞》，孔子为《彖》《象》《系辞》《文言》《序卦》《说卦》《杂卦》，而子夏为之传。

传统上认为“易更三圣”，孔子与《周易》联系密切，孔子与《周易》的关系，《史记·孔子世家》的表述是：“孔子晚而喜

《易》,序《彖》《系》《象》《说卦》《文言》。"其中的"序"与《隋志》的"为"应为同位词。有学者指出,这里的"序"字作为动词可有两种解释,一是排列次序,二是序跋之序。孔子研读和整理编次《周易》时,曾为《彖》等作序文。今传本《易传》之中有孔门弟子所记孔子关于《周易》的言论。① 帛书《易传》的发现,也支持了这样的推断。如此,子夏曾作《易传》便有了很大的可能。

其次,史料显示,孔子有可能曾授《易》于子夏,这正如唐人李鼎祚《周易集解序》中所谓"卜商入室,亲授微言"。《孔子家语 · 六本》记:

> 孔子读《易》,至于《损》《益》,喟然而叹。子夏避席问曰:"夫子何叹焉?"孔子曰:"夫自损者必有益之,自益者必有决之,吾是以叹也。"子夏曰:"然则学者不可以益乎?"子曰:"非道益之谓也,道弥益而身弥损。夫学者损其自多,以虚受人,故能成其满。博哉天道,成而必变,凡持满而能久者,未尝有也……"子夏曰:"商请志之,而终身奉行焉。"

《说苑 · 敬慎》也有与之相同的记载。此外,据《孔子家语 · 执辔》的记述,子夏还曾对孔子讲述《易》理中人类和动物所受元气的分限,即所谓"气分"。从这些材料看,子夏对于《易》的确有所钻研。

---

① 参见郭沂:《郭店楚简与先秦学术思想》,上海教育出版社 2001 年版,第 279—280 页。

最后,也有后世学者看到子夏与《易》之间的某种联系。在孔子之后的传经之学中,子夏一系的学说对荀子之学有一定的影响。康有为就说:“传《经》之学,子夏为多。”[①]又说:“传经之功,荀子为多。”[②]这似乎点出了荀子与子夏之间的学术关联。《荀子》中关于《周易》的言论有四条,其中三条沿袭了《论语》中所显示的孔子的谈《易》方法,即不把《周易》用于占卜,而着重于从义理上引申发挥,所以荀子说“善为《易》者不占”(《荀子·大略》)。另一条见于《大略》,曰:“《易》之《咸》,见夫妇。夫妇之道,不可不正也,君臣父子之本也。《咸》,感也。以高下下,以男下女,柔上而刚下。聘士之义,亲迎之道,重始也。”其对《咸》卦的解释,运用了卦义说、爻位说、刚柔说,则与《易》传有相通之处,因此,有些研究者便依之而断定《易传》属于儒家中的荀子门派,或即由荀子门徒所作。其实,荀子《易》乃继承了前人,而对其影响较大的或即子夏《易》学。

(四)子夏与《丧服传》

子夏之于礼学,实长于丧服研究,曾撰有《丧服传》,这是解释《仪礼·丧服》的文字。《丧服经传》记述了天子以下人死后相互哀丧的礼节、服饰。篇中依据尊尊、亲亲、名分、出入、长幼、从服的原则,对丧服的等级、服丧的年月、亲疏隆杀的礼仪作了详细说明。

在《仪礼》中,仅《丧服》一篇有传,《丧服》的经与传本来

---

① 吴熙钊、邓中好校点:《南海康先生口说》,中山大学出版社 1985 年版,第 13 页。

② 吴熙钊、邓中好校点:《南海康先生口说》,中山大学出版社 1985 年版,第 4 页。

分别单行,1959 年在武威汉墓出土的木竹简,其中有单行的《丧服传》两种,又有单行《丧服》一种,可见西汉时仍有单行的《丧服传》。

《丧服传》是否出于子夏,尚有不同看法。《隋书·经籍志》曰:“汉末,郑玄传小戴之学,后以古经校之,取其于义长者作注,为郑氏学。其《丧服》一篇,子夏先传之,诸儒多为注解,今又别行。”《仪礼·丧服》贾公彦疏谓:“‘传曰’者,不知何人所作,人皆云孔子弟子卜商字子夏所为。师师相传,盖不虚也。”唐石经《仪礼·丧服》标题作“丧服第十一子夏传”。唐朝以前,对子夏曾作《丧服传》看法比较一致。

但后来有人提出异议,认为《丧服传》不仅解释《丧服》经文,亦解释《丧服》经后之《记》文,并有援引《礼记》中有关论丧服者之位置,从而以为《丧服传》之撰作时代较晚,不应在子夏时,当产生于《礼记》有关记丧服诸篇之后,甚至在战国后期。如沈文倬先生将汉简《服传》与《礼记》有关文字对照后,便认为《服传》“是在《礼记》诸篇的强烈影响下撰作的,其时在秦火前夕”①。

《礼记》出于鲁儒,为孔门后学汇集前人论礼之文以成,其中有关丧服诸篇也是如此。将《礼记》《服传》的相关文字比较,二者之间相似的论述很多,这当然是正常的,而从前人的文字对比中,其实看不出《服传》删削《礼记》的痕迹,倒是《礼记》可能是在《服传》基础上删繁就简,或铺陈演说,袭用其义而改撰其文。关于这一点,学者稍稍留意,并不难察见。人们

① 沈文倬:《汉简〈服传〉考》,《宗周礼乐文明考论》,浙江大学出版社 1999 年版,第 182 页。

带着怀疑的目光去观察前人古籍撰作的成说，往往陷入类似的逻辑颠倒。

史料显示，子夏的确擅长丧服古礼。《礼记》的《檀弓上》《曾子问》等篇，《孔子家语》的《终记解》《曲礼子夏问》等篇都记有不少子夏与孔门师友谈论丧服的事情，他向孔子请教相关问题，他本人不仅对丧服制度表现得兴趣浓厚，而且明显地在这方面长于他人。《丧服传》出于子夏的可能性是极大的。

（五）子夏与《春秋》学

依笔者看，孔子作《春秋》应当是不争的事实。孔子在《春秋》中寄托了自己的政治观念和“正名”主张，并且以之教授弟子。孔子弟子中受《春秋》学较精者首推子夏，据记载，解释《春秋》经义的《公羊传》《穀梁传》都出于子夏的传授，李启谦先生说得好：“《春秋》一书要没有《公羊传》和《穀梁传》的解释就很难读懂，而有了它就大有助于后人的阅读。而这些成就是和子夏有直接关系的。”①

孔子以《春秋》授子夏，史有记载。《史记·孔子世家》说：“孔子……为《春秋》，笔则笔，削则削，子夏之徒不能赞一辞。弟子受《春秋》，孔子曰：‘后世知丘者以《春秋》，而罪丘者亦以《春秋》。’”《古微书》所记更明确，《春秋纬·春秋说题辞》称：“孔子作《春秋》一万八千字，九月而书成，以授游、夏之徒。游、夏之徒不能改一字。”《孝经纬·孝经钩命诀》则曰：“孔子在庶，德无所施，功无所就。志在《春秋》，行在《孝经》。又曰：‘某以匹夫徒步以制正法，以《春秋》属商，以《孝经》属参。’”

---

① 李启谦：《孔门弟子研究》，齐鲁书社 1987 年版，第 116 页。

后人以《古微书》属纬书而不信其说，其实不为无据。《吕氏春秋·察传》记子夏经过卫国去晋时，有读史的人说“晋师三豕涉河”，子夏马上听出“三豕”为“己亥”之误，说明他精于春秋史事。《韩非子·外储说右上》称“患之可除，在子夏之说《春秋》也”，又说“子夏曰：《春秋》之记臣杀君、子杀父者以十数矣”。《春秋繁露·俞序》记曰：“卫子夏言：有国家者不可不学《春秋》，不学《春秋》则无以见前后旁侧之危，则不知国之大柄，君之重任也。”又记：“子夏言《春秋》重人，诸讥皆本此。”如此等等，皆能说明子夏与《春秋》的密切联系。

子夏所传《春秋》到底是哪部书呢？有学者误解《史记·儒林列传》“田子方、段干木、吴起、禽滑釐之属，皆受业于子夏之伦”一语，认为吴起也是子夏的弟子；再加上吴起为军事家，而《左传》中又有不少与战争有关的描述，遂认为吴起很可能是《左传》的作者，而吴起之学即来自子夏。[①] 笔者不同意这样的观点。

关于孔子之后《春秋》学的传授，《宋书·礼志》所引东晋太常荀崧上疏之语正符合事实真相：“孔子惧而作《春秋》……时左丘明、子夏造膝亲受，无不精究。孔子既没，微言将绝，于是丘明退撰所闻而为之传。……儒者称公羊高亲受子夏，立于汉朝，辞义清俊，断决明审，多可采用，董仲舒之所善也。穀梁赤师徒相传，暂立于汉……”其意是说《左传》出于左丘明，而《公羊传》则出于子夏的传授。是则《左传》与子夏并没有什么

---

① 如徐中舒先生在《左传选·前言》中说“《左传》可能就是在子夏门下编写成书的”，“作者可能就是子夏一再传的弟子”。徐鸿修先生也同意此说，并称吴起是《左传》的作者，见徐鸿修：《孔子高足，学术大师——谈子夏的历史贡献》，《孔子研究》2001 年第 1 期。

关系。

子夏受《春秋》于孔子,非常重视其中的“微言大义”,这从前引《春秋繁露·俞序》的记叙中不难看出。解释《春秋》“大义”的《公羊传》《穀梁传》便都出于子夏的传授。据何休《春秋公羊传·序》唐徐彦疏所引戴宏序说,《公羊传》乃子夏传公羊高,其说口授相传,到西汉时,公羊氏及弟子胡毋生等才著于竹帛,据唐人杨士勋的《春秋穀梁传序·疏》,《穀梁传》也本于子夏的传授,穀梁赤为鲁人,受经于子夏,为经作传,故曰《穀梁传》,以后师弟相传,到汉宣帝时方大行于世。《公羊传》《穀梁传》同出于子夏而有不同,情况很可能是,子夏发掘《春秋》义蕴以授弟子,公羊高、穀梁赤皆受《春秋》于子夏,二人依据师说,在继承的基础上各有侧重地进一步发挥,以后递相传授,才形成了两部解经之作。正因为二书都渊源于子夏,故体例相近;二书又有不同,主要是公羊、穀梁进行解说,故分别以《公羊传》《穀梁传》称名。

三、子夏经学的特征

通过以上的论述,我们不难看出子夏的经学具有明显的特征,这种特征可以概括为以下几点。

第一,子夏于诸经皆有钻研,也有所侧重。孔子一生所教授的学生数量众多,他们所学一定各有侧重。而在经书的传授方面,子夏所起的作用尤其重要。在学术思想方面,孔子称自己“述而不作”。他删《诗》《书》,订《礼》《乐》,赞《易》,作《春秋》,其实都属于对古代文献的整理,即使所谓的《春秋》之

“作”,其实也只是对鲁国旧史材料的整理,其注意力则在于“属词比事”,通过这些方式以寄寓自己的政治思想。《史记·孔子世家》称孔子以《诗》《书》《礼》《乐》等教育学生,孔门弟子对于孔子所整理的这些典籍皆有所学,其弟子“身通六艺者七十有二人”,这里所言的“六艺”应该即指儒经六艺,即《诗》《书》《礼》《乐》《易》《春秋》六部经书。然而,诚如后人所说,“孔子弟子,惟子夏于诸经独有书”。其他弟子虽通六艺,而在后来接续孔子事业,并以经书从事教育,传授弟子的,子夏可谓最为突出。子夏通于各经,但明显有所侧重。如前所述,子夏于《尚书》就没能窥其堂奥,即所谓“未为精微”;子夏于礼学,也仅仅长于丧服古礼。但子夏于《诗》《乐》之学,于《春秋》微言大义,于孔子所见的《易》学之理,尤其见解独到。

第二,子夏修习儒经,擅长发掘经文大义。从前述孔子与诸经的关系中,不难看出子夏习经很擅长发掘经书潜在的深义。孔子“述而不作”,他整理“六经”时当然不会是随意对经书进行整理编排,而是有一定的指导思想蕴含其中,《春秋》如此,其他各经恐怕也是这样。子夏等人号为“孔子之通学”,他们便常常用心体味经书中的孔子思想,关于这一点,有关的材料表现十分明显。例如《诗》。据说孔子以前《诗》有三千余篇,“及至孔子,去其重”,他将《诗》整理删订成三百余篇,这是因为孔子看到了《诗》与社会政治的内在联系,看到了《诗》的“温柔敦厚”的教化功能。孔子认为《诗》可以引起人们的联想(“兴”),对人起到思想启发和感情感染作用;《诗》能够观察社会民情,“观风俗之盛衰”;可以会通思想感情;还可以讽喻不良现象。孔子以后,《诗》更被注入了政治性、功利性的内容,出现了强以附史、勉为教化的倾向。然而,如果稍稍细心研究《诗》的研究历史,便不难发现这种倾向是自子夏开始的,《诗大序》就称《诗》可以“经夫妇,成孝敬,厚人伦,美教化,移风俗”。以后,《诗》便成了儒家伦理教材,除了少数者外,大部分解《诗》注《诗》之作都有意无意地对《诗经》进行神圣化的解说,有的诗篇被解为具有“美刺”的意义,有的诗篇被看作有“颂德”的内涵,还有的诗篇被看成“正俗”之作。再如《书》。子夏于《尚书》虽然只“见其表”“窥其门”,但他却认为《书》之论事“昭昭若日月”,他认为自己读《书》首先沐浴了“先王之风”,“上见尧、舜之道,下见三王之义”。子夏与《春秋》《易经》更是细察其理,专门发掘经文大义。现存的《春秋》三传,经子夏传授的《公羊传》《穀梁传》与《左传》的最大区别就在于前者重在发掘经文的微言大义,而《左传》则以史实的铺陈解释《春秋》,与前者有明显不同。孔子于《易》,不把《周易》用于占卜,而是从义理上引申发挥,子夏受《易》治《易》,自然也是如此,后人所谓“卜商入室,亲授微言”很能说明问题。

第三,子夏传经,对弘扬孔子学说起了关键作用。作为伟大的思想家,孔子的学说内容十分丰富。但由于种种原因,人们研究孔子,材料受到很大限制,不少研究者甚至仅仅局限于《论语》一书,这自然影响到对孔子思想的全面把握。有学者已经指出,今本《论语》只有一万余字,显然只是孔子言行的很少部分,其他孔子门人所记孔子的言行录,其性质与《论语》一样,都是研究孔子的重要文献。[①] 我们今天研究孔子,自然不应舍弃这些重要资料。更何况,除了孔子的言行录,他所整理

---

① 参见郭沂:《郭店竹简与先秦学术思想》,上海教育出版社 2001 年版,第 354 页。

编辑的文献也是研究其思想的珍贵材料,而这种研究显然离不开子夏所传诸经之说。例如孔子《易》学思想。孔子是否曾作《易传》,学术界看法很不一致。长沙马王堆帛书有关《周易》的材料被发现以来,孔子与《周易》的密切关系才有了较为确定的意见,孔子晚年“好《易》”“喜《易》”被肯定下来。在这样的前提下,再来看孔子与《易传》的关系便清楚多了。《隋书·经籍志》称子夏曾经作《易传》,说:“孔子为《彖》《象》《系辞》《文言》《序卦》《说卦》《杂卦》,而子夏为之传。”对这个记载,笔者以为不可不信。关于孔子言论的记载,以前不断有学者加以探讨,如邢昺《论语正义》就说先秦乃至汉代典籍中的“子曰”皆指孔子,是孔子弟子所记孔子之言。孔子论《易》之言有不少就是赖孔子弟子记录并传留下来。从长沙马王堆帛书所出《缪和》《昭力》等篇《易传》看,孔子晚年的论《易》之言乃出于其晚年弟子的传述,今本《易传》可能也是如此。而从前述《隋书·经籍志》的记载看,今本《易传》的传人很有可能就是子夏,如果是这样,子夏对于孔子学说的弘扬实在功不可没。

《孔子家语》的成书与可靠性研究*

《孔子家语》是专门记录孔子及孔门弟子思想言行的著作。该书汇集了孔子的大量言论,再现了孔子与弟子、时人谈论问题的许多场景,还有经过整理的孔子家世、生平、事迹以及孔子弟子的材料。与《论语》相比,该书内容丰富,具体生动,首尾完备。只是该书长期遭受冷落,被视为"伪书"弃而不用!值得欣慰的是,地下文献的发现与研究,使这部宝贵的典籍终于重见天日。有学者对该书进行了很好地探讨,发现其中的记载极为珍贵,认为该书属于"孟子以前遗物,绝非后人伪造所成",从而"轰然打破"了原来的"成见"。① 与包括《论语》在内的众多文献相比,该书完全称得上"孔子研究第一书"。但是,对这样一部重要典籍,仍有许多学者存有种种疑虑,许多传统看法仍具有很大影响。为此,本文谨对《孔子家语》的成书与可靠性问题试加梳理研究,不妥之处,敬请教正!

---

* 原载于《故宫学术季刊》2008 年第 1 期。

① 参见庞朴:《话说"五至三无"》,《文史哲》2004 年第 1 期。

一、《孔子家语》的材料来源与成书

《孔子家语》记录了孔子的言语事迹,可是,这样一部重要著作,为何命运如此多舛?欲弄清此问题,应首先了解该书的材料来源,了解其流传与成书过程。

(一)《孔子家语》的材料来源

今本《孔子家语》附有汉孔安国的序文,根据孔安国后序,《家语》为"当时公卿士大夫及七十二弟子之所谘访交相对问言语也。既而诸弟子各自记其所问焉,与《论语》《孝经》并时,弟子取其正实而切事者,别出为《论语》;其余则都集录之,名之曰《孔子家语》"。根据我们的研究,孔安国的说法应该没有问题。

孔子在世之时,长期从事教育活动。那时,在与孔子的交流过程中,弟子都有随时记录和整理孔子言语的习惯,比如,《论语·卫灵公》所记"子张书诸绅"。

其实,孔子弟子对孔子的言论都会及时进行记录和整理。《孔子家语》中这样的例子很多,比如:

> 《入官》:"子张既闻孔子斯言,遂退而记之。"
>
> 《论礼》:"子夏蹶然而起,负墙而立,曰:'弟子敢不志之?'"
>
> 《五刑解》:"冉有跪然免席,曰:'言则美矣,求未之闻。'退而记之。"

《正论解》:"子贡以告孔子,子曰:'小子识之:苛政猛于暴虎。'"又曰:"孔子闻之,曰:'弟子志之:季氏之妇,可谓不过矣。'"

一方面,孔子弟子将孔子的嘉语善言主动加以记录;另一方面,孔子遇到一些重要问题,也常提醒弟子注意、记住。

在上引材料中,"志""识"都有"记"之意。如《礼记·礼运》记孔子曰:"大道之行也,与三代之英,丘未之逮也,而有志焉。"其中的"志",在《孔子家语》的《礼运》篇中作"记"。《礼运》篇中,不论"记"还是"志",都有"记载""记录""志书"之义,朱彬《礼记训纂》即引刘台拱解此字曰:"识也,识记之书。"

在孔子弟子记录老师言行这一方面,尤其值得注意的是《孔子家语·七十二弟子解》中的有关记载:

叔仲会,鲁人,字子期,少孔子五十岁,与孔琁年相比,每孺子之执笔记事于夫子,二人迭侍左右。孟武伯见孔子而问曰:"此二孺子之幼也,于学岂能识于壮哉?"孔子曰:"然!少成则若性也,习惯若自然也。"

这说明当时有专人负责记载孔子言行。可见记载夫子事迹的《论语》《家语》等书应该是孔门弟子的实录。①

在与孔子的交流中,弟子们学到了很多东西,可以想见,不少弟子都有自己整理保存的有关记录。那么,这些材料是什么

① 以上内容由山东大学历史文化学院博士研究生郭海燕发现。

时候汇聚起来的？又是怎样汇聚起来的？

关于《论语》的成书时代，学界有过许多较好的研究，综合学界的研究，结合新出土材料进行探讨，《论语》应该是孔子裔孙子思最终主持编纂而成的。[①] 在此基础上，我们进而推断《家语》的编纂，也一定与子思有重要的联系。有一细节值得注意，即孔子去世后，孔子的众弟子似乎难以承受失去老师所带来的迷茫，他们曾经因为同门有若"似孔子"，而推举他代替老师。但好像没多久，有若因为毕竟不是孔子，不能完满地回答同门的提问而遭到否定。这也透露了孔子弟子在孔子去世后的分化，大约与此同时，编纂孔子遗言的提议也已经被提上议事日程。据分析，在此及稍后的一段时期内，最有资格、有能力，又有号召力的孔门后学就是曾子与孔子裔孙子思，《孔子家语》最终成于子思的领纂当无问题。[②]

这里牵涉到一个重要问题，就是《孔子家语》为何被称为"家语"？该书的最初形态如何？有人以为《家语》的名称是后来才有的，我们认为未必如此。

《家语》孔安国序谈到了荀子入秦所带书籍，其中没有"孔子家语"的名字，而称为"孔子之言及诸国事、七十二弟子之言"；再说到秦始皇焚书时，才又冠以"孔子家语"之名，于是有人认为本来没有"孔子家语"之名，后来，该书曾经流散，几经周折，孔序说是"孔子家语而与诸国事及七十二弟子

---

① 参见杨朝明：《新出竹书与〈论语〉成书问题再认识》，《中国哲学史》2003 年第 3 期。又见黄怀信、李景明主编：《儒家文献研究》，齐鲁书社 2004 年版，第 60—77 页。

② 参见杨朝明：《孔门师徒与原始儒家学派的构成》，《出土文献与儒家学术研究》，台湾古籍出版有限公司 2007 年版，第 177—208 页。

辞妄相错杂”，直到最后，孔安国重新得到，分门别类，撰集成四十四篇的《家语》。在《后孔安国序》中，也没有说先秦已有《家语》；子襄壁藏诸书有《家语》，清人孙志祖引徐鲲说指出：“此‘家语’二字后人妄加也。”今也有人认为，孔衍奏言两次讲到孔安国“集录孔氏家语”“又撰孔子家语”，可见孔衍也认为《家语》是由孔安国编成的，“家语”的名字可能与他有关。

其实，这样的推断是难以讲通的。荀子入秦所带书籍不止一种，没有提及《孔子家语》的书名非常正常，这与战国时期《家语》已经成书的说法并不抵触。《家语》孔序和孔衍奏言都说孔安国和《家语》有密切关系，这当然没有问题。但如果说孔安国之前并没有《家语》一书，看来难以成立。孔安国所编撰的《家语》在汉代一直没有流行，但《汉书·艺文志》将《家语》列为《论语》十二家之一，这说明《孔子家语》的名字应该早已有之。

其实《孔子家语》的名字在《史记·孔子世家》中已经透露了端倪。按照司马迁的描述，孔子去世后，“孔子家”成为诸生演习讲礼的场所，成为弟子后学缅怀、追思恩师的场所。其中记载：

> 鲁世世相传以岁时奉祠孔子冢，而诸儒亦讲礼乡饮大射于孔子冢。孔子冢大一顷。故所居堂弟子内，后世因庙。

有学者指出，其中的“冢”应为“家”之误，这里的三处“孔子冢”都应当作“孔子家”[①]。这与后面所说的“诸生以时习礼其家”正相对应,因为乡饮、大射之礼也不能在“冢”上举行。

弟子后学住进孔子原来的居堂中,除了按时举行礼仪,他们还将各自整理保存的孔子的“讲课记录”汇聚到一起。我们可以想象,随着孔子的逝世,弟子后学失去了恩师,也失去了自己精神的寄托,因此,他们便汇聚孔子言论,集中孔子学说,最终在孔子裔孙子思的主持下,共同编辑了《孔子家语》。

《说文解字》说:“语,论也。”《广雅》说:“语,言也。”“孔子家语”应该就是“孔子家”的论说集或言论集,也是在“孔子家”中编辑而成的论说集、言论集,不难理解,《孔子家语》与《论语》在内容性质上完全相同。

(二)《孔子家语》的早期流传

孔子弟子将各自记录整理的有关孔子的材料汇聚“集录”在一起,这应当就是《孔子家语》的原型。很明显,在以后的日子里,这个较为完全的“集录”本会有不少儒家弟子后学进行传抄,从而流行开来。

在《家语》的孔序中,孔安国较为清楚地描述了《家语》的流传情况,其中几个比较重要的环节如下:

第一,战国之世,孟子、荀卿守习儒学,《孔子家语》可能传本不一。“孔子既没而微言绝,七十二弟子终而大义乖。六国

---

① 韩兆琦《史记笺证》曰:“按:句中‘冢’字应作‘家’。”引阎若璩曰:“‘诸儒亦讲礼乡饮大射于孔子冢’,误写作‘冢’,此‘家’字与赞曰‘以时习礼其家’合。”又引郭嵩焘曰:“此‘冢’字应作‘家’。”(韩兆琦编著:《史记笺证》,江西人民出版社2004年版,第3272页)此外,王叔岷《史记斠证》等也有此说。

之世，儒道分散，游说之士各以巧意而为枝叶，唯孟轲、荀卿守其所习。”

第二，荀卿入秦，以“孔子之语及诸国事、七十二弟子之言，凡百余篇”献秦昭王，《家语》由此传入秦国；又由于种种原因，后来始皇焚书时得以幸免。在孔安国看来，先秦虽有不少《家语》材料在流传，也一定会有不少人在传习《家语》，但荀卿毕竟“守其所习”，而且，将《家语》传到秦国并且使之流传到汉朝，都是荀卿的功劳。这样，就保证了《家语》材料的“纯正”，避免了“游说之士各以巧意而为枝叶”的影响。

第三，汉初刘邦灭秦后，“悉敛得之，皆载于二尺竹简，多有古文字”，后为吕后取而藏之。吕氏被诛亡以后，《家语》散入民间，遂出现了《家语》的多种本子。后序曰：“好事者或各以意增损其言，故使同是一事而辄异辞。”

孔安国所言“悉敛得之”，说明汉灭秦时所得到的《孔子家语》是一全本。他还说这些材料“皆载于二尺竹简，多有古文字”，这些描述，非亲见者难以言之。孔安国见到这些竹简是没有问题的，因为从汉朝得到这些材料，到吕后得到这批材料，再到他本人那个时期，这些材料一直是在流传着的。

第四，景帝末年募求天下书，那时，京师士大夫皆送官，得吕氏所传《家语》，不过，这些材料“与诸国事及七十子之辞妄相错杂”，“与《曲礼》众篇乱简合而藏之秘府”。

这里透露出来的信息十分重要。景帝末年募求图书时，官府中一定集中了不少《孔子家语》的材料，也就是说，在景帝时，秘府已经有了《孔子家语》一书。当然，这部《家语》（或这些《家语》材料）还存在着不少问题，因为这些可能已经不单纯是《家语》的竹简，而是与其他相关记载“妄相错杂”。

（三）孔安国写定《孔子家语》

在西汉秘府中,《孔子家语》虽有收藏,但因为与其他材料混乱地存放在一起,仅由“掌书”负责掌管而已,因此,一定会严重影响到该书的利用。正因如此,后来才出现了两个问题:第一,官家图书中的《孔子家语》后来没有流传下来;第二,孔安国想方设法重新整理了《孔子家语》。

据《汉书·艺文志》载,西汉秘府中的《孔子家语》有二十七卷,虽然这些材料可能后来还曾经有人使用,但因为该书存在一定的问题,所以当孔安国的孙子孔衍奏请将安国整理后的《家语》立于学官时,刘向本人也是同意的。再到后来,曾经收藏在秘府中的这个《家语》还可能被整理传抄过,不过,最终可能还是不及孔安国整理的本子而归于亡佚。

汉武帝元封年间(前110—105年),孔安国在京师为官。作为孔子后裔,他了解到《孔子家语》在秘府中的状况,很担心“先人之典辞将遂泯没”,于是,他设法得到这些材料,抄录整理,“撰集”而成四十四篇的《孔子家语》。这部著作流传至今,这便是我们今天所看到的《家语》本子。

孔安国叙述自己“撰集”《家语》的经过说:

> 因诸公卿大夫,私以人事募求其副,悉得之。乃以事类相次,撰集为四十四篇。又有曾子《问礼》一篇,自别属《曾子问》,故不复录。其诸弟子书所称引孔子之言者,本不存乎《家语》,亦以其已自有所传也,是以皆不收也,将来君子,不可不鉴。

孔安国通过私人关系取得了《家语》的材料，进行整理。他搜求材料，明确说是“悉得之”，看来，这些《家语》材料应该是比较完备的。在此基础上，他按照事情的类别进行编次，分为四十四篇。从今本《家语》看，各篇之间既有内在逻辑联系，也有重新编次的痕迹。

比如，《家语》以《相鲁》为第一篇，从孔子仕鲁开始；接着是《始诛》，记孔子为大司寇时事；第三篇《王言》乃孔子与曾子的对话，这不仅仅是因为子思为曾子弟子，就像《论语》中曾子的地位显得非常特殊一样，《孔子家语》因为子思师事曾子，而格外重视曾子的言论，更重要的是，孔子倡言王道，该篇所谓“王言”，乃是记述孔子的“王”天下之言。在前三篇之后，第一卷中的各篇都是孔子回答诸侯国国君主要是鲁哀公的谈话；然后，各篇才记述孔子与弟子们的论说。后面依照内容的不同而有所区分，如在第八卷中，将冠礼、庙制、音乐等归在一起，显然有一定的考虑。在基本排列完有关材料后，第九卷将孔子弟子、孔子家世、孔子临终情况分别单篇叙述，又将孔子的一些零散言论作为“正论”列为一卷。最后一卷三篇都是孔子与弟子关于曲礼的问答。这种逻辑联系或许可以由《四库全书总目提要》的一条记载得到某种程度的证明。据《四库全书总目提要》所收清人姜兆锡的十卷本《家语正义》载：

> 是书首列至圣年表正讹，其四十四篇之次，则从葛鼐本。以《正论》与三问礼篇为卷九，以《本姓》《终记》与《七十二弟子》篇为卷十。

这种始于《相鲁》迄于《终记》《七十二弟子》的篇目次第与今

本不同，因而该版本的《家语》显得更像是以从政为主题的孔子传，因而更具体系性，但今本次第却说明《正论》及《曲礼》三篇或许应是《家语》附录。①

孔安国对原来的材料进行编次时，毕竟有些不好归属，所以在今本《家语》中不难看到本应不属同篇的材料被归到了一起。他的重新编次，当然已经与最初时期的次序不同。但是，不论其编次如何，他都是尽力使这些材料的顺序符合一定逻辑。毫无疑问，孔安国的编次是对《家语》的再加工过程，但可以肯定的是，他一定会尽力保存《家语》材料之真，也就是说，尽管他进行了重新编次的工作，该书材料的真实性却并不受影响。

还有一点，孔安国说到吕氏被诛亡后，《孔子家语》散在民间，从而使《家语》出现了“同是一事而辄异辞”的现象，这显然是“好事者或各以意增损其言”所造成的。这应当是孔安国在整理编次《家语》时发现的问题。我们推测，他就一定会在“录副”时有所考虑，有所去取抉择。很显然，孔安国不仅为我们保留了孔子与早期儒学研究的宝贵材料，而且进行了认真的分析梳理，他对于《孔子家语》的整理功不可没！

二、《孔子家语》的家传、注解与“伪书”问题

谈《孔子家语》，不能不谈该书的真伪之争。长期以来，

① 参见魏玮：《〈孔子家语〉“三序”研究》，曲阜师范大学硕士学位论文，2009 年。

《家语》被视为“伪书”的典型，严重影响了该书的研究和利用。

《家语》“伪书”说的形成，与其成书与流传问题紧密相连。今本《家语》经孔安国写定后，经历了一个家传的过程，后来，三国时期的王肃得到该书，并为此书作注，使该书开始流行。然而，由于今本《家语》之外可能还有原来官府的所谓《家语》本子存在，而且，经过孔安国的整理，舍弃了其中有关的一些材料，比如他曾经提到的“曾子《问礼》一篇”“诸弟子书所称引孔子之言”等，这些材料被人作为《家语》进行使用，从而影响了后代学者对今本《家语》的认识。于是，后来有人认为《家语》存在严重问题，再到后来，《家语》居然成了“伪书”，人们不是以为孔安国“作伪”，就是认为王肃“作伪”。清代以后，由于疑古思潮的严重影响，《孔子家语》作为“赝品”，在有的学者心目中已经简直不值一提，而以《家语》为真，认为应当认真对待该书的声音，几乎完全被疑古大潮所淹没。

（一）《孔子家语》的孔氏家传

在汉武帝时期，孔安国虽然为官于朝，按照乃孙孔衍所说，他也是“以经学为名，以儒雅为官，赞明道义，见称前朝”，但是，他写定《孔子家语》，主观目的却在于保存“先人之典”，带有“私”的性质，所以，尽管他在编次《家语》上下了很大功夫，但从其写定，直到三国王肃之时，在三四百年的时间里，《家语》却是一直作为家传图书而存在。

汉代，今本《家语》仅仅作为家传本流传，一个最重要的证据便是其不像被编入《礼记》《大戴礼记》等书中的材料那样，动辄就避汉讳，不像大、小戴《礼记》那样带有明显的汉人编辑的痕迹。

在《四库全书》中,《孔子家语》本属于御题影宋钞本,乃毛晋汲古阁收藏的本子。在该版本的后面,不仅有孔安国《孔子家语》的后序,而且有孔安国后人所撰后序,这两篇序文将孔安国以后《家语》在汉代的家传情况介绍得比较详细。

需要辨明的是,不少学者误解孔安国后人所撰后序,认为其中的记载自相矛盾,由此怀疑该文的可靠性。人们的误解主要是关于《孔子家语》是否出于孔壁,有关情况序文中是这样说的:

> 子襄以好经书,博学,畏秦法峻急,乃壁藏其家语《孝经》《尚书》及《论语》于夫子之旧堂壁中。……天汉后,鲁恭王坏夫子故宅,得壁中《诗》《书》,悉以归子国。子国乃考论古今文字,撰众师之义,为《古文论语训》十一篇、《孝经传》二篇、《尚书传》五十八篇,皆所得壁中科斗本也。又集录《孔氏家语》为四十四篇。

序文在下面引述孔衍奏言的时候又说:

> 时鲁恭王坏孔子故宅,得古文科斗《尚书》《孝经》《论语》,世人莫有能言者,安国为之今文,读而训传其义。又撰次《孔子家语》。

人们看到序文中"乃壁藏其家语《孝经》《尚书》及《论语》于夫子之旧堂壁中",以为"家语"就是《孔子家语》,其实,此处所言的"家语"乃是"孔子家的言语论说书籍"的一个泛称,包括被壁藏的"《孝经》《尚书》及《论语》"之类的所有材料。序文中并没说子襄壁藏的书籍中有《孔子家语》。这与《汉书·艺文志》《汉书·鲁恭王传》等材料中的相关记载完全一致。

孔安国曾经整理孔壁藏书,但在两篇序文中,都同样没有说他整理的书籍包括《孔子家语》。孔安国序文明确叙述《家语》的流传过程,丝毫没有说它与孔壁有什么联系,在孔安国后人的序文中,也同样都是将孔安国整理孔壁藏书与"集录"或"撰次"《家语》分开来说的。

孔安国后人的序文到底出于何人之手,由于材料缺乏,已经很难知晓,但其中所叙述的有关情况是值得充分重视的。该序首叙从孔子到安国十二世的孔氏世系,又全文引述安国之孙孔衍给汉成帝的上书。无论是序文的介绍还是孔衍的上书,都称孔安国整理《孔子家语》以后,该书并没有献出来呈交朝廷。

据介绍,孔安国整理《家语》后,由于遇到巫蛊事件,未来得及呈献。不久,孔安国被调离京师,后来去世,此事就被搁置下来,这便是孔安国后人序文中所说的"寝不施行"。后来,汉成帝诏刘向校定众书,忽视了孔安国校订的各书,遂使这些书籍仍然"各废不行于时",其中自然包括《孔子家语》,所以,孔衍希望朝廷能够将这些重要的典籍材料"记录别见",他上书汉成帝说:

> 光禄大夫向,以其为时所未施行,故《尚书》则不记于《别录》,《论语》则不使名家也。臣窃惜之。且百家章句,无不毕记,况孔子家古文正实而疑之哉!又戴圣皆近世小儒,以《曲礼》不足,而乃取《孔子家语》杂乱者,及子思、孟轲、荀卿之书以裨益之,总名曰《礼记》。今见其已在《礼记》者,则便除《家语》之本篇,是为灭其原而存其末也,不

亦难乎？臣之愚，以为宜如此为例，皆记录别见，故敢冒昧以闻。

孔衍认为孔安国所抄录的《家语》，本来“皆载于二尺竹简，多有古文字”，虽然“为时所未施行”，但戴德、戴圣在自己编辑的《大戴礼记》和《礼记》中，却收录了《家语》的材料，于是，人们反而不知道《家语》而仅仅知道他们编辑的书籍了。其实孔衍奏言的“今见其已在《礼记》者”一句，在明代学者梅鼎祚的《西汉文纪》中作“今向见其已在《礼记》者”，“向”即刘向，这就是说，刘向在校对秘府所藏《家语》材料时，因为其中有“已在《礼记》者”，于是便“灭其原而存其末”，因此，孔衍才在奏言中对刘向的做法表示不满，从“奏上，天子许之”的态度看来，孔衍所奏并非虚言。①

可惜的是，孔衍奏言虽得到了成帝的允许，但还没有来得及最终研究确定，成帝就一命呜呼。与之同时，掌管校书的刘向也因病去世，其最终结果还是“遂不果立”。

认真品味两篇序文，综观整个过程，不难看出，无论孔安国还是孔衍，他们都是希望《家语》能够立于学官，流行于世，但是，由于非常巧合的种种变故，《家语》在汉代始终都是以家学的形式流传。安国之后，《孔子家语》传到了其孙孔衍，孔衍希望朝廷“记录别见”未成，《家语》自然继续家传。孔衍之后，有人作了包括了孔衍“奏言”的《孔子家语》后序，此人显然也是《家语》的传承之人。那么，这篇序文出于何人？在序文中，作

① 参见魏玮：《〈孔子家语〉“三序”研究》，曲阜师范大学硕士学位论文，2009年。

者直接引述了孔衍"奏言",而孔衍只提到刘向,其中也并没有补述刘歆等人如何看待《家语》。根据序文的语气、表述,不难推测此人距离孔衍不远,即使他不是孔衍的同一辈人,也是其不远的后辈。

直到三国时,《家语》家传的历史才由于孔子二十二世孙孔猛将之献给王肃而结束。《家语》王肃序说:"孔子二十二世孙有孔猛者,家有其先人之书,昔相从学,顷还家,方取以来。"按照这个说法,在王肃注解《家语》之前,孔氏家藏的这本《孔子家语》一直没有能够流行于世。幸好孔猛为王肃弟子,而书中所言与王肃所论"有若重规叠矩",《孔子家语》才在王肃整理之后流行起来,这都证明此前孔安国所整理的本子仅仅具有孔氏家传本的形式。

(二)王肃注解《孔子家语》

今本《家语》在孔安国写定后,经过两汉时期的家传过程,终于在三国魏王肃之时公布于世。作为经学家,王肃的观点有一些与当时流行的郑玄之学不同。孔子二十二世孙孔猛从师于肃,他将家传的《孔子家语》拿给王肃看,而王肃看到这些材料与自己的学说暗合,且可以作为驳正郑学的根据,他不希望这些材料复归于无闻,于是为该书作注,使之行于世。王肃为《家语》作注,是《孔子家语》正式研究的开端,王注也就成为《家语》的第一个注本,他为今本(孔安国本)《家语》的流行作出了特殊贡献。

王肃反对郑学,绝非故意标新立异。但在王肃时代,世人已经对他多有误解,对此,王肃说:"自肃成童始志于学而学郑氏学矣。然寻文责实,考其上下义理不安违错者多,是以夺而易之。然世未明其款情，而谓其苟驳前师，以见异于人。”事实上，到三国之时，郑学已经显露出了弊端，尤其是其烦琐与神秘性的弊病，已经与时代不合，因此，“魏晋之际，清谈前期反郑之说蔚起，蒋济尝难郑玄注《祭法》，王粲有难郑玄《尚书》事，虞翻奏郑玄解《尚书》违失”①，在这些反对郑玄的学者中，王肃不过是比较有影响力的罢了。

学术总是在不断发展前进。当年，郑玄会通古今，遍注群经，对经学的发展作出了重要贡献，从而奠定了他在经学史上的重要地位。到王肃时期，郑学已经风行五十多年，其缺失陆续呈现，在此背景下，王肃起而纠正郑玄之失。王肃说：“予岂好难哉？予不得已也。圣人之门，方壅不通，孔氏之路，枳棘充焉，岂得不开而辟之哉？”王肃与郑玄在学术上的分歧焦点，《晋书·礼仪志》中有明确记载：“三年之丧，郑云二十七月，王云二十五月；改葬之服，郑云服缌三月，王云葬讫而除；继母出嫁，郑云皆服，王云从乎继寄育乃为之服；无服之殇，郑云子生一月哭之一日，王云以哭之日易服之月。如此者甚众。”当然，他们之间的分歧并不止此。

王肃反对郑玄，一是撰《圣证论》“以讥短玄”，一是撰《尚书驳议》《毛诗义驳》《毛诗问难》《毛诗奏事》以难郑，一是借《孔子家语》以驳斥郑玄。在驳难郑玄的过程中，《家语》可以说是“一把利剑”，其“杀伤力”可想而知。对此，王肃也不讳言，他对于自己能够得到孔氏家传的《孔子家语》也是喜出望外的。他说：

---

① 贺昌群：《魏晋清谈思想初论》，商务印书馆 1999 年版，第 20 页。

> 孔子二十二世孙有孔猛者，家有其先人之书，昔相从学，顷还家，方取已来。与予所论，有若重规叠矩。昔仲尼曰："文王既殁，文不在兹乎？天之将丧斯文也，后死者不得与于斯文也。天之未丧斯文也，匡人其如予何？"言天丧斯文，故令已传斯文于天也。今或者天未欲乱斯文，故令从予学，而予从猛得斯论，以明相与孔氏之无违也。

不言而喻，一种新的学术思想要在原来影响很大的学术思潮中诞生，需要经过一个艰难的奋争过程，王肃处在这样的过程中，竟然有关于孔子的新的材料可以证成已说，王肃当时一定会兴奋不已。所以王肃说："斯皆圣人实事之论，而恐其将绝，故特为解，以贻好事之君子。"王肃遂倾力为《家语》作注。

值得特别注意的是，王肃在《家语注》中还指正多处《家语》中的错误。据统计，在《家语注》中，王肃对《家语》记载表示怀疑或对其进行错误勘正的共有19处。如《王言解》，原文为"千步而井，三井而埒"，王肃据前后文注曰："此说里数，不可以言井，井自方里之名。疑此误。"又如《六本》"见荣声期行乎郕之野"，王肃注："声，宜为启。或曰荣益期也。"①如此等等，王肃的客观态度可见一斑。

（三）今本《家语》的流传与研究

王肃以前，《孔子家语》虽然没有受到汉代朝廷的重视，未立于学官，但该书却并没有什么可以怀疑之处。事实上，历代

①　参见王政之：《王肃〈孔子家语注〉研究》，曲阜师范大学硕士学位论文，2006年。

都有儒生、藏书家珍视《孔子家语》，看到了该书非同寻常的价值，并且还有学者细致研究该书，呼吁重视《孔子家语》。然而，与之同时，在王肃注本问世以后的历代流传与研究之中，陆续出笼了对该书的怀疑、指责乃至认定其为“伪书”的观点。其实，这些观点的出现都有其特定的学术思潮背景，认真分析种种怀疑、否定《孔子家语》观点，其结论都难以成立。

1. 马昭声称王肃“增加”《家语》

王肃反对郑玄，属于经学内部的自我变革，他并非“一意”反郑。王学上承两汉经学，下启魏晋玄学，顺应了理性发展的趋势，其所具有的过渡性恰恰是其价值所在。

王肃注解《孔子家语》以行世，此本甫出，郑玄后学马昭就立刻攻击王肃增加了《家语》，始给今本《家语》蒙上了一层阴影：

> 《礼记·乐记》：“舜弹五弦之琴，以歌南风。”郑注：“南风，长养之风也，以言父母之长养也。其词未闻。”孔颖达疏：“案：《圣证论》引《尸子》及《孔子家语》难郑云：‘昔者舜弹五弦之琴，其辞曰：南风之薰兮，可以解吾民之愠兮；南风之时兮，可以阜吾民之财兮。郑云：其辞未闻，失其义也。’今案马昭云：‘《家语》，王肃所增加，非郑所见。’又‘《尸子》杂说，不可取证正经，故言未闻也’。”①
>
> 马昭云：“《家语》，王肃所增加，非郑所见。”《通典》卷九十一还引马昭曰：“《孔子家语》之言，固所未信。”

① 李学勤主编：《礼记正义》，《十三经注疏》（标点本），北京大学出版社 1999 年版，第 1099 页。

这是《家语》伪书论者常常引证的材料，其实，“其辞未闻”对郑玄来说是事实；王肃引《尸子》《家语》给出《南风》歌词也是事实。如果说《家语》中的部分内容是王肃蓄意增加，但是《尸子》在《汉志》中记载明确，虽位列杂家，亦乃先秦古籍，其汇融诸家实为时代潮流，怎能说“《尸子》杂说，不可取证正经”呢？关键是“没有人证明《尸子》也是王肃伪造”①！虽然有学者提到《隋书·经籍志》载《尸子》二十卷《目》一卷，注云：“梁十九卷，其九篇亡，魏黄初中续。”由此认为《南风》歌词所在的《绰子》应在续作之列。② 实际这无关宏旨，因为即使《尸子》的部分篇章是魏黄初续作，但至少应承认不是王肃所作。

至于认为从《尸子》到《家语》，王肃又加上“南风之时兮，可以阜吾民之财兮”一句驳郑，则显示了某种成见，也似乎低估了王肃。既然郑玄是“其辞未闻”，王肃据《尸子》驳郑就足够了，何必自己再加一句以致画蛇添足？清钱馥由马昭之言论断王肃在《家语》原来二十七篇的基础上增加了十七篇，认为篇卷无别，则属无端臆测。③ 历史上虽有以篇为卷的事例，但钱馥却是以王肃改造《家语》为前提而论，当然不足为据。至此，可以清楚地看到，由马昭肇始的王肃伪造《家语》说的基础已不存在。古人以所谓“证据确凿”引用的马昭之语，不过是出于门户之见的臆测。

---

① 胡平生：《阜阳双古堆汉简与〈孔子家语〉》，袁行霈主编：《国学研究》第七卷，北京大学出版社 2000 年版，第 527 页。

② 参见王承略：《论〈孔子家语〉的真伪及其文献价值》，《烟台师范学院学报》（哲学社会科学版）2001 年第 3 期。

③ 参见钱馥：《孔子家语疏证序》，孙志祖：《家语疏证》，式训堂丛书本。

《礼记·乐记》疏所引马昭的话可以理解为《孔子家语》后出，所谓“王肃所增加”未必一定是王肃所“伪作”，所以马昭后来又说“非郑所见”。但无论如何，马昭的观点对后来的影响不可低估，所谓“增加说”历代都有人相信，有人由此认为王肃在注《家语》时增加了本来没有的东西以反对郑学，并且一直持续至今。作为郑玄的后学，马昭想方设法维护郑玄是可以理解的。但是，马昭所说《家语》“非郑所见”确是事实，而“王肃所增加”，“固所未信”则纯属推测之语。

后世许多学者接受王肃“伪作”《家语》乃至更多的著作，其认识的起点也都是一个，那就是王肃“反对郑玄”。称王肃反郑固无大错，但说王肃“故意与郑玄作对”就未必准确。然而，持此看法的却大有人在。例如，孙钦善先生在其《中国古文献学史》明确认定王肃在古文献学上有两个特点：一是专与郑学作对，得失兼有；二是多造伪书。[①] 而第二个特点代表了相当多人的看法。

可是，有学者研究了汉末以来的学术史，指出那时的主要倾向乃是“唯义是从”，因此，郑玄便于今古文择善而从，不专主一家。后世学者多谓王肃存心与郑学作对，其实，郑学、王学有不少相同的见解。如果是存心作对，两者相同的见解又如何解释呢？在反郑学的人看来，郑学是“远本离直”的，所以王肃认为自己是在“拨乱反正”。王肃所受的学术影响基本上都是反郑学阵营的，耳濡目染之际自然而然就形成与郑学如此多的分歧，后人因为王学与郑学分歧较多，而认定王肃是存心立异，

---

① 参见孙钦善：《中国古文献学史》，中华书局1994年版，第119—220页。

显然不当。[①] 实际上,汉末以来所倡导的独立思考倾向,在王肃注解《孔子家语》的态度上已明显地体现出来,所以他才"撰经礼申明其义,及朝论制度,皆据所见而言"。

在王肃所注解的其他书籍中,有一些是与《家语》记载不同的,如《家语·郊问》记载孔子主张鲁唯一郊。而《礼记·郊特牲》孔颖达疏曰:"鲁之郊祭,师说不同:崔氏、皇氏用王肃之说,以鲁冬至郊天,而建寅之月又郊以祈谷。"《家语》与王肃观点截然不同。又如庙制,《家语·庙制》曰:"天子立七庙,三昭三穆,与太祖之庙七。"郑玄认为天子七庙,太祖庙一,文王、武王庙各一。亦即二祧,亲庙四,合而为七庙。王肃在《圣证论》中,以为二祧者为高祖之父、高祖之祖。加上太祖及四亲庙为七庙。文王、武王之庙在七庙之外。[②] 按王肃说,则天子应有九庙。这显然与《家语》记载不一致,如果王肃"伪造"或"增删"《家语》而专与郑玄作对,他为什么还要假造对自己论点不利的材料?他何不将《家语》中十分不利于自己的关键材料直接删除?

在学术上,马昭可能有自己的一些个性或偏见,汉末以来虽然主流倾向是"唯义是从",但马昭或许是个例外。有学者指出:"马昭是很强烈地维护师道尊严的人,但更准确地说马昭是为了维护师严而非为了维护道尊。如果真要维护道尊的话,就应该平心静气地承认王肃所驳正中郑注之失,而不应该巧设诡辞,百般弥缝。从这一点上说,马昭所论距离'惟义是

① 参见王志平:《中国学术史·魏晋南北朝卷》,江西教育出版社 2001 年版,第 142—144 页。

② 参见(三国魏)王肃:《圣证论》,(清)马国翰辑:《玉函山房辑佚书》,上海古籍出版社 1990 年版,第 208—209 页。

从'、'惟义所在'是很遥远的。"①同为郑玄后学高足，就有人更为客观，例如，魏博士田琼就依据《孔子家语》以议礼，如果大家都怀疑《家语》，相信王肃注《家语》是为了攻击郑学而肆意增加内容，田琼肯定不会引用《家语》。

清代还有人提出了另外的疑问：如果不是有问题，那王肃为何不将这么一部重要的著作奏立学官呢？难道王肃心中有鬼，担心事情败露？范家相就这样认为，他说："今《家语》出于魏明帝之时，其（指王肃）所作《尚书》《诗》《三礼》《论语》及《易》传皆立于学官，而《家语》独未经奏上。设此四十四篇果出于孔氏，岂肯不表章之以闻于朝，毋亦有鉴于张霸之伪书而有所不敢耶？"②这很有些"欲加之罪，何患无辞"的意味。这么重要的书籍，孔子后裔数次努力，多次希望奏上都没有成功，怎么王肃之时就不能有其他的原因，为什么就意味着王肃作伪呢？如果说王肃只是担心事情败露，那么他为此书作注后依然使该书流行开来，这与"表章之以闻于朝"而立于学官又有什么不同呢？

不论王肃对《孔子家语》"伪造"还是"增删"，就应当属于王肃与作为他的弟子的孔猛"共同作案"。试想，作为一位有影响力的学者，王肃难道会愚蠢或者无耻到这样的地步？难道他为了攻难郑玄，就甘愿做出这样的事情？他就不怕作为孔子后裔的孔猛或者孔氏后人揭出事情的真相？

看来，不仅王肃"伪造"或者"增删"《家语》的说法难以成

---

① 王志平：《中国学术史·三国两晋南北朝卷》，江西教育出版社2001年版，第147页。

② （清）范家相：《读家语札记》，《家语证讹》，会稽徐氏述史楼丛书。

立,马昭所谓《孔子家语》为王肃“增加”的说法,也没有充分的根据可以认定其是指王肃随意增加了《孔子家语》的内容。

2. 颜师古注云“非今所有《家语》”

王肃注解《孔子家语》后,这个四十四篇的《家语》本子便流行开来,因此,在隋、唐二代的正史中著录的《孔子家语》都是王肃的注本。然而,在唐代,《孔子家语》是否还有其他的本子,却是一个具有争议的问题,因为唐初颜师古似乎看到过王肃注本以外的《家语》本子,他在《汉书·艺文志》的“《孔子家语》二十七卷”下注云“非今所有《家语》”。颜注告诉我们:唐代的《孔子家语》与汉代的不同。颜师古为什么说《汉志》二十七卷本的《孔子家语》是“非今所有《家语》”呢?依据是什么?颜师古并没有提出更详尽的说明。

对于颜师古的说法,后人有不同说解:一是认为颜师古没有搞清楚篇卷的分合问题,认为《汉志》二十七卷本的《孔子家语》应该就是今本;二是认为颜师古的说法没有根据,他的看法只是他的臆测而已;三是认为颜师古一定看到了靠得住的《孔子家语》,从而认为这可以证明王肃注本属于“伪书”。

关于第一种看法,需要注意的是颜师古已经明确地说到“非今所有”。从《汉志》所载的二十七卷,到《隋志》所记二十一卷,其间虽然只是“七”与“一”的区别,但《隋志》毕竟又明确地说是这个二十一卷本是“王肃解”。对于《孔子家语》的卷数,诸多学者认为唐以前均为二十七卷,唐以后合并为十卷。《隋志》著录为“二十一卷”,“一”应为“七”之误。[1] 但考于古籍,“一”“七”混误的情况极少,从音韵和训诂方面来看它们也

---

① 周洪才:《孔子故里著述考》,齐鲁书社 2004 年版,第 306 页。

不易混误。

历史上，由于古书书写材料的变化，古书传抄过程中卷帙的分合是十分正常的现象。一般说来，随着书写材料不断进步，每卷所包括的内容增大，一部书的卷数往往有所减少。《孔子家语》王肃注本由《隋志》的二十一卷到两《唐志》乃至《宋史·艺文志》等史志著录的十卷，其原因可能正是如此。而从《汉志》的“二十七卷”到《隋志》的“二十一卷”情况则与之不同。

关于第二种说法，以颜师古为臆测，恐亦为臆测。时至唐代，书籍的传流恐怕已经与秦汉之际的情况有所不同。从先秦古文到西汉时期写定今文，在不少书籍的古今比较中很容易看出，“各以意增损其言”“同是一事而辄异辞”的情况不难见到，而对于文字的整饰、写定之时进行意义训释的更为普遍。所以，同为一书，也可能存在字句的不同。颜师古的时候，恐怕已经不是这样，更何况是“二十七卷”与“二十一卷”之间的区别。作为一位博学的学者，颜师古所言不应当是凭空臆测，在确实难以弄清楚的情况下，我们不宜匆忙下结论。

关于第三种说法，依照常理，如果颜师古能够看到不同于王肃注本的《孔子家语》，史志之中应该有所著录，而事实上，除了《汉志》，其他史志无一记载这个“二十七卷”的本子。至于颜师古说到有别于王肃注本的《家语》内容或者材料，这种可能性是存在的。因为以前曾经有秘府藏本存在，而且与颜师古大致同时期的司马贞《史记索隐》所引《家语》内容，今传本就或有或无，也说明了《家语》流传的一些问题。

但是，有一个事实必须注意，那就是司马贞《索隐》所引《家语》大致与今本相同。该书共引《家语》67 条，其中，与今本《家语》相异者共 19 条,为今本《家语》所无的共 4 条,其余除《孔子世家》关于孔子家世记载所引《家语》与今本《家语·本姓解》略有差异之外,则基本上都是因字词传抄而产生的不同,如《史记·仲尼弟子列传》叙"公冶长"引《家语》曰:"鲁人,名苌。"今本《家语》记为:"鲁人,字子长。"在流传过程中,《家语》或有衍缺,或以经文窜入正文,这属于古籍流传过程中的常见现象。看来以此作为王肃注本属于"伪书"的证据,并没有太大说服力。

但是,第三种说法的客观影响却很大,由于颜师古的说法,人们便由此而怀疑王肃及其所作的注文。如宋代章如愚撰《群书考索》,在卷十中引《中兴书目》曰:"按班固《艺文志》:《孔子家语》二十七篇。颜注云:非今所有《家语》。则以肃之所注者在可疑也。"

既然以上三种认识都存在一定问题,那么真相到底如何?我们认为,颜师古所言一定有他的根据,他可能至少发现了一定的线索,所以才认定《汉志》所著录的本子"非今所有《家语》"。今考《汉书·艺文志》,《家语》被著录于"论语类"十二家中,这十二家分别是:

《论语》古二十一篇。

《齐》二十二篇。

《鲁》二十篇,《传》十九篇。

《齐说》二十九篇。

《鲁夏侯说》二十一篇。

《鲁安昌侯说》二十一篇。

《鲁王骏说》二十篇。

《燕传说》三卷。

《议奏》十八篇。

《孔子家语》二十七卷。

《孔子三朝》七篇。

《孔子徒人图法》二卷。

《汉志》载此十二家凡二百二十九篇。旧说“篇卷合一”,假设以上“卷”均为“篇”,数字相加得二百一十二“篇”,较总篇数少十七篇,可知班固对“论语类十二家”的记载定然区分了篇卷。以上十二家中仅《燕传说》《孔子徒人图法》和《孔子家语》三家以“卷”为单位,因此这十七篇应该就分属于这三家。如果这十七篇全部属于《家语》,那么二十七卷本的《家语》就应该有四十四篇,然而由《汉志》的著录情况可知《家语》篇数必然小于四十四。以上量化考察充分说明《汉志》所载《家语》应少于四十四篇。这实际上证明了《家语》孔安国后序的说法,即认定了孔安国以前已经有《孔子家语》的存在。[①] 我们推测,《汉志》的“二十七卷”本《家语》,应该是与孔安国四十四篇本不同的另一本子,这是刘向等人所著录的藏于中秘的官本,只是这个官本可能比较粗疏,远远不及孔安国本。

当初,孔安国整理编次《孔子家语》,虽然只是以家传的形式流传,但是,他所依据的材料却一直藏在秘府。正如孔安国在《孔子家语后序》中所说:

---

① 参见魏玮:《〈孔子家语〉“三序”研究》,曲阜师范大学硕士学位论文,2009年。

> 孝景皇帝末年，募求天下遗书，于时京师士大夫皆送官，得吕氏之所传《孔子家语》，而与诸国事及七十子辞妄相错杂，不可得知，以付掌书，与《曲礼》众篇乱简合而藏之秘府。

在这里，有两点是非常明确的：其一，这批材料数量不少。因为“京师士大夫皆送官”，一个“皆”字很能说明问题。其二，这批材料很是杂乱。《家语》属于古文，没有单独存放，居然还“与诸国事及七十子辞妄相错杂”，本来就难以理清的一堆乱简，竟然又被“掌书”的官吏搞得更乱，“与《曲礼》众篇乱简合而藏之”。藏在秘府的这些材料，孔安国不仅看到了、得到了，并且“求其副”“悉得之”。孔安国全部得到后，“以事类相次”，进行了一番别择去取的工作，那么他的四十四篇本《家语》应该是他自己“撰集”的结果，秘府本肯定不会是这样的面貌。相对于秘府中的材料，孔安国的本子在数量上少了很多，因为经过他的分析研究，既有“不复录”的内容，也有“皆不取”的部分。

但是，刘向等人在整理秘府中的古书时，面对这一批十分杂乱的材料，并没有像孔安国那样进行细致整理，最大的可能是，他们首先进行了粗略的分类，然后将这批混有“诸国事及七十子辞”的《家语》材料，根据“已在《礼记》者”，“便除《家语》之本篇”的执行标准，整理、编辑成了二十七卷本的《孔子家语》。这样，官本的《孔子家语》篇数虽然未必超过孔安国本的四十四篇，但在内容上却有不少超出了今本《家语》。而由于魏晋时期的《魏中经簿》等书目湮没无闻，因此《隋志》著录的二十一卷本《家语》便成为今天所能见到的孔安国本《家语》被著录的最早记载。其证据就是《隋志》所载的二十一卷本

《家语》为王肃注本。

虽然以上的判断有一定的推测成分,但有一点可以肯定,那就是这批材料曾散乱不整、杂乱无章。正是由于这个原因,孔安国才对他们编次、撰集;也是由于这个原因,刘向仅简单整理便进行了“灭其原而存其末”的工作,所以汉代没有列于学官,而刘向在《说苑》等书中却使用了其中的材料;还是由于这个原因,在王肃注解的二十一卷本《孔子家语》问世后,这个所谓的“二十七卷”本便归于无闻。这样,颜师古所说“非今所有《家语》”也就不难理解了。①

3. 四库馆臣以为“伪而不能废”

王柏所谓的“割裂”说在清代影响很大。四库馆臣的说法可为代表。《四库全书总目提要·子部一·儒家类·〈家语〉提要》叙说了有关争论:

> 故王柏《家语考》曰:“四十四篇之《家语》,乃王肃自取《左传》、《国语》、《荀》、《孟》、二《戴记》割裂织成之。孔衍之《序》,亦王肃自为也。”独史绳祖《学斋占毕》曰:“《大戴》一书,虽列之十四经,然其书大抵杂取《家语》之书,分析而为篇目,其《公冠》篇载成王冠,祝辞内有‘先帝’及‘陛下’字,周初岂曾有此?《家语》止称‘王’字,当以《家语》为正。”云云。今考“陛下离显先帝之光曜”已下,篇内已明云“孝昭冠辞”,绳祖误连为祝雍之言,殊未之考。盖王肃袭取《公冠》篇为《冠颂》,已误合“孝昭冠

① 参见魏玮:《〈孔子家语〉“三序”研究》,曲阜师范大学硕士学位论文,2009年。

> 辞”于“成王冠辞”，故删去“先帝”“陛下”字，窜改“王”字。《家语》袭《大戴》，非《大戴》袭《家语》，就此一条，亦其明证。其割裂他书，亦往往类此。反复考证，其出于肃手无疑。特其流传已久，且遗文轶事，往往多见于其中，故自唐以来知其伪而不能废也。

四库馆臣所谓“割裂他书”，与王柏的说法如出一辙。在他们的论述中，其核心的论证只有一个，即《家语》袭取《大戴》，这就是他们举出的所谓“明证”。但是，经过认真研究，这个证据却难以成立。

四库馆臣批评史绳祖，其实是他们自己没有细考。当然，史绳祖所言也有偏颇，《大戴礼记》虽然杂取《家语》之书，但《公冠》篇中的所谓“先帝”“陛下”等确非《家语》本有，而属于《大戴》编者加入的“孝昭冠辞”。而《四库提要》以《家语》袭《大戴》，谓王肃袭取《公冠》篇为《冠颂》，已误合“孝昭冠辞”于“成王冠辞”，王肃删去“先帝”“陛下”等字。其实，《家语》根本没有所谓“孝昭冠辞”，四库馆臣连最起码的材料比对工作都没有做，还竟然批评史绳祖的说法“殊未之考”！很显然，他们是带着《孔子家语》“出于肃手无疑”的先入之见进行评判和议论问题的。

汉代学者编辑《大戴礼记》时，将《家语》等书与其他材料汇集起来，然后进行了一些编辑加工，在《大戴礼记》中，反而看不出《家语》等书原貌。这与《礼记》取材于《家语》一样，同样也是“灭其原而存其末”的行为。加之《家语》伪书说的极大影响，便造成了《孔子家语》和《大戴礼记》材料孰为本末理解上的严重混乱。例如，有学者研究《大戴》而排斥《家语》，而

《大戴》改编《家语》时"多有不善，属辞不能明白"，致使在解说《大戴》时不得不穿凿附会，曲为之说，清代学者王聘珍就是如此，例如，有的篇章中，《家语》的话意义明确，但《大戴礼记》却颇令人费解。王聘珍只能曲为解释，虽有可通，但与孔子本意已经大相径庭。①

四库馆臣所说《孔子家语》"不能废"是没有问题的。事实上，历代不得不重视《家语》者大有人在，在某种意义上可以说是代不乏人，连四库馆臣在编辑《四库全书简明目录》时，仍然将《孔子家语》置于"儒家类"的前面。他们解释说："《家语》虽名见《汉志》，而书则久佚。今本盖即王肃所依托，以攻驳郑学，马昭诸儒，已论之详矣。然肃虽作伪，实亦割裂诸书所载孔子逸事，缀辑成篇，大义微言，亦往往而在，故编儒家之书者，终以为首焉。"②

不过，四库馆臣所谓"自唐以来知其伪"却有些言过其实。三国时马昭的话固然导致了人们对《家语》的怀疑，但他并没有以《家语》为伪。唐代编撰的《隋书·经籍志》还进一步表明了对《家语》的看法："《论语》者，孔子弟子所录。孔子既叙六经，讲于洙泗之上，门徒三千，达者七十。其与夫子应答，及私相讲肄，言合于道，或书之于细，或事之无厌。仲尼既没，遂辑而论之，谓之《论语》……其《孔丛子》《孔子家语》，并孔氏所传仲尼之旨。"《家语》与《论语》性质相同，这与孔安国的看法完全一致。

---

① 参见杨朝明：《读〈孔子家语〉札记》，《文史哲》2006年第4期。

② （清）永瑢等：《四库全书简明目录》卷九《子部一·儒家类》，上海科学技术文献出版社2016年版，第243页。

唐中叶开始出现疑经现象，但主要是怀疑汉唐的经学注疏，以突破旧的注疏传统。考察唐代学术，可发现当时研究《家语》的学者并没有人认为是王肃伪造。前面说到，颜师古所谓“非今所有《家语》”不等于说“今之《孔子家语》是伪书”，《孔子家语》被当时诸多学者引用，张守节的《史记正义》，特别是司马贞《史记索隐》大量引用《家语》。这都说明人们没有把《家语》作伪书看待。

唐代官方的《五经正义》、《史记》唐人注解等广泛引用《家语》，显示了一些著名学者对《家语》重要文献价值的认同。颜师古所说“非今所有《家语》”，并非对今本表示怀疑。可能是受马昭“《孔子家语》王肃所增加”评论的影响，疑古先驱刘知几曾说《孔子家语》“受嗤当代”①。

宋代以后，疑古思潮涌动，自王柏之后，《孔子家语》为“伪书”的说法逐渐扩大，到明清时期，《家语》的地位可谓一落千丈，其书不真的看法竟然盛行开来。

从唐至明，以《孔子家语》为“伪”的人并不算多，但由于这种看法迎合了宋以后兴起的疑古思潮，《孔子家语》“伪书”说的影响却显得很大。例如，明代何孟春曾补注《家语》，共八卷四十四篇，何孟春说孔安国本“世远不复得”，他也没有见过宋版的王肃注本，所补注的也非颜师古所说的唐本，而是元人王广谋的《新刊标题句解孔子家语》本。他虽然相信孔衍上书，但认为《孔安国序》出于王肃伪造，因此他干脆在《孔安国序》前加上了“魏王肃序”的名字，并引马昭的观点来支持自己的

---

① （唐）刘知几：《史通·内篇·六家》，岳麓书社1993年版，第2页。

判断。清儒多袭何氏之说。

清代持《家语》“伪书”说的学者中,影响较大的是范家相、孙志祖等人。范家相撰《孔子家语证伪》,他将与《孔子家语》相通、相近、相同的材料逐一类比,放在一起,意在证明《家语》是伪书,并根据今本《家语》“每事必有所出”,而断言其为割裂他书而成。孙志祖撰《家语疏证》,也认为王肃伪造《家语》,认为王肃作伪难郑,诬圣背经,既“作《圣证论》以攻康成,又伪撰《家语》,饰其说以欺世。因博集群书,凡肃所剿窃者,皆疏通证明之”①。他的《家语疏证》影响很大,陈鳣、梁玉绳都推崇此书,认为孙志祖“讨本寻原”“划讹辨谬”“发昔人未发之覆”,陈鳣甚至称其为捕盗者“获真赃”。②

虽然以《家语》为“伪”的学者大有人在,但认同其书的人依然不少。针对《家语》为“伪书”的观点,也有学者力辩其真。在宋代,朱熹、晁公武、叶适等人就都认为《孔子家语》是靠得住的著作。叶适说得很精到:“《孔子家语》四十四篇,虽安国撰次,按后序,实孔氏诸弟子旧所集录,与《论语》《孝经》并时,取其正实而切事者别为《论语》,其余则都集录之,名曰《孔子家语》。”又说:“《孔子家语》汉初已流布人间,又经安国撰定。”③元朝马端临《文献通考》记载:“《孔子家语》十卷,王肃注。”④表明当时

---

① 赵尔巽等撰:《清史稿·儒林列传二》,中华书局1977年版,第13204页。

② 参见(清)陈鳣:《家语疏证序》,孙志祖:《家语疏证》,《丛书集成初编》本,中华书局1991年版。

③ (宋)叶适:《习学记言序目》,中华书局1977年版,第231—232页。

④ (元)马端临:《文献通考》卷一百八十四《经籍考十一》,中华书局1986年版,第1582页。

传流着十卷本的《家语》。马端临在《通考》中还著录了《家语》孔安国序、孔衍奏言、王肃序、晁氏说、《朱子语录》、《与吕伯恭书》等几条材料，而这些都属于认同《孔子家语》一书价值的观点，表明了马端临的倾向。陆治是明代继何孟春之后《孔子家语》的又一重要补校者，他首先认为《家语》得以流传，王肃功不可没，并且考证了《孔安国序》确实出自孔安国，非王肃伪作。他还说："肃之于猛，猛之于安国，安国之于恭王，其相次授受皆为事实。"①

尽管明清两代疑古思潮的影响逐渐增强，但仍有不少学者看到《家语》的价值。在这些学者当中，作出重要贡献者应属清人陈士珂。他作《孔子家语疏证》，不作主观判断，而是广泛搜求，给读者客观的材料。他所用的方法与范家相相同，但得出的结论却与之迥异。其族人陈诗为该书作序，他推重《孔子家语》，也推崇这样的研究方法。他认为"事必两证而后是非明"，他说："予观周末汉初诸子，其称述孔子之言，类多彼此互见，损益成文，甚至有问答之词，主名各别。如《南华》'重言'之比，而溢美溢恶，时时有之，然其书并行，至于今不废，何独于是编而疑之也。"②从而认定今本《家语》乃是真本。

很有意思的是，孙志祖的《家语疏证》虽然有人极力称赞，但也有人持不同态度，例如同为其书作序的钱馥就是如此，他并不认同孙志祖等人的研究结论。钱馥认为王肃是在原有的二十七卷的基础上增加了十七篇，其看法显然是受到马昭所谓

① （明）陆治补校：《孔子家语》，明隆庆六年刻本。

② （清）陈诗：《孔子家语疏证序》，陈士珂辑：《孔子家语疏证》，上海书店1987年版，第1页。

“王肃所增加”之说的影响，此说自然存在问题，但他毕竟不能同意王肃伪造整部《家语》的说法。

看来，四库馆臣所说的“不能废”是历史的真实，但其真正原因却应该是其书不伪。一般说来，其书既不能废，原因不外有二：一是其书为真，二是书虽不真而材料不伪。按照历来“伪书”说者对《家语》的看法，他们无非是受到了《家语》“割裂”众书之说的影响，而前已经指出，这种所谓“割裂”说经不起推敲，由此，“书虽不真而材料不伪”之类的观点就难以成立，所以《家语》不伪是完全可以肯定的。

（四）疑古思潮与《孔子家语》

在对《孔子家语》的理解、认识与研究中，它始终与中国学术的一个重要思潮相联系，这就是“疑古”。

疑古思潮可谓源远流长，有人追溯疑古学者，认为可以上推到东汉王充。唐代刘知几则明确提出了疑古的概念。在《史通》之中，刘知几撰有《疑古》《惑经》等篇，对一些儒家经传提出疑问。他也曾经谈到《孔子家语》：“孔门之著述也，《论语》专述言辞，《家语》兼陈事业。”①还说：“《世本》辨姓，著自周室；《家语》载言，传诸孔氏。”②虽也有《家语》“画虎不成，反类犬也”“其书受嗤当代”③这样的话，但他却没有怀疑《家语》

---

① （唐）刘知几：《史通·外篇·疑古》，岳麓书社1993年版，第126页。

② （唐）刘知几：《史通·内篇·杂述》，岳麓书社1993年版，第95页。

③ （唐）刘知几：《史通·内篇·六家》，岳麓书社1993年版，第2页。

为伪。

宋代，疑古思潮勃兴，出现了皮锡瑞《经学历史》中所谓的"经学变古时代"。他们不仅怀疑与批评汉唐传注，而且怀疑并考辨传世经典。事实上，宋代疑古涉及学术的很多方面，而以经学怀疑最为突出，甚至兴起了疑经改经之风。

有学者对宋代的疑古思潮进行研究，指出整个宋代疑古思潮有一个从滥觞、全面展开到深化的过程，到了晚宋，疑古成为经学思潮的重要内容，这时期，一部分学者走向考据之学，主张实事求是；另一部分学者可以称为唯理派，以理衡经，以理疑经，以己意为理，疑古势必走向肆无忌惮，这以王柏等学者为代表。[①] 王柏是提出《家语》"伪书"说的第一人，他曾经对《尚书》《诗经》篇目也作过较大的改动或删削，受到后人批评。王柏关于《家语》为王肃"割裂"织成的说法，无疑与宋代疑古思潮的推动有重要关联。宋代疑古思潮的影响是极其深远的，明清时期，一些学者承其余绪，将疑古不断推向高潮。

近代以来的疑古思潮，顾颉刚先生毫无疑问是典型。顾先生的一个重要"理论"就是"层累地造成的古史说"。有学者指出，"层累造成说"有一个相当突出的特质，那就是他把"层累"看成是有意造伪的结果，而不是自然累积而成的。这是康有为《新学伪经考》和《孔子改制考》所造成的影响。而康有为的这两部书也不是平地特起的，乃清代今文学长期发展的结果。所以，有学者认识到：廖平、康有为、崔适的疑古活动都出现在近代反传统运动尚未爆发前，而且是由强烈的尊孔卫道意图逼出

---

① 参见杨世文：《宋代疑古思潮研究》，系国家社会科学基金青年项目"宋代疑古思潮研究"的成果之一。

了那样大规模的疑古思想,但到后来,他们的疑古成果却被反传统的疑古健将所继承,爆发了古史辨运动。[①]

就《孔子家语》而言,顾先生的观点也很有代表性。1928 年到 1929 年,他在中山大学期间曾撰有《孔子研究讲义》,讲义的《按语》集中体现了他对《孔子家语》的看法。对于清朝学者的《家语》研究,顾先生的倾向性十分明显,他在所编《按语》中列"参考书",关于《孔子家语》,他除了列有《家语》本子,并且注明"此书为王肃伪作,但系辑集古书而成"外,还列有孙志祖《家语疏证》、范家相的《家语证伪》,且说明"以上二书辨《家语》之伪",可是,标榜"研究"、做"超然者"的顾先生,在整个的《讲义》之中,却只字不提陈士珂及其《孔子家语疏证》,好像陈士珂和他的著作根本不存在一样。顾先生的《孔子研究讲义按语》[②]给人的印象是,这时期的疑古辨伪几乎达到了"失控状态"。

顾先生对《家语》的印象正如他自己所说的,此书虽为记载孔子之专书,却无任何取信之价值。既然该书是极其典型的伪书,在学术上"未曾发生影响",那么此书连"痛加攻击之必要"也没有。今本《家语》既伪,那么《家语》"三序"自然靠不住,顾先生认为:"王肃伪作《家语》,赖以欺人者在其所伪造之孔安国序及孔衍表。"因此,前人有疑其有问题者,自然就属于"精心"的辨析,完全可以成为考订古籍的样板了。在顾先生那里,《家语》就是"伪书之中尤其伪者",于是他对《家语》便

---

① 参见王汎森:《古史辨运动的兴起》,(台北)《允晨丛刊》第十三,1987 年,第 294 页。

② 顾颉刚遗著,王煦华整理:《孔子研究讲义按语》,《中国典籍与文化》编辑部编:《中国典籍与文化论丛》第七辑,北京大学出版社 2005 年版,第 1—49 页。

不再细究，认为“《家语》出于西汉人伪造，至王肃又别伪一本”。可是，今本到底如何，好像他本人也拿不准，所以一会说，“今之所传之《家语》实王肃学说支配下之孔子记载”“为王肃伪作”，一会又说，“今日之本则又非王肃之旧，可谓赝中有赝”。

顾先生希望用“客观的态度来研究孔子”，“不存计算功利的念头”，从而去寻得“真”的孔子，剥去后来各个时代为孔子披上的“外衣”。他认为自己是以一位“超然者”的身份出现的。但实际上，人文学科的研究哪里会有纯粹意义上的“超然者”？在顾先生心目中，孔子的本真仅是“君子”而已，他希望自己的研究能够恢复孔子的本真，使“各时代人替孔子加上的伟大都还给各时代”，只是顾先生有不少都“还”错了对象。

自今日视之，顾先生所辨不当已不难判定。从整个《按语》看，顾先生喜欢酣畅淋漓的怀疑和“辨伪”，只是嫌人“辨伪”不足，“缺乏批评精神”。顾先生已经在自己的思路上刹不住车，一旦发现“伪迹”，就不再反转过来考虑。例如，范家相判定《家语》三序为伪，顾先生还认为其考订未尽，因为《史记》谓孔安国早卒，而王肃后序乃言“年六十卒于家”，“岂年六十犹可云‘早卒’乎！”顾先生为了说《家语》为伪，不得不承认他“弥缝甚工”；而在这里，他指出的却是一个极低级的“错误”。他不再去想：难道王肃如此之愚，他能细密地伪作整部《家语》，为什么还会在这里露出马脚？

三、出土文献与《孔子家语》价值再认识

纵观《孔子家语》两千多年流传、研究史，我们竟难以找到

真正能够证明该书之伪的任何可靠证据。但是,由于缺乏新材料,一些相关典籍又随着疑古思潮的逐步高涨陆续被打入了伪书的行列,没有了证据,就失去了继续探讨的前提,《家语》伪书说几乎成为铁案,讨论其书之真就越来越缺少空间。值得欣慰的是,20 世纪 70 年代以来,早期思想文献陆续出土问世,学者们得以重新研究该书。

(一)出土文献与《孔子家语》研究

在许多人指摘《孔子家语》之“伪”的同时,也有人清醒地意识到该书的价值,或部分地理解到该书成书的真相。对于疑古之过,很多学者也已经加以指出。

令人欣慰的是,二十多年来,学术界不仅“进一步的研究”已经展开,更有大批“有价值的考古材料出现”,这些材料,就是近三十年来陆续问世的简牍帛书,对这些新材料的整理与研究,为中国古代文化典籍的认识和研究带来了极大改观,“就古籍辨伪而言,竹简帛书出土所带来的震撼,恐怕与古史辨派新说的震撼不相伯仲;因为古史辨学派为古籍真伪带来‘石破天惊’的新说,而竹简帛书却为这些新说带来‘冷酷无情’的否决……在竹简帛书严峻的考验下,许多被过去学者判定为伪造的古籍,都纷纷平反翻身”①。

《孔子家语》冲破疑古“坚冰的封冻”也是借助了新的简牍材料。这些材料启发人们重新认识《家语》的材料来源、编撰、《家语》与孔安国的关系、“王肃伪造《家语》”说等重大学术问

① 郑良树:《论古籍辨伪的名称及其意义》,《诸子著作年代考》,北京图书馆出版社 2001 年版,第 3—5 页。

题。直接给《家语》研究带来新契机、新局面的材料主要有河北定州八角廊汉墓竹简、安徽阜阳双古堆汉墓木牍、上海博物馆藏战国楚竹书、英藏敦煌写本等。

1. 河北定州八角廊汉墓竹简

1973 年，河北定县八角廊汉墓出土了一批竹简，整理定名为《儒家者言》。这部书的绝大多数内容散见于先秦和西汉时期的一些著作中，特别是与《孔子家语》有密切的关联。① 较早看到《儒家者言》材料的学者认为它"是一部和《论语》很有关系的儒家的著作"，与《孔子家语》关系密切，《家语》的真伪应再讨论。②

李学勤先生对这批材料进行了研究，他认为《儒家者言》"可称为竹简本《家语》"，开启了重新认识《孔子家语》的先声。李先生从竹简和《论语》的关系来论证出土简牍与《家语》的关系，认为《儒家者言》与《论语》同出一墓，印证了《汉志》把《家语》放在"论语类"的记载，说明二者关系之密切。这也同时印证了《家语》孔安国序的一些说法。

孔安国整理《孔子家语》，基本上把自己认为属于《家语》的材料全部获取，包括颜师古所"言非今所有"、后人"未见"的个别材料，或者就是孔安国以为本不属于《家语》因而"不取""不录"的一小部分，其他材料基本已被今本《家语》囊括其中。学者们认定定州竹简《儒家者言》与《孔子家语》有一定的联系，这是应当没有问题的，但以为《孔子家语》的材料就来源于

---

① 有关情况可以参看刘来成：《河北定县 40 号汉墓发掘简报》，《文物》1981 年第 8 期；何直刚、刘世枢：《定县 40 号汉墓出土竹简简介》，《文物》1981 年第 8 期。

② 参见何直刚：《〈儒家者言〉略说》，《文物》1981 年第 8 期。

这批竹简,恐怕未必合适。

《儒家者言》在性质上与《家语》相同,但其中有不少今本《家语》不见的材料,这也是后人怀疑《家语》的重要原因。我们认为,《儒家者言》的一些材料不见于《家语》十分正常,这并不能证明《家语》为后世编辑而成。当年,孔安国编辑《家语》时,他并没有像二戴编辑《礼记》那样,时时处处有所顾忌,一定不能有忤汉代时政。① 孔安国的强烈动机或目的显然是避免其"先人之典辞将遂泯没",似乎并没有材料证明像他的孙子那样希望"记录别见""以闻奏上"。他非常希望这些材料能够完整地保存下来。于是,他将秘府所藏"募求其副",并且认为自己"悉得之"。

但是,《汉志》著录的《家语》有二十七卷,在内容上应当超出孔安国整理的本子很多,因此,刘向看到的有关材料可能会多出孔安国的《孔子家语》,也正因为如此,定州竹简《儒家者言》有的材料可以见于《说苑》而今本《家语》未必有,如果是这样,孔安国是否真的全部得到了有关材料还存在疑问。即使孔安国已经全部得到了相关材料,也有不少没有被编辑到《孔子家语》中。关于这一点,孔安国本人已经交代得很清楚,他在《孔子家语》序文中说:除了曾子《问礼》一篇,"其诸弟子书所称引孔子之言者",他认为"本不存乎《家语》",故"皆不取"。孔安国还强调说:"将来君子不可不鉴!"可是,遗憾的是,孔安国所说的这些"诸弟子书",目前也都已经无从见到。

2. 安徽阜阳双古堆汉墓木牍

1977 年,安徽阜阳双古堆 1 号汉墓出土了三块木牍,其中

---

① 参见杨朝明:《读〈孔子家语〉札记》,《文史哲》2006 年第 4 期。

以1号木牍保存最完好，正反两面写字，每面皆分为上、中、下三栏，现存章题47个，其中一个字迹模糊无法释读。[①] 这些章题绝大部分可以在传世的文献中找到相应的内容。特别是1号木牍的46个章题中，绝大多数和孔子及其门人有关，这很容易让人们联想到，如此集中地将孔子和他的学生的言论事迹汇集在一起，很像《孔子家语》的体例。

由于与定州汉墓竹简的材料相通，鉴于定州这批竹简已经被定名为《儒家者言》，而阜阳木牍没有标出自己的名字，有学者遂直接称之为《儒家者言》。[②] 这当然同样也有问题。

从阜阳木牍的文字中，人们首先思考了其与《家语》的关系。整理者认为："旧说以为《孔子家语》，王肃伪作，今阜阳汉简木牍证明早在西汉初期，已有类似的书籍。"[③]有学者把阜阳木牍章题与《家语》《说苑》《荀子》《孟子》《晏子春秋》《韩诗外传》进行比较、校勘，通过论证分析1号木牍第29号章题"曾子问曰□子送之"，认为《家语》所记内容渊源有自，并与阜阳双古堆1号木牍关系密切；通过考证第42号章题"中尼曰史鳅有君子之道三"，认为"1号木牍毫无疑问是一本单独的书。从内容上看……应该也就是思孟学派记录孔子及其门人言行的

---

① 有关情况可参考国家文物局古文献研究室、安徽省阜阳地区博物馆阜阳汉简整理组：《阜阳汉简简介》，《文物》1983年第2期；胡平生：《阜阳双古堆汉简与〈孔子家语〉》，袁行霈主编：《国学研究》第七卷，北京大学出版社2000年版。

② 参见韩自强：《阜阳汉简〈周易〉研究》（附《儒家者言》章题、《春秋事语》章题及相关竹简），上海古籍出版社2004年版，第155页。

③ 国家文物局古文献研究室、安徽省阜阳地区博物馆阜阳汉简整理组：《阜阳汉简简介》，《文物》1983年第2期。

著作，而其时间当在《荀子》之前”[①]。

阜阳双古堆1号木牍内容重要，其书出现时间很早。简牍内容广泛见于《家语》，无疑是研究《家语》成书问题最为直接的宝贵材料。在竹简的介绍中，整理者明确地说：《1号木牍》“正、背两面各分三行书写，今存篇题四十六条，内容多与孔子及其门人有关，如‘子曰北方有兽’‘孔子临河而叹’‘卫人醢子路’等等。这些篇题的内容大多能在今本《孔子家语》中见到”。因此，他们推想：“这些简牍应当就是孔序所说的‘百余篇’中的一部分，它们在文帝中已‘散在人间’——在诸侯王府内辗转传抄，后来到景帝末被送进了秘府。刘向编《说苑》《新序》，用的是这一批材料；孔安国编《家语》用的也是这一批材料。”[②]显然，这样的推想很有道理！

据介绍，阜阳双古堆1号汉墓的墓主是西汉第二代汝阴侯夏侯灶。夏侯灶是西汉开国功臣夏侯婴之子，卒于文帝十五年（前165年）。因此，“阜阳汉简的下限不得晚于这一年，大抵为汉初遗物”[③]。而据孔安国的《家语》序文，《家语》在流传过程中有散落到民间的一个过程，这才使得“京师士大夫”拥有了《孔子家语》的材料，阜阳双古堆1号汉墓出土的木牍，应该属于这时期《家语》“散在人间”后传抄而成。

---

① 朱渊清：《阜阳双古堆1号木牍札记二则》，《齐鲁学刊》2002年第4期。

② 国家文物局古文献研究室、安徽省阜阳地区博物馆阜阳汉简整理组：《阜阳汉简简介》，《文物》1983年第2期。

③ 国家文物局古文献研究室、安徽省阜阳地区博物馆阜阳汉简整理组：《阜阳汉简简介》，《文物》1983年第2期。

3. 上海博物馆藏战国楚竹书

如果说定州汉墓竹简帮助人们开启了新时期《家语》研究的大门,阜阳汉墓木牍使人们看到了《家语》的章题,那么,上海博物馆藏战国楚竹书的问世,则使战国时期《家语》的"真容"实实在在地呈现在了世人面前。

在上博竹书中,有一篇被定名为《民之父母》①的文献,该篇与《孔子家语》的《论礼》相同。又因为该篇同时见于《礼记》的《孔子闲居》,所以,在上博竹书《民之父母》公布以前,我们曾经据此讨论过竹书、《礼记·孔子闲居》与《孔子家语》的先后关系。那时,我们指出:"《礼记》编成在西汉时期,上博楚简的该篇早于《礼记》自无问题。将现今知道的两支竹简与《礼记》的《孔子闲居》在使用虚词方面进行对照,似乎也透露了楚简较早的信息。如楚简'何如斯可谓民之父母',《孔子闲居》后缀有'矣'字;楚简的'民之父母乎必达于礼乐之原',《孔子闲居》前面有发语词'夫'字。语气词的使用,西汉时期应当高于战国之时。用语言比较法为古文献断代,这是不少学者用过的方法。上博楚简该篇公布后进行通篇统计比较,恐怕更能说明问题。"②

现在,我们已经能够完整地看到上博竹书中的该篇。通过三篇语句异同的比较,发现《民之父母》与《礼记·孔子闲居》的区别在于后者使用语气词较多,有显著的修饰成分。上博竹书出于南方战国时期的楚墓,这属于那时传入楚地的《家语》

---

① 参见濮茅左:《民之父母》,马承源主编:《上海博物馆藏战国楚竹书》(二),上海古籍出版社2002年版,第149—180页。

② 杨朝明:《〈礼记·孔子闲居〉与〈孔子家语〉》,《儒家文献与早期儒学研究》,齐鲁书社2002年版,第266页。

传本,从整体上看上博竹书,这批应该出于同一墓葬的材料,应是当时流传到楚国的思想文献的选编,因而与《礼记》选编儒家文献具有同样的性质,所以,上博竹书《民之父母》也有文字的修饰成分。如果认真比较,不难看出,作为文献选编本,无论《礼记》还是上博竹书,他们在传抄中都会有语句的修饰与改动。

再如,将记述同一内容的《孔子家语·论礼》、《礼记·孔子闲居》、上博竹书《民之父母》之相关文句进行比较,我们发现在大多情况下,《家语》往往显得更为完整、古朴,一般还有事情的原委交代。从整体看,还是应该承认经过孔安国整理的今本《家语》更为近真。

《民之父母》《论礼》《孔子闲居》三者同为一篇,却又不是同一传本的事实,说明《孔子家语》绝非后人"割裂"而成。最令人震撼的,自然是上博竹书《民之父母》的问世。战国中期,该篇已经传至南方楚地,并且它与那么一大批思想文献同出一墓,这在疑古思潮盛行的年代里,这样令人难以置信的事实,一定会令许多人目瞪口呆。但它毕竟是活生生的现实,上博竹书《民之父母》一篇的发现,真简实货摆在了大家的面前,人们不能不相信战国时期《孔子家语》的单篇已经流传很广。

庞朴先生曾经研究了上博竹书《民之父母》中的"五至三无"之说,并且深入思考了包括《孔子家语》成书问题在内的许多学术问题。他说:"以前我们多相信,《家语》乃王肃伪作,杂抄自《礼记》等书;《礼记》乃汉儒纂辑,非先秦旧籍,去圣久远,不足凭信。具体到'民之父母'一节,则认为,其'五至三无'之说,特别是'三无'之'无',明显属于道家思想,绝非儒家者言,可以一望而知。现在上博藏简《民之父母》篇的再世,轰然打破了我们这个成见。对照竹简，冷静地重读《孔子家语·礼论》和《礼记·孔子闲居》，不能不承认，它们确系孟子以前遗物，绝非后人伪造所成。"①

上博竹书《民之父母》的问世，其价值自然是多方面的。《孔子家语》与其他文献的相通，如果深入探讨，早期儒学研究一定会真正出现一个全新的局面。比如，庞朴先生有几句话能够深深打动人心，这就是当他"吃惊"地看到极似道家的语言竟然出于"孔子"之口时，他说："过去我们可以推说这是伪作，现在显然没有这等方便可捞了，因为竹简具在。面对竹的事实，我们不能不改弦更张，温故知新，清理成见，重新认识。"②这种"竹"的事实，与"铁"的事实无异。我们认为，庞朴先生所说成见的"轰然打破"，可以作为"《孔子家语》伪书案"最后终结的标志，因为学者以前主要在文献比较的层面上进行了研究，庞朴先生则主要是从思想比较的层面上认定《家语》"确系孟子以前遗物"。两方面有共同的认识，证据应当成立。

4. 英藏敦煌写本《孔子家语》

近年来，一批流失海外的古籍、文物渐渐得以重见天日。在这批重要的古籍、文物中，英藏敦煌写本《孔子家语》是十分引人注目的。它编号为 S1891，现残存七十三行，其中前两行存在残损的情况。王重民先生在《敦煌古籍叙录》（中华书局 1979 年版）中最早介绍了该写本的情况。据王先生介绍，这七十三行文字跨越了今本《家语》的两篇，即《郊问》和《五刑解》两篇，分别为《郊问》的篇末部分，写本共存十二行，其余为《五

① 庞朴：《话说"五至三无"》，《文史哲》2004 年第 1 期。

② 庞朴：《话说"五至三无"》，《文史哲》2004 年第 1 期。

刑解》,而且《五刑解》全篇完整,有篇题为"五刑解第卅"。篇题下同一行内,还题有"孔子家语"和"王氏注"的字样。正文中的注解格式为在正文的同一行内用双行小字注释,与今天看到的四部丛刊本《孔子家语》完全相同。

在写本的一系列特征中,最引人注意的,应当是在《五刑解》一篇末存有"家语卷十"的字样。另据介绍,台湾黄永武博士的《敦煌宝藏》一书中收录的该写本背面还注有"家语传十"的字样。这就说明了《家语》在其长期的流传过程中存在着篇卷分合的问题。而且《五刑解》在今本《家语》中,位列第三十篇,与写本的位置相同;此外,写本《五刑解》与今本《家语·五刑解》的内容一致,文字大同小异。总而言之,正是因为写本具有这些特点,所以证明了今本《家语》的真实可信。而写本《五刑解》末的"家语卷十"的字样表明至少在初唐时期,《家语》还存在有一个分卷多于今本《家语》的版本。考察史志目录,这个多于十卷本的《家语》应该就是二十七卷本或二十一卷本。联系到《五刑解》一篇在这些版本中的内容是一致的这个显而易见的事实,我们不能不承认不论是十卷本还是二十七卷、二十一卷本的《孔子家语》都是真实可信的。

而且,王重民先生注意到了写本的避讳的问题,他发现写本的"民"字并没有避讳,很显然,写本写定的时间应该早于唐朝太宗年间。因此,王先生据此认定该写本大概应为六朝时的古籍。这样看来,对于唐代颜师古所谓的"非今所有《家语》"的说法,我们也应该重新考虑其意义了。

(二)《孔子家语》存在的问题

《孔子家语》不是伪书,自然不是说该书没有任何问题,只是这些问题与该书不可靠是完全不同的两回事。它的成书与流传过程,已经告诉了我们一些信息,使我们应当明确以下几个方面的问题。

1. 该书可能有孔子弟子整理时的"润色"

从理论上讲,流传下来的中国古代文化典籍绝大多数都会有后人"润色"的因素在,"六经"如此,孔子遗说更是如此。从解释学的角度看,任何著作的编辑都有编辑者的思想包含其中,因此,即使像具有"正实而切事"特点的《论语》也一定蕴含孔子后学编撰者的理念。在这样的意义上,我们当然可以利用汉代成书的著作研究"汉代的孔子",但是,这并不一定意味着汉代整理或者编辑而成的著作就不能研究"春秋时期的孔子"。

《孔子家语》中的材料最初出于孔子弟子,在某种程度上,也一定表现了"孔子弟子心目中的孔子"。孔安国曾说:今本《家语》属于七十二子"各自记其所问"而来,显然,《家语》经过了他们"各共叙首尾,加之润色"的过程,这当然没有问题。问题在于,他们的"润色"是否改变了孔子表述的原意。不难理解,在主观上,孔子弟子都会尽可能地保存孔子思想本真。因此他们才会在孔子论说之后马上"退而记之"。如此说来,孔子弟子对《家语》材料"各共叙首尾",进行"润色",无非是为了使自己的记述更为准确,不至偏离。

当然,孔子弟子各有差异,他们在思想上甚至也会有一定的距离,因此,《家语》各篇才会"其材或有优劣"。各篇的不同,表现在有的篇章有"属文下辞,往往颇有浮说,烦而不要"的现象。毫无疑问,这是《孔子家语》存在的一个问题。不过,毕竟不是各篇都充斥着"烦而不要"的"浮说"。从作为思想史研究史料的角度看,《孔子家语》这种古朴的面貌,恰恰衬托了它的重要价值。

对孔子遗说材料的怀疑很早就出现了。还在孔子裔孙子思的时候,人们就对子思所记述的孔子遗说的可靠性表示了质疑。鲁穆公对子思说:“子之书所记夫子之言,或以谓子之辞。”对此,子思回答说:“臣所记臣祖之言,或亲闻之者,有闻之于人者,虽非正其辞,然犹不失其意焉。且君之所疑者何?”按照子思的说法,他记录孔子言语目的在于表述孔子的原意,即使不是他的原原本本的表述,但“不失其意”,不应当怀疑。所以子思对鲁穆公说:“无非,所以得臣祖之意也。就如君言,以为臣之辞。臣之辞无非,则亦所宜贵矣。事既不然,又何疑焉?”①

与子思不同,孔子弟子所记应当主要出于“亲闻”,这比子思著作中还有“闻之于人者”显得更为“纯粹”,《孔子家语》同样也“实自夫子本旨”。我们认为,“实自夫子本旨”正符合大量孔子遗说的实际情况,也的确是《孔子家语》材料的实情。

2. 该书可能有后人传抄过程中的“增损”

在研究《家语》的学者之中,虽然已经很少有人再相信所谓的《家语》伪书说,但以该书经过了后人的“改动”或“添加”者还有不少。那么,做出这些“小动作”的是谁?有的认为是孔安国,有的认为是王肃,可是,到目前为止,还没有真正具有说服力的证据能够证明是他们进行了有意的改动。

但是,这并不是说《家语》经孔子弟子整理后再也没有经

---

① 《孔丛子》卷上《公仪》,《丛书集成》本(第 517 册),中华书局 1985 年版,第 51—52 页。

过任何的改动，在传抄过程中，对《家语》文字进行“增损”的情况是存在的，关于这一点，孔安国的《后序》已说明。按照他的说法，在其之前，《家语》经过了多次辗转流传，其间定有篇卷的分合，个别文字的变动也在所难免，在这个过程中，至少有两点值得注意：

其一，“孔子既没而微言绝，七十二弟子终而大义乖。六国之世，儒道分散，游说之士各以巧意而为枝叶，唯孟轲、荀卿守其所习”。

其二，吕氏被诛亡以后，《家语》散入民间，“好事者或各以其意增损其言，故使同是一事而辄异辞”。

战国时期儒学流行很广，他们在传抄时难免有个别字词的更动。比如，上博竹书《民之父母》，就属于传习者传到楚地的《家语》材料。西汉秘府中收藏者也可能有除了荀卿所传《家语》以外的相关材料，比如，孔安国所说与《家语》“错杂”在一起的那些所谓“诸国事及七十子辞”等。后来，《家语》曾经分散到了民间，这时期可能传抄更广，随意性更大。我们比较今本《家语·论礼》、上博竹书《民之父母》、《礼记·孔子闲居》，就能发现“以巧意而为枝叶”的现象。事实上，《孔子家语》与《礼记》《大戴礼记》等多有相应篇章，将二者相应者进行对读，就更能够理解这种现象比较普遍，以至于还有个别“同是一事而辄异辞”的情况。

另外，今本《家语》材料，在汉高祖灭秦刚刚得到时，本来“皆载于二尺竹简，多有古文字”，人们的传抄有一个改“古文”为“今文”的过程，这都会增加《家语》被人们“增损”的可能性。

需要指出的是，战国时期《家语》虽然有的本子有些“枝叶”,但今之传本传自荀卿,荀子的本子因其“守其所习”会“枝叶”较少。后来流失到民间又复聚之于朝廷的材料中,虽然被“增损”的现象比较普遍,但孔安国毕竟发现了问题,可以想见,对其中的材料他也应当有所比较选择,只是,要完全剔除这些“好事者”的“增损”并不可能。

实际上,古书的流传过程一般都不是凝固不变的。李学勤先生曾经谈到,一些古书,特别是那些世人爱读的古书,常常会出现学者加以增补、内容加多的现象;还有,古人传流书籍系为实用,并不专为保存古本。有时见古书文字艰深费解,就用易懂的同义字取代难字。[①] 这样,古书本子的一定变化非常正常,人们“增损”《家语》之类的做法,在古书中是常有的情形。

3. 该书可能有孔安国整理材料时的误排

孔安国得到的这批材料,并不是集中而单纯的《家语》,它们虽然原本都属于《家语》,但该书字数众多,而且已经散乱,不少肯定都是单独的篇章。面对这批材料,孔安国首先是进行拣选,然后进行“撰集”,从而“以事类相次”。

“集录”这些材料容易,排比次序却非易事。首先,这些材料很多内容相近,比如,其中有许多篇属于鲁国国君与孔子的问答,又有许多篇都是孔子弟子与孔子的对话,那么,这些材料的先后如何排列?其次,不少材料都已经散乱,即使同为一篇的材料,孔安国看到的也不一定完整。所以,在《孔子家语》中,明显可以看出有的篇章应该本非一篇。

---

① 参见李学勤:《对古书的反思》,《当代学者自选文库·李学勤卷》,安徽教育出版社 1999 年版,第 15—21 页。

（三）《孔子家语》的重要价值

综观《孔子家语》的研究，我们看出该书在历代流传、研究的状况与当时的学术主流密切相连，《孔子家语》传流、研究史，就是一部中国学术史的缩影。特别是《家语》在宋代疑古思潮兴起以后至今命运的起伏跌宕，密切契合了各代的学术潮流。

就像任何事物的发展变化都具有一定的规律那样，历代对《家语》的认识也具有内在的逻辑线索。在经历了对《家语》的怀疑乃至否定之后，经过了慎重研究，特别是由于新材料的辅助证明，《家语》成书的真相与学术价值终于被揭示出来，孔子儒学研究终于获得了长期失落的宝贵材料。

《家语》伪书案的终结，为历史文献的研究方法提供了重要借鉴，也是历代学者研究得失的一次很好检验。朱子说《家语》"是当时书"，所言极是！只要认真比较今本《家语》与材料相同、相通的有关典籍，就不难发现其极其宝贵的价值。例如，将《家语》与大、小戴《礼记》等进行比勘，《家语》就立即显现出自己的优越性来。凡是对《家语》认真研究过的学者一般都认可其重要的文献价值。有学者说："《孔子家语》保存了一大批比较原始的文献资料，有许多地方明显地胜于其他相关古籍，具有重要的版本、校勘价值。"①"对于今天的孔子研究来说，《孔子家语》的价值并不在《论语》之下。"②《家语》由于内

---

①　王承略：《论〈孔子家语〉的真伪及其文献价值》，《烟台师范学院学报》（哲学社会科学版）2001 年第 3 期。

②　杨朝明：《〈孔子家语·执辔〉篇与孔子的治国思想》，《儒家文献与早期儒学研究》，齐鲁书社 2002 年版，第 274—294 页。

容庞大,该书价值之高出乎我们的想象,如果说《论语》是“孔子语录”,《孔子家语》则相当于“孔子选集”。

对于《家语》与《论语》的关系,学者们的研究已经印证了孔安国《后序》的说法。孔安国说,《论语》具有“正实而切事”的特点,它是从众多材料中选辑出来的孔子语录,《孔子家语》成书在《论语》之后,具有材料汇编的性质,《家语》中甚至有引述《论语》的现象。因此,比之《论语》的“纯正”,《家语》要显得“驳杂”。胡平生说得好:“绝大多数攻击王肃伪撰《家语》的书,都是这样先自己划定某种圣人言行的‘神圣模式’,凡有不合‘模式’的文字则必打成伪作。”[①]如果说真有一个“神圣模式”的话,那么它一定与《论语》的“纯正”有关。不少学者研究问题,往往不顾《论语》有特定的选材标准,而以“《论语》未见”为理由,否定一些孔子言行的存在,其偏颇显而易见。

还有一种看法,认为“论语”的“论”,有“选择”“别择”的意思。清朱骏声《说文通训定声·屯部》曰:“论,假借为抡。”《国语·齐语》:“权节其用,论比其材。”韦昭注:“论,择也。”《荀子·王霸》“君者,论一相,陈一法,明一指,以兼覆之,兼照之,以观其成者也。”杨倞注:“论,选择也。”如果《论语》书名的“论”为选择之意,则《论语》应该是选自“孔子家”之“语”中的材料,是则《孔子家语》的价值不难察见。

受疑古思潮影响,历史上有不少人认为《家语》思想不纯、文词粗陋,其实这不是戴着“有色眼镜看问题”的偏见,就是没有认真观察比较的妄言。关于《家语》的文辞,清人崔述《洙泗

① 胡平生:《阜阳双古堆汉简与〈孔子家语〉》,袁行霈主编:《国学研究》第七卷,北京大学出版社 2000 年版,第 531 页。

考信录》有曰:“取所采之书,与《家语》比而观之,则其(按:指《家语》)所增损改易者,文必冗弱,辞必浅陋,远不如其本书,甚或失其本来之旨。”[①]其实,如果认真对比,就不难发现崔述所论以王肃“杂取众书”伪造《家语》为前提,其论断有极为强烈的主观推定色彩,是完全不符合实际的。我们通过对读《家语》与互见者所能得出的结论常是互有优劣,实际上更多情况是《家语》要优于他书。[②]

在疑古思潮的影响下,有些学者虽没有专门研究《家语》,没有看到《家语》不伪的事实,却发现了《家语》的重要价值,因而在相关的研究中不能对其视而不见,不得不引用该书的材料作为旁证,这便如清朝四库馆臣所谓“知其伪而不能废”。例如,李启谦先生在谈论孔门弟子研究的材料运用问题时曾说:“有时可信的书中也有错误的地方……相反,被称为‘伪书’的《孔子家语》,其所记的很多内容……则都是可信的。”[③]新的材料终于促使人们思考了最为根本的问题:难道人们弃之如敝履般地摒弃《家语》是合理的?难道在那么早的年代,这样长长数万字大书真的出于后人的伪托?为什么历史上还有那么多的人不断地强调该书的价值?

当我们回头再看《孔子家语》时,我们不能不惊叹其丰富的内容!儒家典籍有“四书五经”的提法,如果加上《家语》,儒

---

① (清)崔述:《洙泗考信录》卷一,《丛书集成初编》本,中华书局1991年版,第3页。

② 参见杨朝明:《读〈孔子家语〉札记》,《文史哲》2006年第4期;《〈孔子家语·执辔〉篇与孔子的治国思想》,《儒家文献与早期儒学研究》,齐鲁书社2002年版,第274—294页。

③ 李启谦:《孔门弟子研究》,齐鲁书社1987年版,“前言”第1页。

家最为紧要的典籍可有“五书五经”。《家语》不仅是专门的孔子儒学的记录，而且在规模上也超过了儒家“四书”中的任何一部。与《论语》的简略相比，《家语》有完整的场面；与《大学》《中庸》作为专题论文相比，《家语》中的思想更为全面；《史记》记录了孔子事迹，但《家语》的记录时代更早，内容更多，更加准确。孔子的思想博大精深，要准确地理解孔子，要真正走近孔子，决不能舍弃《家语》，《家语》可以当之无愧地被称为“孔子研究第一书”！

读《孔子家语》札记*

按照《孔子家语》孔安国序的说法，《家语》一书乃是“当时公卿士大夫及七十二弟子之所谘访交相对问言语”，本出于孔子弟子的记录，其书“与《孝经》《论语》并时”，虽然“属文下辞往往颇有浮说、烦而不要者”，但“凡所论辩，疏判校归，实自夫子本旨”。对于孔子的言语，孔子弟子各有所记，弟子们取其中“正实而切事”者编为《论语》，而将其余部分集录而为《孔子家语》。《家语》编成后经过了辗转流传，其间也有所散乱，最后孔安国得到此书，撰集而成今本《家语》。如此，《家语》应该是研究孔子的宝贵材料。

然而，唐代以来有学者谓汉代所传《家语》已经亡佚，后更有人认为今本《家语》出于王肃的伪造，这种观点影响很大。虽然历代都有人认为《家语》不伪，但在“疑古”“辨伪”风炽的时代，这些声音都显得十分微弱。值得庆幸的是，自 20 世纪 70 年代以来，出土文献的大量问世推动了学术的发展，引发了人们对许多古书真伪问题的重新思考。关于《孔子家语》一书，不少学者也有了新的认识。笔者在研究过程中，发现《孔子家语》的确具有重要的价值，孔安国序的说法是完全可信

---

* 原载于《文史哲》2006 年第 4 期。

的。这里就读书思考所及记录于此,以供研究者参考。

一、《王言解》第三

关于“王言”与“主言”,今本《家语》中有《王言解》篇,该篇又见于《大戴礼记》,《大戴礼记》作《主言》。“王言”“主言”一字之差,引起后人的争论。

清朝前期的王聘珍长期研习《大戴礼记》,作《大戴礼记解诂》十三卷,《目录》一卷。他以《大戴礼记》为尊,反对依据他书如《孔子家语》等增删《大戴礼记》的字句。对古籍本文随意“增删改易”的做法自不可取,但他认为该篇本为“主言”,《孔子家语》由王肃“私定”,而改作“王言”。所以他反对依据《家语》而改称“王言”,认为这种做法是“俗儒”之为。

清末,孙诒让作《大戴礼记斠补》,认为《大戴礼记》作“主言”应当改正。他说:“孔《目录》云:旧本题为《主言》,篇中‘王’字凡十九见,皆误作‘主’,惟十六字不误。今据以改正。冯登府校云:篇中‘王’字十九,惟‘莫不来至朝觐于王’‘王’字不误,乃第十四字,非第十六字。”篇中“朝觐于王”一个“王”字透露了戴德改编的痕迹。孔子忠君尊王,倡导王道思想,《家语》该篇谈论“不出户牖而化天下”的“王”,是本来应该作“王”,而非“主”。在先秦儒家那里,王、霸相对,篇中所言“明王之道”就是通常所说的“王道”。戴德处西汉后期,而整个西汉的前期,中央与藩王的关系一直是政治的主线,一会儿封王置藩,一会儿又削藩平乱。开始,异姓诸王曾经拥兵自重,专制一方;后来,刘邦所封的同姓王也自为法令,僭越礼制,不仅对朝廷态度傲慢，甚至公开举兵叛乱。到汉武帝时期，他依然不得不将一部分精力倾注到打击地方割据势力、解决诸侯王的问题上面。戴德改“王”为“主”，很可能与之有关。

当初，孔子弟子撰集《孔子家语》，根据自己的记录而“叙述首尾”，从中可以看出孔门师徒往复问对时的一些具体情景。戴圣重编后，删除了此类记载，而将重点放在了表述孔子思想的内容方面。对于这些，戴圣也作了进一步的润色和加工。与《家语》相比，《大戴礼记》该篇的不同主要表现在整齐句子、修饰语词方面。例如：

> 《孔子家语·王言解》：“至礼不让而天下治，至赏不费而天下士悦，至乐无声而天下民和。明王笃行三至，故天下之君可得而知，天下之士可得而臣，天下之民可得而用。”
>
> 《大戴礼记·主言》：“至礼不让而天下治，至赏不费而天下之士悦，至乐无声而天下之民和。明主笃行三至，故天下之君可得而知也，天下之士可得而臣也，天下之民可得而用也。”

两相比较，《大戴礼记》除了将“明王”改成了“明主”外，又增加了两个“之”字、三个“也”字。大、小戴《礼记》对《家语》的改编率多如此。

《大戴礼记》也有改编不确甚至错误之处。例如，《家语·王言解》开头记有孔子的话：

> 参，今之君子，帷士与大夫之言可闻也。其至于君子

之言者甚，希也。

而《大戴礼记·主言》则作：

参，今之君子，惟士与大夫之言之间也，其至于君子之言者甚希矣。

所谓“君子”，按照王聘珍的解释，应当是“在位者之通称”，《家语》此处的“君子”应该指君主。意思是孔子闲居时对曾参所说的感慨话语，意思是现在的国君只可以听到士与大夫的言论，至于治国安天下的道理，听到的就很少了。但《大戴礼记》将“可闻”改为“之间”，按照字面的意思，应该是君子之言处在“士与大夫之言”的中间。

《家语》的话意义明确，但《大戴礼记》却颇令人费解。所以，王聘珍只能曲为解释，他说：“‘间’犹‘中’也。君子者，君上位，子下民。希，罕也。言今之在位者所言，不出于任事奉法之中，罕言君国子民之大道也。”这样的解说虽然可通，但与孔子本意已经大相径庭。在两篇中，孔子的心境并不相同，意义差别较大。依照《家语》，孔子是感叹君主属下缺乏人才，听不到“君子之言”，而《大戴礼记》则成了孔子认为君主谋虑不远，罕言“君子之言”。

《大戴礼记》的记述实际与孔子一生的境遇不符。孔子感慨礼崩乐坏，天下不治，他周游列国，就是希望找到可以栖身以施展抱负的国度，但他终未如愿。直到晚年回到鲁国，孔子依然不满于现实，最后退修《诗》《书》，从事教育，整理文献典籍。《家语》记曾子借机向孔子请教“何为王之言”的大道理，于是

"孔子不应""孔子又不应""孔子叹息",这正是孔子当时心境的表露。《大戴礼记》却将"孔子不应"等理解为是曾子之问使孔子不愉快,遂加入了一些话加以缘饰:"曾子惧,肃然抠衣下席,曰:'弟子知其不孙(逊)也……'"文章后面孔子大篇的论述,正说明曾子之问引发了孔子的深深思考,不知所谓曾子的"不逊"从何谈起?

又如,《家语·王言解》谈论"上下相亲",曰:"上之亲下也,如手足之于腹心;下之亲上也,如幼子之于慈母也。"而《大戴礼记·主言》却变成"上之亲下也如腹心,则下之亲上也如保子之见慈母也"。《家语》两个分句本为并列的关系,改编后成了因果关系。在这里,《大戴礼记》的"保子"就是《家语》的"幼子",这里的"保"与"葆""褓"通,"保子"的意思为"襁褓之子"。有意思的是,王聘珍排斥《家语》,解"保"曰"养也",失离了本义。经过此类的改编、解诂,只会离"夫子本旨"越来越远。

在《大戴礼记解诂目录》中,王聘珍云:"王肃私定《孔子家语》,盗窃此(《主言》)篇,改作《王言》,俗儒反据肃书,改窜本经。"对读两篇本文,不难发现,正是王氏本人主仆颠倒,婢作夫人,诚可谓孔衍所说"灭其原而存其末"。

二、《哀公问政》第十七

(1)文武之政,布在方策。其人存,则其政举;其人亡,则其政息。天道敏生,人道敏政,地道敏树。夫政者,犹蒲卢也，待化以成。故为政在于得人。

今本《礼记·中庸》中有不少内容与《家语·哀公问政》相应。与上段相应之处作：

文、武之政，布在方策。其人存，则其政举；其人亡，则其政息。人道敏政，地道敏树。夫政也者，蒲卢也。故为政在人。

两相比较，《家语》中的“天道敏生，人道敏政，地道敏树”，《礼记》去掉了“天道敏生”。按，“天”在孔子那里是一个十分重要的概念，孔子谈论政治问题很容易谈到“天”，如《孔子家语·礼运》记孔子说：“夫政必本于天。”《礼记·礼运》作“夫政者，君之所以藏身也，必本之天”。孔子也往往将“人”与“天”“地”并举，如《礼记·礼运》：“人者，其天地之德，阴阳之交，鬼神之会，五行之秀气也。”又曰：“人者，天地之心也，五行之端也。”还说：“圣人作，则必以天地为本。”这里涉及“天道”的概念，据《论语·公冶长》，子贡称“夫子之言性与天道，不可得而闻也”，此应如朱熹所说，这仅仅是说“夫子罕言”，绝非不言。哀公问政时，孔子接着又说到礼与政治的关系，说“礼者，政之本也”，而在《礼运》中，孔子也说：“夫礼，必本于大一，分而为天地，转而为阴阳，变而为四时，列而为鬼神。”看来，原来应该有“天道敏生”，是后来被《礼记》编者去掉了。

《家语》中的“夫政者”，《礼记》作“夫政也者”，多一虚词“也”字。《礼记》编著之时，往往加入虚词，以整齐句子。用语言比较法为古文献断代，这是不少学者曾经使用的方法。如果将《孔子家语·论礼》《礼记·孔子闲居》与《上海博物馆藏战国楚竹书(二)》中的《民之父母》篇(三篇定名不同,有相同内容)在使用虚词方面进行对照,可以看出《礼记》改编时往往在句子前面加发语词“夫”字、后缀“矣”字、“也”字等,用这样的方法比较,《家语》的古朴、《家语》与《礼记》的先后关系,可以一目了然。

《家语》中的“为政在于得人”,《礼记》作“为政在人”。相比之下,《礼记》语句简洁,可能经过了修饰,不如《家语》直白。二者都可以作“贤人”解,在文章里面,或不致造成理解上的偏差,但孤立起来,《礼记》可以理解为仅仅强调人的因素,而《家语》更为明了。新出上海博物馆藏竹书《从政》篇中有曰:“善人,善人也。是以得贤士一人,一人誉……”还说“君子难得”。该篇同样谈论从政问题,也是强调善于得人,善于得到贤士。联系上下文,该篇本来作“为政在于得人”的可能性极大。

(2)齐洁盛服,非礼不动,所以修身也;去谗远色,贱财而贵德,所以尊贤也;爵其能,重其禄,同其好恶,所以笃亲亲也;官盛任使,所以敬大臣也;忠信重禄,所以劝士也;时使薄敛,所以子百姓也;日省月考,既廪称事,所以来百工也;送往迎来,嘉善而矜不能,所以绥远人也;继绝世,举废邦,治乱持危,朝聘以时,厚往而薄来,所以怀诸侯也。治天下国家有九经,其所以行之者一也。

此节也与《礼记·中庸》的相应,《中庸》此处则是:

齐明盛服,非礼不动,所以修身也;去谗远色,贱货而贵德，所以劝贤也；尊其位，重其禄，同其好恶，所以劝亲亲也；官盛任使，所以劝大臣也；忠信重禄，所以劝士也；时使薄敛，所以劝百姓也；日省月考，既廪称事，所以劝百工也；送往迎来，嘉善而矜不能，所以柔远人也；继绝世，举废国，治乱持危，朝聘以时，厚往而薄来，所以怀诸侯也。治天下国家有九经，其所以行之者一也。

两相比较，有一些文字发生了变化。“齐洁盛服”作“齐明盛服”，盖因《礼记·中庸》的前面孔子回答“子路问强”的部分中（朱熹分章的第十六章），有“使天下之人，齐明盛服，以承祭祀”句。此句，郑玄注曰：“明，洁也。”孔疏谓：“言鬼神能生养万物，故使天下之人齐戒明洁，盛饰余服以承祭祀。”又说：“此云‘齐明盛服，以承祭祀’，是兼人之鬼神也。”《礼记》编者将后面的“齐洁盛服”加以改动以前后统一，遂变成了“齐明盛服”。孔疏则谓：“‘齐明盛服’者，齐，谓齐整；明，谓严明；盛服，谓正其衣冠，是修身之体也。此等‘非礼不动’，是所以劝修身。”前面的“明”解释为“洁”，这里本来为“洁”，却又解释成“严明”。其实，前面是对鬼神，需要“齐明”，也就是所谓齐整、严明；这里不对鬼神，而仅对现世的众生，目的在于劝人修身，只需齐整、洁净即可。这一改动，让后世注家好不为难。

治理国家的“九经”，所涉及的动词多有改变，这些显然都与西汉中央集权政治的加强有关。其中，“尊贤”“笃亲亲”“敬大臣”“子百姓”“来百工”，分别变成了“劝贤”“劝亲亲”“劝大臣”“劝百姓”“劝百工”，动词都变成了“劝”；“绥远人”变成了“柔远人”。从词义上看，“劝”为“劝勉”“劝说”。言上对下时多用“劝”，如《庄子·天地篇》：“昔尧治天下，不赏而民劝。”

《左传·成公二年》:“我戮之不详,赦之以劝事君者。”《史记·货殖列传》:“太公劝其女工。”与“尊”“笃”“敬”“子”之类带有温情的字眼相比,“劝”字中所包含的似乎更多是皇权的恩威。绥,字从“妥”,为妥当、平安,有安抚人心以保持平静之意。而“柔”虽也有安抚意,却更有通过让步而平息的含义,带有明显的以上对下的味道。

“爵其能”变成“尊其位”更显然带着汉人加工的印记。汉代,“非刘氏不王”,只有极少数异姓功臣封侯,封赐爵位是一个敏感的话题,根本谈不上什么“爵其能”,《礼记》编者改其为“尊其位”,在当时则无不可。这里的改变与《大戴礼记》将《孔子家语》的《王言》改为《主言》极为相似,戴圣将“爵其能”改成“尊其位”,也与西汉的政治有关。

与可靠的早期资料相比较,同样可以看出《孔子家语》的用词更为近真,如“绥远人”“爵其能”都是如此。《论语·子张》:“道之斯行,绥之斯来。”《礼记·表记》:“子曰:‘君子不以口誉人,则民作忠。故君子问人之寒,则衣之;问人之饥,则食之;称人之美,则爵之……’”这里用“绥”“爵”而不用“柔”“尊”。

至于“举废邦”变成“举废国”,自然是为了避高祖刘邦的名讳。古人早就指出“班(颁)讳之典爰自汉世”(《南齐书·王慈传》),“汉法,天子登位,布名于天下,四海之内,无不咸避”(《全北齐文》卷三“避太子讳议”)。汉代的颁讳布名之制,由今存文献来看,最常用的手法是以同训字相替换。汉高祖刘邦,讳邦曰国,如定州汉墓竹简《论语》之中,所有的“邦”字都用“国”代替。戴圣编订《礼记》,哪里能够允许“废邦”二字赫然存于礼书之中。

三、《入官》第二十一

子张既闻孔子斯言,遂退而记之。

《入官》篇记载子张向孔子请教入仕为官的问题,该篇又见于《大戴礼记》,其篇名即《子张问入官》,但与《家语》文字有异。《家语·入官》最后有曰:"子张既闻孔子斯言,遂退而记之。"我们以为,这一句对理解《孔子家语》的成书问题很有价值。

孔安国为《家语》所作的《后序》中说:"《孔子家语》者,皆当时公卿士大夫及七十二弟子之所谘访交相对问言语也。既而诸弟子各自记其所问焉,与《论语》《孝经》并时,弟子取其正实而切事者,别出为《论语》;其余则都集录之,名之曰《孔子家语》。"

《论语》出于孔门弟子所记,史书的记载是非常明确的。何晏《论语序》引刘向说:《论语》"皆孔子弟子记诸善言也"。《汉书·艺文志》记刘歆说:"《论语》者,孔子应答弟子、时人及弟子相与言而接闻于夫子之语也。当时弟子各有所记,夫子既卒,门人相与辑而论撰,故谓之《论语》。"王充的《论衡·正说》篇说法同样如此,其谓:"夫《论语》者,弟子共记孔子之言行。"综合上述各种说法,再观察《论语》一书的特征,应该说《论语》出于孔子弟子的"辑而论撰"是可信的。《论语》与《孔子家语》的不同,在于《论语》基本上都不是成篇的论述,而是一段一段的语录,这显然可以与孔安国“弟子取其正实而切事者,别出为《论语》”的说法相应;《家语》则不然,它基本上都是独立成篇的记述,又显然如孔安国所说的,它是在《论语》别出之后,将孔子弟子所记“集录”的结果。

正由于《孔子家语》为孔子弟子笔记的汇编,所以《家语》不像《论语》那样有弟子摘编的痕迹,明显地带有笔记的特征。孔子弟子遇到孔子谈论嘉语善言之时往往随时加以记录,这在《家语》的一些篇章中有所体现。如:

> 《论礼》:“子夏蹶然而起,负墙而立,曰:‘弟子敢不志之?’”
>
> 《五刑解》:“冉有跪然免席,曰:‘言则美矣,求未之闻。’退而记之。”
>
> 《正论解》:“子贡以告孔子,子曰:‘小子识之:苛政猛于暴虎。’”
>
> 《正论解》:“孔子闻之,曰:‘弟子志之:季氏之妇可谓不过矣。’”
>
> 《曲礼子贡问》:“孔子在卫,卫之人有送葬者,而夫子观之,曰:‘善哉!为藏乎,足以为法也。小子识之!’”子贡问曰:‘夫子何善尔?’曰:‘其往也如慕,其返也如疑。’子贡曰:‘岂若速反而虞哉?’子曰:‘此情之至者也。小子识之。我未之能也。’”

上引材料中的“志”“识”有“记”的意思。如《礼记·礼运》篇中记孔子曰:“大道之行也,与三代之英,丘未之逮也,而有志焉。”其中的“志”,在《孔子家语》的《礼运》篇中作“记”。《礼运》篇中，不论“记”还是“志”，都是作名词用，有“记载”“记录”“志书”之义，朱彬《礼记训纂》引刘台拱解此字曰：“识也，识记之书。”

孔门弟子有做笔记、记录的习惯，《论语》中也有显露。《论语·卫灵公》记曰：“子张问行。子曰：‘言忠信，行笃敬，虽蛮貊之邦行矣；言不忠信，行不笃敬，虽州里行乎哉？立，则见其参于前也；在舆，则见其倚于衡也。夫然后行。’子张书诸绅。”所谓“书诸绅”，即写在大带上。这里的记载可以与《孔子家语》相互印证。

我们应该不难理解，《孔子家语》正是弟子记录的汇编，该书当然有后来增加、整理的成分，但其基本的、主要的内容还应当是原始面貌的保留。

四、《五帝德》第二十三

《孔子家语》和《大戴礼记》都有《五帝德》一篇，而且篇题相同，它给我们提供了可资比较的材料。如孔子回答宰我问黄帝的一节：

> 《孔子家语》：“孔子曰：‘可也，吾略闻其说。黄帝者，少典之子，曰轩辕。生而神灵，弱而能言，幼齐睿庄，敦敏诚信，长聪明。治五气，设五量，抚万民，度四方，服牛乘马，扰驯猛兽，以与炎帝战于阪泉之野，三战而后克之。始垂衣裳，作为黼黻。’”
>
> 《大戴礼记》：“孔子曰：‘黄帝，少典之子也，曰轩辕，

生而神灵，弱而能言，幼而慧齐，长而敦敏，成而聪明。治五气，设五量，抚万民，度四方；教熊罴貔豹虎，以与赤帝战于阪泉之野，三战然后得行其志。黄帝黼黻衣，大带黼裳。'"

将上述两段文字对照，可以看出《孔子家语》更接近口语，而《大戴礼记》句子相对整齐，整理加工的痕迹比较明显。将前引内容以后的文字进行比较，同样可见后者较为详尽，应该属于后出。

五、《执辔》第二十五

1. 以内史为左右手

《家语·执辔》篇的内容在《大戴礼记》中被分在《盛德》和《易本命》两篇中。《盛德》节选了《执辔》中孔子以驾车喻治国的主要论述以作为本篇的构成部分，但省却了此论所出的背景，后面孔子谈论古天子"以六官总治"的部分，也略去了"季冬正法，孟春论吏"的内容。其中，《执辔》篇的"以内史为左右手"一句，《盛德》篇改为"内史、太史左右手也"，大概是以左、右手应为两只手而加上"太史"，而这种自作聪明的做法恰恰透露了《大戴礼记》编辑加工《孔子家语》的信息。内史，作为王室中的重要职官，在宫中辅佐太宰管理爵、禄、废、置等政务，以及颁布王之策命等。孔子这里专论治国，本意应该是言内史可以作为天子治国的得力助手。而太史一般职掌法典、礼籍、祭祀、星历等，按照《周礼·春官·太史》的记述，太史负保管及辨别国家文书、契约之职，并掌治历授时。可以看出，太史一职与内史不同，并非天子不可须臾离开者。《大戴礼记》编者未明孔子本意，加上“太史”却属于误解。

2. 子夏问于孔子

《执辔》篇后面子夏与孔子谈论《易》理的内容虽然与篇题不尽相合，但对研究孔子的思想，对研究早期的儒道关系却有重要价值，同时也体现了该篇的时代性特征。

子夏论《易》的内容，《大戴礼记》的编者将其从《执辔》中抽出单独置篇，题名为《易本命》，作为第八十一篇，在《大戴礼记》流传至今的各篇中位在最后。但是，在《执辔》篇中，关于《易》之理的大段论述本来出于子夏，而在《大戴礼记》中却一律属之于“子曰”之后，全部变成了孔子的话。实际上，这与《孔子家语·执辔》篇的本意并不相符，按照《执辔》篇的记述，孔子对子夏的论述并不是十分赞赏。

据《执辔》的记述，子夏所谈论的，是所谓《易》理之中人类和万物鸟兽昆虫产生时所受元气的分限，他并且认为“凡人莫知其情，唯达德者能原其本”。在子夏讲论之后，孔子说：“然，吾昔闻老聃亦汝之言。”接着，子夏又谈了自己所见《山书》中的内容。

孔子曾经问礼于老子，他的思想当也受到老子的一定影响。但孔子与老子又有不同，孔子思考的是现实的社会问题，他是主张积极入世的。正因如此，子夏的高论才没有引起孔子太多的兴致。细品文意，孔子显然同意子贡对子夏的评论，即“微则微矣，然则非治世之待也”，孔子也认为子夏所谈虽然细微，却不是治理国家所需要的。从这里可以看出两个方面的问题：第一，子夏所论与道家老子的自然观有些类似，子夏谈

《易》理,观《山书》,尚没有学派的界限。第二,孔子、子贡等人对那些虽然细微却不切世事的东西不感兴趣,这正是儒家学派的思想特征,从他们的交谈中,可以发现,在孔子时期,儒道之分殊已露端倪。而这两点,当然都是孔子生前的实际情形。

湖北郭店楚墓竹简公布以来,学者们进行了认真研究和热烈讨论,从而也对竹简所显示的儒道关系有了新的认识。人们认为,竹简《老子》中不见后世儒道互黜的内容,可知那时的儒道关系并不像后世那样存在激烈的争斗。实际上,战国中期以前的情形可能都是如此,那时,各个学派尚处于酝酿形成时期,还不存在后来人们想象中的那种纯粹的学派。因此,郭店楚简《性自命出》出于儒家,但有人说其中有后来道家的思想成分;《太一生水》可属道家,但我们认为也难说是什么所谓道家著作。

六、《本命解》第二十六

《孔子家语》有《本命解》一篇,《大戴礼记》也存有此篇,篇名相同。其中的材料同样可资比较。例如:

> 《孔子家语》:"故命者,性之始也;死者,生之终也。有始则必有终矣。"
>
> 《大戴礼记》:"故命者,性之终也。则必有终矣。"

单独读《大戴礼记》的这句话,实在费解。湖北郭店楚墓竹简的《性自命出》刚刚公布时,曾令无数学者感到兴奋,仿佛"性自命出”的概念初见于竹简一般,认为这是儒家性命学说的重要文献。其实,《孔子家语》中命为性之始的说法与湖北郭店楚墓竹简的《性自命出》的说法一致。

但是,郭店楚简也可以作为旁证,证明《大戴礼记》命为“性之终”的说法显然不当。将其与《孔子家语》的话对照,会很容易发现《大戴礼记》此处有重要遗漏。《本命解》的这句话,无论《大戴礼记》还是《孔子家语》,前面都有一段相同论述:“分于道,谓之命;形于一,谓之性;化于阴阳,象形而发,谓之生;化穷数尽,谓之死。”在这些话之后,是我们上引的几句。将它们联系起来读,《大戴礼记》的遗漏便显而易见了。

七、《论礼》第二十七

> 志之所至,诗亦至焉;诗之所至,礼亦至焉;礼之所至,乐亦至焉;乐之所至,哀亦至焉。诗礼相成,哀乐相生。

《家语》的《论礼》又见于《礼记·孔子闲居》,后者作:

> 志之所至,诗亦至焉;诗之所至,礼亦至焉;礼之所至,乐亦至焉;乐之所至,哀亦至焉。哀乐相生。

《家语》这里讲“志”“诗”“礼”“乐”“哀”所谓“五至”,是讲“志”对于“诗”“礼”“乐”“哀”四者的重要性,讲他们之间的互动关系,后面的“诗礼相成,哀乐相生”是对前面的概括。但是,《礼记·孔子闲居》在改编这一节后,却少了“诗礼相成”四字,使论说显得很不完整,透露了《礼记》与《家语》的先后关系。值得玩味的是,《上海博物馆藏战国楚竹书(二)·民之父母》亦无此语,显示出古书成书的复杂性。可以推测,这种情况是不同传本造成的,而今本《家语》此处应当较优。

《孔子家语》也没有《礼记》中的一些句子,初看好像为《礼记》编者所加,其实未必如此。例如,《家语·论礼》云:

> 无声之乐,气志不违;无体之礼,威仪迟迟;无服之丧,内恕孔悲。
>
> 无声之乐,所愿必从;无体之礼,上下和同;无服之丧,施及万邦。

《礼记·孔子闲居》却是:

> 无声之乐,气志不违;无体之礼,威仪迟迟;无服之丧,内恕孔悲。
>
> 无声之乐,气志既得;无体之礼,威仪翼翼;无服之丧,施及四国。
>
> 无声之乐,气志既从;无体之礼,上下和同;无服之丧,以畜万邦。
>
> 无声之乐,日闻四方;无体之礼,日就月将;无服之丧,纯德孔明。
>
> 无声之乐,气志既起;无体之礼,施及四海;无服之丧,施于子孙。

二者对比,除了首行相同外,其余都不同。细细比较,反而似乎是《家语》约《礼记》文句而成。《家语》的《问玉》篇也有一节见于《孔子闲居》,将这一部分与《家语》的《问玉》对比,他们虽然大旨相同,句子的差异却很明显。

我们认为,《礼记》与《家语》的相通或相同,证明《礼记》本于《家语》,二者又明显存在语句、语词的差别,这应该是《家语》的成书与流传造成的。《孔子闲居》显然经过了后人的润饰,孔安国在《家语后序》中说《家语》"颇有浮说",相比之下,《孔子闲居》此处更为突出。与《家语》中的类似情况一样,这也是传抄整理过程中后人附加上去的。

又如,《孔子家语·论礼》曰:"是以正明目而视之,不可得而见;倾耳而听之,不可得而闻。志气塞于天地,行之充于四海。"这句话与前面的论说相互联系。孔子这里谈的是政治问题,在孔子看来,统治者要成为"民之父母",要"横于天下",必须有"志气",也就是所谓的"恩义之气",还要将此"恩义之气"付诸行动。在这里,"志气"与"行"二者之中,"行"是落脚点。但《礼记·孔子闲居》改编后缺少了"行之充于四海",同样使句子很不完整。这里,《家语》也优于《礼记》。

八、《礼运》第三十二

郭店楚简的《太一生水》引发了学者们的极大兴趣,认为这是一种全新的宇宙生成理论。其实,《孔子家语》的《礼运》篇同样有关于宇宙生成问题的论述,二者实际上是基本一致的,只是由于对《家语》成书问题存有疑虑,长期以来学者没有细察。

《太一生水》曰：

> 太一生水，水反辅太一，是以成天。天反辅太一，是以成地，天地[复相辅]也，是以成神明。神明复相辅也，是以成阴阳。阴阳复相辅也，是以成四时。……四时者，阴阳之所生也；阴阳者，神明之所生也。神明者，天地之所生也。天地者，太一之所生也。是故太一藏于水，行于时……

《孔子家语》与《大戴礼记》都有《礼运》篇，将二者比较，可以看出《大戴礼记》本于《家语》。

《礼运》篇中有这样的话：

> 是故夫礼，必本于太一，分而为天地，转而为阴阳，变而为四时，列而为鬼神。其降曰命，其官于天地。

将《太一生水》与《礼运》比较，如果略去"水"这一环节，二者基本相合。《管子·水地》曰："水者何也？万物之本原也。"正如《太一生水》中所谓"太一藏于水"，"水"与"太一"实际应是一回事。《灵枢经》的佚文有曰："太一者，水之尊号，先天地之母，后万物之源。"这里说太一是水的"尊号"，明确地说到了"太一"与"水"的等同关系。[1] 据晁公武《郡斋读书志》，有人说"《灵枢》即《汉志》《黄帝内经》十八卷之九"；还有人认为是

---

① 参见姚治华：《〈太一生水〉与太乙九宫占》，庞朴等：《古墓新知》，台湾古籍出版有限公司 2002 年版，第 47—68 页。

“好事者于皇甫谧所集《内经·仓公论》中钞出”。《四库全书总目提要》作者说:“名为古书,未知孰是。”如果《灵枢经》是先秦古书,则其中“太一”为“水之尊号”的说法就很有意义。这样,《太一生水》与《礼运》的宇宙生成论就基本一样了。

九、《本姓》第三十九

周公相成王,东征之。二年,罪人斯得。

《尚书》中有《金縢》篇,今文、古文皆有,其中所记因为牵涉到周初的重要史实,历来倍受人们重视。但是,历来研究《尚书》者,乃至专门研究该篇的学者,几乎都对该篇成篇年代的传统说法表示怀疑,对该篇的完整性、可靠性持怀疑态度,我们研究《金縢》,发现对其中“周公居东二年”的理解竟然是问题的关键所在。笔者曾经研究该篇,将《金縢》的记载与《今本竹书纪年》比较,认为应当将其中的“二年”属下读,作“周公居东。二年”,该篇的完整性便自然呈现出来。① 今读《孔子家语》,于《本姓解》见“周公相成王,东征之。二年,罪人斯得”,益信其然。同时,它也说明《家语》必然具有更高的可信性。

① 参见杨朝明:《也说〈金縢〉》,《庆祝杨向奎先生教研六十年论文集》,河北教育出版社 1998 年版;收入杨朝明:《儒家文献与早期儒学研究》,齐鲁书社 2002 年版。

学者研究《金縢》篇者，如赵光贤先生《说〈尚书·金縢〉篇》[1]、赵俪生先生《说〈鸱鸮〉兼及〈金縢〉》[2]、李民先生《说〈金縢〉》[3]都将该篇分作三段（或三个部分）：第一段，从“既克商二年，王有疾”到“王翼日乃瘳”；第二段，从“武王既丧”到“王亦未敢诮公”；第三段，从“秋，大熟”到全文结束。对于第一段，历来没有争议。而后两段中问题却有不少，争论都集中在这两部分。

笔者认为，这两部分本应为一段或一部分，它们间的内容存在着有机的联系。为了论述的方便，我们先来节引《金縢》后面部分的内容，如下：

> 武王既丧，管叔及其群弟乃流言于国，曰：“公将不利于孺子。”周公乃告二公曰：“我之弗辟，我无以告我先王。”周公居东二年，则罪人斯得。于后，公乃为诗以贻王，名之曰《鸱鸮》。王亦未敢诮公。
>
> 秋，大熟，未获。天大雷电以风，禾尽偃，大木斯拔，邦人大恐。王与大夫尽弁以启金縢之书，乃得周公自以为功代武王之说。……王执书以泣曰：“其勿穆卜，昔公勤劳王家，惟予冲人弗及知，今天动威以彰周公之德，惟朕小子其新逆，我国家礼亦宜之。”王出郊……

---

① 载《中华文史论丛》1982 年第 1 辑，收入其《古史考辨》，北京师范大学出版社 1987 年版。

② 载《齐鲁学刊》1992 年第 1 期，又收入赵俪生：《学海暮骋》，新华出版社 1992 年版。

③ 载《王玉哲先生八十寿辰纪念文集》，南开大学出版社 1994 年版。

以上引文,其中的标点、分段都是根据传统的理解所作,对此很少有人提出异议。笔者认为,“周公居东二年”实际上应为“周公居东。二年”,此六字应属两句,“二年”指周成王二年。以下“秋,大熟”一段应紧接上段,“秋”指周成王二年的秋天。人们将“二年”与“周公居东”连言,实在是个关键性的错误,《金縢》篇的诸多聚讼或错误认识都是由此而起。

我们说《金縢》中的“二年”指成王二年,“秋”为成王二年秋天,只要将《金縢》与下引两则材料稍事比较便不难明白:

> 《今本竹书纪年》:“成王元年丁酉春正月,王即位,命冢宰周文公总百官。庚午,周公诰诸侯于皇门。夏六月,葬武王于毕。秋,王加元服,武庚以殷叛,周公出居于东。
>
> 二年,奄人、徐人及淮夷入于邶以叛。秋,大雷电以风,王逆周文公于郊。”
>
> 《逸周书·作雒》:“武王……崩镐,肂于岐周。周公立,相天子,三叔及殷、东、徐、奄及熊盈以略,周公、召公内弭父兄,外抚诸侯。元年夏六月,葬武王于毕。二年,又作师旅,临卫政(征)殷,殷大震溃。降辟三叔,王子禄父北奔,管叔经而卒,乃囚蔡叔于郭凌。凡所征熊盈族十有七国,俘维九邑,俘殷献民,迁于九毕。”

传统上,《今本竹书纪年》是公认的伪书。但笔者的看法与之相反,我们认为它即使不是根据汲冢原简改编而成,也依据了没有散佚的《竹书纪年》的墓本。其中虽有写定者的个别更动,如改东周时的晋、魏纪年为周王纪年,加进了所谓的“笔法”等等，但细心辨别这些问题之后，该书仍具有相当重要的史料价值。① 况且研究者已发现了其中周武王、成王纪谱中的一处错简，以令人信服的证据说明《今本竹书纪年》的该处错简得以纠正后，成王的纪年相当完整，“从元年到十四年乃至十八年，可以说连一个字也没有失”②。至于《逸周书》，虽然其中各篇成书年代还难确定，但《作雒》篇却已被公认为可靠的早期文献。因此，将《金縢》与《今本竹书纪年》《逸周书·作雒》进行比较是靠得住的。通过比较，看得出《金縢》通篇所记不过是从武王去世之年到成王二年的史事，而后面的部分实只记周公在成王即位前两年中由被疑忌到被信任的过程。

此外，《公羊传·隐公元年》疏引许慎《五经异义》曰：“《古尚书》说云：武王崩时，成王年十三。后一年，管、蔡作乱，周公东辟之。王与大夫尽弁，以开金縢之书，时成王年十四。言‘弁’，明知已冠矣。”由谯周《五经然否论》所引《异义》知许慎同意此说。《宋书·礼志一》曰：“《古尚书》说武王崩，成王年十三。”又曰：“推武王以庚辰岁崩，周公以壬午岁出居东，以癸未岁反。《礼》周公冠成王，命史祝辞。辞，告也。是除丧冠也。周公居东未反，成王冠弁以开金縢之书，时十六矣。是成王年十五服除，周公冠之而后出矣。”这里所说的“《古尚书》”盖指孔壁所出古文。我们认为“《古尚书》说”是大体可信的。只是它将开金縢之书属之武王去世的次年，显然不妥。《宋

① 参见杨朝明：《〈今本竹书纪年〉并非伪书说》，《齐鲁学刊》1997年第6期。

② ［美］夏含夷：《也谈武王的卒年——兼论〈今本竹书纪年〉的真伪》，中华书局编辑部编：《文史》第二十九辑，中华书局1988年版，第12页。

书·礼志》似乎也看到了这一点,遂将开金縢之书置于武王去世的第三年,则又超过了实际一年,这极可能是为了凑合“三年之丧”之数。

许慎《五经异义》、沈约《宋书·礼志》俱以“《古尚书》说”而言成王年龄,他们都看到了《金縢》“王与大夫尽弁”所透露的信息。“弁”指古代男子穿礼服时所戴的冠。吉礼之服用冕,通常礼服用弁。古代男子加冠也称弁。所以,成王与大夫们启金縢之书时“尽弁”,是知此时成王已冠。《古尚书说》、许慎、沈约将成王启金縢之书属之武王去世后不久,按《孔子家语·冠颂》曰:“天子冠者,武王崩,成王年十有三而嗣立。周公居冢宰,摄政以治天下。明年夏六月,既葬,冠成王而朝于祖,以见诸侯,示有君也。”知成王于即位之年已冠。《古尚书》说以及许慎、沈约的解释看来都近于情理。因此,我们以《金縢》中的二年为成王二年或者不谬。难怪人们解释“周公居东二年”歧说纷纭,无一令人满意的说法。

《孔子家语·弟子行》研究*

在《孔子家语》中，关于孔子弟子的集中记载，除了《七十二弟子解》，还有《弟子行》一篇。前者与《史记·仲尼弟子列传》相仿佛，长期以来，由于对《孔子家语》成书问题的错误认识，人们研究孔门弟子遂多以《史记》为本，而对《家语》该篇少有问津；后者与《大戴礼记》的《卫将军文子》篇相同，只是个别文字上有小的差异。但《大戴礼记》与《史记》不同，人们对《史记》研究较多，而对于《大戴礼记》的价值则多存疑虑，再加上《孔子家语》"伪书"说的巨大影响，对《弟子行》一篇便更加缺乏探讨，虽然偶有学者引用其中的材料，但远远谈不上真正认识该篇的价值。《弟子行》没能被充分研究和利用，是由学术界对《家语》的认识决定的。孔子弟子研究与孔子研究、早期儒学研究密不可分，在早期儒学研究有了重大进步的今天，有必要专门对《弟子行》进行探究，以更好地研究其成书问题及基本价值，了解其与《大戴礼记·卫将军文子》的关系，从而也加深对《孔子家语》全书的认识。

---

* 原载于《孔子学刊》2013 年第 4 辑，后又载录于中国历史文献研究会编：《历史文献研究》总第 38 辑，华东师范大学出版社 2017 年版。

一、《弟子行》的可信性问题

在今本《孔子家语》中,《弟子行》列第十二篇。该篇记载了孔子弟子子贡与卫将军文子的对话,卫将军文子向子贡询问孔子弟子的情况,于是,子贡据其所知,对孔子几位主要弟子的行状加以介绍,子贡的评价涉及十二位孔子弟子,他们分别是颜回、冉雍、仲由、冉求、公西赤、曾参、颛孙师、卜商、澹台灭明、言偃、南宫适、高柴。因此,本篇以“弟子行”名篇。

在《弟子行》的记载中,子贡在一一评说这几位孔子弟子时,一般都是首先进行总体上的评价,然后再引述孔子的看法,使对孔子弟子的评价显得更加准确,更具有权威意义。

认真分析《弟子行》的材料,我们认为该篇的记述是真实可信的,这可以从以下几个方面透露出来。

(一)卫将军文子与孔门师徒素有往来

卫将军文子即公孙弥牟,又称南氏,是卫国的大臣。梁玉绳在《史记志疑》中说:“《周纪集解》引臣瓒曰:汲冢古文谓卫将军文子为子南弥牟,故《左传》称弥牟为南氏。《战国策·卫策》称南文子。《通志·氏族略》云:“子南氏,卫灵公之子公子郢之后,盖郢字子南也。”文子属卫国公族,在他的身上,某种程度上也体现了卫国的文化特点。鲁为周公封国,卫为周公之弟康叔封国,《左传》定公六年记曰:“大姒之子,唯周公、康叔为相睦也。”所以《论语·子路》又记孔子曰:“鲁、卫之政,兄弟也。”孔子周游列国,在卫国停留时间很长,两国文化相近是根本原因。

与卫国的文化传统有关，卫将军文子也注重礼仪，并与孔门师徒有一些来往。据《孔丛子·刑论》，孔子去卫国时，卫将军文子听说"鲁公父氏不能听狱"，曾就此问题向孔子请教，与孔子讨论；据《孔子家语·庙制》记，卫将军文子打算在家中立先君之庙，就通过孔子弟子子羔访于孔子，听取孔子的意见；《说苑》卷十一记曰："卫将军文子问子贡曰：'季文子三穷而三通，何也？'"《韩非子·说林下》等记曰："卫将军文子见曾子，曾子不起而延于坐席，正身于奥。"《礼记》等书也有与卫将军文子有关的记载。

卫将军文子又称子之。《左传·哀公十二年》杜预注曰："子之，公孙弥牟。"杜氏《氏族谱》亦云："子之，公孙弥牟文子。"所以，弥牟、子之是其人之名与字，文则其谥。梁履绳《左通补释》云："弥牟官卫之将军。故《檀弓》称将军文子。"

卫将军文子的弟弟惠子曾为卫国司寇，好像他曾经受学于孔子。《四库全书》本的《孔子家语·七十二弟子解》说：

> 言偃，鲁人，字子游……尝从孔子适卫。与将军之子兰相善，使之受学于夫子。

其他本的《孔子家语》不见子游与文子之弟相善并且子游使之受学于孔子的记载。这里说受学于孔子的是"将军之子兰"可能有误。《礼记·檀弓上》孔疏引《世本》曰："灵公生昭子郢，郢生文子木及惠叔兰。"是则文子与惠叔为兄弟。因此，清人李锴所撰《尚史》卷八十五《孔子弟子传》则据而说道：

惠叔兰，卫将军文子弥牟之弟，为卫司寇。子游尝从孔子适卫，与子兰相善，使之受学于孔子。

《礼记·檀弓上》记："司寇惠子之丧，子游为之麻衰、牡麻绖。文子辞曰：'子辱与弥牟之弟游，又辱为之服，敢辞。'子游曰：'礼也。'文子退反哭。子游趋而就诸臣之位，文子又辞曰：'子辱与弥牟之弟游，又辱为之服，又辱临其丧，敢辞。'子游曰：'固以请。'文子退，扶嫡子南面而立曰：'子辱与弥牟之弟游，又辱为之服，又辱临其丧，虎也敢不复位？'子游趋而就客位。"卫将军文子弥牟之弟兰惠子，废嫡子虎而立庶子，所以子游变服以讥之。文子悟，于是扶嫡子虎正丧主之位。显然，那位受学于孔子的应该是卫将军文子的弟弟。

从以上的情况看，卫将军文子与孔子及其弟子有不少的往来，他们之间在一起讨论问题、品评人物是很正常的事情。子贡与卫将军文子平素就有交往，所以在《说苑》等书中还有卫将军文子向子贡请教问题的记载。那时，孔子已经是远近闻名的博学之人，对于他带出来的弟子门生，社会人士自然会十分关注，卫将军文子与孔门师徒保持良好关系，且有不少交流，因此，他向子贡请教其同门师友的情况完全合乎情理。

在上述曾经提到的材料中，与卫将军文子有交往的孔子弟子，除了子贡，还有子羔、子游、曾子等，他们都在本篇子贡答卫将军文子问的评论之中。在本篇中，卫将军文子对子贡说："吾闻孔子之施教也……盖入室升堂者，七十有余人。其孰为贤？"子贡以"智莫难于知人"为由"对以不知"，文子说："若夫知贤，莫不难。今吾子亲游焉，是以敢问。"子贡回答说："夫子之门人，盖有三千就焉。赐有逮及焉，未逮及焉，故不得遍知以告也。”文子又说：“吾子所及者，请闻其行！”从这里的记载看出，因为孔子弟子众多，有许多人子贡并没有与他们同时受学于孔子，他便谈不上对他们有充分的了解，因而也就不便于对他们作出评价。但是，从种种材料所透露的信息看，子贡所评论的同门，都是与他同时受学的人，子贡说：“凡此诸子，赐之所亲睹者也。”并非虚言。与卫将军文子有过交流的子羔、子游、曾子等人都在其中，也可旁证该篇记载的真实可信性。

（二）子贡对同门师友比较了解

在孔子的弟子中，子贡是十分重要和特殊的一位。孔子与颜回关系十分亲密，也对他赞赏有加。与颜回相比，子贡其实也受到孔子的器重。

《论语》记载了孔子及其弟子的言行，是研究孔子最为重要的文献，该书记载涉及孔子众多的弟子，但是，据统计，与子贡相关的材料有 35 章，而与颜回相关的却只有 20 章。在该书中，子贡的名字出现 57 次，颜回的名字却只出现 32 次。从《论语》记载的情况，可以看出子贡在孔门中的重要地位，也可以看出子贡与孔子的亲密程度。《论语·公冶长》有孔子询问子贡“女与回也孰愈”的记载，对此，钱穆先生说：“观孔子与回孰愈之问，见二人在孔门之相伯仲。”①子贡经常和孔子谈论一些深奥的学术问题，《论语》所记载的子贡的材料，大多是他与孔子的问答，多属请教、询问政治、社会以及学术方面的问题，如他曾“问政”“问友”“问为仁”“问君子”，他也经常与孔子探讨

① 钱穆：《先秦诸子系年·孔子弟子通考》，中华书局 1985 年版，第 70 页。

早期儒学的礼、仁等核心问题。子贡的有些观点都很有见地，如："纣之不善，不如是之甚也，是以君子恶居下流，天下之恶皆归焉。""君子之过也，如日月之食焉：过也，人皆见之；更也，人皆仰之。"以至于时人中有人认为"子贡贤于仲尼"（《论语·子张》），此说虽然遭到子贡的反驳，但这在一定程度上反映了子贡的学识。

从各种记载看，子贡善于观察，博闻多见，长于交流，所以也善于评人论事。人们遇有疑问，往往喜欢向他请教。例如，孔子"周游列国"乃为施展自己的政治理想，因此，每到一处，都往往迅速熟悉该国政事。对此，子禽不明白，还询问这是孔子"求"来的，还是别人主动告诉他的。子贡则认为："夫子温、良、恭、谦、让以得之。夫子之求之也，其诸异乎人之求之与？"（《论语·学而》）子贡不否认是孔子"求之"，但指出孔子是靠他优良的品德和崇高的威望得到的，是为了推行自己的主张，与别人获得的方法并不一样。

也有人感叹孔子的广博学识，不知道孔子何以如此。有人向子贡询问说："夫子圣者与？何其多能也？"（《论语·子罕》）卫国公孙朝问子贡曰："仲尼焉学？"子贡曰："文武之道，未坠于地，在人。贤者识其大者，不贤者识其小者。莫不有文武之道焉。夫子焉不学？而亦何常师之有？"（《论语·子张》）这是子贡回答人们关于孔子如何学习"文武之道"的问题。

子贡深得孔子的喜爱，子贡也了解孔子，每逢同门中有人心存疑惑，而又不便请教老师时，往往找子贡出面。例如，孔子师徒到达卫国时，冉有想知道孔子会不会为卫出公做事，便去询问子贡。子贡答应，遂去询问孔子说："伯夷、叔齐何人也？"曰："古之贤人也。"曰："怨乎？"曰："求仁得仁，又何怨？"（《论语·学而》)子贡回来告诉冉有,孔子不会为卫出公做事。子贡的问话很策略,当时卫出公与他的父亲争夺君位而在卫国引发了一场内乱,而伯夷、叔齐却是为谦让君位而双双出走,孔子尊伯夷、叔齐是古代的贤人,而且认为他们无怨无悔,当然不会赞成卫出公的行为,所以不会为他做事。

由于对孔子的思想有深刻理解,子贡对相关问题的把握都十分准确,恰到好处。如《荀子·子道》记:

> 子路问于孔子曰:"鲁大夫练而床,礼邪?"孔子曰:"吾不知也。"子路出。谓子贡曰:"吾以为夫子无所不知,夫子徒有所不知。"子贡曰:"汝何问哉?"子路曰:"由问:'鲁大夫练而床,礼邪?'夫子曰:'吾不知也。'"子贡曰:"吾将为女问之。"子贡问曰:"练而床,礼邪?"孔子曰:"非礼也。"子贡出,谓子路曰:"女谓夫子为有所不知乎!夫子徒无所不知。女问非也。礼:居是邑不非其大夫。"

从孔子晚年子贡与孔子的亲密关系可以看出,子贡在孔门弟子中的地位也是得到广泛认可的。如在马王堆汉墓帛书《易传》的《要》篇中,有"夫子老而好《易》,居则在席,行则在囊"的记载,印证了史书孔子"晚而喜《易》"的传统说法,其中还有子贡就孔子学《易》问题向孔子询问的情形:"子贡曰:夫子他日教此弟子曰:'德行亡者,神灵之趋;知谋远者,卜筮之蘩。'赐以此为然矣。以此言取之,赐缗行之为也。夫子何以老而好之乎?"后面是孔子回答子贡的提问,并和子贡探讨了相关的问题。可见,在孔子晚年,子贡仍时常回到老师的身边,还讨论《易》学问题。孔子曾经感叹道:"从我于陈蔡者,皆不及门也。"(《论语·

先进》)在颜回、子路、宰我等大弟子相继去世后,作为早期弟子,子贡能经常陪伴在老师的身边。据《孔子家语·曲礼子夏问》的记载,孔子的守门狗死了,他都让子贡帮助埋掉,说明在孔子的晚年子贡甚至不离恩师左右。因此,他在去世前急切地想见子贡,他那句"赐也,尔何来迟也",包含了深深的师生之情,此时,孔子已经把子贡看作了身边最亲近的人。

对子贡的优点和成绩,孔子往往赞赏和鼓励。据《韩诗外传》记载,孔子与子路、子贡、颜渊"游于戎山之上",孔子让他们各言其志。子贡的志向是:"得素衣缟冠,使于两国之间,不持尺寸之兵,升斗之粮,使两国相亲如兄弟。"孔子称赞他为"辨士",并鼓励他说:"赐来,便便汝何使?愿得衣冠为子宰焉。"在致富的能力方面,孔子也曾把子贡与颜回作比,说:"回也其庶乎,屡空。赐不受命,而货殖焉,亿则屡中。"在为颜回叹息的同时,孔子对子贡的经商能力是赞赏的。对于子贡的杰出才能,孔子不仅了解,而且加以赞叹。孔子说:"赐也达,于从政乎何有?"(《论语·雍也》)"赐之敏也贤于丘"(《说苑·杂言》)。孔子赞赏子贡,特别信任子贡。

在孔子周游列国归鲁后的数年中,子贡主要在鲁国。据《左传·哀公十一年》,孔子回鲁国的那年,子贡已经在鲁国做事。孔子去世后,弟子守丧三年,接着,子贡又继续守丧三年。对此,《孟子·滕文公上》记载:"三年之外,门人治任将归,入揖于子贡,相向而哭,皆失声,然后归。子贡反,筑室于场,独居三年,然后归。"可以看出,子贡对老师怀有深深的哀思。

从子贡在孔门中的特殊地位,可以看出子贡的确最有资格对同门作出评价。子贡善于交往,注意观察,他对同门师友都有较为深刻、准确的了解;他常常与孔子在一起,与孔子交往、交流很多,他了解孔子的学说,也最了解孔子对弟子们的看法。所以,当卫将军文子向他询问同门师兄弟各自的优长时,他可以以自己的所知所见进行回答,逐一对同门师兄弟进行了评价。他回去后向孔子汇报,还得到了孔子的称赞。

有一点很值得注意,即《论语·宪问》提到的"子贡方人"。对于子贡的这个特点,孔子曰:"赐也贤乎哉?夫我则不暇。"喜好评论人的功过是非,是子贡的一个"缺点"。《史记·仲尼弟子列传》说"喜扬人之美,不能匿人之过",与"子贡方人"指的应是同一问题。子贡拜孔子为师不久,邾子朝鲁时,子贡观礼。在朝见的过程中,鲁定公和邾隐公都出现了失礼的行为,根据这一点,子贡敏锐地意识到:"以礼观之,二君者,皆有死亡焉。"子贡还直接地说了出来。不久,子贡的预言变成了现实,而孔子却批评他说:"赐不幸而言中,是使赐多言也。"(《左传·定公十五年》)嫌子贡多说话了。《论语》中记载的子贡和孔子问答中也多次涉及子贡问人,如《公冶长》:"孔文子何也谓之文也?"《先进》:"师与商也孰贤?"《子路》:"今之从政者何如?"《宪问》:"管仲非仁者与?"如此等等,说明子贡善于了解和观察问题,也更关心同门师友。孔子说:"自吾得赐也,远方之士日至。"(《孔丛子·论书》)表明子贡重视师门,与孔子其他弟子有较多的往来。本篇记载的卫将军文子向子贡了解孔子其他弟子的情况,也完全符合情理。

(三)竹书《中弓》提供的旁证

无论在《孔子家语·七十二弟子解》中,还是在《史记·仲尼弟子列传》中,冉雍都是列于第四位,排在颜回、闵损、冉耕之后。在《孔子家语·弟子行》记载中,子贡所评论的孔子弟子共九人。他首先评价的是作为孔子大弟子的颜回，颜回之后接着就是冉雍，即仲弓，这是一个很值得引起注意的问题。

研究孔子、孔门弟子与中国儒学，不难发现孔子弟子中颜回、曾子、子贡、有若等人的地位都非常重要。① 颜回深得孔子喜爱，只是不幸早死；曾子为孔子裔孙子思之师，更下启思孟学派，影响后世深远；子贡与孔子师徒感情深厚，他也深得同门信任；有子在传习孔子思想学说方面曾经得到多数人认可，孔子去世后，当弟子们思念恩师的时候，他们甚至推出有若，"欲以所事孔子事之"（《孟子·滕文公上》）。

颜回、曾子、子贡、有若等人在孔子弟子中的重要地位，世人都已经有所研究，也为人们所理解，唯有冉雍，长期没有引起学者们应有的注意。在研究早期儒学时，人们都知道荀子十分推重一位他称之为"子弓"的人，大家猜测，这应该是孔子的一位弟子，但他是否是仲弓，或者他到底是何人，很久以来，由于材料的限制，人们看法并不一致。但有一点可以肯定，那就是他在孔子的心目中地位很高，因为在《荀子》的《非十二子》中，荀子"非"了一个又一个的人，唯独将这位"子弓"与孔子并提，显然，荀子也十分推崇他的学说。

值得欣慰的是，《上海博物馆藏战国楚竹书》第三册中有《中弓》一篇，终于可以结束人们长期以来的争执。《中弓》篇共存简二十八支，计五百二十字。该篇多为残简，编连起来比较困难，学者们的努力取得了较好成绩。结合学术界的研究，

---

① 关于孔子弟子各自的学术特征及其在早期儒家学派形成中的作用，本人曾有专门论述。参见杨朝明：《孔门师徒与原始儒家学派的构成》，《出土文献与儒家学术研究》，台湾古籍出版有限公司 2007 年版。

笔者认为篇中的“中弓”即孔子弟子“仲弓”，也就是冉雍，他应该就是《荀子》所说的“子弓”。由于对他格外敬重，认同仲弓思想，荀子才以“子”相称，以示推尊。就像孟子的学术可以上溯到曾子那样，荀子的学术来源于仲弓。①

在孔子弟子中，仲弓被认为是有“德行”者。以前，传世文献缺乏，仲弓思想的特点并不明确，荀子何以认同仲弓难知其详。现在，上博竹书《中弓》篇问世，将《中弓》篇与《孔子家语》的《刑政》篇等结合起来考察，荀子与仲弓的学术联系很容易被察觉出来。

仲弓曾任季氏家宰。《论语·子路》篇曰：“仲弓为季氏宰。问政。子曰：‘先有司，赦小过，举贤才。’”仲弓曾任季氏宰，也得到了上博竹书的证实。上博简《中弓》第一简中说：“季桓子使仲弓为宰。”关于所谓的“宰”，邢昺《疏》曰：“冉雍为季氏家宰，而问政于夫子也。”皇侃《疏》云：“仲弓将往费为季氏采邑之宰。”刘宝楠《论语正义》说：“宰者，大夫家臣及大夫邑长之通称。”《中弓》篇有仲弓“从于宰夫之后”的记载，还记有孔子教导仲弓要“老老慈幼，先有司，举贤才，赦过与罪”，都与《论语》的记载一致。

仲弓出身低贱，却有为政治世才能，并以有德行而著称。《史记·仲尼弟子列传》说：“仲弓父，贱人。孔子曰：‘犁牛之子骍且角，虽欲勿用，山川其舍诸？’”孔子曾说“雍也可使南面”（《论语·雍也》），即认为让他治理一个国家，也是完全可

---

① 杨朝明：《从孔子弟子到孟、荀异途——由上博竹书〈中弓〉思考孔门学术分别》，《齐鲁学刊》2005年第3期；又载人大报刊复印资料《中国哲学》2005年第9期。

以胜任的。《孔子家语·七十二弟子解》记载:"冉雍,字仲弓,伯牛之宗族,少孔子二十九岁。生于不肖之父,以德行著名。"

在与仲弓有关的记载中,最多的是关于"为政"方面的材料,不论是《论语》还是上博竹书《中弓》,还有《孔子家语》的《刑政》篇,都是如此。就早期儒学的本质而言,其学说的核心在于"修己以安人",儒家思考问题的中心在于为政治国平天下。如果认真研究,不难发现《论语》虽然是语录体的著作,但该书却有严密的内在逻辑①,《论语》在首篇《学而》总论为学做人的问题之后,接着便是以谈论如何为政治国问题为中心的《为政》篇,其蕴含的意义值得重视!

在《为政》篇中,前三章都是孔子的语录。其首章说:"为政以德,譬如北辰,居其所而众星共之。"谈的是实行德政。第二章:"《诗》三百,一言以蔽之,曰:'思无邪。'"实际谈的是温柔敦厚的"诗教",是孔子德行教化主张的突出体现。第三章:"道之以政,齐之以刑,民免而无耻。道之以德,齐之以礼,有耻且格。"是谈论政、刑关系问题。以下各章,也都是围绕"为政"的问题展开,《论语》中有不少孔子弟子向孔子问政的记载,并且散见于各篇之中,这也说明为政治国问题在孔子学说中的重要位置。

《孔子家语》的《刑政》篇记述孔子与弟子仲弓之间的对话,谈论的是刑罚与政教问题,故以"刑政"名篇。孔子政治思想的特征是"德主刑辅"。孔子主张德政,但也不排斥刑罚,认为"为政以德"是政治的根本,刑罚是德政的必要补充。篇中记载说:

---

① 杨朝明:《新出竹书与〈论语〉成书问题再认识》,《中国哲学史》2003 年第 3 期。

仲弓问于孔子曰:“雍闻至刑无所用政,至政无所用刑。至刑无所用政,桀、纣之世是也;至政无所用刑,成、康之世是也。信乎?”孔子曰:“圣人之治化也,必刑政相参焉,太上以德教民,而以礼齐之;其次以政焉导民,以刑禁之,刑不刑也。化之弗变,导之弗从,伤义以败俗,于是乎用刑矣。”

这正是孔子为政主张的一贯立场。

上博竹书《中弓》篇的记载正是如此,《论语》中关于仲弓向孔子问政的片段材料,在竹书中则是一个系统的、比较完整的记录。从初步的编连看,该篇明显可区分为孔子弟子向孔子询问“为政”与“事君”的两大事类。简文“为政”的部分在记录仲弓向孔子汇报自己受季氏任命的事情之后,接着记录仲弓向孔子请教“为政”时应将什么事情放在首位。孔子的回答提出了三点内容:一是恭敬祭祀;二是尊老慈幼;三是先有司,举贤才。对于前两项内容,仲弓认为问题不大,只是对于第三项的具体内容,还不大理解,于是进而再行请教。《中弓》篇全篇都是围绕“问政”展开讨论的。

讨论至此,我们应该可以回头观察《孔子家语·弟子行》中子贡对仲弓的评价了。《弟子行》记子贡说:

在贫如客,使其臣如借,不迁怒,不深怨,不录旧罪,是冉雍之行也。孔子论其材曰:“有土之君子也,有众使也,有刑用也,然后称怒焉。”孔子告之以《诗》曰:“靡不有初,鲜克有终。”匹夫不怒,唯以亡其身。

这里说仲弓身处贫困却能矜持庄重如同作客一样,役使臣子如同借用他们的力量一般，不迁怒于别人，不深深地抱怨别人，不记恨旧仇，这是冉雍的品行。他出于贫贱却德行出众，而且有治理国家的才能。尤其孔子评论他的能力和禀赋，认为他可以成为“有土之君子”，并说他有百姓可以役使，有刑法可以施用，与《中弓》篇等所提供的材料完全一致。

在上博竹书《中弓》篇的启示下，我们对荀子与仲弓思想进行关联考察，发现仲弓其实是从孔子到荀子过渡过程的重要环节。由于《中弓》篇的问世，仲弓的思想特点、仲弓与荀子的联系更为清晰，可以更加清楚地了解到荀子推重仲弓的原因。事实上，除了荀子每每以仲尼、子弓并称，视他们为儒者典范、儒学正统外，汉代的不少材料都可以看到仲弓被人们格外重视的记载，如《说苑·修文》篇也将仲弓与孔子并举，其曰：

> 当孔子之时，上无明天子也，故言雍也可使南面，南面者天子也。雍之所以得称南面者，问子桑伯子于孔子，孔子曰：“可也简。”仲弓曰：“居敬而行简以道民，不亦可乎？居简而行简，毋乃太简乎？”子曰：“雍之言然！”仲弓通于化术，孔子明于王道，而无以加仲弓之言。

《汉书·古今人表》列举了大批儒家人物，孔子列一等，仲弓列二等，与颜渊、闵子骞、冉伯牛、子思、孟子、孙卿并列，其他儒家人物如子贡、子游、曾子、子夏等都被列为三等，这也透露出仲弓的特殊地位。《孔子家语·弟子行》与上博竹书《中弓》等新材料的完全契合，证明仲弓在孔子弟子中的地位确非一般，反过来也使《弟子行》的重要价值得以凸显。

二、与《卫将军文子》比较

《弟子行》又见于《大戴礼记》,在《大戴礼记》中,该篇取篇首五字,名曰《卫将军文子》。二者虽然在内容上大同小异,但它们孰先孰后,却不难通过文本的比对观察出来。长期以来,由于人们多以《家语》为伪,很少有人用心加以探讨。例如清人汪中《大戴礼记正误》说:“自章首至‘亦未逢明君也’,与《家语·弟子行》篇略同。”意思是《卫将军文子》与《弟子行》仅仅只有子贡评论同门弟子的部分“略同”,显然他是看到《大戴礼记》将孔子评论羊舌大夫的一段提前后与《弟子行》的差异,遂认为以下都是如此不同。可以肯定,他甚至并没有认真读完《孔子家语》的该篇。

如果用心研究,不难发现,宋代以来《大戴礼记》的研究者大都与汪中类似,还很少有人认真对待《孔子家语》。尽管《孔子家语》与《大戴礼记》有不少相同的内容,而且《大戴礼记》的校注者、研究者不少,但我们还没有发现有学者将任何两篇相同者进行认真比较。① 可是,今天我们比较《弟子行》与《卫将

① 将《孔子家语》与《大戴礼记》初步比对,至少以下篇章两者材料相同或者相通:(1)《大戴礼记·主言》与《孔子家语·王言》,(2)《大戴礼记·哀公问五仪》与《孔子家语·五仪解》,(3)《大戴礼记·卫将军文子》与《孔子家语·弟子行》,(4)《大戴礼记·子张问入官》与《孔子家语·入官》,(5)《大戴礼记》和《孔子家语·五帝德》,(6)《大戴礼记·盛德》与《孔子家语》的《执辔》和《易本命》,(7)《大戴礼记》与《孔子家语》的《本命》,(8)《大戴礼记·盛德》与《孔子家语·五刑》,(9)《孔子家语·问礼》与《礼记·哀公问》《大戴礼记·哀公问于孔子》的相关内容。

军文子》,《大戴礼记》中的问题竟然十分明显,我们能够强烈感觉到《孔子家语》更加可靠。两篇材料中的不少差异,除去无关宏旨的不同,《大戴礼记·卫将军文子》的问题主要表现在以下方面。

(一)汉代的现实政治因素

与《孔子家语》相比,《大戴礼记》该篇在写定时可谓处处顾及时政,这与汉代中央集权政治的发展是相应的。今本《孔子家语》虽然成于西汉时期的孔安国之手,但他本来是担心《家语》的材料"将遂泯没",其本意则是为了保存"先人之典",他不是以官方的身份整理此书,而是"私以人事募求其副",因此,今本《家语》便更加真实地保留了其书的原来面貌。

让我们来看以下的例证:

【例 1】

《弟子行》:"若逢有德之君,世受显命,不失厥名;以御于天子,则王者之相也。"

《卫将军文子》:"故国一逢有德之君,世受显命,不失厥名,以御于天子以申之。"

在《弟子行》中作"若逢有德之君"的句子,在《卫将军文子》变成"故国一逢有德之君",因为《大戴礼记》的这一改动,引发了人们的不少困惑。例如清人王引之《经义述闻》曰:"'国'当作'回',自'一逢有德之君'以下,皆指颜子而言,非指国而言,则'国'为'回'之误明矣。《家语》作'若逢有德之君',亦指颜子而言。"俞樾《大戴礼记平议》则认为"故国一逢有德之君"至

“以御于天子”二十一字位置有误,当在“孔子说之以《诗》”之上。于鬯《香草校书·大戴礼记校》则说:“‘国’之言‘或’也。‘国’从‘或’,即谐或声,例得通用。”他从二字可以互训的角度进行解释,认为“谓‘国’即‘或’之后出字,亦无不可”,他认为这里的“或”与《孔子家语·弟子行》的“若”是一样的。为此,他还进行了分析,说:“王引之《述闻》谓指颜子言,非指国君,其说甚是。顾其以‘国’字为‘回’字之误,则又率意改字,不可为训。且此为子贡言颜子一逢有德之君,非颜子真逢有德之君也。实指为回,于义便拙。惟颜子实未尝一逢有德之君,故曰‘或’。或之者,不必然之事也。”

人们之所以于此进行种种说解,是由于没有认真思考这里的材料是对既有材料的改造,也没有认真与《孔子家语》进行比对。更为重要的是,人们不仅没有认识到《孔子家语》的材料真实性,相反,却都以其为不可靠的“伪书”。

实际上,这里是子贡评论颜回的话,是说如果颜回遇上有德行的君主,就会世代享用帝王给予的显赫恩命;如果被君主所任命使用,就会成为贤明君主的有力辅佐者。孔子时代,周天子是天下共主,孔子向往王道之治,孔门师徒对颜回评价很高,都认为他堪成大器,完全可以胜任王者之相。孔子时代的“王”指的是作为天下“共主”的周朝天子,但汉代的情况却是有很大不同的。从西汉时期开始,“王”仅仅是汉朝皇帝以下的同姓子弟及少数的功臣,汉初以后,“非刘氏而王者,天下共击之”,更何况,西汉中期以后,出现了诸侯王叛乱朝廷的严重局面,削藩平叛成为政治斗争的主线,因此,在汉代,一提到所谓的“王”,人们都会十分敏感,都会顾及与现实政治的联系。也是因为如此,这一句话才出现了这样的改动,经过改动,明显染上了汉朝的时代特征:第一,如果说《弟子行》中的"君"还有可能是指天子,那么,到《卫将军文子》中则没有了任何歧义,这里有"国"作为限定,就不会出现任何冒犯汉朝天子的时忌;第二,《弟子行》中的"以御于天子,则王者之相也",到《卫将军文子》中变成"以御于天子以申之",去除了"王"字,仅仅有"天子",就不会二者混淆。这里将"王"改为天子的情况,与《大戴礼记》将《孔子家语》的《王言》篇改为《主言》的原因是一样的。①

【例 2】

《弟子行》:"孔子论其材曰:'有土之君子也,有众使也,有刑用也,然后称怒焉。'孔子告之以《诗》曰:'靡不有初,鲜克有终。'匹夫不怒,唯以亡其身。"

《卫将军文子》:"孔子曰:'有土之君子,有众使也,有刑用也,然后怒。匹夫之怒,惟以亡其身。'《诗》云:'靡不有初,鲜克有终。'"

《孔子家语》的"有土之君子也,有众使也,有刑用也,然后称怒焉",王肃注曰:"言有土地之君,有众足使,有刑足用,然后可以称怒。冉雍非有土之君,故使其臣如借而不加怒也。""匹夫不怒,唯以亡其身",王肃注曰:"因说不怒之义,遂及匹夫以怒亡身。"这里是说一般人不会轻易发怒,就因为一发怒只会伤害身体。《孔子家语》以这样的道理谈论冉雍,但在《大戴礼

① 参见杨朝明:《读〈孔子家语〉札记》,黄怀信、李景明主编:《儒家文献研究》,齐鲁书社 2004 年版,第 381—402 页。

记》中,则将“匹夫不怒,唯以亡其身”径改为“匹夫之怒,唯以亡其身”。这里在意义表述上虽然没有大的改动,但却避免了一般人的误解,能够教导“匹夫”不要轻易“称怒”,如果发怒,只会导致“亡其身”的后果。在君主专制体制下,匹夫哪里可以轻易动怒?这样的改动,又符合了汉朝保持君主绝对权威,符合了下层百姓应当自觉服从君主统治的时代特征。

【例 3】

《弟子行》:“众人闻之,以为成也。”

《卫将军文子》:“主人闻之以成。”

《孔子家语》的“众人闻之,以为成也”,王肃注:“众人闻公西赤能行三千之威仪,故以为成也。”这里是说众人听孔子这么说,认为公西赤已经有所成就了。本来,这与“听于众”的民本思想关涉不大,但《大戴礼记》仍然没有忘记将“众人”改成“主人”。

【例 4】

《弟子行》:“苟利于民矣,廉于行己,其事上也以佑其下。”

《卫将军文子》:“苟于民利矣,廉于其事上也,以佐其下。”

《孔子家语》的“其事上也以佑其下”,王肃注曰:“言所以事上,乃欲佑助其下也。”这里是说只求对百姓有益处,注重自身行为廉洁,侍奉上司,以此来保佑部下。对于在民之上的人,一般会理解为君主,既然这里谈论的是对君主的要求,那么在所谓“行己”方面,也就不必有什么具体的约束了。《大戴礼记》这样改动,其实已经损害了意义的表述。汪照《大戴礼记注补》说:“案《家语》作‘廉于行己’,若作‘廉于事上’,文意不可通。”有学者将二者比较后认为《大戴礼记》脱“行己”二字,恐未必然。

关于这一点,有许多的例证可以说明问题,将《孔子家语》与《大戴礼记》比较,很容易发现类似的情形。在《孔子家语·王言解》中,孔子谈论“上下相亲”曰:“上之亲下也,如手足之于腹心;下之亲上也,如幼子之于慈母也。”而《大戴礼记·主言》却变成“上之亲下也如腹心,则下之亲上也如保子之见慈母也”。《家语》两个分句本为并列的关系,改编后成了因果关系。在这里,《大戴礼记》的“保子”就是《家语》的“幼子”,这里的“保”与“葆”“褓”通,“保子”的意思为“襁褓之子”。有意思的是,在《大戴礼记解诂》中,王聘珍排斥《家语》,解“保”曰“养也”,失离了本义。这里的改动,虽然也能够讲通,但与孔子本意已经有了明显距离。更为重要的是,在“上之亲下也,如手足之于腹心”中,上与下的关系,是手足之于腹心的关系,二者之间是并列、平等的,没有将上、下的关系看成一方统属于另一方、一方从属于另一方的意思。改动之后则不然,两个并列的分句合并后,上、下关系仅仅强调了慈母与幼子的关系,在“上之亲下也如腹心”中,上下的关系也是整体与部分的关系。所以,《大戴礼记》对原文的改编,强调的往往是君上的权威。

《大戴礼记》对原材料的改编有不确甚至错误之处。如《家语·王言解》开头记有孔子的话:“参乎!今之君子,唯士与大夫之言可闻也。至于君子之言者,希也。”而《大戴礼记·

主言》则作:“参,今之君子,惟士与大夫之言之间也,其至于君子之言者甚希矣。”所谓“君子”,按照王聘珍的解释,应当是“在位者之通称”,《家语》此处的“君子”应该指君主。意思是孔子闲居时对曾参所说的感慨话语,意思是现在的国君只可以听到士与大夫的言论,至于治国安天下的道理,听到的就很少了。但《大戴礼记》将“可闻”改为“之间”,按照字面的意思,应该是君子之言处在“士与大夫之言”的中间。

《家语》的话意义明确,但《大戴礼记》却颇令人费解。所以,王聘珍只能曲为解释,他说:“‘间’犹‘中’也。君子者,君上位,子下民。希,罕也。言今之在位者所言,不出于任事奉法之中,罕言君国子民之大道也。”这样的解说虽然可通,但与孔子本意已经大相径庭。在两篇中,孔子的心境并不相同,意义差别较大。依照《家语》,孔子是感叹君主属下缺乏人才,听不到“君子之言”,而《大戴礼记》则成了孔子认为君主谋虑不远,罕言“君子之言”。[①] 为了迎合君主专制思想的需要,《大戴礼记》的改编甚至不惜危害原文意义。

【例5】

《弟子行》:“其言曰:‘君虽不量于其身,臣不可以不忠于其君。是故君择臣而任之,臣亦择君而事之。’有道顺命,无道衡命。”

《卫将军文子》:“其言曰:‘君虽不量于臣,臣不可以不量于其君。是故君择臣而使之,臣择君而事之。有道顺

① 参见杨朝明:《读〈孔子家语〉札记》,黄怀信、李景明主编:《儒家文献研究》,齐鲁书社2004年版,第381—402页。

君，无道横命。’”

《孔子家语》的“不量于其身”，王肃注曰：“谓不量度其臣之德器也。”这里的意思是：君主虽然不考虑臣下的才能，但臣下却不可以不效忠君主。所以君主要选择臣下而加以任用，臣子也要选择君主而加以侍奉。君主圣明就顺从他的命令，君主昏庸就不受其命。《大戴礼记》的改动虽然只有几个字，但这几个字都十分关键：一是直接强调君对臣的关系是“使”，“使”与“任”在语感上有明显不同，《大戴礼记》与《孔子家语》相比，给人的强烈感觉是君主具有绝对权威；二是臣下要“顺”，要自觉“顺君”，臣下服从于君主的意义更为明确。

（二）避汉代皇帝名讳

汉代编撰《礼记》和《大戴礼记》等书，在利用原有的材料时，都不忘避讳，尤其是汉朝皇帝的名讳。我们曾经指出，在今本《中庸》中的“哀公问政”一节与《家语》卷四中的《哀公问政》篇基本相同，我们认为是戴圣编辑《礼记》时，将《哀公问政》的内容纳入了《中庸》。

在《孔子家语》的《哀公问政》篇中，有“举废邦”一语，在见于《礼记》的《中庸》篇中，则被改成“举废国”，这自然是为了避高祖刘邦的名讳。古人早就指出：“班（颁）讳之典爰自汉世”（《南齐书·王慈传》），“汉法，天子登位，布名于天下，四海之内，无不咸避”（《全北齐文》卷三“避太子讳议”）。汉代的颁讳布名之制，由今存文献来看，最常用的手法是以同训字替换。汉高祖刘邦，讳邦曰国，如定州汉墓竹简《论语》之中，所有的“邦”字都用“国”代替。戴圣编订《礼记》，哪里能够允许“废邦”二字赫然存于礼书之中。①

将《孔子家语·弟子行》与《大戴礼记·卫将军文子》对比，也发现避汉朝皇帝名讳的情况，如：

【例 6】

《弟子行》：“满而不盈，实而如虚，过之如不及。”

在《卫将军文子》中，这句话被改成了“满而不满，实如虚，通之如不及”。“满”与“盈”同义，“实”与“虚”相对。至于“过”与“不及”，正如孔子所言“过犹不及”。两相比较，显然《弟子行》应当更符合本来面貌。《弟子行》中的“盈”被改成“满”，自是为避讳汉惠帝刘盈的名讳。

【例 7】

《弟子行》：“启蛰不杀，方长不折……启蛰不杀，则顺人道；方长不折，则恕仁也。”

在《卫将军文子》中，这句话中的两个“启”被改成了“开”，当然是因为汉景帝的名字唤作“刘启”。

（三）文本内容的调整

在对《孔子家语·弟子行》进行改编时，《大戴礼记》对文本中的内容进行了一些调整，仅仅从文句的连贯和条理上，就

① 参见杨朝明：《〈中庸〉成书问题新探》，黄怀信、李景明主编：《儒家文献研究》，齐鲁书社 2004 年版，第 262—282 页。

不难看出《孔子家语》应当更接近文本的本来面貌。最为明显的是在《弟子行》中后面的一大段被前置：

【例 8】

《弟子行》："子贡曰：'敢问夫子之所知者，盖尽于此而已乎？'孔子曰：'何谓其然？亦略举耳目之所及而矣。昔晋平公问祁奚曰："羊舌大夫，晋之良大夫也。其行如何？"祁奚辞以不知。公曰："吾闻子少长乎其所，今子掩之，何也？"祁奚对曰："其少也恭而顺，心有耻而不使其过宿；其为大夫，悉善而谦其端；其为舆尉也，信而好直其功；至于其为容也，温良而好礼，博闻而时出其志。"公曰："曩者问子，子奚曰不知也？"祁奚曰："每位改变，未知所止，是以不敢得知也。"此又羊舌大夫之行也。'"

这一段内容是子贡见到孔子时的答语，孔子分别评说伯夷、叔齐、赵文子、随武子、铜鞮伯华、蘧伯玉、柳下惠、晏平仲、老子等的品行之后，子贡继续询问，孔子才有后面的回答。《大戴礼记·卫将军文子》将这些内容前移后，在文本的形式上也显得不谐：

孔子曰："不克不忌，不念旧恶，盖伯夷、叔齐之行也。晋平公问于祁徯曰：'羊舌大夫，晋国之良大夫也。其行何如？'祁徯对，辞曰：'不知也。'公曰：'吾闻女少长乎其所，女其阉知之。'祁徯对曰：'其幼也恭而逊，耻而不使其过宿也。其为侯大夫也，悉善而谦其端也。其为公车尉也，信而好直其功也。至于其为和容也，温良而好礼，博闻而时出其志也。’公曰：‘向者问女，女何曰弗知也？’祁傒对曰：‘每位改变，未知所止，是以不知。’盖羊舌大夫之行也。畏天而敬人，服义而行信，孝乎父而恭于兄，好从善而敩往，盖赵文子之行也。其事君也，不敢爱其死，然亦不忘其身，谋其身不遗其友，君陈则进，不陈则行而退，盖随武子之行也。其为人之渊泉也，多闻而难诞也，不内辞，足以没世；国家有道，其言足以生；国家无道，其默足以容，盖桐鞮伯华之行也……”

可以看出，孔子对其他人的评论都是用几句话进行简要概括，有的更短，如“孝子慈幼，允德禀义，约货去怨，盖柳下惠之行也”，而对于羊舌大夫的这些议论与这些有明显不同。

（四）文本文字的改写

与《弟子行》相比，《卫将军文子》在文本改写中出现的问题也有不少：

【例 9】

《卫将军文子》：“外宽而内直，自设于隱括之中，直己而不直人，以善存，亡汲汲，盖蘧伯玉之行也。”

文中“以善存，亡汲汲”何意？颇令人费解，《孔子家语·弟子行》作“汲汲于仁，以善自终”，则意思十分清楚合理。

【例 10】

《弟子行》：“易行以俟天命，居下不援其上，其观于四方也,不忘其亲,不尽其乐,以不能则学,不为己终身之忧,盖介子山之行也。”

《卫将军文子》:“易行以俟天命,居下位而不援其上,观于四方也,不忘其亲,苟思其亲,不尽其乐,以不能学为己终身之忧,盖介山子推之行也。”

这里孔子的评论之语,与《弟子行》相比,《卫将军文子》虽然只是小的不同,但意思已经有了区别。《弟子行》中的“以不能则学,不为己终身之忧”,在《卫将军文子》中作“以不能学为己终身之忧”,前者重点强调“能”,其所“忧”为“不能”;而后者则重点强调“学”,其所“忧”为“不能学”。《弟子行》中的“其观于四方也,不忘其亲,不尽其乐”,《卫将军文子》为“观于四方也,不忘其亲,苟思其亲,不尽其乐”,其实,《弟子行》的表述是简洁准确的,游观四方时,不忘双亲,因而也就不会尽情享乐。既然“不忘其亲”,就无须再有“苟思其亲”,是则《弟子行》更为合理。

【例 11】

《弟子行》:“吾闻孔子之施教也,先之以《诗》《书》,而道之以孝悌,说之以仁义,观之以礼乐,然后成之以文德。”

《卫将军文子》:“吾闻夫子之施教也,先以《诗》,世道者孝悌,说之以义而观诸体,成之以文德。”

在《弟子行》中,这一段话所叙述的是孔子设教的方式,是说孔子先教给人们有关《诗》《书》的知识,然后用孝悌思想进行教导,用仁义进行说服,用礼乐进行启示,然后使他们成为具有道义和高尚德行的人。

本来,《弟子行》中的"诗书""孝悌""仁义""礼乐""文德"并列,句子整齐,意义清晰。但《大戴礼记》改写之后,由于意思的变化,颇使后人费尽猜测。如"先以《诗》世道者孝悌"中,"世"为何意,王聘珍在《大戴礼记解诂》中根据《吕氏春秋·诬徒》高诱注所说,认为"世,时也",《大戴礼记》的本意或即如此。但这样的更动毕竟引发了不少的争议,有的认为句子中有舛误;有的认为"世"应上属,作"先以《诗》《世》"。"世"即《国语·鲁语》所说的"工史书《世》",《楚语》所说的"教之《世》,教之《诗》,教之《礼》";有的因为《家语》上句作"先之以《诗》《书》",认为"世"为"书"字之讹;有的则因为《家语》后句作"而道之以孝悌",认为"世"为"而"之讹。①

孔子施教,《诗》《书》并重,种种材料都可以说明这一点。在周代,《诗》《书》《礼》《乐》是教化的重要内容,《礼记·王制》说:"顺先王《诗》《书》《礼》《乐》以造士,春、秋教以《礼》《乐》,冬、夏教以《诗》《书》。"孔子崇尚周代传统,这里《诗》《书》与礼乐并举,作为"造士"的手段,与《孔子家语·弟子行》正相符合。孔子感慨"天下无道",致力于整理古代典籍,他首先整理的也是《诗》《书》《礼》《乐》,《史记·孔子世家》说:"孔子之时,周室微而礼乐废,《诗》《书》缺。"又说:"孔子不仕,退而修《诗》《书》《礼》《乐》。"《太史公自序》说:"孔子修旧起废,论《诗》《书》,作《春秋》,则学者至今则之。"又说:

---

① 参见黄怀信主撰,孔德立、周海生参撰:《大戴礼记汇校集注》,三秦出版社 2005 年版,第 669 页。

“孔子卒后至于今五百岁，有能绍明世，正《易传》，继《春秋》，本《诗》《书》《礼》《乐》之际？”《儒林列传》说：“孔子闵王路废而邪道兴，于是论次《诗》《书》，修起《礼》《乐》。”又如，《伯夷列传》说：“夫学者载籍极博，犹考信于六艺。《诗》《书》虽缺，然虞夏之文可知也。”可见，在孔子及其后学那里，都往往是《诗》《书》并举的。《史记·孔子世家》明确说：“孔子以《诗》《书》礼乐教，弟子盖三千焉，身通六艺者七十有二人。”印证了《孔子家语·弟子行》应当更符合真实，而《大戴礼记》的改写违背了孔子教学的历史实际。

【例 12】

《弟子行》：“盖入室升堂者，七十有余人。”

《卫将军文子》：“盖受教者，七十有余人。”

据黄怀信先生《大戴礼记汇校集注》，“受教者”，有的版本作“入室升堂者”，有学者认为“受教者”是“因注而误”。王树枏则认为是由《孔子家语》误引，不应据而改变，其本来就应该作“受教者”，“注谓言能受教者，正释‘受教者’三字”。黄怀信先生认为：“王说是，此当不误。”①

不难看出，《大戴礼记》作“受教者”，应当是对“入室升堂者”的改动，也就是说，这里应以《弟子行》的表述为原本。最为直接的证明是《论语》，《子路》篇记载：“子曰：‘由之瑟，奚为于丘之门？’门人不敬子路。子曰：‘由也升堂矣，未入于室

① 黄怀信主撰，孔德立、周海生参撰：《大戴礼记汇校集注》，三秦出版社 2005 年版，第 670 页。

也。'"在这里,"升堂""入室"孔子评论弟子求学长进的两种境界,后人用"入室升堂"来比喻人在学识技艺等方面所具有的高深造诣。在《论语》中,"升堂""入室"出于孔子之口,表明《孔子家语》的表述应该更加符合实际。

【例 13】

《弟子行》:"夫子之门人,盖有三千就焉。赐有逮及焉,未逮及焉,故不得遍知以告也。"

《卫将军文子》:"夫子之门人,盖三就焉。赐有逮及焉,有未及焉,不得辩知也。"

孔子弟子三千之说,首见于《吕氏春秋·遇合篇》,其曰"委质为弟子者三千人",后来,司马迁在《史记·孔子世家》中说:"孔子以《诗》《书》《礼》《乐》教,弟子盖三千焉,身通六艺者七十有二人。"后人怀疑孔子弟子三千之说,遂遍寻材料,曲解"三就"为三批就孔子而学者,如清人于鬯《香草校书》说:"三就者,谓前后来就业孔子者有三起焉,故下文云:'赐有逮及焉,有未及焉,不得辩知矣。'……今以'三就'作来就业者三起解,则以《世家》征之,其云'孔子年十七,孟釐子病,诫其嗣懿子曰:"今孔丘年少好礼,吾即没,若必师之。"及釐子卒,懿子与鲁人南宫敬叔往学礼焉'。是当为第一起初就者也。又云'孔子自周反于鲁,弟子稍益进焉。是时也,孔子盖年三十矣'。是当为第二起中就者也。又云'孔子不仕,退而修诗书礼乐,弟子弥众,至自远方莫不受业焉'。是当为第三起末就者也。"于鬯以《孔子家语》袭自《大戴礼记》,遂以"千"字为"伪造"《孔子家语》的王肃所加。他又说:"所谓'三就'也,补

‘千’字何为哉？三就弟子若以年少长分之，其最长者莫如颜路，少孔子六岁，当与懿子、敬叔等在初就弟子中，最少者莫如子张，少孔子四十八岁，当在末就弟子中，然则子贡少孔子三十一岁，必为中就弟子矣。其言逮及，即中就中弟子。其言未及，必是初就、末就中弟子。”

这样的解说虽然似乎很有道理，但他以现有材料，将孔子收授弟子区分为三批实在牵强难通。孔子年少好学，成名很早，按照于鬯的说法，孔子的“初就”弟子就有懿子、敬叔等贵族出身的人，其所收弟子众多，影响之大可见一斑；其所谓孔子的“中就”弟子来学时孔子不过三十，以后孔子学术巅峰的四十多年被列为“末就”的第三批，并且言子贡“未逮”。其实，子贡常常与孔子相伴，直到孔子临终，子贡都与孔子在一起。以时间先后将来就业孔子者分为三起于事实不符。孔子长期从事教学，收授弟子众多，“三千”之数取其整数而已，未必实指。但是，孔子弟子决不会少，《孔子家语·弟子行》不仅言明“三千”，而且表明一个“就”字，目的也是特意表明及于孔子之门者有三千之多，司马迁说“弟子盖三千焉”，此处的“盖”是大约的意思，并非如于鬯所言是怀疑之辞。

关于“三就”，旧注有所谓“大成、次成、小成”之说，对此，清人俞樾《大戴礼记平议》批评说：“《礼记·学记篇》但有大成、小成而无次成之说……此注殊为无稽。”但他又据《周官·典瑞职》“缫借五采五就”等解释“三就”，亦与以“三成”作解相近，同样属于牵强附会之类。王念孙看出这里问题的症结，他虽然没有细致研究《孔子家语》材料的真正来源，但他看出《家语》“盖有三千就焉”的说法是正确的。他认为《大戴礼记》的“盖三就焉”当作“盖三千就焉”。他说：“三千，言其多也,故下文云'不得辩知'。……今脱'千'字,则义不可通,且与下文不相应矣。又按就者,来就夫子也,而注释三就云大成、次成、小成也,则是以就为成就,而曲为之说。"(见《经义述闻》)王念孙的看法应当是正确的。

三、《弟子行》的时代性质

通过比较,我们发现《孔子家语·弟子行》应当比《大戴礼记》的《卫将军文子》更为接近真实,后者改编、改动的痕迹十分明显。但是,如前所说,正因为二者内容一致,而又受《家语》"伪书"说的巨大影响,二者材料孰优孰劣、孰先孰后,似乎还一直是没有搞清楚的问题。

早在宋朝时期,已有学者认为《孔子家语》的材料袭自《大戴礼记》。如针对《弟子行》中子贡言所对卫将军文子问二三子之行于孔子,孔子曰:"然。吾亦语汝耳之所未闻,目之所未见,思之所未至,智之所未及哉?"宋儒杨简认为:"《家语》所载,辞旨大差,屡见《家语》遇疑阻则辄以己意加损,大失孔子之旨。《大戴》所记虽多有不善,属辞不能明白,而静思之,则孔子之旨亦着;《家语》加损之文虽明白,而浅陋多失本真。"(《先圣大训》卷五《小辨第三十六》)他虽看出"《大戴》所记虽多有不善,属辞不能明白",却依然抑《家语》而扬《大戴》。

相对来说,在历代关于《孔子家语》的研究中,看到该书价值的学者很少,但也有人并不简单地认为该书出于王肃的伪造,在某种程度上看到了该书的价值,有不少学者也将《孔子家语》与《大戴礼记》相同的材料进行比较。①《四库全书总目提要·子部一·儒家类·〈家语〉提要》也叙说了有关争论，其曰：

> 故宋王柏《家语考》曰：四十四篇之《家语》，乃王肃自取《左传》、《国语》、《荀》、《孟》、二《戴记》割裂织成之。孔衍之《序》，亦王肃自为也。独史绳祖《学斋占毕》曰："《大戴》一书，虽列之十四经，然其书大抵杂取《家语》之书，分析而为篇目，其《公冠》篇载成王冠，祝辞内有'先帝'及'陛下'字，周初岂曾有此？《家语》止称'王'字，当以《家语》为正。"云云。今考"陛下离显先帝之光曜"已下，篇内已明云"孝昭冠辞"，绳祖误连为祝雍之言，殊未之考。盖王肃袭取《公冠》篇为《冠颂》，已误合"孝昭冠辞"于"成王冠辞"，故删去"先帝""陛下"字，窜改"王"字。《家语》袭《大戴》，非《大戴》袭《家语》，就此一条，亦其明证。其割裂他书，亦往往类此。反复考证，其出于肃手无疑。特其流传已久，且遗文轶事，往往多见于其中，故自唐以来知其伪而不能废也。

史绳祖所言确有偏颇，《大戴礼记》虽然杂取《家语》之书，但《公冠》篇中的所谓"先帝""陛下"等等却不是《家语》本来所有，它属于《大戴礼记》编者加入的"孝昭冠辞"。而《四库全书

---

① 参见化涛：《历代〈孔子家语〉的流传与研究》，韩国东洋古典学会编：《东洋古典研究》第二十一辑，2004 年；又见于杨朝明主编：《孔子家语通解·附录》，台湾万卷楼图书股份有限公司 2005 年版。

总目提要》以《家语》袭《大戴》，谓王肃袭取《公冠》篇为《冠颂》，已误合“孝昭冠辞”于“成王冠辞”，认为是王肃删去“先帝”“陛下”等字，其实，《孔子家语》根本没有所谓见于《大戴礼记》的“孝昭冠辞”，四库馆臣连最起码的材料比对工作都没有做，竟然还批评史绳祖《学斋占毕》的说法“殊未之考”！很显然，他们是带着《孔子家语》“出于肃手无疑”的先入之见进行评判和议论问题的。

汉代学者编辑《大戴礼记》时，将《家语》等书与其他材料汇集起来，然后进行了一些编辑加工，在《大戴礼记》中，反而看不出《家语》等书原来的面貌。《礼记》的情况与之相同，所以，汉代学者、孔子后裔孔衍对此十分不满，他说：“今见其已在《礼记》者，则便除《家语》之本篇，是为灭其原而存其末也。”（《文献通考·经籍考·经部》）再加之《孔子家语》伪书说的极大影响，便造成了《孔子家语》和《大戴礼记》材料孰为本末理解上的严重混乱。例如，有的学者研究《大戴礼记》而排斥《孔子家语》，而《大戴礼记》改编《家语》时“多有不善，属辞不能明白”，致使在解说《大戴礼记》时不得不穿凿附会，曲为之说，清代学者王聘珍就是如此，例如，有的篇章中，《家语》的话意义明确，但《大戴礼记》却颇令人费解。所以，王聘珍只能曲为解释，其解说虽然有时也可以讲通，但与孔子本意已经大相径庭。①

历代学者，包括宋人王柏、四库馆臣、王聘珍等在内，人们受《孔子家语》伪书说的影响实在太大了，因此，尽管有学者看

---

① 参见杨朝明：《读〈孔子家语〉札记》，黄怀信、李景明主编：《儒家文献研究》，齐鲁书社 2004 年版，第 381—402 页。

到《孔子家语》的价值,但这样的声音显得那么微弱。可是,一个奇怪的现象是,人们虽然长期以来认为《孔子家语》为“伪书”,即四库馆臣所谓“知其伪”,但研究中又往往离不开《孔子家语》,此即所谓“不能废”。这样的现象可谓司空见惯,即尽管不少学者还没有真正看到《孔子家语》成书的真相,但在相关的研究中仍然不能对其视而不见,往往不得不引用该书的材料作为旁证。①

对于上述“知其伪而不能废”的现象,前人的解释往往是所谓“书伪而材料不伪”。但是,《孔子家语》“不伪”的材料实在是太多了,如果该书为汉代以后学人的伪品,那么,这些材料来源于哪里呢? 实际上,仅仅以所谓“书伪而材料不伪”来理解《家语》是难以讲通的。真实的情况是,《家语》确如孔安国在《孔子家语后序》中所言,皆出于孔子“诸弟子各自记其所问”,乃是“当时公卿士大夫及七十二弟子之所谘访交相对问言语”。将《孔子家语》与《大戴礼记》《礼记》等相同的篇章进行比勘,不难发现的普遍情况是:《家语》材料更加准确可靠,而《大戴礼记》或《礼记》却往往存在明显的改编痕迹,而且在改编中还出现了语义不清乃至表述上的错误。②

也是由于《孔子家语》“伪书”说的影响,自清代以来,人们多将《孔子家语·弟子行》《大戴礼记·卫将军文子》《史记·

---

① 例如,李启谦先生在谈论孔门弟子研究的材料运用问题时曾说:“有时可信的书中也有错误的地方……相反,被称为‘伪书’的《孔子家语》,其所记的很多内容……则都是可信的。”(李启谦:《孔门弟子研究》“前言”,齐鲁书社1987年版)

② 参见杨朝明:《读〈孔子家语〉札记》,黄怀信、李景明主编:《儒家文献研究》,齐鲁书社2004年版,第381—402页。

仲尼弟子列传》之间的关系搞错。例如,王树枏《校正孔氏大戴礼记补注》说:"《家语·弟子行》与此篇(《卫将军文子》)大同小异。马骕曰:'《家语》实本于此(《卫将军文子》),虽敷衍成文,而古意浸失。'"王聘珍《大戴礼记解诂》说:"《史记·仲尼弟子列传》多取此篇(《卫将军文子》)语。"戴礼《大戴礼记集注》说:"《史记·仲尼弟子列传》《家语·弟子行》并取此(《卫将军文子》)。"其实,实际情况很可能是《大戴礼记·卫将军文子》取自《家语·弟子行》,或者二者所依据的材料相同,但《大戴礼记》进行了明显的更动,而《孔子家语》却在很大程度上保留了最初编辑时的面貌。与《大戴礼记》相比,《孔子家语》的材料没有多少政治因素的影响,其编撰动机也在于保存孔子遗说,因而更为可靠。至于各家称《史记·仲尼弟子列传》多取自《卫将军文子》,也是没有进行认真比较研究,二者之间的语句相同处极少。当然,这更突显出《弟子行》的重要价值。

对于《弟子行》的材料来源及时代性质,我们认为黄怀信先生在《大戴礼记汇校集注》中所言是对的,他认为《卫将军文子》主要记子贡对孔门诸子和孔子对伯夷、叔齐以下诸贤人的评价,"此篇无杜撰必要,所记有可信性,当为孔门弟子所记,属古《记》"①。《卫将军文子》与《弟子行》相同,这里的认识自然适用于《弟子行》。在《卫将军文子》中,删除了最后一句:"子贡跪曰:'请退而记之。'"如果考虑到这一因素,则黄怀信先生所言记录整理该篇的"孔门弟子",自然应该就是子贡无疑。

---

① 黄怀信主撰,孔德立、周海生参撰:《大戴礼记汇校集注》,三秦出版社 2005 年版,第 25 页。

孔安国在《孔子家语后序》中说，该书"皆当时公卿士大夫及七十二弟子之所谘访交相对问言语"，其内容都是"孔子之语及诸国事、七十二弟子之言"（《文献通考·经籍考·经部》），按照孔安国的说法，《孔子家语》关于孔子、孔门弟子的记载具有非常重要的价值。但由于种种原因，人们认为《家语》为王肃伪作，自然不会再有人重视其中的材料。而今，大批地下文献的问世，已经足以使《孔子家语》王肃伪造说不攻自破，该书非同寻常的价值被越来越多的学者认可。

从内容上看，《家语》与《论语》都是关于孔子、孔子弟子、时人（或诸国）的材料，都具有极其重要的价值。唐朝陆德明《经典释文·序录》所言正是如此，他认为《论语》乃是孔子应答弟子及时人所言，或弟子相与言而接闻于夫子之语，当时弟子各有所记，夫子既终，微言已绝，弟子恐离居已后各生异见，而圣言永灭，故相与论撰，因辑时贤及古明王之语，合成一法，谓之《论语》。陆德明对《论语》的说法与孔安国关于《家语》的看法几无二致。

在《孔子家语后序》中，孔安国还谈到《论语》与《孔子家语》之间的关系，他说："诸弟子各自记其所问焉，与《论语》《孝经》并时。弟子取其正实而切事者，别出为《论语》，其余则都集录，名之曰《孔子家语》。"就材料的性质而言，无论《论语》还是《孔子家语》，都是"诸弟子各自记其所问"。所不同的是，《论语》是从更多材料中选录出来的，具有"语录"性质；而《孔子家语》的记载则相对集中和完整，带有笔记或论文"汇编"特征。

我们认为，《弟子行》一篇乃是出于子贡的记录。实际上，《弟子行》最后已经明确交代了该篇为子贡整理而成。据该篇，卫国将军文子询问子贡同门师友的情况，子贡开始以不知相推辞，后在文子的一再请求下，谈了自己耳闻目睹的一些情况。后来，子贡以其对卫将军文子所言俱告孔子，由此引发了孔子对于如何知人识人问题的谈论。孔子认为“智莫难于知人”，认为了解一个人的品质，不仅需要“目之所睹，耳之所闻”，还必须用思维和智慧去考虑和想象。通过列举诸多古人包括伯夷、叔齐、赵文子、随武子、铜鞮伯华、蘧伯玉、柳下惠、晏平仲、老子、介子山等的品行，孔子进一步论证了知人识人不能仅仅通过表面现象的观点。孔子的回答虽只是“略举耳目之所及”，这已经令子贡十分感佩，于是该篇最后说：“子贡跪曰：‘请退而记之。’”

在孔门教学中，孔子弟子有作笔记的习惯，他们常常将孔子的“善言嘉语”随时进行记录，这正是后来大量孔子遗说流传下来的基本原因。关于这一点，《论语》中有这样一条记录：“子张问行。子曰：‘言忠信，行笃敬，虽蛮貊之邦行矣；言不忠信，行不笃敬，虽州里行乎哉？立，则见其参于前也；在舆，则见其倚于衡也，夫然后行。’子张书诸绅。”孔子弟子子张请教孔子，他担心忘记孔子的回答，遂将孔子言语“书诸绅”，记录在自己衣服的大带子上。这里透露了孔子弟子重视孔子言论的一般情况。其实，在《孔子家语》中，像子贡“退而记之”的类似记载很多，我们可以看到孔门教学的一些生动场景。①

孔子自称“述而不作”，但他收授门徒，长期从事教学活动，他的许多言行就是靠其弟子们的记录才得以保留下来，成为我们今天研究孔子和早期儒学的重要材料。然而，长期以

---

① 参见杨朝明：《〈孔子家语·执辔〉篇与孔子的治国思想》，《儒家文献与早期儒学研究》，齐鲁书社 2002 年版，第 274—294 页。

来，许许多多被后人辗转引述而以“子曰”形式流传下来的材料，却遭受了太多的怀疑，其实，这些被弃而不用的孔子遗说，很多应当就是出于孔子弟子的记述或整理。《弟子行》的材料出于子贡的记录，其内容应当是真实可靠的。其中所谓“子贡跪曰：‘请退而记之。’”应当是子贡自述该篇成篇经过，这与《诗经》中的一些诗篇作者自记姓名的情况相同。

四、余论

通过《孔子家语·弟子行》的研究，我们看到该篇成书的实际及其价值，这对于今天重新认识整部《孔子家语》乃至孔子遗说材料的来源都有意义。《孔子家语》是“当时公卿士大夫及七十二弟子之所谘访交相对问言语”，但它毕竟经过了战国以及秦汉之际的长期流传，再由孔安国收集整理“撰集”。一方面，该书既有这样一个流传、整理、编定的过程，难免会有“游说之士各以巧意而为枝叶”的情形，但另一方面，孔安国的主观目的在于保存其“先人之典辞”，尽量不失“夫子本旨”，这就决定了《孔子家语》既有后人“共叙述首尾”而加之“润色”的情况，但却仍不失其特别重要的价值。

在《孔子家语后序》中，孔安国本人明确说《孔子家语》的材料乃是“因诸公卿大夫，私以人事募求其副”，他得到这些材料后，乃“以事类相次”，进行了重新编撰，所以，现在我们看到的《孔子家语》并非此前本有完整的此书。事实上，《孔子家语》既没有现在的次序，许多篇章也不一定就是现今本书中这样的篇名，许多具体篇章的材料也明显有孔安国整理编辑的痕迹。就像许多先秦典籍一样,《孔子家语》本来是单篇流传。《弟子行》被称为“弟子行”,而在《大戴礼记》中却又被称为“卫将军文子”,而且两篇对比中存在那么多的明显差异,就很清楚地说明了这一点。

孔子与他的弟子们共同组成了春秋末年的“儒者群体”,他们“教学相长”,交流互动,密不可分,“孔子弟子研究”就是“孔子研究”的有机组成部分。以往,在一般的理解中,孔子弟子研究的基本材料是《史记·仲尼弟子列传》,而事实上,《孔子家语》中不仅有《七十二弟子解》,还有《弟子行》一篇,研究孔子弟子,必须将这几篇结合起来。如果试将《七十二弟子解》与《仲尼弟子列传》比较,前者的重要性会明白显现出来,例如,我们曾经专门考察孔子弟子的年龄问题,竟然发现两书记载中颜回、澹台灭明、高柴、樊须、有若、梁鳣都分别相差十岁,而且无一例外都是《史记·仲尼弟子列传》存在错误。本文的研究告诉我们,孔子弟子研究只有将几篇文章相互结合,相互印证、参酌和补充,再辅之以相关材料,才能发现更多的学术资讯,将孔子弟子研究做得更好!

疑古思潮盛行时期,《孔子家语》被视为“赝中有赝”的书籍,在许多人心目中,该书没有任何可资取信之价值。如顾颉刚先生《孔子研究讲义按语》便认为:《家语》出于西汉人伪造,至王肃又别伪一本,今日之本则又非王肃之旧,可谓赝中有赝。①从本文的研究看,相比于《礼记》《大戴礼记》等典籍,《孔子家

① 参见杨朝明:《可叹的“‘空夫子’时代”——顾颉刚〈孔子研究讲义按语〉读后》,《出土文献与儒家学术研究》,台湾古籍出版有限公司2007年版。

语》的有关材料更加翔实准确,也更加接近于原始记载。事实上,《孔子家语》材料的真实性和可靠性也得到了相关传世文献和出土文献的印证。在以往的研究中,由于长期忽视《孔子家语》一书,原本可以依据该书的相关记载轻易解决的问题,却被一些学者恣意曲解,牵强附会。研究孔子和早期儒学,《孔子家语》是绝对不能绕过的经典,如果置《家语》于历史的角落,很多学术研究只会走更多的弯路。而今,许多学人认识到这种观点的极大偏颇,但真正看到《孔子家语》重要价值的学者还十分稀少,相对于孔子和孔子研究的重要性而言,这是一件十分悲哀的事情!

“御车马”与“御天下”*

——读《孔子家语·执辔》

俄国作家列夫·托尔斯泰经常阅读我国儒家著作,一次他夜里读书直到次日,他对别人说:“难以想象,它们达到了不同寻常的精神高度。”这些著作令他叹服不已,他说自己“沉湎在中国的智慧之中”,称赞“孔子的中庸之道妙极了”。可以肯定托尔斯泰所读儒家著作是有限的,笔者在读《孔子家语·执辔》篇时不禁想起托尔斯泰的感慨,该篇记述孔子弟子问政,孔子将治国比喻为驾车,以“御车马”的道理阐发“御天下”的主张等。笔者在想托尔斯泰如果看到孔子的这些精彩论述,不知又会有怎样的惊叹与感动?

一、为政与驾车

所谓“道不远人”“能近取譬”,孔子用“驾车之道”类比“治国之道”,可谓形象而生动。在相关典籍记载中,孔子以驾车马的道理作为比喻谈论如何为政、如何管理社会国家,这样

* 原载于《山东省社会主义学院学报》2022年第2期。

的例子可以说俯拾即是,仅仅在《孔子家语》各篇中,就有很多。例如,《孔子家语·王言解》记孔子与曾子谈论王道,孔子说:“夫道者,所以明德也;德者,所以尊道也。是以非德道不尊,非道德不明。虽有国之良马,不以其道服乘之,不可以道里。虽有博地众民,不以其道治之,不可以致霸王。”此处孔子谈论“道”与“德”的关系,谈“道”的关键意义。他认为不论谁,不论驾车还是治国,都必须遵道而行。驾车不以其道,不遵循驾车的规则与规律,马匹再好也不会顺利远行。治国的道理也是如此,国家即使地域广阔,人口众多,但是违背治国之道,也不会强大,更不会伟大。《孔子家语·致思》篇记:“子贡问治民于孔子。子曰:‘懔懔焉若持腐索之扞马。’子贡曰:‘何其畏也?’孔子曰:‘夫通达御皆人也,以道导之,则吾畜也;不以道导之,则吾仇也。如之何其无畏也?’”孔子以驾车之慎谈治国之慎。为政治国何以要敬慎?怎样做到敬慎?孔子回答子贡的询问时,强调要“以道导之”,要时刻警惕,敬慎戒惧,要做到“懔懔焉若持腐索之扞马”。此语见于《古文尚书·五子之歌》,该篇记大禹之训,说:“予临兆民,懔乎若朽索之驭六马,为人上者,奈何不敬。”大禹说以正道引领人民,为政者要有敬畏,就像拿着腐朽的马缰绳驾驭马车。孔子曾整理《尚书》,他尊崇大禹等圣王,孔子的思想一定与之有重要关联。

《孔子家语·好生》记孔子对子路说:“君子而强气,则不得其死;小人而强气,则刑戮荐蓁。”君子桀骜不驯,就不能善终;小人桀骜不驯,刑罚和杀戮就有可能降临。治理国家要有忧患意识,懂得未雨绸缪的道理。如果这样,有别国想欺辱也难以得逞。为政要积极主动,措施得力。真正做到了这些,国家治理就像《诗经》之《大叔于田》中所说“执辔如组,两骖如舞”。于是,孔子感慨地说:“为此诗者,其知政乎!夫为组者,总纰于此,成文于彼。言其动于近,行于远也。执此法以御民,岂不化乎?”治国效果好了,就如同驾车那样:手执缰绳如织组,两旁的马儿像跳舞。总纲执组之人,这头握着散乱的丝缕,那头却织成了各式的花纹。这是说近处活动能影响到远处。用这个方法来管理,怎能不化育天下?因此,孔子认为“执辔如组,两骖如舞”的作者确实懂得为政之道。

把善治国比喻为善驾车,善于治国不是一句空话,真正的“善御”也绝不简单,不能进行简单化理解。

据《孔子家语·颜回》篇记载,鲁国的东野毕是有名的“善御”者,鲁定公向颜回求证,颜回却说:“善则善矣。虽然,其马将必佚。”意思是其虽擅长于此,可他的马将来一定会逃逸遗失。作为孔子弟子,颜回是有名的君子。鲁定公听颜回这么说很不解,对左右的人说:君子原来也有诬陷人的。有意思的是,三天后,马官报告东野毕的马跑了,在旁边驾车的两匹马逃脱,只有中间的两匹马回到马棚。定公听后很震惊,跨过座席站起来,催人去召颜回入朝,询问他何以知之。颜回答曰:“以政知之。昔者,帝舜巧于使民,造父巧于使马。舜不穷其民力,造父不穷其马力,是以舜无佚民,造父无佚马。今东野毕之御也,升马执辔,衔体正矣;步骤驰骋,朝礼毕矣;历险致远,马力尽矣,然而犹乃求马不已。臣以此知之。”为政与驭马相同,都不能竭尽其力。如果不顾及百姓实际而搜求无度,百姓就难以忍受。驾车也要顾及马力,不可过度役使。大舜是明王,不穷其民力;造父真善御,亦不穷其马力。东野毕则有不同,他虽然在技术等方面都不错,但一味地历险致远,不顾及马本身,使马力用尽。

除《孔子家语》外，以驾车比喻治国的例子在其他典籍中也有很多记载，例如郭店楚简的《成之闻之》就有这样的论述：“上不以其道，民之从之也难。是以民可敬道（导）也，而不可弇（掩）也；可犴（驭）也，而不可殹（驱）也。”《成之闻之》属于孔子裔孙子思的作品，这与孔子的影响不无关联。这里，子思直接以驾车的道理来谈公共管理。在孔子儒家这些众多的记载中，《执辔》是以驾车喻治国的专篇，通过“御车马”与“御天下”的分析类比，孔子充分表达了对于国家治理的思考，把问题讲得更系统更透彻。

《执辔》实际有两部分，第一部分记述孔子回答闵子骞问政，第二部分记述子夏与孔子谈论《易》之理。严格地说，只有第一部分是谈“执辔”问题。在这部分中，孔子借驾车谈治国，说“夫人君之政，执其辔策而已”，因此以“执辔”名篇。后面部分本应相对独立，但也可以视为对前文的进一步阐发，二者都涉及治国问题，或者说与治国不无关联。也许因为如此，《孔子家语》编者把两部分编为一篇。

《执辔》篇第一部分从闵子骞问政开始，“闵子骞为费宰，问政于孔子”。孔子由此展开了论述，他说：“以德以法。夫德法者，御民之具，犹御马之有衔勒也。君者，人也；吏者，辔也；刑者，策也。夫人君之政，执其辔策而已。”孔子主张德治，他开门见山，直接提出为政治国应“以德以法”，十分引人瞩目。孔子把“德法”看成治国方法或工具，是国家治理的关键。

在这里，“法”是礼法，有法则、法度、规章之义，与今天所说的“法”有联系也有区别。孔子将“德法”与“刑辟”对举，认为治国之君就像驾车的人，官吏如缰绳，刑罚如鞭策。所谓为政，不外手握缰绳、鞭策而已。

二、“德法”与“刑辟”

为政治国者一手是德法，一手是刑辟，这就像驾车的御马者一手拿缰绳，一手拿鞭子。这“两手”如何抓、“两手”怎么用却是国家治理的奥妙所在。

孔子说：“人君之政，执其辔策而已。”古代天子理政就像驾车，以内史为左右手，具体执掌德法、刑政。德政就是以德法治国，像御马之有衔勒。人君通过百官治吏，像执辔一样去施行德法；与之同时，又以刑罚作为补充，才能使德法更好地贯彻到整个社会中去。古代先王这样的治理方式富有成效，所以“御天下数百年而不失”。

无论治国，还是驾车，都有“善”与“不善”之分。善御马，策不举而极千里；善御民，刑不用而天下治。要取得社会治理的效果，就要以德法为本。“德法”之“法”，即通常所说“礼法”之“法”，指法则、法度、规章，所以孔子将“德法”与“刑辟”对举。

所谓“德法”，与中国传统“礼”的概念非常接近，也就是今天所说的德政与法治的统一体。据《孔丛子·刑论》，孔子在与卫将军文子的谈话中把“礼”或“德”看成驾车时的马辔，他说：“以礼齐民，譬之以御，则辔也；以刑齐民，譬之以御，则鞭也。执辔于此而动于彼，御之良也。”二者相互印证，《执辔》中的所谓“德法”就是“礼”。

随后，孔子通过对“古之为政”的看法，具体阐发了为政观念和德刑论主张。

（一）治国必有德法和刑辟

为国之君“执其辔策”，这是为政的具体方式，也就是通过“辔”传导德法，具体实施；以“策”作为保障，督促落地，塞缺补漏。这里没有特别强调刑罚，但绝非忽视或者放弃刑罚。在孔子的心目中，“善御马”的前提之一，便是“齐辔策”。策，即刑，刑不可不有。作为德法的补充或辅助，刑是不可或缺的。

在孔子的相关论述中，这一观念十分清晰。例如《孔子家语·刑政》记孔子说：“大上以德教民，而以礼齐之。其次以政焉导民，以刑禁之，刑不刑也。化之弗变，导之弗从，伤义以败俗，于是乎用刑矣。”刑罚何时为用？应在德教难行之时。刑罚乃是德法的补充，刑之用以德为前提，只用于愚顽不化、危害社会之人。

（二）治国而无德法则民无修

孔子认为，治国者不可丢弃德法而专用刑罚，否则一定会造成严重的后果。德法是规则，是法则，是正道，以德法治国，民众会遵道而行，循理而动。善治国者必法盛德厚，德法是治国的基础，以德法治国就抓住了根本。孔子说：“不能御民者，弃其德法，专用刑辟，譬犹御马，弃其衔勒而专用棰策，其不制也，可必矣。夫无衔勒而用棰策，马必伤，车必败；无德法而用刑，民必流，国必亡。治国而无德法，则民无修。民无修，则迷惑失道。”

“刑罚暴则迷惑失道”，历史上正反两面的经验都有很多。孔子说：“苟乱天道，则刑罚暴，上下相谀，莫知念忠，俱无道故也。”《孔丛子·刑论》也记孔子说：“吾闻古之善御者，执辔如组，两骖如舞，非策之助也。是以先王盛于礼而薄于刑，故民从命。”孔子又说：“执辔于此而动于彼，御之良也。无辔而用策，则马失道矣。”德法与策、礼与刑，重点应当放在前面。

（三）法盛德厚而薄刑则天下治

重视德法，并非舍弃或忽视刑罚。与德厚、法盛相对的是刑薄，德厚、法盛则一定意味着刑薄。“政美”之人为众所称颂者，必定是“天地之所德”“兆民之所怀”。善治国者盛德薄刑，要“壹其德法，正其百官”，正如善御马者“正衔勒，齐辔策”。御马的重点在“均马力，和马心”，御民的重点在“均齐民力，和安民心”。

孔子重视德治，倡导为国以礼，主张先礼后刑，盛礼薄刑。《孔丛子·刑论》记，冉雍询问古今“刑教”之别，孔子说：“古之刑省，今之刑繁。其为教，古有礼然后有刑，是以刑省，今无礼以教而齐之以刑，刑是以繁。”孔子认为，欲教化民众，为政者首先应为政以礼。为政崇德，以德待民，树立德行。如果民众缺少公共意识，不明礼义，不知荣辱，不讲公德；如果人们目无法纪，心无法则，没有规矩意识，只靠高压政策，结果只会徒增刑罚。所以，很简单的道理就是，礼盛而法行，“盛于礼而薄于刑，故民从命”。应当重视教化，反对不教而杀。

（四）刑以止刑，刑以佐教，宽猛相济

重视德法，当然不是放弃刑策；不弃刑策，也不是乱用或滥用刑策，这是孔子表述的题中之义。他说“策不举而极千里”“刑不用而天下治”，策、刑之“不用”，却有其不用之用，乃是“刑以止刑”。孔子又说：“不能御民者，弃其德法，专用刑辟，

譬犹御马,弃其衔勒而专用棰策,其不制也,可必矣。"他反对"专用刑辟""专用棰策",反对"专用"自然不是不用,乃是"刑以佐教"。

刑不专用,是孔子的一贯主张。据《孔丛子·刑论》,孔子谈论鲁国公父氏"听狱",能使"有罪者惧,无罪者耻",孔子对其十分赞赏。公父氏明察秋毫,断案量刑准确,不仅使有罪者惧,还能让人明白是非曲直。孔子又说:"齐之以礼,则民耻矣;刑以止刑,则民惧矣。"设置刑罚的目的在于止刑。惩恶不是终极目的,劝善才是最高宗旨。

关于德刑关系,《左传·昭公二十年》记孔子曰:"政宽则民慢,慢则纠之以猛。猛则民残,民残则施之以宽。宽以济猛,猛以济宽。宽猛相济,政是以和。"《尚书·大禹谟》有曰"明于五刑,以弼五教",《孔丛子·论书》记孔子说"五刑所以佐教也",都表述得十分明确。《尚书》反复说"明德"问题,这是周人的传统观念。但需要明确,儒家讲"明德慎罚",而不是弃罚。"德主刑辅"要思考刑何以辅德。

孔子对于德刑关系的思考严谨而细密,全面而深刻,值得好好借鉴与总结。孔子说:"道之以政,齐之以刑,民免而无耻;道之以德,齐之以礼,有耻且格。"孔子又说:"知法者能远狱""能远于狱,其于防深矣。寡怨近乎滥,防深治乎本。"为政者以礼义教化导善,用法律刑政惩恶,惩恶与劝善"不失其理"使人有礼知耻,无耻则正之以刑。敬刑所以为德,只要广施教化,慎重刑狱,就能使百姓远离刑狱。

之所以格外强调德治,是因为人们往往功利地看待问题。以德治国的功效不太明显,不易见到。正如《大戴礼记·礼察》所说:"凡人之知,能见已然,不能见将然。礼者禁于将然之前，而法者禁于已然之后，是故法之用易见，而礼之所为生难知也。”“礼之所为生”是说礼的微眇与大用。所以《礼察》说：“礼云礼云，贵绝恶于未萌，而起敬于微眇，使民日徙善远罪而不自知也。”前已指出，礼者，德法也。《执辔》篇孔子德法论的意义端在于斯！

三、御政之术及进退缓急

有了正确处理德刑关系的认识，接着就是国家治理的具体方略与方法。设计合理的管理架构，建立健全运行模式，附随有效的考核考察机制，才会收到理想的治理效果。驾车要均马力、和马心，治国要均齐民力、和安民心，这是方式与方法，也是目标与追求。

在孔子看来，古之“为政”而“御天下”，最根本的框架就是“以六官总治”，这样的方法切实可行。

为了更好地总理六官，天子以内史、三公作为辅助。孔子说：“天子以内史为左右手，以六官为辔。已而与三公为执六官，均五教，齐五法。”内史是王室中的重要职官，辅佐太宰管理爵、禄、废、置等政务以及颁布王之策命等。孔子在此处专论治国，是言内史作为天子治国的助手。以内史管理六官，就好像手执缰绳以御天下。再有三公辅佐执掌六官，从而施行五教，整治五法。按照王肃在《孔子家语》注中的说法：五教，父义、母慈、兄友、弟恭、子孝也；五法，仁、义、礼、智、信之法也。

“以六官总治”，目的在“事治而功成”，要达到这样的政治管理效果，孔子的思考又可分为三个层面。

（一）御政之术：政治管理框架

国家治理，六官分职，从而全面行政。六官各有自己的职责，按照《执辔》的说法，具体方式是：“冢宰之官以成道，司徒之官以成德，宗伯之官以成仁，司马之官以成圣，司寇之官以成义，司空之官以成礼。”把握了六官之治，相当于六辔在手。在这里，我们应该得到一个非常重要的启示，这就是《六辔》负责成德之教的职官紧接冢宰之后，地位尤其突出。这就是说，社会政治管理一定要道德当先，必须把道德问题当成重中之重。欲使天下有道，成德之教必须紧紧跟上。

值得特别注意的一个细节，是这里在叙述六官所职掌之后，孔子在“六官在手以为辔”之后接着说了一句“司会均仁以为纳”。这里所说，是司会对六官的总体掌握。司会，也是一个非常重要的官职，相当于冢宰的副手。

说到“司会”，我们想到现在的“会计”，在职能上二者的确有相当意义。纳，与“軜”相通，是两骖马内侧系贯于轼前系环的缰绳。《荀子·正论篇》有“三公奉轭持纳”。王肃《孔子家语》注曰：“司会，掌邦之六典、八法之戒，以周知四方之治。冢宰之副，故不在其六辔，至当纳位。”均仁，就是公平公正的仁义之心。这也体现了司会的关键地位。《周礼》的记载正是如此，司会为天官之属，主管考察财政、经济及百官政绩。

司会大约与太宰相辅相成。《周礼》中有“太宰”，具体职掌是“建邦之六典”，以辅王治天下邦国。六典，即治典、教典、礼典、政典、刑典、事典。六典又分属冢宰、司徒、宗伯、司马、司寇、司空，而由冢宰总领。在《周礼》的职官制度中，太宰地位最高。冢宰设卿一人，这就是太宰。太宰位于百官之上，不仅管理天官一系，还要将地官司徒、春官宗伯、夏官司马、秋官司寇、冬官司空这五官也统摄起来，故《周礼》说他“以佐王均邦国”，此处又说“以佐王治邦国”。司会均仁，清人方苞解释说：“合教、礼、政、形、事而成治，治之使各得其分，谓之均。”这大致也是“均仁以为纳”之“均”的意思了。

如何管理六官？孔子说：“御四马者执六辔，御天下者正六官。是故善御马者正身以总辔，均马力，齐马心，回旋曲折，唯其所之，故可以取长道、可赴急疾。此圣人所以御天地与人事之法则也。”圣人治国，政治清明，可取长道，可赴急疾。而要取得这样的效果，必须以上率下，正身为国。这里出现的两个“正”很重要，一是御马者本人正身，再就是御天下者正六官。

在“以六官总治”的框架中，御马者正身以总辔、司会均仁以为纳，六官之“正”应该就有了保障，应该就可以“唯其所引，无不如志”。君王想要引导某一目标或方向，想要达到某一治理效果，就一定能够如愿。这样，“均五教，齐五法”也就不难实现：“以之道，则国治；以之德，则国安；以之仁，则国和；以之圣，则国平；以之礼，则国安；以之义，则国义。”天下有道而国治，这取决于天官。国家有正气，人心不扭曲，需要冢宰之官以其执掌而成道。司徒之官执掌人心教化，负责化育天下以成德，使社会安宁安定。冢宰和司徒最为重要，他们负责人的管理与人心教化。宗伯、司马、司寇、司空则分别负责与对应仁、义、礼、圣。

《执辔》记载中孔子所说的六官也见于《周礼》。《周礼》本称《周官》，所记为“周之官政”，应该属于周代的国家管理体系。《周礼》把全国的管理机构分成天官、地官、春官、夏官、秋官、冬官六大部分，与《执辔》所见六官正相对应。天官冢宰主管朝廷及宫中事务，地官司徒主管土地与民事，春官宗伯主管祭祀与礼仪，夏官司马主管兵战与军事，秋官司寇主管刑事与诉讼，冬官司空主管手工业与建设。六官各自分设数量不等的官属，构建成管理系统。《周礼》与《孔子家语·执辔》篇可以参看。

这里有一个信息值得关注。按王肃《孔子家语》注的说法，“齐五法”之“五法”指仁、义、礼、智、信之法。其实，这里“五法”很可能指仁、义、礼、智、圣。儒家有五行之说，郭店楚简《五行》有“德之行”与“行”的区分，“形于内谓之德之行”，“不形于内谓之行”，区分了道德行为与非道德行为。郭店楚简《五行》中的“五行”指仁、义、礼、智、圣。学界认为，马王堆帛书关于“五行”的论述是对子思《五行》的“解”，是孟子的发挥。孟子的仁、义、礼、智“四端”说是受到《五行》提法的影响，而汉代将五行理解为“仁、义、礼、智、信”是产生的流变，“圣”作为一种德行，与其他四个有些不同。

从《执辔》“司马之官以成圣”和“以之圣，则国平”的说法，也透露了《孔子家语》文本形成时代的信息，这着实令人感慨！因为像《孔子家语》这类中国古代典籍的成书问题，只有走进古代思想的世界，钻研到文本深处，才能看得清楚，否则就很难在疑古的闭环中走出来。

（二）进退缓急：权力运行过程

在特定的权力架构之下，它如何有效运作才是问题的关键。孔子论述说：“御者同是车马，或以取千里，或不及数百里，其所谓进退缓急异也；夫治者同是官法，或以致平，或以致乱者,亦其所以为进退缓急异也。”同样是驾车,不一定都走得平稳;同样是治国,不一定都能安定。其关键则在于所把握的“进退缓急”之不同。

何谓“进退缓急”?怎样正确处置?答案应该是六官权力运行过程或为政实践中,具体把握好用心的重点、用力的次序。着力点不同,治政效果就不同,需要根据具体情况适时调整。人有过失是正常的,但需要及时纠正,“过失,人之情莫不有焉,过而改之,是为不过”。

如何调整或纠正?《执辔》曰:

> 官属不理,分职不明,法政不一,百事失纪,曰乱。乱则饬冢宰。
>
> 地而不殖,财物不蕃,万民饥寒,教训不行,风俗淫僻,人民流散,曰危。危则饬司徒。
>
> 父子不亲,长幼失序,君臣上下乖离异志,曰不和。不和则饬宗伯。
>
> 贤能而失官爵,功劳而失赏禄,士卒疾怨,兵弱不用,曰不平。不平则饬司马。
>
> 刑罚暴乱,奸邪不胜,曰不义。不义则饬司寇。
>
> 度量不审,举事失理,都鄙不修,财物失所,曰贫。贫则饬司空。

这里所说,也表明了六官各自的具体治政责任与目标,治政效果的具体呈现也隐含在其中。天下无道则乱,社会缺德则危,没有仁爱则不和,军心不稳则不平,刑罚不中则不义,诸事失理则无礼。这些现象一旦出现,就需要“饬”,需要及时告诫、整摄，进行诫勉、整改。

读《执辔》至此，我们很自然又该想到《周礼》。这里所述不仅与《周礼》精神相通，而且文字也高度一致。孔子所说“六官”就是《周礼》中的天官、地官、春官、夏官、秋官、冬官。令人惊讶的是，《周礼》六官以及太宰一职的职掌，也与《执辔》篇孔子所述一一对应：

《周礼》：乃立天官冢宰，使帅其属而掌邦治，以佐王均邦国。治官之属……一曰治典，以经邦国，以治官府，以纪万民。

《执辔》：冢宰之官以成道……以之道，则国治……官属不理，分职不明，法政不一，百官失纪，曰乱。乱则饬冢宰。

《周礼》：乃立地官司徒，使帅其属而掌邦教，以佐王安扰邦国。教官之属……

二曰教典，以安邦国，以教官府，以扰万民。

《执辔》：司徒之官以成德……以之德，则国安……地而不殖，财物不蕃，万民饥寒，教训不行，风俗淫僻，人民流散，曰危。危则饬司徒。

《周礼》：乃立春官宗伯，使帅其属而掌邦礼，以佐王和邦国。礼官之属……

三曰礼典，以和邦国，以统百官，以谐万民。

《执辔》：宗伯之官以成仁……以之仁，则国和……父子不亲，长幼失序，君臣上下乖离异志，曰不和。不和则饬宗伯。

由比较可见，孔子所说六官及其管理职责，简直就是以《周礼》六官系统为依据的。孔子没有明确提及《周礼》其书，但如果《孔子家语》材料没有问题，那么它无疑可以说明《周礼》的成书远在孔子以前。在《执辔》的记载中，孔子所言非常明确，他所谓的“以六官总治”，乃是“古之御天下”的情形。那么，孔子口中的“古”在何时？孔子言其“古”，《周礼》的成书问题该如何看？

通常研究《周礼》者大都没有想到，《孔子家语》中竟然有如此重要的材料，可以证明《周礼》成书的时代。

（三）治国之要：施政效果保障

孔子说：“夫季冬正法，孟春论吏，治国之要。”在孔子的心目中，古时天子治国还有值得称道的一点，就是对官吏的考核与考察。考察有重点，这就是德行；考察有定时，在季冬和孟春。监督和总结之所以重要，是因为可以通过考察有效地观治乱，正百官，行德法。

考核或考察当然不仅仅是形式上的鉴定而已，也不是对违纪者的简单处置，而是纠偏补弊，强化德行，推行德政，使政令畅通。“治国之要”包括两项内容：

第一，季冬正法。天子经常在冬季的最后一个月考察德行，了解治乱，端正法令：德行盛则天下太平，德行浅则天下混乱。天子如此考察德行，国家之治乱，坐在朝廷之上尽能知晓。德行盛说明法令得宜，德不盛说明需要整顿法纪，只有法与政皆合于德政，管理效果才不会降低。

季冬考核正法的重点在德，这个考核也叫考德。考德是具体手段,而其中蕴含了王道追求。天下王道行,人人须讲德,为政以德以法,才能事治而功成。要取得这样的效果,治国实践中必须理解进退缓急,以纠偏补弊,这就需要一套指标重点突出、程序合理规范的官员考核机制。考德正法通常在季冬进行,恰有一岁之末"回头看"的意味。

第二,孟春论吏。天子在春季第一个月考论官吏,这也是对季冬正法的继续与深化。季冬考德包含道德、行动、实绩、能力四个方面:能德法者为有德,能行德法者为有行,能成德法者为有功,能治德法者为有智。德、行、功、智四个方面,即道德、勤奋、实绩、能力,相当于现今对公务员德、勤、绩、能的考核。

论吏工作在孟春进行,显然涉及考德结果的运用,涉及官员职务的升降。"论吏"其实就是"奖惩",就是"调整干部"。通过表彰与整治官员,发挥它的杠杆作用,就好像驾车者使用辔与策,发挥马缰绳、马鞭子的功能。考核就是风向标、指挥棒,考核的重点就是工作的重点。考核德行,就是引导官员各敬其德,恪尽职守。

四、什么是"治世之待"?

治国与驾车一样,无论驾车还是治国,自然都有用心用力之处,都有进退缓急之分。在社会治理中明白和把握"治国之要",致思与行动要分得清轻重。孔子说:"攻乎异端,斯害也已。"讲的就是"禁入杂学",攻习异端邪说有害无益。他希望人们不要究心于背离正道的学说或观念,要治正学,拒邪说,关注国计民生的关键问题。

在《执辔》篇中，除孔子回答闵子骞问政的部分，还有子夏与孔子谈论“易之理”及谈论《山书》内容的部分，这些内容与“执辔”的篇题不契，与以驾车喻治国的主题关涉并不密切。《家语》的编者将此部分内容编入《执辔》，也许是要从相反的方面说明要把握“治国之要”。

子夏与孔子谈论《易》理，表面看来与篇题不合，但显示了孔子政治思想的价值取向。子夏论《易》的内容，《大戴礼记》单独置篇，题名为“易本命”，作为第八十一篇，在今本《大戴礼记》中置于全书的最后。在《执辔》篇中出于子夏之口的论《易》内容，到了《大戴礼记》却属于“子曰”，全部变成了孔子的话，让人匪夷所思。按照《执辔》篇的记述，孔子对子夏的论述似乎并不十分赞赏。

子夏所谈是所谓易理之中人类和万物、鸟兽、昆虫产生时所受元气的分限，如“人十月而生”“马十二月而生”“蚕食而不饮，蝉饮而不食，蜉蝣不饮不食”之类。子夏说：“凡人莫知其情，唯达德者能原其本。”子夏说完，问孔子然否。孔子说：“然，吾昔闻老聃亦如汝之言”。

子夏接着又谈《山书》的内容，与前面易之奇耦、气分之说相近，也是“坚土之人刚，弱土之人柔”“食水者善游而耐寒，食土者无心而不息”“食肉者勇毅而捍，食气者神明而寿，食谷者智惠而巧”等知识。在讲述这些“殊形异类之数”后，子夏说：“王者动必以道动，静必以道静，必顺理以奉天地之性，而不害其所主，谓之仁圣焉。”子夏说完后出去。子贡问孔子如何看待这些说法，孔子反过来问子贡。子贡说：“微则微矣，然则非治世之待也。”认为子夏之说固然精细微妙，却不是治理社会所需要的。于是孔子说：“然，各言其所能。”孔子对于子贡这一评价表示赞同。

孔子曾问礼于老子,他的思想也受到老子的影响。但与老子不同,孔子关注现实,主张积极入世。因此,子夏的高论可能没有引起孔子太多的兴致。孔子和子贡认为,就社会政治管理而言,有些学问虽然精微却不切世事,这不应当是用心、用力的重点。

孔子、子贡强调“治世之待”,这是《执辔》篇后一部分的重点与关键。今人说儒学,有谓其存在重大缺陷,认为它没有解决好公权力的制约问题,而今《执辔》中所见完全不是这样。儒家道德论一定建立在特定的政治架构之上,而不会是空洞的,不会是空中楼阁。孔子自称“从周”,常“梦见周公”,说周代礼乐制度“郁郁乎文哉”,其中当然也包括周之“官政”。西周礼制“鉴于二代”,是在“损益”夏、商之世的基础上形成,可谓完备而成熟,孔子的“选贤与能”“为政以德”等政治主张正以这些制度为前提。

“以六官总治”的政治管理体系,实际是中国政治体系的主流。它之所以完备而成熟,在于它抓住了重点与关键,所谓“人君之政,执其辔策而已”,以“辔”引方向,以“策”守底线,对于公权力来说,还有比这更为紧要的吗?孔子儒家不厌其烦所论述者,正是如何从内心深处去解决行正道走正路、不偏离守底线的问题。这个源自三代、定型于周初的制度,在而后的中国产生了巨大影响。南北朝时期的“北周六典”,隋唐以至清朝的“六部制”,都是它的延续。从西周算起,这一制度存在竟然近三千年,它的合理性也许就在于它的体系架构和运行机制。

观念文化一定有其相对应的制度层面,儒家思想是伦理体系，是社会理论，也是属于特定政治管理体系的思维。从孔子到孟子、荀子，他们崇拜周公。从某种意义上说，他们的社会观念与伦理主张都是对周代社会政治的思考。无论“天下为公”“大同小康”还是“修齐治平”“政者正也”，都基于“自天子以至于庶人”的政权架构和政治体系，是“人而不仁如礼何，人而不仁如乐何”的深沉思索。孔子和儒家学说的可贵之处，在于强调有了硬性的权力约束，依然不能“弃其德法”，依然看到道德感召的重要力量。

从《穷达以时》看孔子的“时遇”思想*

——兼谈《论语》“学而时习之”章的理解问题

郭店楚墓竹简有《穷达以时》一篇，其中内容与包括《论语》《孔子家语》《庄子》《荀子》《吕氏春秋》《韩诗外传》《说苑》《风俗通义》在内的众多传世文献相互联系，十分引人瞩目。按照笔者的理解，该篇的重要价值还在于体现了孔子思想与当时社会的关系。孔子追求用世，希望实现政治理想，但他认为自己生不逢时，“无道”的现实决定了自己的政治命运。不过，他坚定自己的信念，相信自己的学说，无论在怎样的困苦境遇中，都应当坚守节操，不忘修德，以君子人格自律。作为孔子裔孙子思的著作，《穷达以时》印证了孔子对自己政治命运的深刻理解，将该篇与包括《论语》首章在内的其他有关资料综合研究，我们可以更好地认识孔子的“时遇”思想。

一、“天人之分”与“穷达以时”

人生处世，有穷有达。“穷”与“达”是怎样决定的？如何

---

* 原载于刘大钧主编：《儒学释蕴》，上海古籍出版社 2007 年版。

理解人生的困厄与显达？对于这样的问题，历代都会有人进行不同深度的思考。

郭店楚简《穷达以时》说：

> 有天有人，天人有分。察天人之分，而知所行矣。有其人，无其世，虽贤弗行矣。苟有其世，何难之有哉？

这里明确提到“天”和“人”，论述了二者的关系，格外引人注意。此处的论说与通常所说的“天人合一”不同，在这里，“人”与“天”被两分，“天”与“人”各有其“分”。何谓“分”？《礼记·礼运》郑玄注曰：“分，犹职也。”故“天人有分”是说天、人各有其职分，天、人互有不同。

说到儒家的天人论，一般认为，“天人合一”是中国古代哲学尤其是儒家哲学的基本特征，“天人相分”观念由荀子提出，不像“天人合一”思想那样形成早、影响大。实际上，“天人相分”应当像“天人合一”那样历史悠久，人们长期以来忽视了“天人之分”的观念，才产生了错误的认识，这是《穷达以时》的发现给我们的重要启示。梁涛先生说得好：“根据竹简的内容，天人之分其实也有深刻的历史渊源，而且从思想史的发展看，天人之分与天人合一总是相伴而生的，没有不讲天人之分的天人合一，也没有不讲天人合一的天人之分。”①

既然“天”与“人”是二分的，那么何谓“天”？在中国古人的观念中，“天”的内涵有所不同，它可以是有意志、有目的的

---

① 梁涛：《竹简〈穷达以时〉与早期儒家天人观》，《哲学研究》2003年第4期。

神学天，也可以是“不为尧存，不为桀亡”的自然天。而《穷达以时》中所说的“天”则是决定人生显达与困厄的命运天、时运天，它可以决定人生的升降浮沉，可以使人一生不遇，也可以使人宏图大展。所以，竹简《穷达以时》说“遇不遇，天也”。如果境遇不佳，即使为人贤能同样无济于事。

人生穷、达决定于“天”，却并不是人们在“天”的面前无可为、无所为，认识到“天人有分”，才可以更好地确立人生态度，正确对待人生。除了《穷达以时》，郭店楚简其他篇章中还有论说天人问题的内容。例如，竹简《语丛一》有曰：“知天所为，知人所为，然后知道，知道然后知命。”所谓“天所为”“人所为”，当然是其职分和作用。既然天与人不同，天的力量又十分巨大，那么，首先搞清楚天人之分就十分必要，只有这样，才能够真正“知道”“知命”。所以，《穷达以时》说“察天人之分，而知所行矣”。

这里涉及如何对待人生命运的问题。“察天人之分，而知所行”，实际是一个人道如何适应天道的问题，因为“人”与“天”虽然两分相并，但“天”与“人”并不相等，在很大程度上，“天”决定着人的命运，决定着人生。所以，从对待“天”的态度的角度言，“人”应当尊重“天”，应当顺应“天”。这又由“天人相分”走向了“人”自觉与“天”相互和谐的路子上。很显然，不知其“分”便难得其“合”，不了解“人”与“天”的区别，就难以正确对待人生。

郭店楚简所说知“天人之分”与“为学”“知道”“知命”之间的联系，使我们想到了孔子。孔子曾经总结自己的人生历程说：“吾十有五而志于学，三十而立，四十而不惑，五十而知天命，六十而耳顺，七十而从心所欲，不逾矩。”孔子之“学”乃是改造社会的学说，朱子《集注》说："此所谓学，即大学之道也。"孔子熟悉历史，深刻认识现实，他了解天地运行之道，因而自称"五十而知天命"。皇侃《义疏》以为："天命，谓穷通之分也。谓天为命者，言人秉天气而生，得此穷通，皆由天所命也。"有学者说："知有仁义礼智之道，奉而行之，此君子之知天命也。知己有得于仁义礼智之道，而因推而行之，此圣人之知天命也。"①我们认为，郭店《语丛一》所谓"知命"就说孔子所说的"知天命"。

竹简整理者指出，《穷达以时》篇的内容见于《荀子·宥坐》、《孔子家语·在厄》、《韩诗外传》卷七和《说苑·杂言》。认真比较各项材料，它们虽文字多有参差，内容却大体一致，肯定有共同的来源。人们认为，《穷达以时》出于子思学派，这是可信的。在这样的基础上，我们同意郭沂先生的看法，即《穷达以时》应为孔子裔孙子思著作中记录的孔子言语。② 这不仅是因为在子思著作中确有一部分内容专记孔子言论，而且《穷达以时》和各书之间，无论思想内容还是文字表达都相当一致，而记述史实的部分尤为接近。我们认为，将该篇记载与《孔子家语·在厄》比较，可能看得更为清楚，各有关记载应该都本于孔子向弟子阐述自己对陈蔡之厄的看法，《穷达以时》的性质也应该如此。

《穷达以时》为子思著作记录孔子言语，那么，该篇的思想便不仅属于子思学派，也应该属于孔子。我们在认识孔子和理

---

① 程树德：《论语集释》第一册卷三《为政上》引"刘氏《正义》"，中华书局1990年版，第75页。

② 郭沂：《子思书再探讨——兼论〈大学〉作于子思》，《中国哲学史》2003年第4期。

解《穷达以时》时,可以将相关文献结合起来。例如,《穷达以时》中与“人”两分的“天”,《荀子》中则表述为“时”。《穷达以时》的“遇不遇,天也”,《荀子·宥坐》为“遇不遇者,时也”,《穷达以时》的“天”作为决定人生显达与困厄的命运天、时运天,也就是后来所谓的“天时”。

《穷达以时》反映了孔子的思想,我们可以据而对孔子的“天命”思想进行新的认识。依照我们的认识,《论语》材料不是随意的编排,而是有内在的逻辑联系,人们认为《论语》各篇都有一定主旨的看法应该是对的。① 在这样的基础上,便可以对孔子关于自己人生历程的叙述进行新的认识。

《论语·为政》篇开头的几章是:

> 子曰:“为政以德,譬如北辰,居其所而众星共之。”
>
> 子曰:“《诗》三百,一言以蔽之,曰:‘思无邪。’”
>
> 子曰:“道之以政,齐之以刑,民免而无耻;道之以德,齐之以礼,有耻且格。”
>
> 子曰:“吾十有五而志于学,三十而立,四十而不惑,五十而知天命,六十而耳顺,七十而从心所欲,不逾矩。”

由于《论语》是语录体著作,语句简略,所以,《论语》各章材料有无主旨,历来学者各执己见。实际上,《论语》第一篇《学而》在总说“务本之意”后,接着在第二篇《为政》中就谈论孔子最为关心的问题。作为思想家,孔子所关心的首先是社会

---

① 参见杨朝明:《新出竹书与〈论语〉成书问题再认识》,《中国哲学史》2003 年第 3 期。

的治乱问题，是家、国、天下的问题。《为政》首言以德治国；接着谈论《诗》，孔子认为，为政治国应当以王道施行教化，而《诗三百》则蕴含王道，为孔子所格外重视。当时就曾经有人说："夫子之施教也，先以《诗》。"①孔子认为《诗》可以教化人心，他说："入其国，其教可知也。其为人也，温柔敦厚，《诗》教也……"(《孔子家语·问玉》《礼记·经解》)然后，《为政》接着谈论德、刑关系，这是孔子谈论政治问题的最重要话题。在此之后，便是孔子的自述。

夫子自述被放在这里，昭示了孔子所说的"学"，不应该是作为动词的"学习"，而应该是作为名词的"学说"，是他修齐治平的政治学说。这一点，前已言及，此不赘述。

孔子常常谈到"天"，《穷达以时》的发现，可以与《论语》等材料相互比对阐释。《论语》中就有孔子所说的"不怨天，不尤人"的句子，至于孔子关于天、命的言论则更多。这样，孔子自称"五十而知天命"，也包含甚至主要是指对自己"学"之不行于时的认识与感悟。结合竹简《语丛一》中所说的"知天所为，知人所为，然后知道，知道然后知命。"可以认为，孔子知"天人之分"，也"知天所为，知人所为"，是一位"知天命"的人。孔子认为，自己在五十岁前后的时候，就已经清楚了自身学说的本质特征，也知道自己不用于世是因为与"天""时"不合。

---

① 《大戴礼记》记卫将军文子问于子贡曰："吾闻夫子之施教也，先以《诗》。"《孔子家语·弟子行》作"吾闻孔子之施教也，先之以《诗》《书》"。

二、“博学深谋”与“世不我用”

孔子“博学深谋”，这一点，他本人自然十分自信，并不讳言。例如，《孔子家语·在厄》篇记孔子对弟子子路说：“君子博学深谋而不遇时者众矣，何独丘哉！”孔子临终前还说：“天下无道久矣，莫能宗予。”①孔子认为自己的学说足以治世，但“天下无道”，难以得到施行。孔子认为自己所处的时代“天下无道久矣”，他感到无力摆脱这样的客观现实。这就是他所遇到的“时”或者“天”，就是他的“时遇”。

在孔子看来，历史上博学深谋的人很多，其能否用世，决定于自身的时遇。在《孔子家语·在厄》篇的记载中，孔子与子路交谈时，他从“不遇”的角度说到伯夷、叔齐、王子比干、关龙逢、伍子胥等人：

> 汝以仁者为必信也，则伯夷、叔齐不饿死首阳；汝以智者为必用也，则王子比干不见剖心；汝以忠者为必报也，则关龙逢不见刑；汝以谏者为必听也，则伍子胥不见杀。

《穷达以时》又从“遇”的角度正面立论：

> 舜耕于历山，陶拍于河浒，立而为天子，遇尧也。邵繇衣苔盖，帽绖蒙巾，释板筑而左天子，遇武丁也。吕望为臧

---

① 《史记·孔子世家》。《孔子家语·终记解》的记载与之类似。

> 棘津，战监门来地，行年七十而屠牛于朝歌，举而为天子师，遇周文也。管夷吾拘繇束缚，释械柙而为诸侯相，遇齐桓也。百里转鬻五羊，为伯牧牛，释板□而为朝卿，遇秦穆。
>
> 孙叔三斥恒思少司马，出而为令尹，遇楚庄也，初韬晦，后名扬，非其德加。子胥前多功，后戮死，非其智衰也。骥厄张山，骐塞于邵来，非无体状也，穷四海，致千里，遇造父故也。

孔子不被用，使他空负治国平天下的一腔热情。但孔子对自己思想学说的命运是理解的，唯其如此，孔子才能在困境中甚至还能够“慷慨讲诵，弦歌不衰”。毕竟，孔子弟子有人对孔子的学说是理解的，正如子贡所言：“夫子之道至大，故天下莫能容夫子。”

颜回的理解更使孔子得到安慰，颜回说：

> 夫子之道至大，天下莫能容。虽然，夫子推而行之，世不我用，有国者之丑也。夫子何病焉？不容，然后见君子。

就孔子本人来说，一方面，他认为自己“博学深谋”，道术足以治世，而另一方面，时代不容，“世不我用”，无道的现实使自己难以施展抱负，这怎能不使孔子陷于深深的思考之中。

严酷现实造就了孔子，孔子的政治境遇使他的思想更加深邃。孔子的人生境界正是在这样的苦闷中提升的，孔子“晚而喜《易》”或者与之有关。《论语·述而》记孔子说：“加我数年，五十以学《易》，可以无大过矣。”《史记·孔子世家》也说：

“孔子晚而喜《易》，序《彖》《系》《象》《说卦》《文言》。读《易》，韦编三绝。曰：‘假我数年，若是，我于易则彬彬矣。’”司马迁说得好：“《易》之为术，幽明远矣，非通人达才孰能注意焉！”①“博学深谋”的孔子晚年才深深喜好《周易》，正与他极其丰富的人生阅历有关。

《周易》中最具特色的是其中关于“时”的哲学。因为《易传》与孔子的密切关系，《易传》的思想属于《周易》，也属于孔子。刘彬先生曾经认真研究了《周易》中“时”的哲学，他认为，《周易》哲学揭示，“时”是天道的展现和实现形式。在宇宙生化论意义上，“时”以一个个的“时下”“当下”而存在，同时又“时”“时”相续，展开为一条囊括终始、统摄八极的永恒宏伟的大流。正因为各卦都表示了一个个的特定、具体之“时下”“当下”，《彖传》才直接指出了三十卦的“时”义，如《豫·彖》曰：“《豫》之时义大矣哉！”《颐·彖》曰：“《颐》之时大矣哉！”《大过·彖》曰：“《大过》之时大矣哉。”等等。②

显然，《周易》中的“时”既指时间，也指空间，是时间和空间的综合体。王弼在《周易略例》中说：“夫卦者，时也。”又说：“卦以存时。”唯其如此，孔子才对其中的一些卦格外重视。例如，从马王堆帛书易传《缪和》的记载中可以看出，孔子对《困》卦格外重视。该篇记载：

> 缪和问于先生曰：“凡生于天下者，无愚知贤不肖，莫不愿利达显荣。今《周易》曰：‘困，亨；贞，大人吉，无咎；

---

① 《史记·田敬仲完世家》“太史公曰”。

② 参见刘彬：《论易学中“时”的哲学》，《理论学刊》2003年第2期。

又言〔不〕信。’敢问大人何吉于此乎?”子曰:“此圣人之所重言也,曰‘又言不信’。凡天之道一阴一阳,一短一长,一晦一明。夫人道仇之。是故汤□□吕,文王拘于羑里,秦〔缪公困〕于殽,〔齐桓公〕辱于长勺,越王勾贱(践)困于〔会稽〕,晋文君困〔于〕骊氏。故古至今,柏(霸)天之君,未尝困而能……也乎?困之□为达也,亦猷……故《易》曰:‘困,亨;贞,大人吉,无〔咎;“又言不信”。此〕之谓也。’”

帛书易传《缪和》中的“子曰”何指,学者间有不同看法,将该篇与相关文献比较,便不难理解“子曰”就是孔子无疑。《说苑·杂言》载:

孔子曰:“……吾闻人君不困不成王。列士不困不成行。昔者汤困于吕,文王困于□里,秦穆公困于□,齐桓困于长勺,勾践困于会稽,晋文困于骊氏。夫困之为道,从寒之及暖,暖之及寒也,唯贤者独知而难言之也。《易》曰:‘困,亨;贞,大人吉,无咎;有言不信。’圣人所与人难言信也。”

将帛书易传《缪和》与《穷达以时》以及《说苑》等文献合而比对,不难发现他们在论说的精神上是一致的。用缪和的话说,人之生于天下,都希望“利达显荣”,但孔子说“人君不困不成王”,所以,“困之为道,从寒之及暖,暖之及寒也,唯贤者独知而难言之也”。

孔子重视《周易》中的“困”卦,与他自己的历史经历和人生感悟有关。帛书易传《缪和》谈论“困”“达”的问题，但此时的孔子，人生境界已经提高到了新的层次。他已经清楚地看到，人作为一种“时”的存在，应该能自觉其“时”，从而用“时”。这种觉“时”、用“时”即构成了“时”的人道内涵。所以王弼在《周易略例》中说：“夫卦者，时也；爻者，适时之变者也。”孔子关于《周易》的大量论说，正明确显现了这一点。

孔子“周游列国”时，他处在“世不我用”的困顿中，孔子不得其“时”，但仍然希望用“时”，因此，他往往表现得矛盾与苦闷，一方面，他似乎已经意识到自己的思想与当时的不洽，但总是又希望能有机会一试身手，一展抱负。《穷达以时》说：“苟有其世，何难之有哉？”《论语·阳货》记孔子说：“如有用我者，吾其为东周乎？”都似乎是孔子的喃喃自语。这里的“世”与“时”意义相通，“有其世”自然“有其时”，也就是“有用我者”，有适合自身发展的空间。

三、“学而时习”与“独善其身”

人生有穷有达，穷则独善其身，达则兼济天下。《孔丛子·记问》所引述的孔子之言，在《孟子》中作“穷则独善其身，达则兼善天下”。

对于人生的“穷”与“达”，孔子有清晰的应对态度，《孔子家语》《说苑》乃至《穷达以时》都有很好的反映。那么，孔子的这一人生态度在《论语》中有没有体现？如果有，是如何体现的？

孔子孜孜以求的是天下国家的平治问题,孔子后学编辑《论语》,难道不会有所表现?更何况,人们公认,《论语》是研究孔子的可靠材料,具有“正实而切事”的特征。由此,我们不能不再次思索《论语》首章的理解问题。

《论语》开篇说道:“学而时习之,不亦悦乎?有朋自远方来,不亦乐乎?人不知而不愠,不亦君子乎?”对于此章,一般理解它是说学习、交友之类的事情,其实不然。我们曾说:“学而时习之”中的“学”和“时”与《庄子·天下》篇“百家之学,时或称而道之”相近。学,有作动词用的“学习”,有作名词用的“学说”等,这里应为后者,指思想主张,对社会、人生的总体认识。程树德《论语集释·学而上》即指出:“‘学’字系名辞。”清人毛奇龄《四书改错》曰:“学者,道术之总名。”这样理解,还突出了《论语》首章的思想中心,不至于让人感到孔子的这些话有些散乱,没有主题。后人编辑孔子之言以成《论语》,把本章放在首篇,又作为首章,必定不应只谈论学习、交朋友一类的事情,该有较为重要的主题。①

“学而时习之”是人生显达的一种结果,“人不知”则是心怀天下者最为苦闷的状态。显然,《论语》首章所言也有如何对待人生穷达的态度问题。自己的学说被社会、被时代共同遵循、实践,自然令人喜悦。孔子心怀天下,关心社会治乱和人生疾苦,他更为看重“学而时习”。“学而时习之”的“时”,正是“穷达以时”的“时”,孔子没有赶上这样的“时”,在他的心目中,社会的理想状态是三代圣王之世。《孔子家语·礼运》说:

---

① 参见杨朝明:《新出竹书与〈论语〉成书问题再认识》,《中国哲学史》2003 年第 3 期。

“昔大道之行，与三代之英，吾未之逮也，而有记焉。”这里的“与”字不是连词，应该当动词讲，是“谓”“说的是”的意思。该字之训，清人王引之《经传释词》有说。① 这句话可以翻译成：大道实行的时代，说的是夏商周几位贤明之人当政的时代，我都没能赶上，但有相关的记载可以看到。孔子认为，自己所处的春秋末年已经是“大道既隐”的时代。

人生非时，政治主张不为时代所用，但仍然不能忘记“修道立德”。“学而时习”令人中心喜悦，而人不我知可能更为难能可贵，这是“君子”人格境界的要求。《论语》首章“人不知而不愠，不亦君子乎”正与《穷达以时》对应，《穷达以时》说：

> 动非为达也，故穷而不怨；隐非为名也，故莫之知而不吝。芝兰生于幽谷，非以无人嗅而不芳。无茖堇，愈宝山，石不为开，非以其善负己也。穷达以时，德行一也。誉毁在旁，听之弋母。缁白不厘，穷达以时。幽明不再，故君子敦于反己。

人生穷达由“时”决定，但真正的“君子”应当德行始终如一。君子追求显达，是为了兼济天下。有时生不逢时，仍不应当忘记“修道立德”，应当做到“独善其身”。《孔子家语·在厄》篇的记载也是如此：

> 芝兰生于深林，不以无人而不芳；君子修道立德，不谓穷

① 参见杨朝明：《〈礼运〉成篇与学派属性等问题》，《中国文化研究》2005 年第 1 期。

> 困而改节。为之者人也,生死者命也。是以晋重耳之有霸心,生于曹、卫;越王勾践之有霸心,生于会稽。故居下而无忧者,则思不远;处身而常逸者,则志不广。庸知其终始乎?

对于"君子",其基本的要求就是"独善其身",即"修道立德"和"德行一也"。所谓"德行一",就是不论人生显达还是身处困厄,都应不改其节,即"不谓穷困而改节"。之所以如此,乃是因为君子思远志广。

实际上,孔子的不少论述都可以在这样的解释下得到理解。例如,《论语·里仁》记孔子说:"富与贵,是人之所欲也。不以其道得之,不处也。贫与贱,是人之所恶也。不以其道得之,不去也。君子去仁,恶乎成名?君子无终食之间违仁,造次必于是,颠沛必于是。"孔子承认人人都向往富贵,不愿贫贱,正如政治追求上人人向往显达,不愿困厄。也就像马王堆帛书《缪和》中所谓"凡生于天下者,无愚知贤不肖,莫不愿利达显荣"。但是,追求显达必须遵循其"道",就像追求富贵同样有道一样。对于人生,人们的态度有很大不同,道德君子会要求自己努力做到"无终食之间违仁",即使身处困厄之中依然如此。

人人向往富贵显达,但由于时运不济,并非人人都能够实现这样的理想或愿望。如果是这样,人就应当"知天命",人所要做的,是正确思考如何按照"君子"人格律己,如何按照"君子"要求处世。无论"天""命"还是"时""世",作为一种外在的、不以人的意志为转移的、不可抗拒的力量,人在其面前无能为力,但却不应无所作为,不应只听从天命的摆布。那么,人应该怎样,或者说人应该采取怎样的应对态度,在孔子那里,答案是十分明确的,用《穷达以时》的话说,就是"君子敦于反己",

用《论语·卫灵公》中孔子的说法便是:“君子求诸己。”既然穷达取决于时运,毁誉在于他人,这些都属于天,是自身无法决定的,那么人就应当求于自己,因为人的德行如何只能取决于自己,与“天”无关。正因如此,人不应该停留在现实的“不遇”中不能自拔,应当“尽人事以待天命”,努力完善德行,并以之作为追求的目标。

孔子的政治主张不为时代所用,并不是说孔子不懂得“时变”。相反,包括孔子在内的原始儒家,恰恰是主张“时变”的,他们的思想特色之一,正是主张在变化了的时势中找到合适的切入点。《论语》《中庸》都有孔子的相关论述,如孔子说:“君子中庸,小人反中庸,君子之中庸也,君子而时中。”这里的“时”就是指不断变化的具体时势。孔子曾说“过犹不及”,他反对冒进,反对“过”,但同时也反对“不及”,反对脱离事物发展的做法。关于这一点,孔子还有更为明确的表述。孔子说:“愚而好自用,贱而好自专,生乎今之世,反古之道:如此者,灾及其身者也。”孔子把泥古不化、不知时变者,与愚而好自用、贱而好自专的人并列,认为一定会招致失败的结局。

孔子主张“时变”,绝不是认同无原则的苟合,对于此类问题,我们不能进行简单的理解。《孔子家语·致思》有“孔子论管仲”一节。由于对管仲的所作所为是否合乎“仁人之道”感到困惑,孔子弟子子路就此请教孔子。对于管仲,孔子显然颇为熟悉和了解。孔子很少以“圣”与“仁”许人,却高度评价管仲,认为其人“仁也”。《论语·宪问》篇云:“子路曰:‘桓公杀公子纠,召忽死之,管仲不死。’曰:‘未仁乎?’子曰:‘桓公九合诸侯,不以兵车,管仲之力也。’”又云:“子贡曰:‘管仲非仁者与?桓公杀公子纠,不能死,又相之。’子曰:‘管仲相桓公,霸诸侯，一匡天下，民到于今受其赐。微管仲，吾其被发左衽矣。岂若匹夫匹妇之为谅也，自经于沟渎而莫之知也？’”管仲如果像召忽那样为公子纠而死，也就难有后来的“一匡天下”的历史伟业了。在孔子看来，管仲“通于变”，转而辅佐齐桓公，泽及后世，这正是仁人的作为。由此，我们应该对本篇孔子论管仲有更深刻的认识，从中可以看出孔子的理想和抱负。在孔子看来，“管仲……欲立子纠而不能，不遇时也；……事所射之君，通于变也；不死子纠，量轻重也”。孔子的“遇时”与“通变”思想可见一斑。

据《庄子·渔父》记载，有人对孔子说：“嘻！甚矣，子之好学也！”孔子再拜而起，曰：“丘少而修学，以至于今，六十九岁矣，无所得闻至教，敢不虚心！”孔子所说的“少而修学”恐怕与他所说“吾十有五而志于学”可以相互发明，这里的“学”应该就是《论语》首章“学而时习之”的“学”。

《孔丛子·记问》篇最后记载了这样两个故事。其一曰：

> 楚王使使奉金币聘夫子。宰予、冉有曰：“夫子之道至是行矣。”遂请见，问夫子曰：“太公勤身，苦志八十而遇文王，孰与许由之贤？”夫子曰：“许由，独善其身者也，太公，兼利天下者也，然今世无文王之君也，虽有太公，孰能识之。”乃歌曰：“大道隐兮，礼为基。贤人窜兮，将待时。天下如一，欲何之。”

这里记载的是孔子关于“时”的看法。孔子认为自己所处非时，不能兼利天下，只有独善其身了。从孔子弟子的言语中，不难看出孔子对于“道”之不行的心境，也很清楚地看出孔子对于"穷"与"达"、对于所处之"时"的认识。

《孔丛子·记问》篇的另一故事是:有人樵于野而获兽,众人莫识,孔子认为应该是麟,事实正是如此。孔子感叹,说:"天子布德,将致太平,则麟、凤、龟、龙先为之祥,今宗周将灭,天下无主,孰为来哉?"遂泣曰:"予之于人,犹麟之于兽也,麟出而死,吾道穷矣。"乃歌曰:"唐虞世兮,麟凤游,今非其时吾何求? 麟兮麟兮我心忧。"

《孔丛子》前五篇记录孔子言语,而于最后一篇的末尾记录孔子"待时",慨叹"今非其时",确实意味深长!

这样,通过对竹简《穷达以时》与相关文献的比较,我们发现孔子对待"时遇",对待天人之分和人生穷达问题,所采取的态度是正确的。人认识到"死生有命,富贵在天",也应认识到"谋事在人,成事在天"。通过区分"天""人",孔子主张张扬人的主体性,从而也充分体现了人之为人的价值和尊严。

《论语·宪问》记孔子曰:"莫我知也夫!"弟子子贡不解,曰:"何为其莫知子也?"孔子曰:"不怨天,不尤人;下学而上达。知我者其天乎!"事实上,越是困顿,越是显现出人格的高贵,诚如《孔子家语·在厄》中所记颜回对孔子所说,孔子之道至大,"天下莫能容"。天下不容没有什么可以忧虑的,因为"不容,然后见君子",君子所做的,是不忘时时"修道立德","独善其身"。

正确理解《论语》首章是读懂整部《论语》的关键,是认识孔子的关键。只有正确理解了这一章,才可以真正理解孔子的政治思想,理解孔子的政治命运,进而认识孔子的政治追求,了解孔子的一生。在这方面的认识,郭店楚简《穷达以时》给了我们很好的启发!

荀子与《孔子家语》*

在荀子研究中，有一个尚未引起人们注意的问题，这便是“荀子与《孔子家语》的关系”问题。就实际荀子研究的基本材料而言，除了《荀子》一书，其他就只有《史记·孟子荀卿列传》的寥寥二百余字。实际上，荀子还有一个重要的功绩，这便是《孔子家语》一书经由荀子而传承下来，这是一个重要的环节，值得特别重视。

荀子是汉儒所总结的“六经传述系统”中重要的一环。司马迁评价说：“孟子、荀卿之列，咸遵夫子之业而润色之，以学显于当世。”（《史记·儒林列传》）在汉代学者看来，荀子、孟子对儒家学术的传播起到了同样重要的作用。另一位汉代学者孔安国则指出：“六国之世，儒道分散，游说之士各以巧意而为枝叶，唯孟轲、荀卿守其所习。当秦昭王时，荀卿入秦，昭王从之问儒术，荀卿以孔子之语及诸国事、七十二弟子之言凡百余篇与之，由此秦悉有焉。”（孔安国《孔子家语后序》）他不仅将荀子与孟子并提，还将荀子与《孔子家语》联系在了一起。

《孔子家语》是一部记载孔子及其门人与时人交往、应答的重要文献，是研究早期儒学的重要资料。然而由于传统学术

---

* 原载于《邯郸学院学报》2013 年第 4 期。

的偏见,宋明以来,多数学者将之斥为伪书而弃置不用。近年来,随着出土文献的相关研究,《家语》伪书说已逐渐为学界所抛弃。在此背景之下,以《孔子家语》孔安国序的相关记载为契机,深入探讨荀子与《孔子家语》的关系就显得尤为重要了。

荀子传承《孔子家语》的这一事实,仅见于孔安国的《孔子家语后序》,而不见于《史记》等书的记载。荀子出生于战国晚期的赵国,具体生卒年不详。关于他的生平事迹,史书记载仅有《史记·孟子荀卿列传》中的那段文字,在这段没有荀子生年、卒年乃至师承门派的记载中,没有提到荀子与《孔子家语》的关系应该是十分正常的。可有意思的是,唯一记载着二者关系的孔安国《孔子家语后序》也在传统学术对古书的考辨工作中被断为“伪作”了。

孔安国《孔子家语后序》记载了《家语》成书及早期流传的历史。孔安国认为《孔子家语》的材料来源于“公卿士大夫及七十二弟子之所谘访交相对问言语”,当时“诸弟子各自记其所问”,也就是说,《孔子家语》材料来源于孔门弟子的亲手记录,乃是第一手的资料。①

当年,孔子长期从事教学活动,那时,孔子弟子会基于自己的所见所闻随时记录孔子言论,有时,他们还会安排专人负责记载孔子及当事人的言行,如《孔子家语·七十二弟子解》中说:“叔仲会,鲁人,字子期,少孔子五十岁。与孔琁年相比。每孺子之执笔记事于夫子,二人迭侍左右。”叔仲会与孔琁都是孔子弟子中年龄较小者。每当需要有人在孔子身边执笔记

---

① 参见杨朝明:《孔子家语通说》,杨朝明注说:《孔子家语》,河南大学出版社 2008 年版,第 1 页。

事时，他们二人常常轮流在孔子左右服侍。由此，孔子的许多重要言论被记录下来。

孔子去世后，孔子弟子汇集整理孔子遗言，形成一批孔子遗说。这批真实可靠的材料经过孔门弟子的进一步编辑，将其中"正实而切事者别出为《论语》，其余则都集录之，名之曰《孔子家语》"。此后，《孔子家语》经过百余年的辗转流传，由荀子带入秦国。不过，荀子带入秦国的书籍并不仅仅只有《孔子家语》一书而已。孔安国称，荀子"以孔子之语及诸国事、七十二弟子之言凡百余篇"呈给了秦昭王，这说明《孔子家语》可能混迹于众多书籍之中，"由此秦悉有焉"，说明荀子呈献秦昭王并被收入秦国秘府的《孔子家语》乃是全本。这部《孔子家语》后来逃过了秦火，流传到了汉代。①

刘邦入关后，秦秘府所藏图籍在萧何的主持下被汉朝政府"悉敛得之"，孔安国描述这批竹简的性质是"二尺竹简，多有古文字"。后来吕氏专权，《孔子家语》竹简被吕氏取回家中收藏。吕氏伏诛后，《孔子家语》流落在外，"散在人间"，经历了不少"好事者"出于己意的"增损"。直到汉景帝时期搜求古书时，《孔子家语》才重回秘府。在儒学地位渐渐提高的背景下，汉武帝元封年间在京任职的孔子十二世孙孔安国听说了这批材料，他担心其"先人之书"因此而泯灭，遂拜托朋友帮忙，得到了《孔子家语》的副本，并整理成今本《孔子家语》。

从孔安国《孔子家语后序》的内证看，该序出于孔安国没

---

① 参见杨朝明：《〈孔子家语〉的成书与可靠性研究》，《故宫学术季刊》2008 年第 1 期。杨朝明：《孔子家语通说》，杨朝明注说：《孔子家语》，河南大学出版社 2008 年版，第 1 页。

有问题，因此，孔安国所描述的荀子与《孔子家语》的关系就十分值得关注了。不言而喻，就儒家学术史的研究而言，了解《孔子家语》与荀子的关系，无论对于荀子其人还是《荀子》其书，都具有很重要的启发意义。

第一，借助《孔子家语》来看荀子所谓“儒家别宗”问题。

荀子弟子韩非在说到“儒家八派”的时候，曾说到其中有“孙氏之儒”（《韩非子·显学》），目前，学术界公认“孙氏之儒”指的是荀子。在《汉书·艺文志》中，《孙卿子》乃是被列入“儒家类”的。可以说，无论战国时期还是汉代的学者，都没有任何疑问地将荀子看作儒家的一分子，甚至可以说唐朝以前大抵都是如此。即使是一味褒扬孟子而贬抑荀子的韩愈，在要削去“荀氏之不合者”以“附于圣人之籍”①的同时，也没有否认荀子思想学说的儒家学派属性，不过是认为荀子思想“大醇而小疵”②而已。

然而，宋代的理学家们在尊奉子思、孟子学说为儒学正统，说孟子去世后“千载无真儒”的同时，不遗余力地对荀子学说进行攻击。理学的集大成者朱熹便以荀子为法家，认为：“荀卿则全是申、韩，观《成相》一篇可见。他见当时庸君暗主战斗不息，愤懑恻怛，深欲提耳而诲之，故作此篇。然其要，卒归于明法制、执赏罚而已。”③而在人性方面，朱熹甚至说：“不须理

---

① （唐）韩愈：《读〈荀子〉》，《韩愈文集汇校笺注》第一册，中华书局2010年版，第112页。

② （唐）韩愈：《读〈荀子〉》，《韩愈文集汇校笺注》第一册，中华书局2010年版，第112页。

③ （宋）黎靖德编，王星贤点校：《朱子语类》卷一百三十七，中华书局1986年版，第3516页。

会荀卿,且理会孟子,性善。渠分明,不识道理。"①总之,多数学者将荀子视为儒家异端、"儒家别宗"而加以摒弃。

正因如此,认识《家语》与荀子的关系将有助于我们重新审视荀子其人及其学说。荀子入秦带去《孔子家语》,对于该书的流传有至关重要的意义。孔安国《孔子家语后序》说:"始皇之世,李斯焚书,而《孔子家语》与诸子同列,故不见灭。"其中"故不见灭"的"故"字颇值得玩味。我们认为,这其中表达了孔安国对《家语》能够幸存下来的感慨或者庆幸的心境。杨树达先生曾举"故"字作"表态副词"一例说:"反也。按实假作'顾'字用。"②在这里,孔安国的意思是:从性质上看,《孔子家语》应该属于"诸子"之书,恰在秦始皇禁灭焚毁之列,可是,《孔子家语》竟然能够幸免于难,得以保留下来,真是难以想象,不可思议!

战国之世,孟子、荀卿坚守儒学阵地,在孔安国所说"儒道分散"的背景之下,他们积极为守护儒学"正统"而努力。《韩非子·显学》所说的"儒分为八",与这里所说的儒学之道分散,都反映了孔子之后至战国时代儒学的情形。在彼此之间互相争"正统"的过程中,孟轲、荀卿"守其所习"。就《孟子》《荀子》二者与《孔子家语》之间的关系而言,《荀子》与《孔子家语》更加密切。《荀子》批评各家,包括子思、孟子,同时被荀子批评为"俗儒""贱儒"之人不少,可能就以《孔子家语》为标准、尺度。

---

① (宋)黎靖德编,王星贤点校:《朱子语类》卷一百三十七,中华书局1986年版,第3514页。

② 杨树达:《词诠》,上海古籍出版社2013年版,第86页。

在孔安国看来，荀卿入秦，使《孔子家语》传入秦国，是使《家语》得以流传的功臣，也正因如此，《孔子家语》才得以流传至汉代，从而避免了战国时期“游说之士各以巧意而为枝叶”。对于《孔子家语》乃至儒学的影响，荀子不仅坚守儒学阵地，而且对两汉以后儒家学术影响深远。

第二，借助《孔子家语》来看《荀子》的可靠性问题。

像其他众多的典籍一样，《荀子》书也存在所谓“真伪”问题的论争。此书是否可靠，或者说是否完全可靠，还存在不同看法。唐朝学者杨倞在为《荀子》作注时就已怀疑《宥坐》以下各篇，以其为“记传杂事”。宋代学者王应麟因为看到《韩诗外传》引述《非十二子》的内容只有十子，没有子思、孟子，便说“荀卿非子思、孟子，盖其门人如韩非、李斯之流，托其师说以毁圣贤，当以《韩诗》为正”①，从而怀疑《荀子》的可靠性。

后来对荀子提出怀疑的人更多。概括起来基本上有两类观点：第一类怀疑整部《荀子》，如杨筠如、胡适、吕思勉等学者；第二类认为《荀子》中的部分篇章并非出于荀子，有的认为《仲尼》篇非荀子所作，有的认为《仲尼》《致士》《君子》皆非荀子所作，有认为《大略》以下七篇并非荀子著作的，而认为《成相》《赋》等篇与荀子无关的学者更多。

通观以上观点，对《荀子》可靠性的怀疑多集中于《赋》篇或《大略》以后各篇，这种情况并不是偶然的。杨倞曾指出，问题较多的《宥坐》《子道》《法行》《哀公》《尧问》五篇“皆荀卿

---

① （宋）王应麟：《困学纪闻》，商务印书馆 1975 年版，第 318 页。

及弟子所引记传杂事，故总推之于末"[1]，这应当是没有问题的。这五篇中，除《尧问》篇末章"为说者曰：'孙卿不及孔子'"一节应为荀子后学的评论外，其他应该大多都出于荀子引述的既有材料。即使到现在，学者依然多认为《宥坐》等五篇的成篇时代较晚，甚至认为是"汉代荀子之徒所纂集"[2]，从而否定了这五篇与荀子的直接关系。

出土文献的发现与研究，终于使我们认识到这些看法的偏颇。1973年，在河北定县汉墓出土的大批竹简中有《哀公问五义》，与其类似的内容亦见于《荀子·哀公》，竹简中被定名为《儒家者言》的文献中有"子贡问为人下"一章，亦见《荀子·尧问》。据推断，该墓主人为卒于西汉宣帝五凤三年（前55年）的中山怀王刘修。[3] 这些内容与《荀子》相同的著作在西汉中期的流行，告诉我们不能对《宥坐》等五篇的纂辑年代过度后置。[4]

更为重要的是，荀子传播《孔子家语》的事实，再次印证了《荀子》的可靠性，《孔子家语》可以视为最为直接的证明材料。以前，人们以《孔子家语》为伪书，丧失了以此为基础探讨包括《荀子》在内的许多文献成书问题的机会，导致不少学者走了很大弯路。而今，对于《孔子家语》价值的重新认识，对《荀子》

---

① （唐）杨倞：《荀子注》，重印《诸子集成》本，中华书局1954年版，第341页。

② 金德建：《古籍丛考》之八《荀子大略篇作于汉人考》，中华书局1941年版，第50页。

③ 参见刘来成：《河北定县40号汉墓发掘简报》，《文物》1981年第8期。

④ 参见廖名春：《荀子新探》，（台北）文津出版社1994年版。

成书问题的研究价值重大。将《家语》与《荀子》相较，会发现二者具有相互联系的篇章不少，其中，篇幅较大的主要有以下各篇（见表7）：

表7 《荀子》和《孔子家语》联系篇幅较大的篇章

《荀子》各篇	《孔子家语》各篇	《荀子》各篇	《孔子家语》各篇
《大略》	《困誓》	《法行》	《三恕》
《宥坐》	《始诛》	《哀公》	《五仪》
《宥坐》	《三恕》	《哀公》	《好生》
《宥坐》	《颜回》	《哀公》	《颜回》
《子道》	《三恕》	《尧问》	《困誓》
《子道》	《曲礼子夏问》	《仲尼》	《六本》
《子道》	《在厄》	《乐论》	《观乡射》
《法行》	《问玉》		

不难看出，《荀子》与《孔子家语》相同的材料，比较集中于《宥坐》《子道》《法行》《哀公》《尧问》等篇，而《荀子》与《家语》的这种关系，恰好旁证了前揭杨倞之言及《家语》孔安国序对荀子传播《家语》的记载。从这种程度上说，《荀子》书中有《家语》的材料，不仅不能说明《荀子》之“伪”，反倒应该是《荀子》可靠的一个重要证据。

第三，借助《孔子家语》与荀学的关系思考古籍成书问题。

战国时期，《荀子》各篇很可能都是单篇流行的，而这些篇章绝大多数出于荀子本人亲手所著，部分为荀子所整理、纂集的资料，还有荀子后学所记录的荀子言行，最后经荀子后学之手统编为《荀子》，这样的判断符合古籍成书、流传的一般规律。在汉代，《荀子》经过了刘向的再整理，他对《荀子》篇章的重新编次和材料的删繁就简，绝不应该被看作什么“主观作伪”的过程。对于《荀子》所经历的这些成书及流传的过程，我们不能简单地以今非古，将其成书时代人为后置，须知，古人并没有今人的著作权观念或逻辑学程序，而且任何古籍都存在着动态的流传过程，对此问题的片面理解或对其可靠性问题的简单判断，都将导致我们的认识偏差。

具体到学者对《荀子》可靠性的怀疑，其中最为重要的理由之一是认为该书体裁杂乱，不似细密的学术著作。例如，被认为是“辨伪学名著”的《伪书通考》曾转引杨筠如的观点，认为《成相》篇不像《赋》篇附在整部书的后面，原本位置比较靠前，却居然使用了韵文，所以它“明明是与荀子不相干的东西”，以这样的研究方法，杨筠如甚至得出结论说：“除《正名》《解蔽》两篇略为完全以外，几乎没有一篇没有杂凑的。”[①]这是典型的以今非古，彻底割裂了《荀子》各篇之间的关系，忽视了其他古书所存在的相关信息。杜国庠先生就以其他史料参照《成相》篇，得出了该篇可靠性自有内证的结论。[②] 显然，那种认为《荀子》“与荀子不相干”或者“杂凑”的说法，显然缺乏细致的研究，则有先入之见的嫌疑。

至于那些以“荀子思想自相矛盾”“与儒家尚德不相容”之

① 张心澂编著：《伪书通考》，商务印书馆 1939 年版，第 736—737 页。

② 参见杜国庠：《先秦诸子的若干研究》，生活·读书·新知三联书店 1955 年版，第 76 页。

类说法来否定《荀子》可靠性的做法更为危险。儒家思想本来就体大思精,人们贴标签似的研究先秦思想家,这其实是本末倒置。窃以为应该先考察文献记载的可靠性,然后综合研究文献所显示的思想家的学说主张,而不是先确定思想家的思想主张,再以之判断文献记载是否与之相合。荀子处在战国后期,他的思想可以损益诸子,牢笼各家,批判继承,综合创新。因此,对荀子思想的研究,恐怕应以对《荀子》文本的考察最为紧要、根本。然而,在所谓辨伪学大盛的年代里,不少可信的古籍都被打入伪书的行列,大量古籍的成书年代被人为后置。另外,由于材料的限制,人们没有能够真正认识到古书形成的一般规律,而凝固地看待古书的传流问题,遂造成了不少错误的认识,这也启发我们对文献研究方法进行反思。

古代典籍研究

《逸周书》所见灭商之前的周公*

作为周初杰出的政治家、思想家，周公稳定和巩固周王朝的卓著功绩可谓彪炳史册；周公被后世尊为圣人，对中国文化的影响巨大，然而，由于记录周初历史的材料很少，后人对这些有限的材料又理解不一，使得周公事迹模糊不清，在不少现代人那里，周公这位伟大的圣贤居然还是一位比较陌生的人物，即使在专门的研究者中，有关周公的事迹也存有很多不同看法。

我们认真观察，即使有限的周公研究成果，也都集中在成王即位、周公摄政时期，而对武王克商以前的周公事迹几乎没有人加以研究，这当然主要是因为有《尚书》中的周初诰词作为依据。其实，克商之前，周公已经在辅佐武王，在准备灭商的特殊重要的历史时期，周公做了大量工作，起到了十分重要的作用。我们认为，全面理解周公事迹，正确认识有关的殷末周初史实，认真检讨《逸周书》中有关周公事迹的记载十分必要。以前，笔者曾经专门就《逸周书》中有关周公的篇章进行议

---

* 原载于《河南科技大学学报》(社会科学版)2008 年第 1 期。又见人大报刊复印资料《先秦、秦汉史》2008 年第 4 期。

论[1],在此基础上,本文专就《逸周书》所载克商以前的周公事迹进行研究,不周之处,敬请教正!

一、关于《逸周书》的记载

在关于周公事迹的记载中,最原始、最可靠的要数《尚书》和《逸周书》两部典籍。《尚书》中的《周书》部分有十二篇与周公有直接关系,尽管现存的《逸周书》有的仅存篇目,但也有二十一篇出现了周公的名字。由于种种原因,《逸周书》的记载一直没有受到应有的重视,其中关于周公的材料自然也没能得到很好利用。

《逸周书》与《尚书》本来是同一类的著作,人们起初并没有把两者分开。《逸周书》本来的名字叫作《周书》,其材料系孔子删订《尚书》之余的"周史记"。书中所记载的史事,上自商朝末年的周文王、武王时期,下到春秋中期的周灵王、景王时期,内容十分丰富。从《左传》《战国策》等早期的典籍看,春秋战国时期的人们已经常常征引现存《逸周书》中的一些篇章,而且,往往称作引自《书》或者《周书》,与后来被称作《尚书》的各篇没有什么区别。《汉书·艺文志》中著录这部书,其题目就是《周书》,被列于《六艺略》的《尚书》各家之后,与《尚书》具有同等的地位。

可是,后来情况发生了很大变化,人们渐渐忽略《逸周书》

① 参见杨朝明:《〈逸周书〉有关周公诸篇刍议》,《儒家文献与早期儒学研究》,齐鲁书社 2002 年版,第 119—135 页。

的价值，其地位慢慢降低。虽有目录学家把它列入“书”类，但更多的则列之于“史”类，《隋书·经籍志》开始把它列在“杂史”之首；清代修《四库全书》，则把《逸周书》收入“史部”的“别史类”中。这样的分类事关重大，因为在古代人们重视经书，这样，《逸周书》便与在经部的《尚书》形成了巨大差别。

《逸周书》问世以后，也有人对此书有所留意，却多数是进行文字的校勘，很少有人能对此书做综合研究，徐珩为《周书解义》作跋，称《逸周书》“千百年来未有专家”，基本上符合实际。自清人朱右曾作《逸周书集训校释》以来，《逸周书》已经引起了不少学者的重视，现在也有学者加以倾力研究，但鉴于此书的重要性，它还应该受到更多的研究和关注。

《逸周书》中大量的内容属于文、武、周公之政，春秋战国时期的人们，尤其是以孔子为代表的早期儒家也都十分推崇“文武之政”。儒家四书之一的《中庸》说“仲尼祖述尧、舜，宪章文、武”，道出了尧、舜、禹、汤以及文、武、周公对儒家思想体系的重要影响。在孔子那里，尧、舜、文、武是圣王名君，他特别向往周代的礼乐制度，所以他对于文、武、周公更是十分推崇，孔子的弟子子贡便说孔子学修“文武之道”。

文王是周政最主要的创始人，周公也动辄引述文王的言语，对于文王，孔子自然情有独钟。即使在周游列国途中被围于匡时，孔子还说：“文王既没，文不在兹乎？天之将丧斯文也，后死者不得与于斯文也；天之未丧斯文也，匡人其如予何？”由此可知，孔子是以文王之道的担当者自期的，或者可以说他自认是文王之道的传人。《中庸》又记孔子之言说：“文、武之政，布在方策。”“方”指方版，“策”即册，指竹简，“方策”泛指典籍。这句话是说周文王和周武王的政治都明白地记述在方版和竹简的典籍上。

《逸周书》乃是后人根据古代“方策”写定的，只是其中个别的言语可能由写定者改用了当时通用的词语，基本内涵却不会发生大的改变。长期以来，由于疑古思潮的巨大冲击，不少本来已经比较清楚的历史问题反而模糊起来，许多历史文献得不到正确认识。与疑古思潮的消极影响密切相关，学界对不少上古文献的成书问题缺乏正确的认识，如《周礼》《六韬》《古文尚书》等，这就影响到了人们对《逸周书》年代问题的看法。

值得庆幸的是，随着学术事业的进步，人们正在不断超越疑古思潮的束缚，逐步走出迷茫，对中国的上古文明进行新的估价，对于《周礼》《六韬》《古文尚书》等书的认识也会逐渐接近历史的真实。例如《周礼》一书，旧说为周公所作，现在相信此说的人很少。不过，由于文物考古资料的日渐丰富及学术研究的进步，越来越多的学者发现此书具有极其重要的价值，人们认识到该书的记述都有历史的根据，并非像有人所说的是出于后来“大国主义”者的设计。有的研究者认定《周礼》“只能出于一人之手”①，如果是这样，这位作《周礼》的人是否是周公，笔者以为很值得认真探讨。

学术的进步自然也有利于对《逸周书》本来面目的探讨。例如，人们怀疑《逸周书》的一些篇章时代较晚，主要是认为“文字不古”，似有后代词语，如《逸周书》的《柔武》中有“德”“义”“信”等，《小开武》中有“五行”说，《宝典》中则有“信”“义”“仁”等。其实，仁、义、圣、智、德、信、孝、慈等概念西周时

① 彭林：《〈周礼〉主体思想与成书年代研究》，中国社会科学出版社1991年版，第231—233页。

期已普遍运用,《周礼》中这样的词语就有不少,如西周的师儒与教化便对此涉及很多,地官之“大司徒”职中的所谓“十二教”,“以乡三物教万民而宾兴之”的“六德”“六行”“六艺”,国子教育中的“师氏”“保氏”所掌等,都是道德教育与礼仪教育相结合的,其中就出现了不少“仁”“义”之类的概念,这正是后世儒家思想的渊源所在。看来,以所谓的“文字不古”而确定《逸周书》各篇的写定时间尚须慎重。

《小开武》中出现的“五行”与前述情况相类似。该篇的文字中提到文王时“循用五行”,后文具体地说道:“五行:一黑,位水;二赤,位火;三苍,位木;四白,位金;五黄,位土。”前人以为五行为战国时代的产物,是阴阳家出现以后的事情,学者已经指出这种看法不可信据,因为《国语·郑语》载厉王时的周太史史伯之言就说:“故先王以土与金、木、水、火杂,以成百物。”可见五行为西周时已有。另外,《小开武》所言五行之顺序与《尚书·洪范》同,而与战国时有别,说明《小开武》非战国时文,应与《洪范》时代基本相同。但是,后人论《洪范》,多以其为春秋中期的作品,因而《小开武》的时代亦被后置。

其实,《洪范》写定很早,著名学者金景芳先生说,“它为西周的作品是不容怀疑的”,李学勤先生也说:“《洪范》一篇成于西周,应该没有什么问题。”因为从《书序》《尚书大传》《史记》以至现代不少学者如王国维等,都认为《洪范》所载是周武王时实有之事。从史籍的引用看,春秋战国时人已经把《洪范》奉为经典,援引其中带有原理性质的文句,加以推阐引申,儒、墨、法等家概莫能外;又如《诗·小旻》中的语句也与《洪范》“五事”节的句子有显著关联,这都是《洪范》成于西周的重要证据。李学勤先生还说:“很多人觉得《洪范》晚出,是由于篇中首列五行，而近人的一项成见，是以为五行的出现很迟。这种论证的方式，在逻辑上是颠倒的。”[①]实际上，人们论说《逸周书》各篇的时代，也往往陷于这样的错误。

读《逸周书》，很容易得到的印象是其“驳杂”，因为其书已佚不全，不仅各篇文气不类，纪年方式不一，属辞成章体制有别，而且有的完整，有的残缺；有的有注，有的无注。正因如此，后人对《逸周书》的性质有种种推测。其实，这正昭示了《逸周书》的古朴可信。例如，关于文王去世后武王时期的纪年，有学者已经指出：“武王没有改元，继续以文王受命称王之年为元年，文王称王七年而死，文王仍以即位后的一年称为八年。”[②]在《逸周书》中，文章的纪年方式有的是“维……祀”，有的则是“维王……祀”，其实前者是文王受命之年，后者一般是指具体的周王，有的是武王，有的是成王。

实际上，确实有不少学者看到了《逸周书》的重要价值，如姜士昌《逸周书序》说“其文辞湛深质古，出左氏上”；《四库全书总目提要》说“究厥本始，终为三代之遗文”；谢庸《周书序》说“其宏深奥衍，包孕精微，断非秦汉人所能仿佛”；朱右曾《逸周书集训校释》说“虽未必果出文、武、周、召之手，要亦非战国秦汉人所能伪托”。这些观点都程度不同地接近了此书成书的真相。清代大学者孙诒让精研周代典籍，他在《周书斠补叙》中说此书“古事古义多足资考证，信先秦雅记壁经之别枝也”，他认为《逸周书》一定早于《左传》以及战国诸子，为早期

---

① 李学勤：《失落的文明》，上海文艺出版社 1997 年版，第 310—317 页。

② 杨宽：《西周史》，上海人民出版社 1999 年版，第 85 页。

篇帙的遗留,足应视为瑰宝。

二、灭商之前周公的事迹与思想

《逸周书》中大量记载的关于周公的事迹,其实也不是孤立的,而是有其他文献可以佐证。从《逸周书》的记载看,武王在文王去世后即位,他凡事都与周公商量,共同谋划,对武王来说,周公既是亲密无间的弟弟,更是最可信赖的辅相。司马迁的记载正是如此,《史记·鲁周公世家》说:“及武王即位,旦常辅翼武王,用事居多。”

周文王时,周人已经开始了与商王朝的周旋与斗争。当初,文王取得了商纣王的信任,殷王赐命姬昌弓矢、斧钺,可以有征伐之权。这一年(前 1057 年),有虞、芮之人争讼,来见文王。至其境内后,见其民风淳厚,互让互谅,皆觉惭愧而回。大概就是这一年,姬昌称王,后来被谥为文王。文王受命七年驾崩,武王即位,武王仍然以太公望为国师,以周公旦为辅相。太公、周公是武王最为得力的助手。周公是武王的同胞弟弟,这一点与太公不同,因此,无论军国大事,还是其他的疑难小事,武王总是与周公商讨。从《逸周书》的记载看,武王、周公议论的中心在以下几个方面。

(一)谋划倾商过程中的问题

文王时期,商王朝的各种矛盾已经突出地表现出来,内部可谓危机四伏。为了成就灭商的大业,文王时期已经做了大量的工作,一方面,他们顺应商王,就像《逸周书》的《程典》篇中所说“合六州之侯奉勤于商”，以西方诸侯之伯的身份服从商朝的统治；另一方面，他们继续发展自身的实力，继续修德行善，争取更多的信任与支持。

自文王取得商纣王的信任而受命，文王已经悄悄进行着灭商的各种准备。在文王的基础上，武王要继续隐忍待时，蓄积力量，继续修复与商纣王的君臣关系，而在维护这种关系的同时，他们还要加紧进行克殷的准备。

武王即位之初，他当然明白自己最为重要的使命，他要完成灭商大业，因此，他思虑的重点也在于如何戒备殷商、制定周密的计划，一步一步地达到最终“倾覆”商朝的目标。据《大开武》篇记，武王正式即位之年（前 1050 年）二月，武王在丰地秘密地与周公接触，他询问周公说：

> 呜呼！余夙夜维商，密不显，谁和？告岁之有秋，今余不获，其落若何？

武王日夜地思虑灭商之事，悄悄地考虑怎样才能得到诸侯的配合与响应。武王担心推翻商朝的时机到来后会轻易丧失，就像到了秋天，庄稼已经成熟，如果不去收获，颗粒会自动落地。周公回答说：

> 兹在德，敬在周，其维天命，王其敬命。远戚无干，和无再失。维明德无佚，佚不可还。

在周公看来，决定的因素在于德。对周人来说，最重要的是要敬尊天命，远近诸侯都不要冒犯，已经和好的诸侯不要再失去。

要继续修明道德，不要安逸无为，否则会难以收拾。

武王计划灭商，但也担心有些事情做不好。在即位第二年（前 1049 年）一月的一天，武王又把周公召到跟前，对周公说："余夙夜忌商，不知道极。敬听以勤天下。"说自己早晚都在戒备殷人，可不知道最好的办法。他向周公求谋，从而恭听以勤谨地为天下努力。于是，周公又劝诫武王顺德谋事。

在这一年举行的孟津（一作"盟津"，今河南孟津县西南）会盟与誓师中，也体现了周公敬德的思想。武王先祭祀天神，向东校阅军队，一直到达孟津。这次行动，是武王即位后第一次大规模出师，《史记·鲁周公世家》说此次行动由"周公辅行"。他们制作了文王的神主，用车子载着，置于中军；武王自称"太子发"，表示是奉文王之命进行征伐，不敢自己专行。于是昭告各官，要求大家谨敬虔信，自己承袭先人的德业，还明定赏罚，以更好地完成任务。此次观兵显然带有演习的性质，这便于熟悉地形和路线，以利于以后大军渡河北伐，也试探商朝的虚实和诸侯的反应。据说，这次会盟，不期而至的有八百诸侯。这对于武王坚定灭商、继续修德待时，是一个更好的促动。

据《酆谋》篇记，武王即位的第三年（前 1048 年），武王在丰邑时，周公将谋商的话告知武王。武王召周公说：

> 呜呼，商其咸辜，维日望谋建功，言多信，今如其何？

武王认为，商纣已经罪孽深重，大家天天盼望灭商，建立功勋，周公的谋划也多切实可行，应该采取切实的措施开始行动。周公说：

> 时至矣，乃兴师循故。初用三同：一戚取同，二任用能，三矢无声。三让：一近市，二贱粥，三施资。三虞：一边不侵内，二道不驱牧，三郊不留人。

周公也认为已经到了实行谋商计划的时机。于是，他们发动军队，修固山川，还采取了一系列具体的措施，如用三同：统一兵器型号，官吏一律任能，箭镞一律无声。施三让：市场近民，降低物价，向商贾施资。行三虞：边境不侵内地，道路不驱牛羊，使人皆居邑中。这样，他们顺应时机，细致谋划，除患兴利，积极应对。

武王日夜谋虑，以至于过度疲惫，心情不安，周公则及时为武王鼓劲，成了武王的主心骨。据《寤儆》篇记，这年四月初一，武王惊恐地召来周公，以为灭商的计划泄露了。他说自己做了一个梦，是商朝人惊吓了自己，他感到惶恐，认为想服从没有好的法则，想进攻怕没有功绩，想称王条件却不成熟。对于武王的忧虑，周公劝慰到：

> 天下不虞周，惊以寤王，王其敬命！奉若稽古维王，克明三德维则，戚和远人维庸。攻王祷，赦有罪，怀庶有，兹封福。监戒善败，护守勿失，无虎傅翼，将飞入邑，择人而食。不骄不吝，时乃无敌。

在周公看来，上天不让周人安逸，所以托梦惊王，他认为武王要敬重天命，奉顺天命，稽循古道，这才是称王天下的条件；能够明了天、地、人三德，就是服从的法则；使远方的人亲近和睦，就是进攻的功绩。周公认为，做好各方面的工作，如认真祈祷，赦免有罪，安抚众人，这便是大福。只要认真总结经验教训，鉴戒成败得失，不骄不躁，就会做到无敌。

（二）继承文王的政治经验

周文王在位时间很长，在与殷商的复杂斗争中积累了丰富的政治经验，这是武王、周公时期应当很好继承的宝贵财富。武王与周公都深深知道这一点，他们在一起时，便常常总结历史经验，常常总结他们的父亲文王的政治经验。从《逸周书》的记载看，武王初即位的几年中尤其如此。

武王（姬发）还在做太子的时候，文王就常常以仁、义、礼仪等问题教导他，文王去世之前，还在告诫身为太子的姬发，教育他“所保所守”，向他讲述为君之道及治国理财的大法。

据《柔武》篇记，武王正式即位之年（前 1050 年），武王召见周公，说起了文王时期政治成功的原因：

> 维在文考之绪功，维周禁五戎。五戎不禁，厥民乃淫。一曰土观幸时，政匮不疑；二曰狱仇刑蔽，奸吏济贷；三曰声乐□□，饰女灭德；四曰维势是辅，维祷是怙；五曰盘游安居，枝叶维落。五者不距，自生戎旅。
>
> 故必以德为本，以义为术，以信为动，以成为心，以决为计，以节为胜。务在审时，纪纲为序，和均□里，以匡辛苦。见寇□戚，靡适无□。胜国若化，不动金鼓，善战不斗。故曰柔武，四方无拂，奄有天下。

他们认为，不能不耕而望获，以免赋税匮乏；不能收受贿赂，使仇人系狱，疲敝受刑；不能纵情歌舞，贪恋女色，以免劳损心志，毁灭身性；不能依靠权势，依赖祈祷，凭借祭祀；不能游手好闲，安居无事，失去辅佐。如果不禁绝这些，就会造成严重的后果，就会生出军旅之祸。所以，必须以道德为根本，以礼义为办法，以诚信为行为方式，以诚实为计策，以决断为谋虑，以节度为取胜之道。这样，防患于未然，不需要动用军队，战士虽然善战，却不需要战斗，这叫作“柔武”。这样消弭四方的反抗，便能够保有天下。

对于文王的德业，周公十分明晰。据《大开武》篇记，当武王与之谈起如何进行灭商的准备时，周公说：

> 维文考恪勤战战，何敬，何好，何恶。时不敬，殆哉！

周公也提到要想着其先父文王勤敬谨慎的样子，要像他那样，知道敬重什么，喜好什么，憎恶什么。周公认为，如果不重视这些，就会遇到危险。

周公显然也从文王那里学到了很多的见识。据《小开武》篇记，武王向周公询问灭商的最好的办法，周公又想到其父“文考”，于是讲出了一番大道理：

> 在我文考，顺明三极，躬是四察，循用五行，戒视七顺，顺道九纪。三极既明，五行乃常；四察既是，七顺乃辨；明势天道，九纪咸当。顺德以谋，罔惟不行。

三极讲的是天极九星、地极九州岛、人极四佐（四佐，即天子的前疑、后丞、右辅、左弼）；四察讲的是耳、目、口、心所察的声音、颜色、言语、意念；五行是水、火、木、金、土；七顺是指顺天得时，顺地得助，顺民得和，顺财利足，顺得助明，顺仁无失，顺道有功。九纪是指辰以纪日，宿以纪月，日以纪德，月以纪刑，春以纪生，夏以纪长，秋以纪杀，冬以纪藏，岁以纪终。周公所讲，包含了天时、地利、人和等方面，他希望武王修德待时，把握时机，静观时变，遵从事物发展规律，综合各方面因素，对形势客观预测、判断。

（三）周公早期的思想主张

在武王与周公的谈论中，集中体现了周公的天命观以及政治主张。周人“受命”，他们认为自己已经接受了天命，即天命已经转移到了周人这里。从周文王时期开始，周人已经认为殷商已丧失天命，尤其商纣王的残暴肆虐，造成了这样的局面，即人人都希望殷商灭亡，认为商纣可伐。

周公看清楚了历史大势的发展变化，当武王担心形势会出现逆转的时候，他便以自己对于历史大势的认识加以劝导，安慰武王。周公多次说到“天命”“天道”，他希望武王的行为要“顺天”“敬命”，周公认为，周人代商，使周人在殷周之际的变化中生存和发展，是天命所决定的。他们所应当做的，是敬尊天命。当武王被殷商惊吓，从噩梦中醒来时，周公同样劝导武王要敬尊天命，奉顺天命，借鉴历史经验，遵循古道行事。

《逸周书》中有《小明武》篇，其中讲攻人之道说：“凡攻之道，必得地势，以顺天时。”文王时期就十分注意循时而动，武王与周公论及文王之政时还谈到关于“务在审时”的话题。周公也常常说到“时”“势”等概念，这其实也是周公天命观的体现。《小开武》篇记周公讲“顺天得时”，又讲“时候天视可监”，是说应当顺势发展，遵从上天的昭示。他反对不顺应时势的做法,反对逆“时”而动,《大开武》篇记周公之言,认为“动不时,民不保”。在武王、周公看来,应当“明势”,应当“应时作谋”,正确估价形势,按照时势行事,主张“时不失”,即及时预见吉凶,以便抓住时机,不轻易丧失机遇。当商纣王成其罪孽时,周公说:“时至矣!”主张立即行动起来。

周公所讲的“天时”“天视”,都是在全面分析天下各种因素之后得出的判断,与他的所谓“势”相联系。这里的“势”,则是明察天、地、人,顺应社会人心与日月四时等自然规律的综合结果。

与关心自然时势相比,周公似乎更看重人为的方面,即注重社会的因素,周公“明德”“敬德”的思想就是在这样的情势下阐发出来的。

周人取代殷商为天命所定,周人敬尊天命,更需要顺从天命。而顺从天命,最重要的是做好现实的事情。比如,周公认为,周人已经具备的优势不应再失去,而不具备的优势应当加以扩大,取得诸侯人心就是如此。为此,周人应当修德,不可安逸;应当亲近百姓,和睦姻亲,任用人才,哀恤辛劳;应当使民以时,协和民众,纯德正民,百姓富足,使人民礼让、和谐、遵法、顺从。

武王与周公还说到修养自身、选择人才、完善计谋、谨慎言语的问题,而以修养自身为先。在修身方面,周公提到“四位”“九德”之说。所谓“四位”,即定、正、静、敬。《宝典》篇记曰:

> 敬位丕哉!静乃时非,正位不废,定得安宅。

在四者之中,“敬”最为重要,依次是“静”“正”“定”。说到这

里,会自然联想到《中庸》《大学》中的有关论述。《中庸》讲“诚”,讲“诚敬”,《大学》中则说:

知止而后有定,定而后能静,静而后能安,安而后能虑,虑而后能得。

《大学》强调追求至善境界,认为人的修养应当明确努力的目标,明确所当止之地,即至善之所在。明确了这一点,就会志有定向,心不妄动,所处而安,从而处事精详,得其所止。周公所说的“定得安宅”其实就是《大学》中的“得”,即得其所止。很显然,周公的思想主张是深刻的,以至于儒家的经典中都有与之相近的表述。《中庸》所讲的“诚”,或者“诚敬”,《大学》里讲正心、诚意、致知、格物,讲内在心性的修养功夫。这些都是为了修身,都是为了达到齐家、治国、平天下的目的。

这里的“四位”与“九德”是相互联系的,也就像《大学》里的正心、诚意、致知、格物与修身的关系。周公所说的“九德”,包括孝、悌、慈惠、忠恕、中正、恭逊、宽宏、温直、兼武(明刑)。这些概念,都为后来以孔子为代表的儒家所积极倡导。《论语》中还记有孔子的话说:“甚矣吾衰也,久矣吾不复梦见周公。”孔子不能梦见周公,就认为自己已经衰老,在这里可以得到理解。

武王、周公还讲到“信”。信,即诚信,即诚实无欺,它也是一个道德概念。《宝典》中说道:

言有三信。信以生宝,宝以贵物,物周为器。

言语诚信可以视为国家的宝物,所谓宝物乃是由于物品的可贵,而物品是可以被广泛使用的。治理国家的人,最重要的是要以“信”为“器”。为政治国的人,一定要以诚信行事,养生殖财就像春生夏长那样公正无私,百姓就不会迷惑;赏善罚恶就像秋落冬杀那样有一定之规,政教才能通行;尽人之性以尽物性,了解人与物的性情,使人与物各得其所,这样人们都能感君之德。

三、对克商之前周公记载的认识

毫无疑问,在灭商之前,周公辅佐武王,为了完成克商大业,已经起到了重要作用。但是,由于对《逸周书》的记载心存疑虑,人们叙述周公德业,很少论及灭商之前周公的事迹与思想。我们翻看现有的一些西周史著,其中论述周公事迹者很少,对《逸周书》中所记载的周公事迹与思想甚至很少提及,这对于全面了解周公,全面认识与他相关的历史十分不利,更与周公的重要地位极不相符。其实,只要正确了解有关问题,认真分析出现这种情况的原因,还是可以得出正确认识的。

(一)周公与“文、武之政”

由于时隔久远,我们对殷末周初的历史了解相对较少,所以,对于那时的许多历史问题,言人人殊、莫衷一是的情况十分突出。然而,学术界已经公认,我国有文字记载的历史十分悠久,史官记事制度也由来已久。夏商周三代时期,每个王朝都有一些历史记录流传下来,到了周代,人们的历史意识逐渐增强,从而对这些文献加以整理,于是便有了大量的“书”在周王朝和诸侯国中流传。

孔子有一句话很值得注意,这句话见于《礼记·中庸》,即“文武之政,布在方策。其人存,则其政举;其人亡,则其政息”。同样的记载也见于《孔子家语·哀公问政》,这一句话的可靠性毋庸置疑。鲁国的国君向孔子问政,孔子首先想到“文武之政”,这里有两点可以肯定,其一,孔子对周文王、武王时期的政治不仅熟悉,而且推崇;其二,孔子之时,有关周文王、武王时期的历史记载一定还都存在。

孔子生活在春秋末期,为了发挥“书”的教化作用,并用以教育弟子,他曾对大量古代史官所记录的“书”加以整理,他自己一定拥有或者看到大量的有关记载。如果《逸周书》真的像前代学者所说的那样“断非秦汉人所能仿佛”“非战国秦汉人所能伪托”,那么,其中的记载可能的确曾为孔子所能得见。

周文王在位时间很长,他经历了殷末复杂的历史变故,应该是一位非常高明、非常出色的政治家,否则,在商朝的统治下,周人发展成那样拥有民心、得到诸侯拥戴的邦族,是难以想象的。《逸周书》中有《度训》《命训》《常训》等篇,这应该就是后人常常言及的周先王的训典,即史书中所说的“训语”“遗训”等。各篇言为政牧民之道,而且从天道、民性问题谈起,内容丰富,“理极精深”①。周训既为先王遗训,自然会影响到周人的政治思维,理应也影响到儒家的学说。②《逸周书》中的其

① 蒋善国:《尚书综述》,上海古籍出版社1988年版,第440页。

② 参见杨朝明:《周训:儒家人性学说的重要来源——从〈逸周书·度训〉等篇到郭店楚简〈性自命出〉》,《儒家文献与早期儒学研究》,齐鲁书社2002年版,第97—118页。

他相关篇章如《文酌》《大匡》《程典》《文儆》《文传》等篇章都可以作为印证。

文王死后,武王、周公动辄称及"文考"之言,甚至武王死后,周公辅佐成王时期,还不断地与成王提到文王,希望他效法"文祖",搞好周初政治。武王灭商以前,与周公有关的《逸周书》各篇,其中所表现出来的周公的谋略以及他的政治远见,都与文王、武王相互协调,思想一贯,这也说明,无论武王,还是周公,在殷末周初的政治风雨中,都被砥砺成了像文王一样出色的政治家。

从武王时期的周公事迹中,我们也能想象到周公在灭商以前所能发挥的作用,从而可以理解《逸周书》中的记载不会是空穴来风。

武王时期,他的周围有一批大臣辅佐。除了作为国师的太公望、三公之一的周公,还有召公奭、毕公高以及治事的八位大臣,他们便是史书中所说的"尹氏八士、太师三公"。在王朝鼎革的牧野之战的第二天,周人举行隆重的祭社典礼,宣告周人正式继承了殷商的天命。在这次典礼上,周公持大钺,召公握小钺,在武王左右,向上天和殷民宣布纣王罪状,正式宣布殷朝灭亡,周朝取而代之,武王为天子。周公、召公手持象征军事权力的斧钺,分站在武王的两边。周公把的大钺是一种权力的象征,不难看出,周公的地位仅次于武王。

周朝建立后,他们要迅速稳定局势,拨乱反正,收拢人心。商朝灭亡了,纣王也死掉了,但是,如何处置殷商旧的上层贵族,周人的决策层中却有不同看法。按照《尚书大传》的说法,武王曾经分别征求太公、召公和周公的意见,周公与太公、召公的杀戮办法不同,主张让殷人在他们原来的住处安居,耕种原来的土地，尽力争取殷人当中有影响有仁德的人。周公这种主张深得武王赞许，因为周人虽然倾商，但却是利用了殷商内部的矛盾，殷商王朝经过数百年的经营，毕竟是当时的“大邦”，任何轻率的做法都是十分危险的。周公的头脑十分清醒，他认识到应该给殷商贵族以生路，就地安置，分化瓦解，对他们采取怀柔政策。周人后来采取的一系列政策，都与周公的这种主张一致。而这些，又都与《逸周书》中所显示的文王、武王、周公一贯的“柔武”主张完全一致。

由于过度的操劳，武王的身体受到了严重影响。在班师返回镐京途中，武王忧虑天下，一连几天没有睡好。周公得知此事，急忙赶到武王那里。武王觉得自己身体状况很差，将不久于人世，便殷殷相嘱，并希望与周公“兄弟相后”，死后由周公继承王位，主掌天下。按照我们的研究，夏、商时期，可能已经通行嫡长子继承制度，夏、商王朝以及周代的诸侯国的“兄终弟及”现象，都是特殊历史条件下的变通措施，是作为“父死子继”的补充出现的。① 可是，“父死子继”的继承制度虽然由来已久，但武王还是希望传与周公，说明只有周公才有能力控制周初的复杂局面，这是武王对他的信任，更是对他能力的肯定。

克商以来，武王不断地操劳，终于支撑不住了。武王病重时，群臣忧惧，太公和召公打算到文王庙去敬求卜问。周公则设立祭坛，为武王祈祷，甚至愿以自身代替武王。这也都说明武王与周公兄弟之间不寻常的关系。所有这些，都与《逸周

---

① 参见杨朝明：《周先王继承制度研究》，《文史哲》1999 年第 5 期；《近人商周继承制度研究之检讨》，《管子学刊》1996 年第 2 期；《鲁国“一继一及”继承现象新考》，《东岳论丛》1996 年第 5 期。

书》中所记载的有关周公的事迹与思想相契合，甚至可以视为有关周公与武王的关系记载的印证或注脚。

（二）《逸周书》与《尚书》的比较

如前所述，《逸周书》本来为孔子删订《尚书》之余，《逸周书》与《尚书》具有同样的性质。《尚书》在孔子时代共有百篇，但现存的《今文尚书》仅有二十八篇，即使连十六篇的《古文尚书》加上，也只是百篇《尚书》的一小部分。尽管如此，《逸周书》七十一篇仍在百篇《尚书》之外。

如果按照单个的人物分析，无论是现存的《尚书》还是《逸周书》，其中有关周公记载的篇章都是最多。有学者注意到《逸周书》中的这一现象，认为是“编者有意突出周公”①。其实，我们认为，这些情况可能是古“书”真实情况的反映，未必是编者有意为之。

周公历文王、武王、成王三世，不仅经历了殷周王朝的更迭，还经历了三监之乱，经历了东征平叛；不仅稳定了摇摇欲坠的周朝江山，还分封诸侯、迁都制礼，奠定了周朝礼乐文明的基础，巩固了周朝的统治。《尚书》与《逸周书》中的记载，正是周公德业实际的反映。

---

① 如黄怀信说：“本书不唯于克殷以后之篇多言周公业绩与建树，于灭殷及灭殷之前，亦多有周公之谋……可见其书编者是有意突出周公。”（黄怀信：《〈逸周书〉源流考辨》，西北大学出版社1992年版，第118页）日本学者谷中信一则说：“该书中周公旦的名字屡屡出现……周公旦的名字与文王、武王、成王相比，则出现得更频繁，而成为本书的主要人物之一。”（［日］谷中信一：《〈逸周书〉中的周公旦》，孙佩霞译，黄留珠主编：《周秦汉唐文明国际学术研讨会文集》，三秦出版社2001年版，第92页）

事实上,无论《尚书》还是《逸周书》,在有目无文的篇章中,与周公有关,或者出于周公之手者还有不少。相比之下,与灭商以前周公事迹有直接关系的篇章,其数量所占比例并不大。周公处在周朝建立和巩固的关键时期,周人感念祖先,自然首先念及周朝江山的奠定人文王、武王和周公。与文王、武王相比,周公的地位同等重要,既然周公在世日久,又功德卓著,那么,周人编订周朝历史文献,周公的地位就不可能不显得十分突出。

将《尚书》与《逸周书》比较,可以看出《尚书》中的《周书》部分没有克商之前周人谋划对付商王朝的文献,这与孔子选编《尚书》的原则有关。孔子之于《尚书》,看重的是其教化功能,此即孔子的"《书》教"。《孔子家语·问玉》与《礼记·经解》都记有这样的话:

> 孔子曰:"入其国,其教可知也。其为人也……疏通知远,《书》教也。"

孔子所说的"疏通知远"就是通达政事、了解历史,他认为这是"《书》教"的结果。从孔子对《尚书》的有关评论中,我们可以窥得他整编时选材的倾向。《孔丛子·论书》篇记曰:

> 子张问曰:"圣人受命必受诸天,而《书》云:'受终于文祖。'何也?"孔子曰:"受命于天者,汤、武是也;受命于人者,舜、禹是也。夫不读《诗》《书》《易》《春秋》,则不知圣人之心,又无以别尧、舜之禅,汤、武之伐也。"
>
> 子夏问《书》大义。子曰:"吾于《帝典》,见尧、舜之圣

> 焉：于《大禹》《皋陶谟》《益稷》，见禹、稷、皋陶之忠勤功勋焉；于《洛诰》见周公之德焉。故《帝典》可以观美，《大禹谟》《禹贡》可以观事，《皋陶谟》《益稷》可以观政，《洪范》可以观度，《秦誓》可以观义，《五诰》可以观仁，《甫刑》可以观诫，通斯七者，则书之大义举矣。"

不难看出，孔子注重的是书的教化作用。在孔子所选《尚书》之《周书》部分中，于《洛诰》见周公之德，《五诰》可以观仁，其他各篇，其着眼点也分别在"圣""忠勤功勋"以及"美""政""度""义"之类。在孔子的思想中，对于"阴谋""攻伐"之类显然是排斥的。孔子不语"怪力乱神"，孔子注重德政，反对刑杀，因此，灭商之前周人谋划商朝的篇章自然不会在其选编之列。

孔子以后的儒家也是这样，他们继孔子之后，大力宣传孔子的教化主张，他们在修习《尚书》的过程中，也对孔子选编的百篇《尚书》继续进行筛选淘汰。我们看现存的《尚书》各篇，绝大多数篇章都与儒家道统中的圣王如尧、舜、禹、汤、文、武、周公有关，这种现象的出现不是偶然的。西汉时期，百篇《尚书》仅存二十八篇，而且又都与《孔丛子·论书》中所记孔子所说到的各篇相应，这也同样不是偶然的。

然而，商、周王朝的鼎革，显然是与谋划、战争、攻伐、刑杀相伴随的，《逸周书》中有《世俘》篇，有《克殷》篇，这些都不见于今存《尚书》，而《逸周书》中却保存了这些篇章，这是由《逸周书》的性质所决定的。孔子与早期儒家以《尚书》为教化典籍，而我们研究商周之际的历史，则不能舍弃《逸周书》，应当将《尚书》与《逸周书》合观，应当将两部著作等量齐观。

(三) 周公思想的整体性与阶段性

周公处在殷末周初的风云际会中,如果细分,他经历了武王时期(或者还可分成克商以前、克商以后)、摄政时期、还政以后等历史阶段,似乎周公在不同的历史时期都有不同的思想表现。其实,这关系到对当时历史发展阶段的基本估价问题。

如前所说,由于疑古思潮的影响,人们对《逸周书》的"文辞不古"十分强调,其实,这些都是后人整理过程中造成的,或者说带有了后人改编的痕迹,但这不是说这样的改编失却了《逸周书》的原意。正像许许多多后人对这类古籍的改编一样,文章的本来意义并没有丧失。

以前学术界对《逸周书》的看法有不少偏颇,严重影响了对此书的利用。值得注意的是,1987 年湖南慈利县出土了战国时期的楚简,其中就有《逸周书·大武》的两种写本,一种字体方正,类似楷书,一种则结构随意,略显潦草。据介绍,简本和今本《大武》有一定的差异,如《四部备要》本《逸周书·大武》开篇作"武有六制:政、攻、侵、伐、搏、战",《北堂书钞》引《大武》则是"武有七制:一曰征、二曰攻、三曰侵、四曰伐、五曰阵、六曰战、七曰斗",而简本则作"武有七制:征、攻、侵、伐、搏、战、斗"。将三者比较,不难看出,这样的差异都是流传过程中造成的,它与后世人为的作伪完全是不同的概念。慈利竹简中《逸周书·大武》篇的发现证明《逸周书》早已流传于世,这应该可以引起人们对《逸周书》成书与史料价值问题的深刻反思。

据介绍,与《逸周书·大武》篇同出一墓的慈利楚简中,同时还发现了目前所见最早的《国语》抄本;又有《宁越子》一书。[①]《国语》与《左传》同类;而据《汉书·艺文志》,《宁越子》属于儒家,此书《隋书·经籍志》已经失载。由此我们想到,战国时期,《逸周书》的一些篇章已经备受重视,它同其他的一些儒家文献一样,已经流传到南方的楚地,甚至受到珍视,以至于被人作为死后的随葬品。

孔子以及早期的儒家"法先王",他们重视古代圣王的政治,慈利古墓同出的古籍再一次以实物印证了这一点。从前,《逸周书》的《大武》篇被视作"兵家的话",被认为"近于诸子"[②],显然不确。

既然《逸周书》的记载不是后出,那么,我们就应该给书中记载的文、武、周公的事迹与思想以足够的重视。大量的出土文物说明儒家的不少思想观念都有较早的渊源,这些思想都有一个历史的发展过程。对于商周之际的文化上的发展,以前有"剧变"说和"微殊"说的差异,其实,孔子所说的三代之礼的"损益"关系可以最恰当地表述商周文化的关系。周公的思想也是如此,他那个时期,并不是中国文明形成的初期,那时历史的巨大变动当然会给周公的思想带来巨大触动,但这并不一定意味着周公的思想主张也会有重大变化。

我们认为,周公继承了夏商时期的文化,《尚书·金縢》所记他自称"多材多艺"、《逸周书·度邑》所记武王称他"大有知(智)",说明周公了解掌故,勤于学习,在当时的人们中十分突

---

① 关于慈利楚简的发掘简报,已经分别发表在《文物》1990年第6期和《考古学报》1995年第2期。

② 蒋善国:《尚书综述》,上海古籍出版社1988年版,第440页。

出,因此,他对事物的发展变化往往有准确的判断,他也因此受到武王的信赖。这些都说明周公在武王时期已经具备了政治家、思想家的素养,《逸周书》有关篇章中所记述的周公事迹与思想自然也不会是后人凭空捏造的,也有十分重要的价值。

《今本竹书纪年》并非伪书说*

依照传统的看法,《今本竹书纪年》已是公认的伪书,对该书之真伪再加议论已大无必要。当年,陈逢衡《竹书纪年集证》据今本加以注解,王国维就颇不以为然,王氏所作的《今本竹书纪年疏证》刊而行世,用他自己的话说,乃是“惧后世复有陈逢衡辈为是纷纷”;朱右曾在《汲冢纪年存真序》中,亦言今本“不知何年何人,捃拾残文,依附《史记》,规仿紫阳《纲目》”而成,并指出“今本之可疑者十有二”;范祥雍也说:“《今本纪年》之伪,经过清代以来学者们反复考证,已为定谳,无须再买菜求益了。”①今日,我们细细审察《今本竹书纪年》后,却深感人们对它的评判很有不公,《今本竹书纪年》实有极其重要的史料价值。我们认为,仅从王国维先生的《疏证》中寻求内证,就足可证明《今本竹书纪年》之真,这些宝贵的资料被弃置不用,至为可惜!因此,我们不得不甘冒“买菜求益”之讥,再对《今本竹书纪年》的史料价值进行初步讨论,以期引起学界注意,来日再作系统深入的论证。

---

* 原载于《齐鲁学刊》1997 年第 6 期,后被收入美国斯坦福大学邵东方、倪德卫主编《今本竹书纪年论集》,(台北)唐山出版社 2002 年版。

① 范祥雍:《关于〈古本竹书纪年〉的亡佚年代》,中华书局编辑部编:《文史》第二十五辑,中华书局 1985 年版,第 53 页。

汲冢所出的《纪年》的原简早已散佚，清代以来的学者如朱右曾、王国维、范祥雍等都曾着力搜求南北朝至北宋的古注、类书中所引《纪年》佚文，加以汇辑、补充和校订，基本恢复了《竹书纪年》的概貌，人们不仅称其为《古本竹书纪年》，而且也当然地对其信而不疑。

但《今本竹书纪年》的情况则比较复杂。清四库馆臣说："然反复推勘，似非汲冢原书。"经过论证，其结论是"其伪则终不可掩也"，他们之所以为该书作了"提要"，用他们自己的话说，只是因为该书"自明代以来流传已久，故录之以备一说"。① 梁启超在所著《中国历史研究法》中谈到辨识伪书的公例时也说："其书原本，经前人称引确有佐证，而今本与之歧异者，则今本必伪。如《今本竹书纪年》。"②王国维对《今本竹书纪年》更持坚决的否定态度。他作有《今本竹书纪年疏证》，用惠栋《古文尚书考》、孙志祖《家语疏证》的方法，一一找出《今本竹书纪年》中材料之所出，认为"今本所载，殆无一不袭他书，其不见他书者不过百分之一，又率空洞无事实，所增加者年月而已。且其所出，本非一源，古今杂陈，矛盾斯起，既有违异，乃生调停，纷纠之因，皆可剖析。夫事实既具他书，则此书为无用，年月又多杜撰，则其说为无征，无用无征，则废此书可"③。

笔者的看法与王国维等有所不同。首先，从王国维对今本《纪年》的研究中，我们便可得到一些启示。王国维治《竹书纪

---

① 《四库全书总目提要》卷四七《史部・编年类・竹书纪年提要》。

② 梁启超：《中国历史研究法》，河北教育出版社 2000 年版，第 108 页。

③ 王国维撰，黄永年校点：《古本竹书纪年辑校 今本竹书纪年疏证》，辽宁教育出版社 1997 年版，第 37 页。

年》,辑成《古本竹书纪年辑校》一卷,他当然会“复怪今本《纪年》为后人搜辑”,因为二本差异极大,而且今本亦名《竹书纪年》。但我们不可忽略这样的事实:王国维虽然说“今本所载,殆无一不袭他书”,但同时也承认其中有“不见他书者”。而这些不见于他书的材料当然也并不像王国维所说“空洞无事实”,只要稍观王书没有疏证之语的诸条《纪年》原文便知这一点。对于上古历史的研究来说,任何新的文献材料都弥足珍贵,这是不言而喻的。

仔细审察王国维《疏证》,就不难注意到王国维所说《今本竹书纪年》抄袭他书的材料,其实并看不出直接抄袭的痕迹。随意举周成王八、九两年的材料为例即可证明这点(见表8):

表8 王国维《疏证》中关于今本《纪年》抄袭他书的材料

今本《纪年》	王国维《疏证》
八年春正月,王初莅阼亲政。	《文王世子》:“成王幼,不能莅阼。”
命鲁侯禽父、齐侯伋。迁庶殷于鲁。	《左·定四年传》:“分鲁公以殷民六族。”
作“象舞”。	《吕氏春秋·古乐篇》:“商人服象,为虐于东夷,周公遂以师逐之,至于江南,乃为‘三象’以嘉其德。”
冬十月,王师灭唐,迁其民于杜。	《左·襄二十四年传》:“在周为唐杜氏。”又《昭元年传》:“及成王灭唐。”
九年春正月,有事于太庙,初用“勺”。	《春秋繁露·三代改制质文篇》:“周公辅成王,作‘汋乐’以奉天。”
肃慎氏来朝,王使荣伯锡肃慎氏命。	《尚书序》:“成王既伐东夷,息慎来贺,王俾荣伯作《贿息慎之命》。”

实际上，王氏《疏证》中的绝大部分都是如此，他所列用以疏证《今本竹书纪年》的材料，仅仅能说明《今本竹书纪年》所言有本，而以此认为其“杂陈”各书显然非是。与王国维相反，笔者倒认为《今本竹书纪年》有其他资料佐证其不是无根之谈，恰恰反衬出该书的重要性来。

但是，王国维疏证《今本竹书纪年》用古注、类书等所引《纪年》（我们姑称之为古本《纪年》）时的情况则属例外，并与前述情况形成了鲜明的对照，二者的相通、相因痕迹极其明显。试以西周时期周厉王以前的材料为例以资比较（见表9）：

表9　今本《纪年》与古本《纪年》相关材料比较

今本《纪年》	古本《纪年》
1.（武王）十二年辛卯，王率西夷诸侯伐殷，败之于坶野。	王率西夷诸侯伐殷，败之于坶野。（《水经·清水注》引）
2. 王亲禽受于南单之台，遂分天之明。	王亲禽受于南单之台，遂分天之明。（《水经·淇水注》引） 王亲禽受于南单之台。（《初学记》二十四引）
3.（康王）六年，齐太公薨。	康王六年，齐太公望卒。（《太公吕望表》引）
4. 九年，唐迁于晋，作宫而美，王使人让之。	晋侯作宫而美，康王使让之。（《书钞》十八引）
5.（昭王）十六年，伐楚，涉汉，遇大兕。	周昭王十六年，伐楚荆，涉汉，遇大兕。（《初学记》七引）
6. 十九年春，有星孛于紫微。	周昭王末年，夜清，五色光贯紫微。其年，王南巡不返。（《御览》八百七十四引）

（续表）

今本《纪年》	古本《纪年》
7. 天大曀，雉兔皆震，丧六师于汉。	周昭王十九年，天大曀，雉兔皆震，丧六师于汉。（《初学记》七引）
8.（穆王元年）冬十月，筑祇宫于南郑。	穆王元年，筑祇宫于南郑。（《穆天子传》注引）
9. 自武王至穆王享国百年。	自武王至穆王享国百年。（《晋书·束皙传》引）
10. 八年，北唐来宾，献一骊马，是生騄耳。	北唐之君来见，以一骝马是生騄耳。（《穆天子传》注引。《史记·秦本纪》集解引“骝”作“骊”）
11. 十七年，王西征昆仑邱，见西王母。其年，西王母来朝，宾于昭宫。	穆王十七年，西征昆仑邱，见西王母。其年来见，宾于昭宫。（《穆天子传》注引）
12.（秋八月）王北征，行流沙千里，积羽千里。	王北征，行流沙千里，积羽千里。（《大荒北经》注引）
13. 征犬戎，取其五王以东。	征犬戎，取其五王以东。（《穆天子传》注引）
14. 西征，至于青鸟所解。	西征，至于青鸟所解。（《西次三经》注引）
15. 西征还履天下，亿有九万里。	西征还履天下，亿有九万里。（《穆天子传》注引）
16. 三十七年，大起九师，东至于九江，架鼋鼍以为梁。遂伐越，至于纡。	穆王三十七年，伐越，大起九师，东至于九江，叱鼋鼍以为梁。（《文选·恨赋》注引）
17.（懿王元年春正月）天再旦于郑。	懿王元年，天再旦于郑。（《事类赋》注、《御览》二引）

（续表）

今本《纪年》	古本《纪年》
18.（夷王）二年，蜀人、吕人来献琼玉，宾于河，用介珪。	夷王二年，蜀人、吕人来献琼玉，宾于河，用介珪。（《书钞》三十一、《御览》八十四引）
19. 三年，王致诸侯，烹齐哀公于鼎。	三年，王致诸侯，烹齐哀公于鼎。（《御览》八十四引）
20. 六年，王猎于社林，获犀牛一以归。	夷王猎于桂林，得一犀牛。（《御览》八百九十引）
21. 七年，虢公帅师伐太原之戎，至于俞泉，获马千匹。	夷王衰弱，荒服不朝，乃命虢公率六师伐戎，至于俞泉，获马千匹。（《后汉书·西羌传》，其注曰："见《竹书纪年》。"）
22. 冬，雨雹，大如砺。	夷王七年冬，雨雹，大如砺。（《初学记》二、《御览》十四引）

在上列材料中，第1、2、7、8、9、12、13、14、15、17、18、19、22共13条今、古本内容完全相同，只是有无纪年的差别；第3、4、5、10、11、16共6条今、古本仅有小异，这些差异绝不影响文义，显系经过了后人的稍稍改动，而这些改动终不掩今、古本系来源相同。第6条在表述上有些差别，或者是《御览》所引时的改动，因为其首句"周昭王末年"就明显不是《纪年》之语，且《御览》引书而稍加改动的情况是常有的；第20条今本"社林"《御览》所引作"桂林"，则是传抄之误；第21条古本原出《后汉书》，只是《后汉书》注说"见《竹书纪年》"，此可能是其事互见，而不一定是语句完全相同，二者有详略之异亦属正常。

通过上述22条材料的比较，谁也不会怀疑今本《纪年》与古本《纪年》之间的联系。但今本《纪年》又不是“从古注、类书中所引‘古本’辑录出来的”①,这从前引资料中便可察得。如第1、4、6、8、10、12、20、21条,比之古本,今本《纪年》在时间或内容上都较为明确、具体。如果仅从所用22条比较材料看,我们说古本的材料是从今本中来也能讲通,而反过来却不然。据笔者粗略统计,《今本竹书纪年》王国维以古注、类书等所引古本《纪年》加以疏证的,上卷有75条,下卷有160条。经细致对比,发现它大致与我们所引西周厉王前的22条材料情况相同。只是上、下卷的情形略有区别。上卷中虽然今、古本相通处很多,但也有几处不同,如果认为今本源于古本,则今本似乎进行过改编;而下卷除了纪年上的不同外,内容方面几无差别。下卷有大量的例证可以说明今本绝非辑录而成,因为古本“不云何年”的材料在今本中都有并非不恰当的各自位置。《今本竹书纪年》的写定者如果没见到汲冢原简或没有散佚的古本,而是从类书、古注中辑录而来,那么,我们就很难想象其如何加以编排。

总之,《今本竹书纪年》到底是怎样成书的还是个谜。但有一点可以肯定,即它的史料价值是极高的,这些材料即使不是直接采自汲冢原简,也会取自散佚之前的古本《纪年》。美国学者夏含夷曾发现《今本竹书纪年》中西周初期部分的一处错简,即今本中武王纪谱里的“十五年肃慎氏来宾初狩方岳诰于沬邑冬迁九鼎于洛□十六年箕子来朝秋王师灭蒲姑□十七

---

① 方诗铭、王修龄:《古本竹书纪年辑证》,上海古籍出版社1981年版,“前言”第3页。

年"40个字,可能原来置于成王十四年和十八年之间。[①] 其论证可以信从。[②] 由于古本《纪年》的此处材料已经不存,我们已无从判定古本此处是否亦误,因而也不能肯定《今本竹书纪年》是否直接采自原简,但由此完全可以认为《今本竹书纪年》具有相当的史料价值。

---

① 参见[美]夏含夷:《也谈武王的卒年——兼论〈今本竹书纪年〉的真伪》,中华书局编辑部编:《文史》第二十九辑,中华书局1988年版,第7—16页。

② 只是夏含夷说这处错简是西晋学者们在整理竹简时误排,其实未必。可能汲冢原简就是如此,因为战国时期的晋、魏史官当时对周初年代就有这种错误看法。如《国语·周语下》曰:"昔武王伐殷,岁在鹑火。"《晋语四》曰:"晋之始封也,岁在大火。"又曰:"岁在大火……唐叔以封。"按照《今本竹书纪年》,武王灭殷后第五年去世,第六年为成王元年,唐叔被封在成王十年,也就是说"王命唐叔虞为侯"在武王灭殷后第十五年。按照岁星十二星次:星纪、玄枵、娵訾、降娄、大梁、实沈、鹑首、鹑火、鹑尾、寿星、大火、析木。武王克殷岁在鹑火,以后第十五年恰好岁在大火。是则《今本竹书纪年》与《国语》正相吻合。今之学者已经论定:《国语》所载的岁星所次"不合天象","它是战国初期晋、魏史官根据历史年数依岁星十二年一周天逆溯来的","《国语》的岁次,以夏历为准,这是根据秦纳重耳岁在大梁、晋取五鹿岁在鹑尾确定的"。参见白光琦:《西周的年代与历法(节选)》,陕西历史博物馆编:《西周史论文集》(上),陕西人民教育出版社1993年版,第70—82页。有的学者认为《国语》所述天象是后人伪造的。参见张培瑜:《西周天象和年代问题》,陕西历史博物馆编:《西周史论文集》(上),陕西人民教育出版社1993年版,第42—55页。《今本竹书纪年》的原本亦出于先秦时期的晋、魏史官之手,可能是他们根据自己对西周年代的理解对竹简早有误排。此外,夏含夷将成王纪谱中的文字按每字一简进行排列时,将《今本纪年》的"元年丁酉春正月"作"元年春正月",略去"丁酉"二字,不知何故。当然,《今本纪年》是后人整理的结果,其中各王元年的干支纪年或为整理者所加。不过,"十五年肃慎氏来宾……十七年"共40字原在一简是极可能的。

清代学者钱大昕说:“今本《竹书纪年》乃宋以后人伪托,非晋时所得古本。”由于今本于晋、魏之世改用周王纪年,反注晋、魏世年于下,钱氏还说:“此例起于紫阳《纲目》,唐以前无此式也,况在秦、汉以上乎?《纪年》出于魏、晋,固未可深信,要必不如俗本(按:指今本)之妄。”①钱大昕之说代表了现在一般学者的看法。古本《竹书纪年》整理问世后,由于它与传统的古史说法有较大差距,故而不被学界重视。因此,唐代以后该书逐渐散失,最终归于亡佚。而今本到明朝嘉靖年间方始行世,而且与一般所认为的古本差异较大,还有一些明显的错讹,人们便自然地视其为伪品了。其实,汲冢书的整理是比较复杂的,《竹书纪年》也是如此。《晋书·束皙传》曰:“《纪年》十三篇,记夏以来至周幽王为犬戎所灭,以事接之,三家分,仍述魏事。”杜预《春秋经传集解后序》亦云:“《纪年》篇起自夏、殷、周。”但《史记·魏世家》集解引荀勖曰:“和峤云‘《纪年》起自黄帝,终于魏之今王’。”荀勖、和峤、束皙、杜预等都参加了汲冢竹简的整理与研究,所以《纪年》到底起自黄帝还是始于夏代,尚难遽定。然从《纪年》留存下来的材料看,其中有夏代以前的内容是没有疑问的。今本如此,古本也是这样,传统上整理古本《纪年》的次序一般自黄帝开始。朱右曾信从《竹书纪年》起自三代说,故有疑问曰:“岂编年纪事始于夏禹,而五帝之事别为一编乎?”(汲冢纪年存真)所以方诗铭、王修龄之《古本竹书纪年辑证》遂据此以“夏纪”起始,而关于五帝之佚文则别为“五帝纪”以附于夏、殷、周纪之后。

我们推测,汲冢所出《纪年》的原简,前面的部分可能有所

① (清)钱大昕:《十驾斋养新录》,上海书店1983年版,第298页。

散乱，所以《隋书·经籍志》著录“《纪年》十二卷”的同时有注曰“汲冢书，并《竹书同异》一卷”，《晋书·束皙传》说《纪年》十三篇，可能即包括《竹书同异》在内，因为当时汲冢书“卷即篇也”①。可能正由于竹简的散乱，当时才出现了对于《纪年》起始的意见分歧。但荀勖、和峤与束皙、杜预又有不同，荀、和二人是亲自写定《竹书纪年》的人②，二人言《纪年》始于黄帝颇耐人寻味。

这样，《今本竹书纪年》的出现可能有两种情况：一种是和峤在杜预等人所说的本子之外，根据汲冢的《纪年》原简另行写定，后由人进行过整理，并用沈约的名义加了注。另外一种是有人鉴于杜预等人所说的本子存在一些问题，便据而重新改编，这种改编主要做了四个方面的工作：一是把夏代以前的资料编成“五帝纪”置于最前面；二是以沈约的名义加进《宋书·符瑞志》等的内容，作为《纪年》的注；三是或据《晋书·束皙传》所言《纪年》“大略与《春秋》皆多相应”，从而改动《纪年》，使之具有了“书法义例”，如将夏代灭亡前的“殷王”改为“殷侯”，将商朝灭亡前的“周王”改为“周公”，“齐太公望卒”改为“齐太公薨”，“许文公”改为“许男”，等等；四是将东周时期的晋、魏纪年改为周王纪年。此外，清人说“沈约注外又有小字夹行之注，不知谁作”③，我们认为此夹注就是以沈约名义作注

---

① （清）郝懿行：《竹书纪年校正》序。

② 《玉海》卷四十七引王隐《晋书·束皙传》曰：“太康元年，汲郡得竹书漆字科斗之文，大凡七十五卷。……《纪年》二十卷……诏荀勖、和峤以隶字写之。”[（清）汤球辑，杨朝明校补：《九家旧晋书辑本》之王隐《晋书》卷六，中州古籍出版社 1991 年版，第 228 页]

③ 《四库全书总目提要》卷四七《史部·编年类·竹书纪年提要》。

者所加。不过,由于该书面世较晚,整理研究者不多,故现本仍存在不少问题。但该书作者绝对不是有意作伪,这是完全可以肯定的。不然的话,其作伪之手法也太过于拙劣了。

当年,梁启超总结清代学术时,将清儒研究《纪年》者分作四派:第一,并汲冢原书亦指为伪撰者;第二,并今本亦信为真者;第三,以古本为真,今本为伪者;第四,虽不认今本为真,然认为全部皆从古本辑出者。① 依我们的意见,第一、三两种看法显属不当,而二、四两种看法亦有不妥,今本显然不是汲冢原简,而是经过了后人整理,只是它与作伪有根本不同;如果当时人依据整理后的本子改编,显然也与从古本中辑佚属于两回事。

学界多以《竹书纪年》出于南宋以后人的伪造,今人范祥雍新的研究依然如此。但这种看法还有不少无法圆满解释的疑点:

(1)宋代许多公私藏书(如王尧臣等《崇文总目》、晁公武《郡斋读书志》、陈振孙《直斋书录解题》等)都不载《竹书纪年》,而《宋史·艺文志》却载有"《竹书纪年》三卷",注为"荀勖、和峤编",卷数与古本《纪年》差异极大,"书名和卷数似与《今本纪年》接近"②,因为现《今本竹书纪年》二卷,直名"竹书纪年",而古本则十二卷,并《竹书同异》一卷,且其名只称《纪年》。

(2)宋代文献有引《今本竹书纪年》者。南宋罗泌《路史·

---

① 参见梁启超:《中国近三百年学术史》,崇文书局 2015 年版,第 204 页。

② 范祥雍:《关于〈古本竹书纪年〉的亡佚年代》,中华书局编辑部编:《文史》第二十五辑,中华书局 1985 年版,第 55 页。

国名记》引《纪年》云:“(周)桓王十二年冬,王师、秦师围魏,取芮伯万而东之。”(此文亦见于《水经·河水注》引《纪年》,只是其文作“晋武公八年”为异)同书又引《纪年》“桓王十七年,楚及巴伐邓”。此二“桓王”皆为周桓王,而“王师”为周师。以周王纪年,这是《今本纪年》为例,不合于《古本纪年》记晋、魏世纪年之例。前条见于《今本竹书纪年》而多一“冬”字,后条则不见于《今本竹书纪年》。罗泌是否已见今本《纪年》虽难断定,但可能性极大。

引《纪年》之文而又于晋、魏之世用周王系年者不独见于《路史》。成书于北宋初年的《太平御览》卷一百四十七引《纪年》:“幽王八年,立褒姒之子伯服,以为太子。”幽王为周幽王,八年当晋文侯七年。此条见于《今本纪年》,作“幽王八年,王立褒姒之子曰伯服,以为太子”。《御览》卷八百八十引《纪年》:“周隐王二年,齐地暴长,长一丈余,高一尺。”隐王即周赧王。此条见于《今本纪年》隐王二年,文字全同。这二条并见于《今本纪年》,而为他书所未引。

这里涉及一个问题,即《古本纪年》周王纪年何时改为晋纪年。杜预《春秋经传集解后序》曰:“惟特记晋国,起自殇叔。”据此,晋纪年可能始于幽王即位前三年的宣王四十四年。正因如此,朱右曾的《汲冢纪年存真》、王国维的《古本竹书纪年辑校》、范祥雍的《古本竹书纪年辑校订补》都自殇叔始即列晋国年次,而以幽王之事附见。但《晋书·束皙传》说:“其《纪年》十三篇,记夏以来至周幽王为犬戎所灭,以事接之,三家分,仍述魏事,至安僖王之二十年。”据此,晋纪年可能在幽王去世后始。这表明《纪年》当时到底如何,确有不少难解的问题。如果是这样,《御览》所引《纪年》幽王时的材料还不能定为来自今本。

但《御览》所引“隐王”却可以肯定来自今本。隐王即赧王，此称不见于其他载籍，只见于《今本纪年》，其下有双行夹注校文，云“《史记》作赧王，名延，盖赧、隐声相近”。范祥雍先生也注意到了这个问题，他说：“考司马贞《史记索隐》常喜引《纪年》以证异，然在《周本纪》赧王下，他历引皇甫谧、王劭诸说而不提《纪年》，也无‘隐王’之称，张守节《正义》也没有，可见《古本纪年》不会有‘隐王’的。今所据的《御览》为影印宋蜀刻本，也不应有后人据《今本纪年》追改《御览》之理。”①

（3）《今本纪年》之《殷商纪》太戊下“沈注”的“商道复兴，庙为中宗”有双行夹注云“《竹书》作太宗”，此无疑表明夹注作者亲见了《竹书纪年》。以上几点，范祥雍先生在推论《古本》亡佚和《今本》出现的年代时已经提到，虽然他仍坚认《今本》之出在宋代以后，但对以上疑点亦有的并没有“轻加臆决”，如鉴于《宋志》所言《纪年》卷数与古本差距甚巨而又没讲清楚，故言“尚须另外查证”，对《御览》引有“隐王”之称，也说“书阙有间，只能待考”②。

至于钱大昕等对《今本纪年》于晋、魏之世改用周王纪年，反注晋、魏世年于下，而云“此例起于紫阳《纲目》，唐以前无此式也”，范祥雍所论正可作为解释：

尊王重统乃是我国古老的传统观念，不自朱熹《纲

① 范祥雍：《关于〈古本竹书纪年〉的亡佚年代》，中华书局编辑部编：《文史》第二十五辑，中华书局1985年版，第58—59页。

② 范祥雍：《关于〈古本竹书纪年〉的亡佚年代》，中华书局编辑部编：《文史》第二十五辑，中华书局1985年版，第59页。

> 目》始有之。其源早见于表谱。在同一时期,诸侯并列,各自纪年,择一宗主国统摄之,便于读史省检,此也自然趋势。刘知几《史通·表历》云:"当春秋、战国之时,天下无主,群雄错峙,各自年世。若申之于表,以统其时,则诸国分年,一时尽见。"说明用意。司马迁撰《史记》,其《十二诸侯年表》《六国表》,以周秦纪年总摄诸国的年世,即采此法。进一步发展,又有"改表作法",如何法盛《中兴书》,更为简切。何书今虽不见,从刘知几之言可以概知。崔鸿撰《十六国春秋》,皆记北朝诸国事,而《史通·探赜》云"鸿书之纪纲皆以晋为主",尽管它不载东晋王朝史事。①

据此,即使荀勖、和峤改《竹书》中魏、晋纪年为周王纪年也可以讲得通。

此外,《太平御览》引《纪年》较多,但并不一定全部直接采自原书,它有可能从前代类书中转抄而来。《太平御览》成书前,已经有《修文御览》《艺文类聚》《文思博要》等类书,北宋编修《太平御览》时,即以这些类书为蓝本,参详条次,修葺增删而成。如《修文御览》,又称《修文殿御览》,是北齐后主高纬时代官修的一部类书。此书传世时日较久,南宋时还全部存在,《中兴馆阁书目》《遂初堂书目》《直斋书录解题》都有著录。据近人曹元忠考证,《太平御览》不仅内容条文多取材于《修文殿御览》,即其体例亦模拟搬取。②《太平御览》所引《纪

---

① 范祥雍:《关于〈古本竹书纪年〉的亡佚年代》,中华书局编辑部编:《文史》第二十五辑,中华书局 1985 年版,第 59 页。

② 参见《唐写卷子本〈修文御览〉跋》,《笺经室遗集》卷十一。转引自胡道静:《中国古代的类书》,中华书局 1982 版,第 210—238 页。

年》有的明显来自古本,而其又间引今本,不知所引今本是否系从前代类书转引而来。如果是这样,《今本竹书纪年》之写定的时代会更早,也就是说由晋时和峤亲自写定的可能性就更大。

当然,《今本纪年》中也存在一定的问题,但这些问题似无妨碍本文之论断者。我们可以对具体问题进行具体分析,如《今本纪年》于周武王十七年纪谱下曰:“冬十有二月,王陟,年九十四。”而《路史·发挥》卷四、金履祥《通鉴前编》卷六皆引《竹书纪年》:“武王年五十四。”是今、古本记武王年龄居然相差40岁。然《今本纪年》与古本的此处差异却恰可说明今本之有重要价值,因为“五”“九”二字之手写体是很容易互讹的。如关于殷高宗的享国时间,《史记·鲁周公世家》说:“高宗享国五十五年。”而《尚书·无逸》却说:“高宗之享国,五十有九年。”显属“五”“九”相讹之例;又如《晋书·王祥传》说王祥临死时着遗令训子孙曰:“夫生之有死,自然之理。吾年八十有五,启手何恨。”是其享年八十五岁。但《三国志》卷十八《吕虔传》裴松之注引王隐《晋书》却记曰:“祥始出仕,年过五十矣……泰始四年,年八十九薨。”这又是“五”“九”相讹之例。如果今、古本《纪年》所记周武王享年也是如此,则说明不是今、古本《纪年》同据汲冢竹简写定,就是今本据古本改写而成。因为将《路史》《通鉴前编》所引《纪年》与《今本竹书纪年》相对照,《今本竹书纪年》显然不是从前者辑录而来。既然如此,二者同源就可以肯定了。

沈约与《今本竹书纪年》*

《今本竹书纪年》（简称《今本纪年》）本称《竹书纪年》，为与所谓“古本”区别而有“今本”之称。《今本纪年》有注，旧题梁沈约作。如上海古籍出版社1986年出版的影印本《二十二子》，其中清人徐文靖的《竹书纪年统笺》便题“梁武康沈约休文附注”。由于该书存在不少问题，它与史籍记载的杜预等人所说的《纪年》有明显不同。再加之该书流行较晚，故人们对其叠加怀疑，进而也否定了沈约与《今本纪年》的关系。实际上，我们今天所看到的《今本纪年》的面貌就是沈约在《竹书纪年》旧本的基础上加工的结果。本文就试图说明这一点。

一

几年前，笔者曾对《今本纪年》有所留意，后撰文谈了自己的看法，认为《今本纪年》的出现有两种可能：一是和峤在杜预等人所说的本子之外，根据汲冢的《纪年》原简另行写定，后由

---

* 原载于《史学史研究》1999年第4期，后被收入美国斯坦福大学邵东方、倪德卫主编：《今本竹书纪年论集》，（台北）唐山出版社2002年版。

人进行整理;二是有人鉴于杜预等人所说的本子存在一些问题,便据而重新改编。还进而推断《今本纪年》由晋时和峤亲自写定的可能性很大。① 现在看来,《今本纪年》应该本出于和峤之手,后来又经过了整理,而且这位整理者不是别人,正是沈约本人。

沈约(441—513年),字休文,南朝梁吴兴武康(今浙江德清西)人,历仕于宋、齐、梁三朝。沈约出身于官僚世家,又有家学渊源。他自幼好学,十三岁时,父亲被杀,这反而激起了他的上进之心。《梁书·沈约传》曰:"既而流寓孤贫,笃志好学,昼夜不倦。母恐其以劳生疾,常遣减油灭火。而昼之所读,夜辄诵之。遂博通群籍,能属文。"这为他以后学术上的成就奠定了坚实的基础。萧齐时,沈约曾任太子步兵校尉,管书记,直永寿省,校四部图书,这使他得以接触到更多的典籍。同时,他也酷爱书籍,《梁书·沈约传》称他"性不饮酒,少嗜欲,虽时遇隆重,而居处俭素"。这样,他便有条件将其俸禄用于购置书籍,以致"聚书至二万卷,都下无比"②,成为南朝历史上与任昉、王僧孺齐名的三大藏书家之一。

青年时代,沈约就有志于史书的纂集,"年二十许便有撰述之意"③,经过长期磨练,他具备了历史学家的素质,史称他

---

① 参见杨朝明:《〈今本竹书纪年〉并非伪书说》,《齐鲁学刊》1997年第6期。

② (唐)李延寿:《南史·沈约传》,延边人民出版社1996年版,第237页。

③ (唐)李延寿:《南史·沈约传》,延边人民出版社1996年版,第237页。

“历仕三代，该悉旧章，博物洽闻，当世取则”①。他的著述，见于记载的就有《晋书》《宋书》《齐纪》《梁武纪》《迩言》《谥例》《文章志》及文集等。

然而，沈约是否整理注释过《竹书纪年》，史书中并不见记载。不过，从上面的叙述看，他做这一工作的条件是完全具备的。

人们以《今本竹书纪年》为伪，不少是由于不明该书中哪些内容是由后人整理的。按《今本纪年》的各种版本，一般都有三个部分，一是顶格书写的纪年条文，二是低一格书写的注解性文字，三是用小字或双行书写的明显属于注文的文字。与之相应，按照笔者的看法，后人的整理也应该包括以下三个部分，而且这些整理都是沈约一人所为：

第一，顶格书写的纪年条文。一般认为，这是《竹书纪年》的正文，其实，这其中也经过了改动。这种改动至少有三个方面：(1)根据传统的观念，删削或者改窜原文，以使之符合儒家经传的记载；(2)根据《晋书・束皙传》所言“大略与《春秋》相应”以及儒家的“正名”思想，从而改动《纪年》，使之具有了“书法义例”，如将夏代灭亡前的“殷王”改为“殷侯”，将殷商灭亡前的“周王”改为“周公”，“齐太公望卒”改为“齐太公望薨”，“许文公”改为“许男”，等等；(3)将东周时期的晋、魏纪年改为周王纪年。

第二，低一格书写的注解性文字。对这一部分文字，有人

---

① (唐)李延寿：《南史・沈约传》，延边人民出版社 1996 年版，第 237 页。

进行过统计,说共有 92 条,3505 字,其中标有沈约注的有 7 条。①

第三,用小字或双行小字书写的明显属于注文的文字。据统计,这些“小字注 94 条,574 字,其中标有沈约注 1 条”②。后两部分中有的条文明标有“约案”字样,其出自沈约之手应无疑问。第三部分属于注文,历来研究者均无异议。对于第二部分,由于其字体与正文相同,不少人遂以正文视之,这是不对的。从性质上讲,《竹书纪年》属于大事记,就像鲁国的史书《春秋》那样。第二部分不仅低一格书写,而且明显具有注解的性质。而今人在辑集所谓“古本”时,不加区分,将注文一并入辑,显然属于不当。殊不知,“古人引书,本不甚严谨,有时将注文引作正文”③。例如,今之所谓的《古本纪年》中,一般都辑有“帝王之没曰陟”“后桀命扁伐山民。山民女于桀二人,曰琬,曰琰。桀爱二人,女无子焉,刻其名于苕华之玉。苕是琬,华是琰,而弃其元妃于洛,曰妺喜”“自禹至桀十七世,有王与无王,用岁四百七十一年”“汤有七名而九征”等,这都显然与《纪年》的正文不属一类。

更能说明问题的是:在与前面的例文同属于《今本纪年》低一格大字书写的文字中,周成王十八年有这样一条:“武王没,成王少,周公旦摄政七年……其言自周公讫于秦、汉盛衰之

① 参见吴晋生、吴薇薇:《夏、商、周三代纪年考辨——兼评〈竹书纪年〉研究的失误》,《天津师大学报》(社会科学版)1998 年第 1 期。

② 吴晋生、吴薇薇:《夏、商、周三代纪年考辨——兼评〈竹书纪年〉研究的失误》,《天津师大学报》(社会科学版)1998 年第 1 期。

③ 陈力:《今本〈竹书纪年〉研究》,《四川大学学报丛刊》1985 年第 28 辑。

符。”对此，清人徐文靖说：“世皆以沈约附注为《纪年》本文，今言自周公讫于秦、汉，则附注为沈氏自撰无疑。”[①]低一格书写的这一部分注文，多与《宋书·符瑞志》同，《宋书》出于沈约，这同样又证明这部分文字是沈约为《纪年》所加的附注。

但是，不少人却以《纪年》注中有《宋书·符瑞志》的内容反而不相信其为沈约自注，清人钱大昕、洪颐煊等就认为这是后人“作伪”的证据。《四库提要》也说：

> （沈约）所注惟五帝三王最详，他皆寥寥。而五帝三王皆全抄《宋书·符瑞志》语，约不应既著于史，又不易一字移而为此书之注。然则此注亦依托耳。

看得出，清代学者都是以自己所处时代的标准量度古事。其实，沈约只是意在以符瑞之应证明上古帝王的神圣，重点在于阐述个人的政治观念，他并不是从学术研究的角度来整理该书。关于这一点，我们在后文中还要论述。既然材料具备，沈约就不会再重加编排。另一方面，《今本纪年》的研究者都承认“整理者”是一位“博物君子”，如果这位“整理者”真是有意作伪，他移《宋书》的材料而托名沈约，难道他就不怕后人很容易发现其“作伪”的痕迹？另外，还有人由于《梁书》《南史》中沈约的传记未曾明言而否定他曾为《纪年》作注，这也是不能成立的。因为见于记载的其他的沈约著作都是完整的重编，而与《纪年》的整理注解在形式上有显著区别。

---

① （清）徐文靖：《今本竹书纪年统笺》，见《二十二子》，上海古籍出版社1986年影印本，第1076页。

关于第二、三两部分与沈约的关系，徐文靖在《今本竹书纪年统笺》的《凡例》中所言十分明确，他说：

> 《纪年》逐条之下间有细字，皆休文附注，故各于笺按之上加圈以别之。至历代某帝某王，推原其先世发祥之自，亦皆大字，仅低一字者，世误以为竹书之本文，今并见《宋书·符瑞志》中，实亦休文所自撰，采后世谶纬诸书而成，当时谓之附注。以为竹书本文者，由未读《宋书》故也。乃附注之外，又有所为"约按"者，以其非习闻而自为立说者也，实亦附注之例也。

笔者认为，他的观点是正确的。

二

比较复杂的是第一部分。如果能够说清楚这一部分也经过了沈约的改动，亦有助于说明《纪年》注文（后两部分）出自沈约之手。让我们从《纪年》本身开始谈起。

《竹书纪年》出土后，由于其中所记的若干史事可以纠正《史记》的谬误，所以受到了一些学者的重视；但是，又由于某些记载与传统经籍之说不合，如益干启位，启杀之；太甲杀伊尹；文丁杀季历等等，为一些学者所排斥，主要是那些坚持儒家传统观念的人。这正是后来《竹书纪年》流传不广的原因所在。

作为一位大学者，沈约当然也会注意到《竹书纪年》。他本人收罗宏富,典籍备览,曾校理四部图书,而且个人聚书多至二万余卷,人所难比。方诗铭先生研究《今本纪年》后说:“作夹注(按:我们前面所说的第三部分)的人至少是有两个本子在手边的。”[①]这是对的,因为《纪年》夹注中有“一作”等的字样注明异文。这里所说的“两个本子”是指两个不同的《纪年》版本。其实,这两个本子可能是分别“起自黄帝”和“起夏、商、周”的两种《纪年》。又,卷上太戊“七十五年陟”后的注说“商道复兴,庙为中宗”,夹行细注又说“《竹书》作太宗”,据研究,这里所说的“《竹书》”即为同出于汲冢古墓中的《汲冢师春书》。[②] 可见,整理《今本纪年》的这位学者拥有汲冢出土的不少资料。具备如此条件而校理《纪年》,沈约极有可能,也最有可能。

有人说《纪年》的注自晋朝以来即已有之,认为荀勖、和峤、束皙等人奉旨校理《纪年》时,即曾经随文附注,也就是说,这些注是《纪年》的最初整理者所加,因为史载他们曾经“躬自撰次,吏部注写,以为中经。经传阙文多所证明”;“得观竹书,随疑分释,皆有义证”;“得竹书,随义注解,皆有识证”[③]。其实,汲冢竹书出土时,“汲郡收书不谨,多毁落残阙”[④],而且当时学者如荀勖等人“于时已不能尽识”[⑤],所以,正如有的人所

---

① 方诗铭:《〈竹书纪年〉古本散佚及今本源流考》,尹达等主编:《纪念顾颉刚学术论文集》下册,巴蜀书社 1990 年版,第 928 页。

② 参见方诗铭:《〈竹书纪年〉古本散佚及今本源流考》,尹达等主编:《纪念顾颉刚学术论文集》下册,巴蜀书社 1990 年版,第 927 页。

③ 陈力:《今本〈竹书纪年〉研究》,《四川大学学报丛刊》1985 年第 28 辑。

④ 高永旺译注:《穆天子传》,中华书局 2019 年版,“前言”第 3 页。

⑤ 《春秋经传集解后序》正义引王隐《晋书》。

说:“按照整理出土文献的常规来说,他们的工作应该是排列简次和辨释古文。”[①]这是一项很有难度的工作,史籍中所说的“注写”“分释”“注解”即对简次、古文等释难解疑,然后“以隶字写之”。由于他们学识渊博、工作认真,故其解释才能“经传阙文多所证明”“皆有义证”“皆有识证”。《晋书·王接传》言王接“佐著作郎束皙述而成之,事多证异义”,意思也是如此。晋初的学者并没有为《纪年》加上注解之语。

既然《今本纪年》的整理改定者不是晋初学者,那么是唐宋以后的学者吗?答案也是否定的。关于《今本纪年》出现的时间,不少学者都给以关注。朱右曾在其《竹书纪年存真》中说:“不知何年何人,捃拾残文,依附《史记》,规仿紫阳《纲目》,为今本《纪年》。”清人钱大昕认为是“明人所葺”[②],姚振宗则指其为明朝天一阁主人范钦,因为“明《文渊阁书目》《世善堂书目》亦无此书”,“而独见于范氏《天一阁书目》,云:‘《竹书纪年》二卷,梁沈约附注,明司马公订,刊版藏阁中。’司马公者,谓其远祖范钦”,“今本二卷称沈约注者,为钦所辑录,其小字夹行之注,亦钦所为也”。[③] 因为他持该书后出之成见,连其中所言“梁沈约附注”也一定指其为非。但《今本纪年》出现于明代说的谬误是显而易见的,因为有种种迹象证明此前该书已经存在。实际上,朱右曾也不同意该书出于明人的看法,他的

---

① ［新加坡］邵东方:《〈今本竹书纪年〉诸问题考论》,《崔述与中国学术史研究》,人民出版社1998年版,第326页。

② (清)钱大昕:《十驾斋养新录》,上海书店1983年版,第298页。

③ (清)姚振宗:《隋书·经籍志考证》卷十二。

"不知何年何人"的议论正是对钱大昕"明人所葺"说的"非难"①。另外,还有人说"《今本纪年》的出现在元明之际"②,这种说法同样也缺乏有力的证据。

方诗铭先生对《今本竹书纪年》的源流进行了研究③,他说"这位夹注的作者……其实是今本《纪年》的整理者",但他却不认为就是沈约本人整理了该书,说"至于整理者是谁,书阙有间,现已无从考证"。然而,他却认定《今本纪年》最晚于北宋以前已经出现。他说:

> 宋代流传的《竹书》或《纪年》,以周事纪年,与古本用晋、魏的不同,而与今本则全合,如《路史》所引,文字亦与今本基本相同。同时,古本仅有考释上的异同,如束皙的"随疑分释",无所谓"沈约注"者,而宋代所传的《纪年》则有"沈约注",又与今本同。这里,似乎可以作这样一个结论,今本《竹书纪年》的前身,至迟出现于北宋中期,今本决非明朝人的伪书。

方诗铭先生所言是建立在对《今本纪年》源流的细心考证基础上的,其"至迟出现于北宋中期"的结论是没有什么问题的。

实际上,《今本纪年》在北宋中期以前已经出现的证据也

① 方诗铭:《〈竹书纪年〉古本散佚及今本源流考》,尹达等主编:《纪念顾颉刚学术论文集》下册,巴蜀书社 1990 年版,第 916 页。

② 范祥雍:《关于〈古本竹书纪年〉的亡佚年代》,中华书局编辑部编:《文史》第二十五辑,中华书局 1985 年版,第 57 页。

③ 参见方诗铭:《〈竹书纪年〉古本散佚及今本源流考》,尹达等主编:《纪念顾颉刚学术论文集》下册,巴蜀书社 1990 年版,第 915—930 页。

是确凿的。陈力先生研究过《太平御览》所引《纪年》的情况，从中可以明白地看出，“《御览》所引《纪年》文字几乎与今本完全相同，东周以后仍以周王纪年，亦有附注，从体例到内容均与今本无异，则李昉等所见已同今本，因此今本《纪年》的编定成书不得晚于北宋初年”①。

应该引起我们注意的是郑樵《通志·艺文略》史部编年类所著录的一部十四卷本的《纪年》。郑樵于《通志·艺文略》外，又有《群经会记》三十六卷，胡应麟《少室山房笔丛》卷二《经籍会通》引陈振孙之言曰：“《会记》大略世间所有之书，非必尽出其家。”其《通志略》可能即本于《会记》。看来，《通志略》所著录的十四卷本的《纪年》可能属于当时某藏书家所有。关于这部书，明朝末年的大藏书家钱谦益也有收藏，其《绛云楼书目》有明确著录，曰：“《竹书纪年》，沈约注，十四卷。”方诗铭先生说：

> 钱氏所藏的十四卷本《纪年》，应该是一部颇为名贵的写本，否则是不可能入藏于绛云楼的。因此，我们有理由相信，这即是《通志略》所著录的那个本子，值得注意的是，这部十四卷本有所谓“沈约注”，这就为我们提供了十分重要的线索，说明《艺文略》所著录，绛云楼所收藏，尽管卷数与两《唐志》相同，这部《纪年》仍决不是古本，只能与包括有“沈约注”的今本具有密切的关系。

---

①　陈力：《今本〈竹书纪年〉研究》，《四川大学学报丛刊》1985年第28辑。

其实，两《唐志》所著录的十四卷本《纪年》就是《通志·艺文略》所著录、绛云楼所收藏的“沈约注”《竹书纪年》。以往，人们多以两《唐志》著录的十四卷本汲冢书《纪年》就是《隋书·经籍志》所著录的汲冢书《纪年》，方诗铭先生的说法就颇具有代表性，他说：“《旧唐书·经籍志》和《新唐书·艺文志》都著录有《纪年》十四卷，这就是汲冢出土的十三篇，再加上《隋书·经籍志》著录的《竹书同异》一卷。”这是没有什么根据的。《隋书·经籍志》著录说：“《纪年》十二卷。”其注曰：“汲冢书，并《竹书同异》一卷。”史籍中称汲冢出土《纪年》十三篇，乃是西晋初年的学者整理后的篇卷之数，当时篇、卷一致，这“十三篇”就是《隋志》所著录的《纪年》十二卷加上《竹书同异》一卷，它与两《唐志》所著录的十四卷本《纪年》应该并不是一回事。否则，《隋志》的“十二卷”又是怎么回事？这就是说，两《唐志》著录的十四卷本的《纪年》，应该就是包括有“沈约注”的《今本纪年》。

既然两《唐志》中著录的《纪年》为《今本纪年》，则《今本纪年》为沈约整理并加附注便应该没有多大问题了。

按我们的推测，《今本纪年》的确为沈约整理，那时，除了有“起自夏、商、周”的《纪年》外，至少还应有两个主要参考的本子：一是“起自黄帝”的《纪年》；二是《汲冢师春书》。关于《汲冢师春书》，方诗铭先生已经提到。据说，北宋末年的黄伯思在秘阁中曾经见到过该书，因为其内容有与《纪年》相应者，黄氏怀疑其“杂钞《纪年》”而成。黄伯思在《校定〈师春书〉序》中曾经介绍过它与古本《纪年》的不同之处，如“《纪年》起自夏、商、周，而此自唐虞以来皆录之”；古本《纪年》所记晋国史事起自殇叔，而此起自唐叔；“《纪年》皆三代王事，无诸国别,而此皆有诸国”。所以,方诗铭先生认为这说明它既与古本《纪年》相同,如所记伊尹放太甲的事,但又不完全相同;而有些特点,“与今本却很接近”。由于该书与《纪年》同出于汲冢,故也有“《竹书》”之称。它们又都出自战国时的晋、魏学者之手,其间有相应之处在所难免,这可能正是《隋志》著录《纪年》十二卷之外,又有《竹书同异》的原因所在。方诗铭先生还说《宋史·艺文志》史部编年类著录的“《竹书》三卷,荀勖、和峤编”即是该书。

方诗铭先生还曾谈到宋末元初的金履祥所著《通鉴前编》和《举要》引用“《竹书》”的两种情况:第一种情况是既不见于古注类书所引古本《纪年》,也不见于今本;第二种情况是既见于古注类书所引古本《纪年》,也见于今本,但文字和“书法”都与今本接近。我们认为,前一种情况的“《竹书》”可能就是《汲冢师春书》,而后种极有可能是引用的《今本纪年》。此外,从《今本纪年》本身看,沈约整理《纪年》时,确曾引证《竹书》,并以夹行细字注明;又有“一作”字样的文句以校正《纪年》,正说明他所参考的既有被称为“《竹书》”的《汲冢师春书》,又有其他的《纪年》本子。

现能见到的《今本纪年》版本不少,其中较早的多为明刻本,如《范氏二十一种奇书》本(天一阁范钦订本)、《五经翼》本(蔡文范校本)、《史遗拾闻》本(吴宏基校本)、《汉魏丛书》本(张遂成阅本)、《古今逸史》本(吴管校本)、《秘书二十一种》本(汪士汉校本),这些版本,多为二卷本。另外,嘉庆年间的雷学淇曾经见到过一部元明间刻本的残本,据他的《考订竹书纪年·宋以后〈纪年〉流传考》介绍,书亦二卷。而郑樵《通志·艺文略》著录,钱谦益所收藏的则为十四卷,而且它同前述二卷本一样也是有“沈约注”的今本《纪年》。由此可知，在传抄刊刻的过程中，《今本纪年》也有卷帙上的分合。同时，这其中又有一些学者的个别增删是可以肯定的。如雷学淇所看到的本子，“其校勘精当处愈于近本，殷商纪削‘伊尹乃自立’及‘太甲杀伊尹’二事。晋纪脱‘灭荀’‘城荀’等，疑即杨慎《丹铅总录》所称，盖元明间校勘本也”。雷氏以之校勘明刻本，凡25条，除上面的两条外，其余大都是文字上的大同小异，因此各种刊本即使有所增删，也都是局部的、个别的。这就是说，我们现今看到的《今本纪年》，虽然其中不能排除极少数后人的更动，但其基本面貌仍是当年沈约整理的结果。

清代以来，学者们一般认为《今本纪年》“似非汲冢原书”①，从而也就以旧题的“沈约注”不实；然而，仔细观察，却又不得不认为这不可轻加臆决。所以，也就像对《今本竹书纪年》本身既觉其文不真，又觉非为全伪那样，对该书之注是否出自沈约也疑信不定。如《四库全书总目提要》，它一方面说《纪年》之中有的注文“非约语矣”②，称“伪沈约注”③，另一方面又承认其中有的注文“当为约说”④，所以有的人便不再探究，认为“还不如让它存疑为好”⑤。不过，我们还是来看看《四库全书提要》的说法：

---

① 《四库全书总目提要》卷四七《史部·编年类·竹书纪年提要》。

② 《四库全书总目提要》卷四七《史部·编年类·竹书纪年提要》。

③ 《四库全书总目提要》卷四七《史部·编年类·竹书统笺提要》。

④ 《四库全书总目提要》卷四七《史部·编年类·竹书纪年提要》。

⑤ ［新加坡］邵东方：《〈今本竹书纪年〉诸问题考论》，《崔述与中国学术史研究》，人民出版社1998年版，第331页。

> 中"殷小庚"一条,称"约案:《史记》作太庚",则亦当为约说。考《元和郡县志》,魏武定七年始置海州,隋炀帝时始置卫县。而注舜在鸣条一条,称"今海州";夏启十一年放武观一条,称"今顿丘卫县",则非约语矣。①

根据《元和郡县志》,卫县于隋炀帝时始置,如果此前并无卫县之称,则"放武观"一条的注中所说"今顿丘卫县"绝非沈约之语。但《左传·昭公元年》杜预注中却明确地说:"观国,今顿丘卫县。"看来,《元和郡县志》这里的记载是有问题的。至于"海州",《元和郡县志》说置于魏武定七年,不知是否也是记载不确。此时在沈约以后不久,也有可能海州在作为行政区划之前,此地已有该地理名称。此外,根据前面的分析,"今海州"之语为后世校订者所加也不是没有可能。我们不能简单地把它作为否定《今本纪年》中的注为沈约所加的依据。

三

既然《今本纪年》的注出自沈约之手,那么,其中顶格书写的纪年条文(我们所说的第一部分),其写定的时间肯定不会在沈约之后。那么,该纪年条文(《纪年》的正文部分)现在面貌,如果不是和峤写定时便如此,就是沈约在和峤《纪年》本子基础上整理的结果。种种迹象显示,后者的可能性比较大。和峤是晋初整理汲冢竹简的参与者,"汲冢所出《纪年》的原简,

① 《四库全书总目提要》卷四七《史部·编年类·竹书纪年提要》。

前面的部分可能有所错乱”[1],故当时出现了对《纪年》起始时代的意见分歧。荀勖曾说:“和峤云《纪年》起自黄帝。”和峤当据此写定了《纪年》。前面我们提到,《宋书·艺文志》著录了荀勖、和峤所编的《纪年》三卷,按照方诗铭先生的看法,该书即《汲冢师春书》。而《汲冢师春书》也有夏代以前的材料,“自唐虞以来皆录之”。这对和峤整理《纪年》当然也产生了影响,他写定的本子始于黄帝应无问题。然而,荀、和既然是在整理所出土的竹简,则他们只应排列简次和辨识古文,而不应擅改其中的内容,无端地加进什么“书法”“义例”。沈约则不同,他是在《纪年》定本的基础上进一步整理研究该书。当时,整理旧籍的态度、方法与今不同,那时并没有严格的“著作者”的概念,故沈约虽有时以“约案”或夹注的形式注其异同,进行考释,却同时将附注直接写在正文之后,仅低一格加以区别,所以,当他不满意于《纪年》的记叙时,也可能径改和峤定本的原文。

从有关沈约的材料看,他的史学观念、思想方法与《今本纪年》中的体现是一致的:

首先,沈约“该悉旧章,博物洽闻”,又有求全、求通、求备的观念,使他具备了注意到《竹书纪年》的前提。

沈约之时,《竹书纪年》出土仅有200余年。此书上起黄帝,下到战国,是一部极其重要的史书,正如今之学者所评价的那样,它“是我国古代唯一流存的未经秦火和汉儒篡改的编年

---

① 杨朝明:《〈今本竹书纪年〉并非伪书说》,《齐鲁学刊》1997年第6期。

体通史”[①],是“这一时期唯一完整的年表”[②]。而沈约在年轻时,便“常以晋氏一代竟无全书”为憾事,欲自撰晋史,后历20余年,终于完成《晋书》120卷。在《宋书》中,沈约的这一思想观念体现更为充分。从他的《上宋书表》即可看出,他说:“自永光以来,至于禅让,十余年内,阙而不续,一代典文始末未举。”这就是说,他重修《宋书》,乃是因为前修诸书一代之史未见完备,于是为之补足。他又以何承天诸志为底本,编定《宋志》,他还说:“其征引该博者,即而因之,亦由班固、马迁共为一家者也。”[③]他高度肯定司马迁“制一家之言”,称其“于纪传之外并立八书,片文只事,鸿纤备举,班氏因之,靡违前式,网罗一代,条流遂广”[④]。沈约还努力追溯历史的变迁,以“寻源讨流”,他颇为留意上古时期,如在典章制度的沿革方面,便远溯上古三代,这是值得注意的。《宋志》的这个特点虽遭“失于断限”[⑤]之讥,但也有人认为其“揆以班马史体,未足为疵”[⑥]。但不论如何,它可反映出典章制度的历史发展,也体现了沈约的通识精神。他留意上古,还体现在其他各处,如在《谢灵运传论》中,他通论文学发展的历史时,就特意论及先秦文学,将此时期分而为三,即虞夏以前、周、战国。他的这些特点,使他对

---

① 吴晋生、吴薇薇:《夏、商、周三代纪年考辨——兼评〈竹书纪年〉研究的失误》,《天津师大学报》(社会科学版)1998年第1期。

② [美]夏含夷:《西周诸王年代》,朱凤瀚、张荣明编:《西周诸王年代研究》,贵州人民出版社1998年版,第286页。

③ 《宋书》卷十一《志序》。

④ 《宋书》卷十一《志序》。

⑤ (宋)晁公武:《郡斋读书志》卷二上。

⑥ (宋)陈振孙:《直斋书录解题》卷四。

《竹书纪年》产生兴趣是很自然的。

其次,沈约是一位正统的封建史学家,他的政治观念使之宣扬君权神授,天人感应,忠君孝亲,明君善政,处处表现了传统儒家的历史观。正因如此,他才删削或者窜改《纪年》原文,以使之符合于儒家传统的记载。

最为典型的例子是关于舜继尧位和夏启继位的记载。关于前者,《史记·五帝本纪》正文引《括地志》云:"《竹书》云:舜囚尧,复偃塞丹朱,使不与父相见也。"《韩非子·说疑》也有"舜逼尧"之说,看来,儒家所艳称的舜继尧位出于传贤禅让是靠不住的。于是《今本纪年》中便不见该条记载,而沈约注中却出现了这样的说法:"帝子丹朱避舜于房陵,舜让,不克。朱遂封于房,为虞宾。三年,舜即天子之位。"关于夏启的继位,《晋书·束晳传》称《竹书》的记载是"益干启位,启杀之"。《史通》所引亦云"益为后启所杀"。而《今本纪年》的记载却是"夏启二年,费侯伯益出就国。……六年,伯益薨,祠之",丝毫看不出启、益之间的王位之争。

不论《今本纪年》改动后的记述是否符合历史实际,但它肯定改动了汲冢原简,这种改动属于重编者对《古本竹书纪年》记载的"调和",它恰恰"暴露了重编者本人的思想倾向"①。而沈约的思想正与这位"整理者"十分吻合。

沈约处在南朝的历史动荡之中,他的思想便表现出既提倡"忠君"又不讳言"机变"的特征,按照沈约的说法,"篡弑之主"以"机变"而致"辟运创基","达天命之臣"以"机变"而得

---

① [新加坡]邵东方:《从思想倾向和著述体例谈〈今本竹书纪年〉的真伪问题》,《中国哲学史》1998年第2期。

荣宠其身。[①] 他本人历仕宋、齐、梁三朝，这实际上也是对自身所为的一种开脱。沈约鼓吹天命论，大谈君权神授，天人感应，这就为篡弑之主找到了理论依据。他声称"圣帝哲王，咸有符瑞之纪"[②]，"动作云为，皆应天地之象"[③]；又说"天人之验，理不可诬"[④]，"天文人事，表革运之征，天心不可违，人情不可失"[⑤]，不论新朝建立，还是旧朝灭亡，都是"历数所至"[⑥]。为此，沈约在《宋书》中立天文、五行、符瑞等志，大部分内容都是宣扬这种神学理论。于是，《宋书》在涉及宋、齐更替时多所忌讳，曲意回护，萧道成废黜宋顺帝，又遣王敬则将其逼杀，《宋书·顺帝纪》却说是"天禄永终，禅位于齐"，《上宋书表》也称宋亡为"禅让"。

梁朝代齐，沈约乃是主谋之一。无论是鼓动萧衍，使之最终代齐，还是导致齐和帝之死，沈约唱的都是主角，所以，萧衍十分感激沈约和另一位大臣范云，说："我起兵于今三年矣，功臣诸将，实有其劳，然成帝业者，乃卿二人也。"[⑦]无论从封建伦常，还是以今人眼光来看，沈约所扮演的角色都是不光彩的。为此，在王朝变迁、帝位更迭的问题上，他往往讳言"放杀之说"。在《宋书》中，他对前修之史中"取舍乖衷"的传目进行裁夺、调整，又为尊者讳，从而歪曲和掩盖权臣窃国的某些历史真

① 参见《宋书》卷八十九《袁粲传》"史臣曰"。
② 《宋书》卷十一《志序》。
③ 《宋书》卷十二《律历中》。
④ 《宋书》卷三十《五行一》。
⑤ 《梁书》卷十三《沈约传》。
⑥ 《梁书》卷十三《沈约传》。
⑦ 《梁书》卷十三《沈约传》。

相,他甚至对皇帝枉法诛戮诸王大臣也有曲笔,分明是被皇帝诛杀或赐死,本纪中却以“薨”“卒”了之。他对史实回护与掩饰,根源于他明君善政的政治思想,他在《宋书·孝武帝纪》的“赞”中说道:“役己以利天下,尧、舜之心也;利己以及万物,中主之志也;尽民命以自养,桀、纣之行也。”在他的心目中,尧、舜本为上古明君,按照传统观点,舜代尧位本“禅让”而得。沈约时的刘裕、萧道成等人本为篡位弑君,他却以“禅代”视之,这就好似尧、舜一般。而一旦像《竹书纪年》记载的那样,舜乃夺篡尧位,沈约哪里能接受得了。于是,整理该书时,他便有意对这类记载进行了改动。

作为一位封建的历史学家,沈约的政治思想决定了他具有儒家的“正名”思想和“正统”观念。魏晋南北朝时期,由于政治的乱离,“正统”观念对史学影响很大。早在三国时,魏、蜀、吴便各言“正统”;东晋十六国时,东晋史官以及一些私家亦通过着史来维护东晋的正统地位,如在史书义例方面,孙盛拟《春秋》笔法,撰“魏、晋二阳秋,每书年首,必云某年春帝正月”(《史通·模拟》),如此等等;南北朝时,南、北“正统”之争更烈,南朝、北朝的皇帝各自以华夏君主自居,视对方为胡夷。此正如司马光所评论的那样,“宋、魏以降,南北分治,各有国史,互相排黜,南谓北为索虏,北谓南为岛夷”(《资治通鉴·魏文帝黄初二年》)。南北的“正统”之争“主要反映在两个方面:一是正名,一是‘帝统’之争”①。这在沈约身上都有典型体现,最为明显的是,在“正史”中,沈约的《宋书》最早立有“《索虏

---

① 牛润珍:《汉至唐初史官制度的演变》,河北教育出版社1999年版,第142页。

传》”，用以记载北魏事迹，以寓其歧视之意。在《宋书》中，沈约确认“宋氏南面承历统天”①的正统地位，他写宋魏和战时不惜曲笔，宋军败退称“引军还”，魏军自退却称“奔走”，聘使到来则称为“求和”“献方物”。

沈约的上述思想特点，在他整理《竹书纪年》时必有表现。如原《纪年》中夏朝灭亡之前的“殷王”、商朝灭亡之前的“周王”，在沈约看来，其称谓便与“正名”观念不符。既然当时分别奉夏、商正朔，便不应有“王”之称，于是，沈约就改“王”为“公”。同样的道理，《竹书纪年》虽为战国时的晋、魏史书，然而在名义上，晋或者魏毕竟都是周王朝的方国，由于受这种“正统”意识的影响，沈约也将东周时期的晋魏纪年改为周王纪年；《竹书纪年》本为战国时的魏国史官撰写而成，这时期的魏国史事一定较多，研究者以唐宋以前的古书所引《纪年》与今本相校，发现“今本脱落最多者莫过于战国部分，战国以前，所脱仅数条而已”②。其实，这可能并不是什么“脱落”，而是沈约的有意删削，因为战国时既用周王纪年，魏国记事则不宜过多，否则，周王的地位难以凸显出来。至于沈约把“许文公”改为“许男”，“齐太公卒”改为“齐太公薨”之类，同样也是出于“正名”的需要。

《纪年》中还有一些明显的错讹，这当是沈约重新写定时时间匆促所致。如周成王二十一年书“周文公薨于丰”，而此前的成王十三年却书有“夏六月，鲁大禘于周公庙”；另外如

① 《宋书》卷一百《自序·上宋书表》。

② 陈力：《今本〈竹书纪年〉研究》，《四川大学学报丛刊》1985年第28辑。

"公子万救翼,荀叔轸追之,至于家谷"一条,周桓王元年、二年各出现一次,"秦胡苏帅师伐韩,韩将韩襄败胡苏于酸水"则重出于周烈王二年和周显王三十一年。研究者还不难发现,《今本纪年》记事详于东周以前,战国时事却言语寥寥,这与所谓"世近则所闻详"①的古史记载规律不相符合。前述重出的两条都在战国时期,而正文条目之下注曰"不知是何年""不知何年,附此"者也都接近《纪年》记事之末。究其原因,除了如前所述的他有意删削晋、魏纪事外,还说明沈约整理《纪年》时,后面的工作是比较草率的。

沈约编撰《宋书》也是不甚严谨的。该书编撰时间很短,沈约虽然不满意于前人所撰的宋史各书,并指出其种种缺陷,但该书的本纪 10 卷、列传 60 卷却是在一年内修成的,在"二十四史"之中,"以私人撰修而成书之速者莫过于此"②。正因如此,《宋书》才疏漏严重,不少处因仍旧文未加订正,以致不伦不类。他为前代尊者讳,却"讳之于本纪,而散见其事于列传"③,故刘知几据实指出"隐侯(沈约)《宋书》多妄"(《史通·曲笔》)。看来,在沈约那里,他整理重编《竹书纪年》和《宋书》这两部史学著作的学术意义都不是第一位的。

最后,有必要坦言,本文绝无意于标新立异。由于《今本纪年》的问题比较复杂,而且笔者所论也似乎缺乏直接的材

---

① (清)崔述:《〈曹氏家谱〉序》,(清)崔述撰著,顾颉刚编订:《崔东壁遗书》,上海古籍出版社 1983 年版,第 707 页。

② 仓修良主编:《中国史学名著评介·宋书》,山东教育出版社 1990 年版,第 276 页。

③ (清)赵翼撰,黄寿成校点:《廿二史札记》,辽宁教育出版社 2000 年版,第 142 页。

料,但不论是否已经表述清楚,自认为这与那种纯粹“经验证明”而“强为牵合”者都有根本区别。反对者或以为“只不过是在若干已有的可能性中又增添了一种可能性”,即使如此,我们也不能不再继续探究。时至今日,仅仅停留在《今本纪年》是所谓“真”抑“伪”的层面上已没有多大意义,因为该书“非伪书可比”几成研究者们的共识。不言而喻,任何研究都应“严守宏观的分析与微观的考证相结合的方法论”,但更为重要的,是如何真正做到这一点。

《今本竹书纪年》中的鲁国纪年*

研究西周列王的年代，有两项不可忽略，一是武王伐纣之年，一是鲁国诸君的在位之年。

武王伐纣之年是商、周的分界，可以用它来确定西周积年；而且，诸多的天象、历日材料也为确定这一年具体相当于公元何年提供了可能。令人感到兴奋的是，“夏商周断代工程”之《武王伐纣时的天象研究》专题组已经得出结论：武王于公元前1045年12月4日出兵，于公元前1044年1月9日克商。据称，依据上述结论所推算出的武王伐纣时间表，与《逸周书》中的《武成》《世俘》等篇所载历日、月相处处吻合，也与《国语》《淮南子》《荀子》等书记载的武王伐纣时的天象全面吻合。①

确定了伐纣之年，便可进一步观察鲁君在位之年。《鲁周公世家》中的鲁公年代对西周诸王年代研究是极其宝贵的参考资料，这也是学者们的共识。② 然而，《鲁周公世家》所记载

---

* 原载于《齐鲁学刊》1999年第3期。

① 这一结论由“夏商周断代工程”之《武王伐纣时的天象研究》课题组负责人江晓原先生等人推算出来，已由《文汇报》、中央电视台等媒体公布，并称它得到了“工程”四位首席科学家的肯定。

② 朱凤瀚、张荣明的《西周诸王年代研究述评》即有类似看法，见其所编《西周诸王年代研究》，贵州人民出版社1998年版，第395页。

的鲁公在位年并不是不存在任何问题，否则，关于西周年代的争论可能就不会如此之多。

为了验证《鲁周公世家》，我们想到了《今本竹书纪年》中的鲁国纪年。《今本纪年》存在着所谓真伪问题的争论，笔者认为，该书虽然存在着不少的问题，但它毕竟具有极高的史料价值，它与所谓“伪书”有着根本上的不同。① 我们即使不把它作为“这一时期唯一完整的年表”②来看待，至少“也不宜简单以伪书之由而否定其参考价值”，而“应该视为一种有一定渊源的说法，一种西周纪年体系”③。这样，我们将《今本纪年》与《鲁周公世家》中关于鲁公在位年的记载进行比较，验之以刚刚确定的武王伐纣之年等西周年代研究的最新成果，或许会得到一些有益的启示。

《今本纪年》中，西周时期的鲁公在位年大部分都有记录，唯缺考公、炀公和献公，但他们的在位年可由相关记载推求出来。

伯禽、考公、炀公、幽公为前四位鲁君，《今本纪年》中的相关记载有：

成王八年	命鲁侯禽父……迁庶殷于鲁。
康王十九年	鲁侯禽父薨。

① 参见杨朝明：《〈今本竹书纪年〉并非伪书说》，《齐鲁学刊》1997年第6期。

② 朱凤瀚、张荣明编：《西周诸王年代研究》，贵州人民出版社1998年版，第286页。

③ 朱凤瀚、张荣明编：《西周诸王年代研究》，贵州人民出版社1998年版，第394页。

康王二十一年	鲁筑茅阙门。
昭王十四年	鲁人弑其君(幽公)宰。

关于伯禽(禽父)的在位年,按照《今本纪年》有49年。而《史记集解》引徐广曰:“皇甫谧云伯禽以成王元年封,四十六年,康王十六年卒。”《汉书·律历志》也说:“成王元年正月己巳朔,此命伯禽俾侯于鲁之岁也。……鲁公伯禽推即位四十六年,至康王十六年而薨。”《纪年》下文康王“二十一年鲁筑茅阙门”,按照《鲁周公世家》,乃炀公时事。《鲁周公世家》曰:“鲁公伯禽卒,子考公酋立。考公四年卒,立弟熙,是为炀公。炀公筑茅阙门。”据此,王国维《今本竹书纪年疏证》曰:“(康王)二十一年炀公已即位,前此尚有考公四年,则……鲁公(伯禽)薨在康王十六年也。”由于“十九年鲁侯禽父薨”紧接在康王十六年纪谱之下,所以王国维怀疑“十九年”三字为衍文。

皇甫谧《帝王世纪》《汉书·律历志》(本于刘歆《世经》)皆以周公致政后成王才改元,即误以周公摄政七年后第一年为成王元年,此说之误,前人已经指出。但他们称伯禽在位46年而薨于周康王十六年还是可取的,这使鲁考公在位的4年也得到了落实。

如依《鲁周公世家》炀公、幽公分别在位6年、14年,二公积年20年。而《今本纪年》自“鲁筑茅阙门”至“鲁人弑其君宰”亦恰好20年。是则《今本纪年》也以炀公在位6年、幽公在位14年。

献公为厉公之弟、真公之父。《今本纪年》无献公的记载,却有厉公、真公的薨年:

懿王十七年，鲁厉公擢薨。

宣王二年，鲁慎（真）公薨。

按照《今本纪年》，懿王在位25年，以后有孝王9年、夷王8年、厉王12年、共和14年而至宣王。从懿王十八年到宣王二年，共计有53年，也就是说，鲁献公、鲁真公二君在位共53年。

关于献公的在位年，《史记·鲁周公世家》称有32年，而《汉书·律历志》则称有50年。而真公的在位年，二者都以为是30年，且真公去世在共和以后，此时已有确切纪年，则真公在位30年是可信的。如果是这样，《今本纪年》中鲁献公的在位年有23年。

确定了伯禽、考公、炀公、献公的在位年，我们便可把《今本纪年》与《鲁周公世家》的鲁公在位年列成表格，作一比较。为便于说明，也把刘歆《世经》的鲁公在位年附列在一起（见表10）：

表10 《今本纪年》《鲁周公世家》《世经》所载西周时期鲁公在位年

	伯禽	考公	炀公	幽公	魏公	厉公	献公	真公	武公	懿公	伯御	孝公	积年
《今本纪年》	(46)	4	6	14	50	39	23	30	10	9	11	25	267
《鲁周公世家》	(46)	4	6	14	50	37	32	30	9	9	11	25	273
《世经》	46	4	60	14	50	37	50	30	2	9	11	25	338

刘歆的《世经》被采入了《汉书·律历志》。《世经》说：“鲁自周昭王以下亡年数，故据周公、伯禽以下为纪。”其所根

据的鲁国年数,均明言根据《世家》,《世家》即《史记·鲁周公世家》。但其所言鲁公在位年却与《鲁周公世家》有一些不同,这从表10中看得十分明白,以至于鲁公的积年比《鲁周公世家》多出65年。刘歆《世经》的不可靠性,前人已多有分析,我们仅可作为一种参照。

从表10的对比中,我们看到《今本纪年》与《鲁周公世家》所载在位年不同的鲁公有厉公、献公、武公三世。按照"夏商周断代工程"所确定的武王伐纣年,则西周积年为274年,即前1044年至前771年。伯禽即位于鲁之前,西周已历10年,即武王克商至去世的3年和周公摄政的7年(即从成王即位到七年)。这样,《今本纪年》和《鲁周公世家》所载的西周积年应分别是277年、283年,都超过了实际的西周积年数。在《今本纪年》和《鲁周公世家》二者的不同记载中,厉公在位年《今本纪年》作39年,而《鲁周公世家》作37年,刘歆的《世经》与《鲁周公世家》同,亦作37年。厉公在位37年可能是正确的。

献公在位年《今本纪年》作23年,《鲁周公世家》作32年,《世经》作50年。据《史记集解》、皇甫谧《帝王世纪》则作36年,可谓众说不一。厉公、献公为魏公之子,魏公在位50年,厉公在位37年。如果献公在位50年,则父子两代共居位137年;如果献公在位32年,则父子两代三人居位时间也有119年。有人在分析《世纪》中所载的鲁炀公在位之误时曾经说道:"父子两代三人在位共达124年之久,其与事理不无扞格。"①这种分析

① 朱凤瀚、张荣明编:《西周诸王年代研究》,贵州人民出版社1998年版,第261页。

很有道理。如此,《今本纪年》所载献公在位 23 年可能更接近于实际,而《鲁周公世家》的“三十二年”或许就是“二十三年”的讹误。

武公在位年《今本纪年》作 10 年,《鲁周公世家》作 9 年,二者仅有一年之差。我们前以厉公在位 37 年,献公在位 23 年,如果以武公在位 10 年计,则西周积年为 275 年,比“夏商周断代工程”所确立的“274 年”仅多出一年。这启示我们:难道《鲁周公世家》以武公在位 9 年是对的?

关于武公的在位年,司马迁在《史记》一书中便记有两说。《鲁周公世家》明确记载:“武公九年春,武公与长子括、少子戏,西朝周宣王。……夏,武公归而卒,戏立,是为懿公。”所说武公死于即位后九年夏十分明确。但《十二诸侯年表》中却是武公尽十年,正当宣王十二年,与《今本纪年》同。然而,《十二诸侯年表》的《索隐》于共和元年鲁真公的记载中,又说这年为真公“十五年,一云十四年”。看来,这里的两说并存也与武公在位 9 年或 10 年有关。检查现今通行的一些历史纪年表,各家都以共和元年为真公十五年。但鉴于《鲁周公世家》的明确记载以及西周的积年总数,武公在位 9 年之说很可能是正确的。

在对西周年历及《今本纪年》的研究中,美国汉学家倪德卫提出了“两个元年”的见解,“认为所有的(西周)天子(也许孝王例外)通常都有两个元年——实际继位之第二年与‘服先王之丧期满后’‘正式即位’的元年。即是说,在正常继位的情况下,先王去世之年是新王为他服丧的第一年,新王之‘逾年’是服丧的第二年,再次年则是第三年。而在新王实际继位的第三年,新王正式称‘王’建‘元’。不过在守丧期满后回顾从前,实际继位的'逾年'也可以算作元年。因此,每个天子都同时有两种不同的纪年方式"。另一位美国学者夏含夷也认为"倪德卫的双元年理论是准确的"①。与《鲁周公世家》相比,《今本纪年》厉公在位年多出2年,武公在位年多出1年。不知是否与这种所谓"两个元年"所造成的混乱有关。

通过与《鲁周公世家》的对比研究,我们订正了《今本纪年》中鲁君的在位年数。在这个基础上,便可以把西周时期鲁君在位的起讫之年与公元纪年对应起来,见表11:

表11 鲁君在位起讫年

鲁君	在位起讫年(公元前)	在位年数
(武王克商至武王去世)	1044—1042年	3年
(周公摄政)	1041—1035年	7年
伯禽	1034—989年	46年
考公	988—985年	4年
炀公	984—979年	6年
幽公	978—965年	14年
魏公	964—915年	50年
厉公	914—878年	37年
献公	877—855年	23年
真公	854—825年	30年

① 朱凤瀚、张荣明编:《西周诸王年代研究》,贵州人民出版社1998年版,第423—424页。

（续表）

鲁君	在位起讫年(公元前)	在位年数
武公	824—816年	9年
懿公	815—807年	9年
伯御	806—796年	11年
孝公	795—771年	25年

如果这个年表可靠,就可以借助《今本纪年》以及业已确立的其他年代坐标以复原西周的王年。此外,综合上述研究,我们还可以得到以下一些认识:

第一,《今本竹书纪年》中的鲁国纪年绝不是凭空伪造的。尤其是鲁献公的在位年数最能说明问题,其中虽然没有关于鲁献公的明确记载,但其中隐含了他在位23年。这个数字是合理的,但它又不是从其他的记载中因袭而来,因为诸如《史记》《世经》《帝王世纪》等所言的献公在位年各不相同,却又都不是23年。因此,它有助于证明笔者曾经阐述的看法,即《今本竹书记年》绝非王国维等人所说的“杂陈”各书,其材料即使不是直接采自汲冢原简,也会取自散佚之前的古本《纪年》。①

第二,《今本竹书纪年》于厉公多出2年、武公多出1年,说明倪德卫的“双元年”说值得重视。这一理论不仅有后来的一些铜器铭文和文献依据,而且当年文王死后,武王就曾有类似的举动。关于周文王之死,《尚书大传》称“受命七年而崩”,

① 参见杨朝明:《〈今本竹书纪年〉并非伪书说》,《齐鲁学刊》1997年第6期。

《史记·周本纪》叙述史事也明白显示出是在得专征伐之后七年。而《周本纪》却说文王"受命……十年而崩",这里的"十"不知是否"七"或"九"字之误。但《史记》的《伯夷列传》记武王于九年孟津观兵时说:"西伯(文王)卒,武王载木主,号为文王,东伐纣。"《周本纪》也说:"九年,武王上祭于毕。东观兵,至于盟津。为文王木主,载以车,中军。武王自称太子发,言奉文王以伐,不敢自专。"是则文王死后两年还以文王名义伐纣,象征性地以文王还在。①

第三,《史记·十二诸侯年表》中鲁国真公、武公的纪年是错误的,传统的历史年表也应作相应改动。改武公在位 10 年为 9 年后,年表中公元前 816 年原为武公十年,应改为武公九年。由此上溯,公元前 841 年(共和元年)原为真公十五年应为真公十四年,见表 12:

表 12 改正前后的鲁纪年

公元前	841 年	840 年	……	826 年	825 年	824 年	……	817 年	816 年
改正前鲁纪年	真公十五	真公十六	……	真公三十年	武公元年	武公二年	……	武公九年	武公十年
改正后鲁纪年	真公十四	真公十五	……	真公二十九年	真公三十年	武公元年	……	武公八年	武公元年

另外,还应指出的是,《鲁周公世家》另一段话的纪年也是不对的,即"真公十四年,周厉王无道,出奔彘,共和行政。二十九年,周宣王即位。三十年,真公卒,弟敖立,是为武公"。

① 参见杨朝明:《文王、武王享年考》,《求是学刊》1996 年第 5 期。

《史记·周本纪》关于周先王世系的记述

对于先秦史研究,《史记》的重要性不言而喻。然而,由于种种原因,人们以前对该书的不少记载存有不当认识,如对商、周王世就是如此。当年,王国维先生以甲骨卜辞研究殷商先公先王世系,证实了《殷本纪》的可靠性。但是,对于《周本纪》关于周先王的世次记载,却仍有不少学者存有疑虑。因为商周先王的世系与那时的继承制度密切相连,常常可以见到《史记·周本纪》"周先王世系记载不可靠"的说法。看来,对这个问题有细致研究的必要,这不仅有利于商周继承制度的研究,也对正确认识《史记》的相关记载有益。

一、《周本纪》对"后稷"的记述

《史记·周本纪》记周先王在文王之前十四传:

后稷—不窋—鞠—公刘—庆节—皇仆—差弗—毁隃—公非—高圉—亚圉—公叔祖类—古公亶父—季历—昌(文王)

后人研究周族的发展历史,都把姜原生弃到不窋看作一个发展阶段。弃在虞夏之际始任后稷之官,后被封于邰。弃的后代世为后稷直到不窋失官。对此,《史记·周本纪》记载:

> 周后稷,名弃。其母有邰氏女。曰姜原。……初欲弃之,因名曰弃。弃为儿时,屹如巨人之志。其游戏,好种树麻、菽,麻、菽美。及为成人,遂好耕农,相地之宜,宜谷者稼穑焉,民皆法则之。帝尧闻之,举弃为农师,天下得其利,有功。帝舜……封弃于邰,号曰后稷,别姓姬氏。后稷之兴,在陶唐、虞、夏之际,皆有令德。

司马迁叙述完以上内容,然后才又说:

> 后稷卒,子不窋立。不窋末年,夏后氏政衰,去稷不务,不窋以失其官而奔戎狄之间。

应该说,司马迁这里的叙述是清楚的。姜原之子弃"好耕农",春秋时的周人亦说"后稷封殖天下"(《左传·昭公九年》),因此,弃继烈山氏之子柱以后担任农官——田正(《左传·昭公二十九年》)。《国语·鲁语上》记鲁人展禽说:"昔烈山氏之有天下也,其子曰柱,能殖百谷百蔬;夏之兴也,周弃继之,故祀以为稷。"《左传·昭公二十九年》记晋人史墨之言亦曰:"有烈山氏之子曰柱,为稷,自夏以上祀之。周弃亦为稷,自商以来祀之。"展禽在春秋前期,史墨则在春秋后期,他们二人都熟谙礼制,通晓掌故,其所言可以信据。由他们的话可知弃之生活年代当夏朝之初，此与《周本纪》所说亦合。

司马迁叙述“后稷之兴”后又说“后稷卒，子不窋立”，并说正当夏朝政衰，引起人们异议，因为夏朝历时数百年，不得父子二人分处夏朝始、末。

实际上，弃号后稷，不窋父亦号后稷，二者并非一人。不仅如此，他们二人之间的历代继承者都号为后稷。《国语·周语上》记祭公谋父说：“昔我先王世后稷，以服事虞，夏。及夏之衰也，弃稷不务，我先王不窋用失其官，而自窜于戎狄之间。”韦昭注：“后，君也。稷，官也。父子相继曰世，谓弃与不窋也。”

今按，韦昭以“世”谓弃与不窋是显然错误的。《国语·鲁语上》“自稷以及王季莫若文、武”，韦昭亦注曰“稷，弃也”。显然他是以弃与不窋为父子，且把“稷”看成他们二人独有的称谓的。但韦昭以“世”为父子相继并无问题，只是这种父子相继并不只有一次，而是出现了很多次。祭公谋父已经明白地说“先王世后稷”而服事虞、夏，不窋失稷之官，时值夏末，如果弃与不窋为父子，显然不得服事虞及有夏一代。所以谯周认为此“言世稷官，是失其代数也。若不窋亲弃之子，至文王千余岁，唯十四代，亦不合事情”（《史记·周本纪》索隐引）。《毛诗疏》亦说：“虞及夏、殷共有千二百岁。每世在位皆八十年，乃可充其数耳。命之短长，古今一也，而使十五世君在位皆八十许载，子必将老始生，不近人情之甚。以理而推，实难据信也。”（《史记·周本纪》正义引）

司马迁当然明白这一点，以下五个方面足以说明：

第一，《周本纪》据《国语》祭公谋父之言加以改写，几乎是原文照录，但特意将不窋“弃稷不务”，改成“去稷不务”，因为姜原子名弃,这样改动以免引起误会。

第二,叙“后稷卒,子不窋立”之前,司马迁明言“后稷之兴,在陶唐、虞、夏之际,皆有令德”。一个“皆”字,其意已明。这里的记述虽极简略,但《周本纪》对整个夏朝时期从弃到不窋之父的叙述并无缺环。

第三,从史书编纂的角度看,《史记·周本纪》主要记录周王朝之世纪,对周朝建立前的先王只追溯其兴盛史上有重要意义的十几代,此与《殷本纪》是相类的。这正如《史记·秦楚之际月表》叙论所谓“汤、武之王,乃由契、后稷修仁行义十余世”,因而从弃到不窋之父也就从简而概略叙及。

第四,司马迁从来没说不窋为弃之子,而只说他是后稷子,《周本纪》如此,《三代世表》也是这样。①

第五,司马迁在《史记·刘敬叔孙通列传》中记刘敬之言曰:“周之先自后稷,尧封之邰,积德累善十有余世。公刘避桀居豳。”公刘是不窋之孙,自不窋至公刘,可能一直避居在戎狄之间,只是不窋之前的周族以邰为封邑。这样,从弃到不窋便有十余世。有人说司马迁的记述与《周本纪》的记载“自相矛盾”②,其实是他本人没有弄清《周本纪》的记述。对于司马迁记述的本意,吕思勉先生的理解极是,即“自‘封弃于邰’至‘不窋立’三十四字之间,‘后稷’二字,凡有三解。‘号曰后稷’之后稷指弃;‘后稷之兴’之后稷,包弃以后不窋以前居稷官者;

---

① 《史记·三代世表》曰:“后稷生不窋。”

② 王恩田:《从鲁国继承制度看嫡长制的形成》,《东岳论丛》1980年第3期。

‘后稷卒’之后稷，则不窋之父也”①。

在司马迁之前，对周人早期的世系已有人迷惑不解。② 司马迁不愧是伟大的历史学家，他依据包括《左传》③、《国语》等数据在内的历史记录，对弃到不窋的周先祖历史进行了虽然简要但正确无误的表述。同是根据早期的资料，后人依然多有不正确的理解④，而对司马迁《周本纪》有误解者亦代不乏人。⑤

---

① 吕思勉：《先秦史》，上海古籍出版社 1982 年版，第 116 页。

② 如《礼记·祭法》所记“圣王之制祭祀”的原则，基本同于《国语·鲁语上》展禽之语。《礼记》即使不是直接录自《国语》，也肯定是依据了同一资料。《鲁语上》“夏之兴也，周弃继之，故祀以为稷”，《礼记》却将其中的“兴”改为“衰”，这样，周弃继烈山氏之子而为稷，由夏初被移到了夏衰。《礼记》之不妥显而易见，此盖因其作者不解周弃至不窋世代为稷官所致。

③ 崔适《史记探源》卷一《序证·春秋古文》曰：“太史公之于《春秋》，一本于董生，即一本于公羊。其取之左氏，乃《国语》也。《自序》曰，‘左丘失明，厥有《国语》’，可证是时无所谓《左传》也。”但班固《汉书·司马迁传赞》明言“司马迁据《左氏》《国语》”，崔适所言属今文经学家的偏见，后有人已驳其谬。《史记》中采《左传》者实多。

④ 如《左传·昭公二十九年》有“周弃亦为稷，自商以来祀之”，杜注曰：“弃，周之始祖，能播百谷，汤既胜夏，废柱而以弃代之。”顾颉刚、史念海合著之《中国疆域沿革史》则云：“则知弃本商稷，世数年代固无不合也。”（转引自杨伯峻编著：《春秋左传注》，中华书局 1981 年版，第 154 页）笔者以为杜注和顾、史所说皆有不当。

⑤ 如《史记会注考证》引张文虎语曰：“盖后稷，官名，弃始为之，而子孙世其职，至不窋而废，岂谓弃为后稷一传而失之哉？不窋非弃子明甚。自史公《纪》《表》有此驳文，郑氏《诗谱》因之，而周初世系从此乱矣。”今人持此论者更多。还有人不解史迁记述本意，遂在“不窋末年，夏后氏政衰”一语上做文章，如韦昭以为是指“夏太康失国”，崔述以为“盖谓孔甲以后”。

二、从毁隃到古公亶父的世次

弄清楚了《史记·周本纪》关于不窋之前周先王的记载，我们再来看其后的周先王世系。对这段世系，除了毁隃以下到古公亶父之间诸先王之名，其他并无异义。

对毁隃到古公亶父之间的诸王之名，《世本》（据《史记·周本记》索隐所引）、《史记·周本纪》、《汉书·古今人表》以及皇甫谧《帝王世纪》都有记载或解释，见表13：

表13 诸书对毁隃到古公亶父之间的诸王之名的记载或解释

《世本》	《史记·周本纪》	《汉书·古今人表》	《帝王世纪》
公非辟方	公非	辟方，公非子。	公非，字辟方也。
高圉侯侔	高圉	夷竢，高圉子。梁玉绳《古今人表考》曰：夷竢"亦曰侯侔"。	高圉，字侯侔。①
亚圉云都	亚圉	云都，亚圉弟。	云都，亚圉字。
太公组绀诸盩	公叔祖类。《三代世表》称"祖类"。	公祖	公祖，一名组绀诸盩。字叔类，号曰太公。

① 徐宗元《帝王世纪辑存》案："《路史·发挥四》云'《史记》乃后，辟方、侯牟、云都、诸盩，至皇甫谧遂以为公非、高圉、亚圉、祖绀之字'，是《帝王世纪》原有此文。"可以信据。

其中,《世本》写定较早,该书是先秦史官记录和保存的部分历史档案数据。司马迁著《史记》,参考该书较多,《周本纪》所记公非等的名字,当也参照了《世本》。《汉书·古今人表》与之有明显差异,可能另有所据。晋人皇甫谧著《帝王世纪》,前述材料都可看到,他自会对这些记载有所甄别去取,而不会对《史记》的记录进行所谓"强行维护"①,我们不宜像梁玉绳那样,以"皇甫谧弥缝其间"②而简单地加以否定。

崔述亦认为《帝王世纪》是"因《史记》之文而强为说,以曲全之"③,论者有人信从其说④。但崔氏立说的根据是:"不窋之窜,在夏桀前,至文王时,不下六七百岁,安得每君皆享国至五十年之久乎?"⑤关于不窋之窜,《史记》本于《国语·周语上》,二者皆谓时当夏政之衰。《史记·夏本纪》说:"帝孔甲立,好方鬼神,事淫乱。夏后氏德衰,诸侯畔之。"难道不窋失官在孔甲时?即使如此,至文王时亦不过

---

① 钱杭:《周代宗法制度史研究》,学林出版社1991年版,第20页。

② (清)梁玉绳:《古今人表考》,转引自王利器、王贞珉:《汉书古今人表疏证》,齐鲁书社1988年版,第478页。

③ (清)崔述:《丰镐考信录》卷一,(清)崔述撰著,顾颉刚编订:《崔东壁遗书》,上海古籍出版社1983年版,第165页。

④ 如泷川资言《史记会注考证》、钱杭《周代宗法制度史研究》等都曾引述崔氏之说。

⑤ (清)崔述:《丰镐考信录》卷一,(清)崔述撰著,顾颉刚编订:《崔东壁遗书》,上海古籍出版社1983年版,第165页。

五百余年[①]，未知崔述“六七百岁”由何而得。

夏朝历时数百年，周弃至不窋世为稷官，《史记》言其“皆有令德”，其忠于夏朝，且深得信任可知。据《国语·周语上》，不窋失官，乃自弃之。孔甲失德，诸侯有叛，不窋或不至因而弃官外窜。况孔甲、帝皋以后，帝发即位之时，尚有“诸侯宾于王门，再保墉会于上池，诸夷入舞”（《竹书纪年》），是夏之德威依然在一定程度上存在。然至夏桀之时，情况大变，“桀不务德而武伤百姓”（《史记·夏本纪》），诚如商汤所说：“夏王无道，暴虐百姓，穷其父兄，耻其功臣，轻其贤良，弃义听谗，众庶咸怨。”（《吕氏春秋·先识》）在这种情况下，“守法之臣”外逃者一定很多，如太史令终古即奔于商。既然“众庶泯泯，皆有远志”（《吕氏春秋·慎大》），世为夏朝农官的周族首领也不堪忍受，不窋此时外逃的可能性极大。如果是这样，从不窋到文王前，共历十三王，不足450年，每王平均在位不足三五年，于事

---

① 孔甲以后，夏朝共历四帝。其在位年：

孔甲：《通鉴外纪》《路史》注引《年代历》作31年；《今本纪年》作9年。

皋：《通鉴外纪》《路史·后纪》作11年；《御览》八十二引《纪年》《今本纪年》作3年。

发：《通鉴外纪》作13年；《路史》《通鉴外纪》引《帝王世纪》作12年；《今本纪年》作7年。

桀：《今本纪年》作31年。

每帝皆以最长在位年之说计算，共有86年。而按《今本纪年》，仅有50年。

关于商朝，《史记·殷本纪》集解、《通鉴外纪》卷二引《汲冢纪年》《易纬·稽览图》《今本纪年》俱作496年。除去文王在位51年和武王灭商前的5年，余440年。

夏末四帝以86年计，则不窋之窜至文王时仅526年。

理较为切近。而且周族皆父子相继,每王在位时间相对较长亦在情理之中。

除清人崔述外,同意《汉书·古今人表》之说的还有不少,如罗泌、金履祥、梁玉绳等人,但他们基本的出发点都是认为《世本》所记与《汉书·古今人表》相同,如梁玉绳说"罗氏泌、金氏履祥据《世本》及《表》以纠《史》缺"①;梁玉绳还说:"云都、亚圉弟,惟见《周纪》索隐、《路史·发挥·周世考》引《世本》。"②崔述则说:"(《周本纪》)索隐所引《世本》之文,自公非至太王凡九世。"③但《史记·周本纪》所引《世本》正如我们前表所列,其与《古今人表》哪有相同之处?《周本纪》索隐提及"云都"其人之原文为:

> 《汉书·古今表》曰:"云都,亚圉弟。"按:如此说,则辟方、侯侔亦皆二人之名,实未能详。

但梁玉绳却说:"云都、亚圉弟,惟见《周纪》索隐……引《世本》。"是则他把《汉书·古今人表》误作为《世本》了。关于《世本》所说"公非辟方""高圉侯侔""亚圉云都"等本来各为一人,还有更显然、更确凿的证据,如《尚书·酒诰》孔颖达疏

---

① (清)梁玉绳:《古今人表考》,转引自王利器、王贞珉:《汉书古今人表疏证》,齐鲁书社1988年版,第478页。

② (清)梁玉绳:《古今人表考》,转引自王利器、王贞珉:《汉书古今人表疏证》,齐鲁书社1988年版,第478页。

③ (清)崔述:《丰镐考信录》卷一,(清)崔述撰著,顾颉刚编订:《崔东壁遗书》,上海古籍出版社1983年版,第165页。《尚书正义》卷十四,《十三经注疏》上册,中华书局1980年影印阮元校刻本,第106页。

曰:“周自后稷以至文王十五世。”案《世本》云:“……毁榆(隃)生公飞(非)……公飞(非)生高圉……高圉生亚圉……亚圉生组绀……组绀生大王亶父……”①其中未见有所谓辟方等三世,这应当是孔颖达省略公飞(非)等人的字,绝不应当是故意“删缩元文”②;又,“《路史》述《世本》曰侯牟生亚圉”③,是侯牟与高圉同指一人,侯牟为高圉字毫无疑问,我们不必再怀疑《路史》的记录有误。实际上,《世本》根本就与《汉书·古今人表》不同,其说公非等人之名,乃兼举其字,《帝王世纪》之说正可作为《世本》与《周本纪》所记不同的合理解释。所以,翟云升《校正古今人表》云:“以《世本》亚圉云都证之《帝王世纪》,以云都为亚圉字似是。据此,则夷竢为高圉字,而《表》重出辟方、夷竢、云都三人。”④罗泌、金履祥、梁玉绳、崔述几位古史名家居然都误解了《周本纪》索隐等所引《世本》。⑤

周先王从不窋父后稷到文王的总世数,史书的记载都是一致的,《国语·周语下》记周灵王太子晋曰:“自后稷之始基靖民,十五王而文始平之。”又记卫人彪傒曰:“后稷勤周,十有五

① 《尚书正义》卷十四,《十三经注疏》上册,中华书局1980年影印阮元校刻本,第106页。(清)梁玉绳:《古今人表考》,引自王利器、王贞珉着《汉书古今人表疏证》,齐鲁书社1988年版,第478页。

② (清)梁玉绳:《古今人表考》,转引自王利器、王贞珉:《汉书古今人表疏证》,齐鲁书社1988年版,第478页。

③ (清)梁玉绳:《古今人表考》,转引自王利器、王贞珉:《汉书古今人表疏证》,齐鲁书社1988年版,第478页。

④ 转引自(清)崔述撰著,顾颉刚编订:《崔东壁遗书》,上海古籍出版社1983年版,第478页。

⑤ 今亦有人误解《周本纪》索隐等所引《世本》,如钱杭《周代宗法制度史研究》(学林出版社1991年版,第20页)就说皇甫谧《帝王世纪》的解释“违背《世本》原意”。

世而兴。”韦昭注曰:“自后稷至文王,十五世也。”此外,《吴越春秋·吴太伯传》亦云“公刘卒,子庆节立,其后八世而得古公亶甫”。这都与《史记》《世本》相合。《国语·鲁语上》记鲁宗有司说“工史书世”,史官对于世代之先后是有明确记录的。周先王之世次不一定有史官加以记载,但根据一些没有文字的民族,通过口耳相传都能将自己祖先的谱系背诵至三十多代、千年前左右的事实①,前述对于周朝总世数的说法应该是没什么问题的。这都证明了《史记》所记周先王世系是可靠的。

① 参见林耀华主编:《原始社会史》,转引自常玉芝:《论商代王位继承制》,《中国史研究》1992年第4期。

关于《六韬》成书的文献学考察*

《六韬》是关于姜太公思想数据比较丰富、比较集中的著作，可是，关于该书的作者与成书，历来却存在着不同说法。宋代以来，不少人认为该书成书很晚，属于伪书，对其疑而不信。20 世纪 70 年代，西汉墓葬中出土了《六韬》等太公兵学著作，从而使人们不得不反思从前的研究结论。于是，学术界不少人继续倾力研究，齐国故地的学术界还举办了"姜太公学术讨论会"，并先后出版了《姜太公新论》《姜太公与齐国的军事文化》等文集，推动了姜太公及其著作问题的研究。但是，直至今日，人们在《六韬》的成书问题上依然分歧很大，看法各不相同。

那么，《六韬》的成书情况具体如何？除"六韬"之外，它还有"金版六弢""周史六弢""太公六韬""太公兵法""太公"等名称，此外，有关太公的兵书还有不少。这些名称包含着怎样的学术信息？学者们的看法还有一定的分歧。因此，本文拟在学界研究的基础上，专门从文献学的角度对《六韬》进行考察，希望有助于对该书成书问题的理解和认识。

---

* 原载于《中国文化研究》2002 年第 1 期。

一、《六韬》成书研究的种种分歧

本来,《六韬》一书旧题为周吕望撰,《隋书·经籍志》就著录有《周史六韬》五卷,注:“梁六卷。周文王师姜望撰。”《六韬》与姜太公的密切联系是不容抹杀的。

但是,由于较早的《汉书·艺文志》所著录的《周史六弢》(颜师古注谓“即今之《六韬》也”)六篇后,有班固自注曰:“惠、襄之间。或曰显王时,或曰孔子问焉。”所以不少学者对此书表示怀疑,认为它不过是作伪者依托太公,借重姜太公的大名而已。正因如此,关于《六韬》的作者才存有很大争论,自宋代疑古思潮肇端以来,尤其是明清时期,学者们基本否定了《六韬》的可靠性。例如,宋代王应麟的《汉书艺文志考证》以为是战国孙、吴之后的谋臣策士所托;明代胡应麟的《四部正讹》认为“《六韬》称太公,厥伪了然”,指出《六韬》是魏晋以后谈兵之士掇拾古兵书剩余而为;张萱《疑耀》认为今之所传《六韬》和《三略》一样,都是楚汉间好事者所补;黄震《日钞》同样以《六韬》为伪书,多掇拾众兵家之语而成;清代姚鼐《读〈司马法〉〈六韬〉》也以《六韬》系“缴取兵家之说,附之太公”;崔述的《丰镐考信录》则以为是秦汉间人所伪。

考古资料在结束学术的纷争中往往扮演着仲裁官的角色,有关《六韬》成书的不正确看法有的就是被新出材料否决的。1972 年山东临沂银雀山西汉前期墓葬中出土了部分《六韬》竹简,其中残存的内容与今本的《文韬》《武韬》《龙韬》中的相应篇章大多相合。据推断,该墓葬的时代为西汉前期,研究者认为具体年代不晚于汉武帝元狩五年，即公元前118年。墓中随葬竹简的书写年代当然要早于墓葬的年代，竹简中并不避汉初几个皇帝的名讳，有“邦”“恒”“启”“澈”等字，看来，竹简书写的时间最晚应在西汉以前。由此，那些所谓《六韬》为汉代以后托名太公而作的种种说法便被证明是错误的。

无独有偶，就在银雀山西汉墓葬出土《六韬》的次年，又有河北定县四〇号汉墓发现了被定名为《太公》的著作。据报道，《太公》共发现篇题13个，其中只有《治乱之要》等三篇的内容见于今传本，另有六篇见于传本，却未见篇题。此外，尚有相当一部分记有“武王问”“太公曰”的简文，内容不明；有的句子或片段曾为初唐以前的文献所引录。“有的说出自《六韬》或《金匮》，有的又说来自《阴符》。从整理出来的残简情况看，《太公》的篇幅应当不少，佚亡的恐怕也不少，不少简上只见篇目，未见内容。”[①]史书目录中著录的太公兵书较多，“简文究竟抄录或选录太公的哪一种或几种书，都还难于确定”，但整理者认为，“简文比今天所见到的有关太公书的内容要丰富得多，广泛得多”。[②]

据研究，定县汉墓的年代约在西汉五凤三年（前55年），它似乎有意与临沂银雀山汉墓相呼应，从而证实了汉、魏时代伪撰太公兵书说之不确。然而，《六韬》成书在汉朝以前的什么时候，人们的看法仍然有不少分歧，大致说来，有以下几种观点：

---

① 何直刚、刘世枢：《定县40号汉墓出土竹简简介》，《文物》1981年第8期。

② 何直刚、刘世枢：《定县40号汉墓出土竹简简介》，《文物》1981年第8期。

第一,根据《庄子·徐无鬼》的记载:"女商曰:'先生独何以说吾君乎?吾所以说吾君者,横说之则以《诗》《书》《礼》《乐》,从(纵)说之则以《金版六弢》,奉事而有大功者不可为数。'"判定《六韬》成书在战国时期,其下限在战国中期。①

第二,根据班固《汉书·艺文志》自注的三个年代:"惠、襄之间。或曰显王时,或曰孔子问焉。"以及《六韬》有骑战的记录,认为该书成书"上限不会早于周显王时,下限决不迟于秦末汉初"②。

第三,根据《史记·留侯世家》中所记张良从下邳圯上老人处得《太公兵法》,张良"数以《太公兵法》说沛公"的记载,认定《六韬》为"秦始皇在位时写成"③。

第四,认为今本《六韬》根据汉时旧本删削而来,而今本《六韬》"大量移植兵学言论","具有浓郁的法家论兵特色,很可能是《六韬》抄自《尉缭子》《吴子》,或者三书皆抄自某一秦晋兵学著述"。④

第五,认为该书的作成有其复杂的演变过程,从古籍由零星流传到辑本定型的质变意义上看,《六韬》的真正"著作权"应当属于战国中期齐威王在位时的稷下大夫们。⑤

第六,认为今本《六韬》成书的时间,只有班固《汉书·艺

---

① 参见刘宏章:《〈六韬〉初探》,《中国哲学史研究》1985年第2期。

② 郭汝瑰:《中国军事史》,《兵法》第四卷,解放军出版社1988年版,第104页。

③ 张烈:《〈六韬〉成书及其内容》,《历史研究》1981年第3期。

④ 刘庆:《〈六韬〉与齐国兵学》,徐树梓主编:《姜太公新论》,北京燕山出版社1993年版。

⑤ 参见徐勇、邵鸿:《六韬校注·前言》,《齐文化丛书》第七卷《文献集成·齐兵书》,齐鲁书社1997年版。

文志》自注所说“惠、襄之间”是正确的，乃是齐桓公“复修太公法”时，整理周室旧档案中的太公言论而成。战国后期又有过一次重大的改动，或者说又重新进行整理过，并加了序。①

按照笔者的看法，以上几种意见中，第六种比较接近实际，也就是说，今传《六韬》很可能即是根据周室旧档案整理而成。而这个所谓档案不是别的，而是周初流传下来的铸于金版上的《六韬》。今传本中春秋、战国以后的痕迹，都是传抄过程中造成的，今本《六韬》实有极高的数据价值。

二、《六韬》书名的演变与太公兵书

关于《六韬》的书名及其所蕴含的时代信息，已经有学者进行了很好的探讨。如陈青荣同志认为，“弢”（韬）章是古代军队的九章之一，它标志着军事行动的开始。所谓六韬，即是以六种不同的兽皮制成的其上绘有不同纹章图案的武器袋，其含义一是示军威，二是别行伍。“韬”本作“弢”，二者音同义同。弢，《说文解字》谓“弓衣也”，《管子·小匡》：“弢无弓，服无矢。”所以，陈青荣认为“弢”即弓袋不会有错。②

关于《六韬》的书名，学者们大都认为它与《金版六弢》《周史六弢》《太公六韬》等实际是同一部书在不同时代的称谓。

---

① 参见陈青荣：《〈六韬〉作者及成书年代》，徐树梓主编：《姜太公新论》，北京燕山出版社1993年版；《重新认识〈六韬〉的数据价值》，《管子学刊》1993年第4期。仝晰纲赞同此说，参见其《〈六韬〉的成书及其思想蕴涵》，《学术月刊》2000年第7期。

② 参见陈青荣：《〈六韬〉书名辨析》，《齐鲁学刊》1998年第3期。

但问题在于它们之间是怎样的一种关系,或者说它的名称何以在不同时代有不同的称谓。

首先,我们认为《金版六弢》是今传《六韬》最早的本子的看法是正确的。《金版六弢》之称首见于《庄子·徐无鬼》,从其中的叙说看,《金版六弢》与《诗》《书》《礼》《乐》并提,可见其影响之大,流布之广。《庄子》中女商所言的《金版六弢》未必是以金版形式记录的《六韬》,因为金版的《六弢》应为周代史官记录下来,并铸之金版之上,其数量一定很少。战国时期一般人所见到的很可能是从原来的《金版六弢》传录而来。

对《庄子·徐无鬼》中提到的《金版六弢》,清人王先谦疏引晋人司马彪云:"'金版'、'六弢'皆《周书》篇名。"把"金版"与"六弢"分开,显然不当,这是由于其不了解周初记录"善言"的方式所致。《群书治要》卷三十一所录《武韬》云:"太公曰:'可。天下有地,贤者得之;天下有粟,贤者食之;天下有民,贤者收之。天下者,非一人之天下也,莫常有之,唯贤者取之……'文王曰:'善!请著之金板。'于是文王所就而见者六人,所求而见者七十人,所呼而友者千人。"有学者分析认为,这条材料虽不见于今传本的《六韬》,但在用字用词上,《群书治要》本与银雀山本较为接近,银雀山残简的《虎韬》部分,今见于《群书治要》而不见于今传本。所以,《群书治要》所引的这条材料应则当视为一条内证。①

其实,西周时期将善言书之金版的习惯还有不少数据可以证明。沈钦韩《汉书疏证》中就记有这样的话:"《言》者,即太

---

① 参见陈青荣:《〈六韬〉作者及成书年代》,徐树梓主编:《姜太公新论》,北京燕山出版社1993年版。

公之《金匮》,凡善言书诸金版。”一般说来,凡是“书诸金版”(或者“铸之金版”)的东西,其内容一定比较重要、比较珍贵,常常在收藏、保存时也放在特殊的地方,如文献中提到的金匮(柜)之类即是。《说文》:“匮,匣也。”可见匮即柜。《尚书·金縢》中,周公为武王祝祷之文便放置于金縢柜中。《庄子·胠箧》篇曰:“将为胠箧、探囊、发匮之盗。”可见“匮”是箧、囊之类的东西。除金版以外,一些重要的东西有时也制成玉版,置于匮中。《楚辞·谬谏》所说“玉与石同匮兮”便可说明问题。

将重要文件铸为金版是周代的习惯,西周初年即有此习。《逸周书》中就有相关记载,如《大聚》篇记武王曾向周公请教调和殷政的办法,周公所言受到武王的赞赏,武王便令冶官把周公的话“冶而铭之金版,藏府而朔之”;《武儆》篇记武王命周公立后嗣时,曾“出金枝《郊宝》《开和》细书”,其中的“金枝”即为“金板(版)”之误,是说《郊宝》乃是铸在铜板上的文件。

记重要文件于金版也有考古材料的证明。清朝光绪年间由章文华等人编纂的《嘉祥县志》卷之四《艺文志》中著录了“鲁武公金简册命”的金文,据介绍,该简发现于嘉庆十二年(1807年)。这年大雨时,嘉祥境内鲁宅山中忽陷一古墓,县令封培得玉片数种、铜册两版,但当时只知玉片宝贵,而将铜册漫府官库。过了几年,一库吏觉得铜册异常,便拓其铭文,求嘉祥学者曾衍东辨识,经辨认,知铜简为周宣王赐鲁武公册命。可惜的是,该简为一官携去,终不知所归。

但是,铜简的规制毕竟被记录了下来。该简册长周尺一尺二寸许,宽如其半,铜质涂金,外面饰以云螭,其内以银线界作竖格,好像清代的殿试策,“字痕皆赤,所谓丹书也”。《县志》中记,当时就有人说道:“考册文年代,义意符合,文亦大似周诰。"册文文字质古,确与周代诰文相近。该属册命之文,金文中亦载有册命仪式者,如上海博物馆所藏颂鼎铭文即是。两相对照,知简文所述都与周代"册命礼"仪式相符,铭文格式亦颇相似。该册命金版在鲁武公死后作为随葬品埋于墓中,足见被视为珍品。周初被铸于金版上的重要文件,其形制可能大体与之相近。

作为周初重臣,姜太公在兴周灭商的过程中建立了很大功劳,他的论兵之言一定会受到重视。作为当时的重要文献,《六韬》最初即被铸于金版,故有《金版六弢》之名。史料所记将太公之言书诸金版不会是凭空臆说。

史籍中又著录有《周史六弢》。《汉书·艺文志》将《周史六弢》著录在"儒家类"中,唐朝的颜师古说《周史六弢》"即今之《六韬》也,盖言天下军旅之事。'弢'字与'韬'同也"。也有人因《周史六弢》被列入"儒家类",而认为《周史六弢》不应该是一部兵书,不应该涉及兵法问题。它应该与《六韬》并不是同一本书,因为今传本《六韬》所记,乃是文王、武王问太公兵战之事。

其实,这是一种误解。以《周史六弢》被列入"儒家"而否定它与《金版六弢》和《六韬》的关系显属不当,原因如下:

首先,从名字上看,"弢"字与"韬"相同,意思都是盛装武器的袋子,《周史六弢》被列入"儒家类",并不妨碍其中记述兵战的内容。况且,史料中已经明晰地显示出了《六韬》属于周代史官的记录,从中亦可见《周史六弢》与《六韬》的因袭关系。

其次,《庄子·徐无鬼》所记有人将儒家的《诗》《书》《礼》《乐》与《金版六弢》并称,似乎也能说明二者在思想上并不抵牾。《六韬》中以《文韬》为第一部分,《武经七书汇解》便解释说:“韬者,弢藏之义,此内虽有兵端,而本于道德,故曰《文韬》,谓文事先于武备也。”《六韬》中记述的内容与周朝文王、武王有关,而儒家不仅“祖述尧、舜”,而且“宪章文、武”,文王、武王等人是孔子、儒家所尊崇的古代圣王。在现在所看到的《六韬》中,除了个别少数的“阴谋权术”等内容外,大多数与儒家的经书《尚书》有相通之处,如书中反复申论的观点是:“天下非一人之天下,乃天下人之天下也。同天下之利者则得天下,擅天下之利者则失天下。”又认为,仁、德、义、道所在,才能使天下人归从。这些思想,与儒家的民本思想以及孔子“天下归仁”的主张是一致的。

最后,《汉书·艺文志》的分类与我们今天的认识有一定差别。例如,我们现在视为兵书的《司马法》《尉缭子》,在《汉书·艺文志》中就分别被列入了“礼部”和“杂家”。与其他兵书比较,《六韬》中主要谈论政治问题,把治国作为治兵的根本,《汉书·艺文志》把《六韬》列入“儒家”也是可以理解的。

金版的《六韬》为周初所传留下来,《周史六弢》出于周朝史官,二者同为一书不成问题,而且,他们都是今传的《六韬》。今本《六韬》出于周朝史官也有不少的踪迹可寻。对此,学界论述已多,无须赘述。

除了《金版六弢》《周史六弢》,与《六韬》有密切关系的首先是《太公六韬》,笔者认为,它与《金版六弢》《周史六弢》都是《六韬》一书在不同时期、不同抄本所采用的名称而已,其内容基本都是一致的,只是其表述的意义有所侧重。《金版六弢》是因《六韬》一书最早铸于金版而得名;《周史六弢》当然是因为写作者或整理者为周代史官,或许已经据金版的《六韬》而抄写于竹帛,故而不宜再用“金版”字样;《太公兵法》之名,显然是因《六韬》之中主要记录太公言兵的内容。这些名称都可简称为《六韬》,其间应无什么神秘之处。

除了"《六韬》系列",史书记载中列于太公名下的兵书还有很多名目。如《汉书·艺文志》在《周史六弢》之外,就著录有《太公》二百三十七篇:《谋》八十一篇,《言》七十一篇,《兵》八十五篇。班固自注曰:"吕望为周师尚父,本有道者,或有近世又以为太公术者所增加也。"班固此处所言,实际揭示了太公兵书较多而且大都在内容上有些类似的原因。

春秋战国时期,长期的列国征战,哺育并丰富了我国的兵学宝库,作为兵家始祖,姜太公在后世的兵家文化中具有特殊地位,后世的人们从而托名和借重太公,以《六韬》为基础,继承与发展太公兵学理论就成为很自然的事情;经过秦火之后,先秦典籍散佚较多,汉初"大收篇籍,广开献书之路"(《汉书·艺文志》)以后,出现的兵书之中,凡与太公有某种联系者,人们可能便以之出于太公。《隋书·经籍志》除了著录了《太公六弢》,还有《太公阴谋》《太公阴符钤录》《太公金匮》《太公兵法》《太公伏符阴阳谋》《太公三宫兵法》《太公枕中记》《周吕书》等十余种。这些书可能多数属于前述情况下的产物。正因如此,古注、类书中所引《太公兵法》《太公阴谋》《太公金匮》等的内容,才会与《六韬》有一些相同或者相通之处。

三、《六韬》与其他文献的比较研究

时至今日,大部分学者已经在这样的问题上形成共识,即《六韬》虽非姜太公亲自撰写,却源于周代史官对姜太公与周王对话的真实记录，它是现今研究姜太公思想最为重要的一部著作。然而，也有学者认为《六韬》之中有所谓"与后世书籍相似的语词"，认为它不会成书很早，对该书出于周初史官持坚决的否定态度。对此，我们有必要将《六韬》与现存文献进行比较，以更好地观察《六韬》的成书年代。

对《六韬》与其他典籍的相同、相通之处，已有学者加以注意，只是我们应当认真、细致比较，才能据而得出正确的结论。

首先，《六韬》与《逸周书》相通的地方很多。

如《逸周书·常训》有曰："天有常性，人有常顺。"《六韬·武韬·文启》则有："天有常形，民有常生。"《逸周书·文酌》有曰："五大：一大知率谋；二大武剑勇；三大工赋事；四大商行贿；五大农假贷。"《六韬·六守》中则有："大工、大商、大农，谓之三宝。"将二者进行对比，显然能够看到二者的相通之处。《常训》与《度训》《命训》等"三训"排在《逸周书》最前面，它们可能就是史书中常常出现的"训语""遗训"，或许即属于《汉书·艺文志》所著录的《周训》。紧接"三训"的是《文酌》篇，按照《周书序》的说法，《逸周书》的"三训"和《文酌》都成在周文王时期。据研究，《周书序》的说法是没有问题的。①

又如，《逸周书·王佩》有曰："见善而怠，时至而疑，亡正处邪，是不能居，此得失之方也，不可不察。"《六韬》中的《明传》则记太公曰："见善而怠，时至而疑，知非而处，此三者，道之所止也。"《逸周书·殷祝》记商汤曰："此天子之位，有道者

① 参见杨朝明：《周训：儒家人性学说的重要来源——从〈逸周书·度训〉等篇到郭店楚简〈性自命出〉》，东日本国际大学儒学文化研究所：《21世纪儒学文化相关国际会议报告论文集》，日本磐城市，2000年6月22—23日。

可以处之。天下,非一家之有也,有道者之有也。故天下者,唯有道者理之,唯有道者纪之,唯有道者宜久处之。"《六韬》的《顺启》也记太公曰:"天下者,非一人之天下,唯有道者处之。"二者的一致性显而易见。而《逸周书》的《王佩》与《殷祝》成篇不会较晚,其数据源也较可靠。

《逸周书》与《六韬》在思想上完全相同,甚至一些提法也十分一致。例如,在《逸周书》中,有"同好相固……同恶相助"(《大武》),"同好维乐,同恶维哀"(《大开武》),"同恶潜谋……同好和因"(《文政》),"有如忠言,竭亲以为信;有如同好,以谋易寇;有如同恶,合计掬虑"(《铨法》)。这些表述,在《六韬》中也常看到,如"同恶相助,同好相趣"(《文启》),"同情相成,同恶相助,同好相趣"(《发启》)。《群书治要》所引《六韬·武韬》也有同样的句子。又如,《逸周书》的《大武》中有"美男破老,美女破舌",《大明武》中有"委以淫乐,赂以美女",这与《六韬·文伐》的"养其乱臣以迷之,进美女淫声以惑之"也相一致。

《逸周书》有《大明武》一篇,据《周书序》说,该篇是周文王所作,其中提到带兵之法"十艺必明",十艺之中有所谓"三疑"。"三疑"何义?篇中没有交代,朱右曾的《逸周书集训校释》认为可能是虚者实之、实者虚之、虚虚实实三种疑兵之计。其实,《六韬》中有《三疑》一篇,其中专论"攻强、离亲、散众",这可能也是文王所说"十艺"中的"三疑"。

《逸周书》中的《官人》是成王访于周公时,周公陈述"六征"之观察用人的方法,其中有曰:"设之以谋以观其智,示之以难以观其勇,烦之以事以观其治,临之以利以观其不贪……醉之酒以观其恭,从之色以观其常。"《六韬》中的《选将》记太公所言区别士之“贤”与“不肖”的“八征”，其中的内容有与《官人》相同者，如“使之以财以观其廉”“试之以色以观其贞”“告之以难以观其勇”“醉之以酒以观其态”即是。

除了见于今本《六韬》者，还有一些《六韬》佚文也与《逸周书》的文句相同或者相近。如《群书治要》引《六韬·虎韬》曰：“夫民之所利，譬之如冬日之阳，夏日之阴。冬日之从阳，夏日之从阴，不召自来。故生民之道，先定其所利而民自至。”《逸周书·大聚》中的说法与之相似，曰：“水性归下，农民归利。王若欲求天下民，先设其利，而民自至，譬之若冬日之阳，夏日之阴，不召而民自来。”如此等等，不一而足。

关于《逸周书》的成书，学术界尚有不同的看法，但随着学术事业的发展，人们逐渐认识到此书的重要价值，发现并不像有些人所说的那样出于“后人的伪托”。除了《逸周书》的“三训”，笔者又探讨过《大开武》《大聚》《官人》等二十几篇与周公有直接关系的篇章，结果认为这些都可以看作周初历史的真实记载。《周书序》所言与各篇所记史实大体一致，基本可信，只是由于长期以来经过后人的传写，各篇都会有一定数量值语的改变与增减。[①] 如果这样的判断没有问题，则《六韬》与《逸周书》的一致，证明了《六韬》成书于周初也应该不成问题。

《逸周书》以外，《六韬》与后世的兵书如《尉缭子》《吴子》《孙子兵法》等也有相同之处。所不同的是，由于《六韬》与《逸周书》都成于周初，看不出它们之间孰先孰后；而《六韬》与《尉缭子》等后世兵书之间的先后关系却不难分辨。

---

① 参见杨朝明：《〈逸周书〉有关周公诸篇刍议》，《儒家文献与早期儒学研究》，齐鲁书社 2002 年版，第 119—135 页。

关于《六韬》与《尉缭子》《吴子》《孙子兵法》之间的联系，已经有学者注意到，遗憾的是，由于在今本《六韬》成书问题上的不恰当看法，有学者将这些文献之间的先后关系搞颠倒了。[①] 在这一点上，将《六韬》与相同或者相通的文献稍加比较便很容易看出来。

《六韬·军势》有曰："将以诛大为威，以赏小为明，以罚审为禁止而令行。故杀一人而三军震者，杀之；赏一人而万人悦者，赏之。杀贵大，赏贵小。杀及当路贵重之人，是刑上极也；赏及牛竖、马洗、厩养之徒，是赏下通也。刑上极，赏下通，是将威之所行也。"《尉缭子·武议》的表述则是："凡诛者，所以明武也。杀一人而三军震者，杀之；杀一人而万人喜者，杀之。杀之贵大，赏之贵小。当杀而虽贵重，必杀之，是刑上究也；赏及牛童马圉者，是赏下流也。夫能刑上究，赏下流，此将之武也，故人主重将。"《六韬》一段论述诛、赏，详尽细致，《尉缭子》专谈明武，有所概括。特别是《尉缭子》将《六韬》的"赏及牛竖、马洗、厩养之徒"简化为"赏及牛童马圉"，透露了二书的先后关系。

《六韬·教战》有曰："故教吏士：使一人学战，教成，合之十人；十人学战，教成，合之百人；百人学战，教成，合之千人；千人学战，教成，合之万人；万人学战，教成，合之三军之众。大战之法教成，合之百万之众，故能成其大兵，立威于天下。"《尉缭子·勒卒令》也有相似的论述，其曰："百人而教战，教成，合之千人；千人教成，合之万人；万人教成，会之于三军。三军之众，

---

① 如前揭刘庆先生文便认为《六韬》大量移植了《尉缭子》《吴子》等的兵学言论。

有分有合,为大战之法。”二者同是叙述由单兵到合成的循序渐进的训练兵士的方法,后者的叙说要简要得多。显而易见,《尉缭子》是简括《六韬》的说法而来。

关于察看敌情,适时攻击,《六韬》与《吴子》都有论述。《六韬》的《发启》篇曾谈到所谓“三观”之法,即“吾观其野,草菅胜谷;吾观其众,邪曲胜直;吾观其吏,暴虐残疾”。这是从大处着眼,了解对手。另一方面,在《武锋》篇中又从细微处着手,谈论了可以攻击敌人的“十四变”,即“敌人新集,可击;人马未食,可击;天时不顺,可击;地形未得,可击;奔走,可击;不戒,可击;疲劳,可击;将离士卒,可击;涉长路,可击;济水,可击;不暇,可击;阻难狭路,可击;乱行,可击;心怖,可击”。

《吴子》的《料敌》篇中记武侯问敌人可击之道,吴起的回答提到了“十三可击”。这“十三可击”论述用兵必须审察敌人之虚实以趋其危。可是,关于《吴子》,人们多视其书为伪,但不论如何,这里所说的“十三可击”应当本于《六韬》的“十四变”,二者相同处多,但也有所不同。

另外,《六韬》作为周初的兵家著作,其影响后世不仅深远而且广泛,以后的不少兵家论述都本于此书。如今本《六韬·三阵》中说:“凡用兵为天阵、地阵、人阵。”《群书治要》卷三十一所录《龙韬》也记有武王与太公讨论用兵之时天、地、人何者为先的问题。《孙子》的《计》篇中发挥说:“故经之以五事,校之以计而索其情:一曰道,二曰天,三曰地,四曰将,五曰法。”道、将、法属于人事系统,它与天、地合在一起,其实谈的正是天时、地利、人和三要素,《孙子·地形》篇中的名言“知彼知己,胜乃不殆。知天知地,胜乃可全”,说的也是同样的问题。到了《孙膑兵法》则说得更为明确,其《月战》篇中说:“天时、地利、人和,三者不得,虽胜有殃。”

四、结语

章学诚在《文史通义·诗教上》中说过:“古未尝有著述之事也。官师守其典章,史臣录其职载,文字之道,百官以之治而万民以之察,而其用已备矣。是故圣王书同文以平天下,未有不用之于政教典章,而以文字为一人之著述者也。”章氏此言颇适用于《六韬》一书。殷商时期,早已“有册有典”,但在那时,学术官守,职其事者为官师、为史臣,太公之论兵善言自不是其本人所录,其出于当时的史臣可知。

在当时,周朝灭商,惊天动地,人们不会不反思和总结灭商的经验与体会,所以,不论《诗经》还是其他史书,都赞扬和称颂太公在灭商中的巨大功绩。《史记·齐太公世家》说:“周西伯昌之脱羑里归,与吕尚阴谋修德以倾商政,其事多兵权与奇计,故后世之言兵及周之阴权,皆宗太公为本谋。”又说:“天下三分,其二归周者,太公之谋计居多。”这当然不是空话。在具体谋划和实施攻击商朝的过程中,姜太公立下了汗马功劳,他也会有许许多多的名言高论流传下来,《金版六弢》原文之著录成书应在此时。

然而,太公的著述可能开始并不像今天看到的这样丰富、繁多,不仅有《六韬》其书,还有其他的名目。而且,《六韬》其书也会有后世添加的成分,今天看到的所谓《六韬》佚文,有一些说不定就属于后来增入的东西。究其原因,就是司马迁所说的“后世之言兵及周之阴权,皆宗太公为本谋”。例如,《敦煌遗书》唐人手抄《六韬》有曰:“维正月,王在成周,召三公、左史戎夫曰:‘今昔朕语遂事之志。’戎夫主之,朔如闻舍。志曰……”这里的记载,意思颇不明确。其实,这个记载倒是真实的,只是个别记录可能并不正确。《逸周书》的《史记解》中有曰:“维正月,王在成周,昧爽,召三公、左史戎夫曰:‘今夕朕寤,遂事惊予。’乃取遂事之要戒,俾戎夫主之,朔望以闻。”原来穆王梦见了历史上的事情惊吓了自己,便让人采辑历史上重要而且值得警戒的事,使左史戎夫论说它们,每月的朔日和望日讲给自己听。《今本竹书纪年》则记载说:“(穆王)二十四年,王命左史戎夫作《记》。”可知此事发生在周穆王时期。很显然,这应当是后人将左史戎夫论说历史事件的话附到了《六韬》之中,它与《六韬》的论兵之言有明显区别。

《金版六弢》作成后,自然受到周人的重视,后世言兵者理所当然地奉为经典,传抄、缮写者也一定大有人在,像齐桓公任用管仲“复修太公法”时,更会注意到《六韬》这一太公留下来的重要遗产。在这样的背景下,《六韬》其书的其他名目便应运而生。

从《武王践阼》说到早期兵文化研究*

《武王践阼》今保存于《大戴礼记》中。据该篇记述，周武王即位之初，曾经向大夫们征求可以恒久指导后世子孙行为的简约名言，众人不知。当问及师尚父（姜太公）“黄帝、颛顼之道”时，师尚父遂引导武王，告知他保存着的丹书之言，大意是应当敬而不怠、行义灭欲。他还告诫武王，要“以仁得之，以仁守之”。武王听了，感到十分震撼，于是写成戒书，在自己能够常常看到的许多地方铭刻下来，以随时提醒自己。

《武王践阼》篇多存古义，定有较早的渊源。由于该篇记述师尚父事迹，我们可以据而观察与这位“兵家始祖”有关的文献，研究它们对后世兵家文化的影响，因而具有重要的意义。长期以来，由于对《大戴礼记》研究不足，也影响到对该书数据的充分利用。对《武王践阼》，前人以其为真者极少，虽有学者在研究姜太公与兵家文化时偶尔涉及此篇，但真正认真进行检讨，并进而进行相关学术思考的还没有见到。新出地下文献证明，《武王践阼》确实来源较早，蕴含着很多的学术信息，值得十分重视。本文拟就此略陈管见，以向方家求教！

---

* 原载于《管子学刊》2005 年第 3 期。

一

《大戴礼记》由西汉宣、元时期的礼学名家戴德所编，原有八十五篇，选辑了众多的儒家文献，其中主要是礼学文献。从《大戴礼记》的编订看，该书多存有前世古书。

汉初，由于刘汉王朝的倡导，朝野都十分重视礼学。戴德与其从兄子戴圣的学术源自高堂生，二人都是西汉《仪礼》（《士礼》）学大师后仓的学生。《汉书·艺文志》云："汉兴，鲁高堂生传《士礼》十七篇，讫孝宣世，后仓最明，戴德、戴圣、庆普皆其弟子，三家立于学官。"后仓"说《礼》数万言"，建立了内容较为丰富和完整的礼学体系，培养了一批在礼学方面很有作为的弟子，戴德、戴圣就是其中较为著名者。

高堂生所传的《仪礼》共有十七篇，这十七篇的内容主要是士礼，只有《觐礼》涉及天子接见诸侯的朝觐之礼，远不能满足西汉王朝建立朝廷礼制的需要。这种情况，到了后仓和戴德、戴圣生活的武帝、成帝和宣帝时期，就更加急迫了。甚至生活在西汉末期的刘歆仍对此深有感触，他说："至于国家将有大事，若立辟雍、封禅、巡守之仪，则幽冥而莫知其原。"（《汉书·楚元王传》）朝廷遇到辟雍、封禅、巡守这样的大事，做起来却不知道要遵守什么样的礼仪。东汉的王充也说："案今《礼》不见六典，无三百六十官，又不见天子。天子《礼》废何时？岂秦灭之哉？"（《论衡·谢短》）在这种情况下，礼学大师后仓及其弟子戴德、戴圣等都成了收集整理礼学文献的积极人物。后仓说《礼》，成《后氏曲台记》；戴德编辑了《大戴礼记》；

戴圣则编辑了《礼记》。

二戴《礼记》的编订主要依据当时能看到的先秦礼学文献。先秦儒家在传习《仪礼》时都附有释文以说明、补充，称作"记"。这种做法始自孔子，"恤由之丧，哀公使孺悲之孔子，学士丧礼，士丧礼于是乎书"（《礼记·杂记》）。有学者指出："孺悲既从孔子学，而后才有见于载记的《士丧礼》，《士丧礼》之传自孔子至为明显。又下篇《既夕礼》（言葬礼）既与《士丧礼》（言丧之礼）相连成文，又与《士虞礼》（葬后诸礼）、《丧服》（着丧服礼）内容直接相关，那么以上四篇应不可分割而统传自孔子，就并非臆测而有一定事实根据了。"①孔子将某些"礼"整理成文，用以教授学生。孔门后学继承了这个传统，陆续在传《礼》时作《记》。这些《记》内容广泛，既包括《士礼》，也包括诸侯、天子之礼。

西汉时期，先秦礼学文献不断出现。武帝末年，孔子故宅中就发现了古文《尚书》及《礼记》《论语》《孝经》凡数十篇，这些文献皆为"古字"，不同于西汉时期通行的隶书，当为春秋末到战国时期七十子后学所抄写，由孔子后人将其保藏于孔子旧宅壁之中，应属于早期儒家文献。不过，此次发现的《礼记》并非专指"记"，因为班固在《汉书·艺文志》中说："《礼古经》者，出于鲁淹中，及孔氏学七十篇文相似，多三十九篇。及明堂阴阳、王史氏记所见，多天子诸侯卿大夫之制，虽不能备，犹愈

① 董治安：《先秦文献与先秦文学》，齐鲁书社 1994 年版，第 218—219 页。

仓等推士礼而致于天子之说。”①孔子故宅中发现的这批文献，经孔安国整理后一并献于朝廷。

西汉所得古文礼书的另一来源是河间献王。据《汉书》卷五十三《景十三王传》记载，河间献王“修学好古，实事求是。从民得善书，必为好写与之，留其真，加金帛赐以招之。繇是四方道术之人不远千里，或有先祖旧书，多奉以奏献王者”，“献王所得书皆古文先秦旧书，《周官》《尚书》《礼》《礼记》《孟子》《老子》之属，皆经传说记。七十子之徒所论。……山东诸儒多从而游”。河间献王所得“古文先秦旧书”，其中包括鲁儒高堂生所献的古文礼书。河间献王将这些古文经传献于朝廷，朝廷也将这些文献保存到秘府。

按照当时规矩，集中于朝廷的这些古文经传博士是可以看到的，这是因为不成系统、零乱无章的古文经传需要整理，而且博士们也需要这些参考数据。汉宣帝时，朝廷就把新出土的《逸礼》《逸易》等书“下示博士”(《论衡・谢短》)。由此，无论后仓还是其弟子戴德、戴圣，都可以从不同管道得见这些古书。二戴分别将后仓参考过的古文“记”加以整理，根据各自的需要，编订成《大戴礼记》和《礼记》，分别形成“大戴氏学”“小戴氏学”。这是汉朝礼学史上的一个高峰，也对此后经学的发展产生了巨大的影响。

《大戴礼记》和《礼记》所辑录的多为先秦古文礼《记》，这也为新近出土文献进一步证实。尤其湖北荆门《郭店楚墓竹

---

① (汉)班固编撰，顾实讲疏:《汉书艺文志讲疏》，上海古籍出版社1987年版。书中引刘敞曰:“学七十篇，当作与十七篇文相似。五十六卷除十作，正多三十九也。”

简》和《上海博物馆藏战国楚竹书》,最能够说明问题。例如,郭店儒简中有《缁衣》一篇,与今本《礼记》中的《缁衣》相比,楚简《缁衣》只少今本中的第一段“子言之”和第十六、十八两章“子曰”。其余虽有个别篇章顺序不同,但内容文字基本相同。学者们由此想到,“《缁衣》收入《礼记》,竹简中还有不少地方与《礼记》若干篇章有关,说明《礼记》要比现代好多人所想的年代更早。……《汉志》的《记》都是古文,有的是孔壁所出,有的是河间献王所征集,都是孔门七十子后学的作品。高堂生五传弟子戴德、戴圣所传的《礼记》《大戴礼记》,都是根据这些材料编成的”①。

《礼记》和《大戴礼记》的若干篇章和郭店儒简内容中的某些相通点颇值得玩味,它至少告诉我们,《大戴礼记》若干篇章形成并不像某些学者所说的那样晚,它们的年代应和抄写郭店儒简所依据的原书的成书年代大致相当。所以说,《礼记》和《大戴礼记》中再有其他篇章被将来的出土文献证明是确属先秦文献,不再令人感到不可思议。②

据报道,上海博物馆从香港购藏的战国竹简里,有《武王践阼》和《内礼》两篇,前者相当于今本《大戴礼记》中的《武王践阼》③,后者相当于《曾子立孝》。因此,我们不得不相信今本《大

---

① 李学勤:《郭店楚简与儒家经籍》,《中国哲学》编辑部、国际儒联学术委员会编:《中国哲学》第二十辑,辽宁教育出版社 1999 年版,第 21 页。

② 参见张磊:《〈大戴礼记〉“曾子十篇”研究》,曲阜师范大学硕士学位论文,2004 年。

③ 参见廖名春:《上海博物馆藏楚简〈武王践阼〉篇管窥》,日本《中国出土资料研究》第四号,2000 年。收入廖名春编:《清华简帛研究》第二辑,清华大学思想文化研究所,2002 年。

戴礼记》中的《武王践阼》等篇也与《缁衣》一样确属先秦文献。

二

《武王践阼》被收入《大戴礼记》中，影响十分广泛。该篇涉及一些古礼，因而被后世引用。如《隋书·礼仪志四》记："凡礼有同者，不可令异。……近皇太子在西林园，在于殿犹且东面，于北城非宫殿之处，更不得邪？诸人以东面为尊，宴会须避。案《燕礼》《燕义》，君位在东，宾位则在西，君位在阼阶，故有《武王践阼》篇，不在西也。"

其实，战国时期，《武王践阼》已经流行很广。20 世纪 70 年代，在河北平山县战国古城址中发掘了两座中山王大墓，其中的一座墓葬中出土了大批青铜器，其中的一件青铜鼎铭文有引用《武王践阼》的内容。① 学者们定名这一青铜鼎为《中山王鼎》，其铭文云：

寡人闻之："与其溺于人也，宁溺于渊。"②

而《武王践阼》篇中有曰：

---

① 参见河北省文物管理处平山发掘组：《战国时期中山国遗物遗迹的重要发现》，《光明日报》1978 年 8 月 6 日。

② 李学勤、李零：《平山三器与中山国史的若干问题》，《考古学报》1979 年第 2 期。收入李学勤：《新出青铜器研究》，文物出版社 1990 年版，第 175—198 页。

王闻书之言,惕若恐惧,退而为戒书。……盥盘之铭曰:“与其溺于人也,宁溺于渊,溺于渊犹可游也,溺于人不可救也。”

不难看出,鼎铭之中所引用的应该就是《武王践阼》。《太平御览》曾经引此语,说是随武子(即春秋中叶晋臣士会)之盘铭。今按,《太平御览》于卷三百九十六“人事部三十七”和卷七百五十八“器物部三”两引此句,均称引自《大戴礼》。《大戴礼记》原有八十九篇,今存四十篇,原来有无关于“随武子之盘铭”的记载已难以确定。不过,在《御览》两次引述此语中,其一明确称说是引自《武王践阼》的“盥盘之铭”,《大戴礼记》一书中既有周武王盥盘之铭,同时又有同样内容的随武子之盘铭的可能性极小。因此,我们可以推断,这里的“随武子”很可能是“武王”之误。如果是这样,中山王所闻应该是《武王践阼》篇中记载的武王“盥盘之铭”。①

《中山王鼎》所出土的墓葬的年代,据研究在公元前309年或者公元前308年之后不久②,其中所引用的武王“盥盘之铭”,应当来自那时已经广泛流传的《武王践阼》。李学勤先生说,“中山的统治者竟以周室制度的卫道士的面目出现”,他们

---

① 廖名春先生也认为中山王所闻属《武王践阼》篇中所载之武王“盥盘之铭”。见其《上海博物馆藏楚简〈武王践阼〉篇管窥》,日本《中国出土资料研究》第四号,2000年。收入廖名春编:《清华简帛研究》第二辑,清华大学思想文化研究所,2002年。

② 李学勤、李零:《平山三器与中山国史的若干问题》,《考古学报》1979年第2期。收入李学勤:《新出青铜器研究》,文物出版社1990年版,第175—198页。

“不仅通习作为正宗思想的儒术，而且把儒家的政治观点在行动上付诸实现了”。李先生还指出：平山一号墓礼器“三篇铭文的一个突出特点，是反复引用儒家经典，主要是《诗经》”。①其中所举出的《诗经》篇名，如《殷武》《烝民》《韩弈》《皇矣》《访略》《閟宫》《大明》《大东》，这些诗篇，除了《閟宫》，皆为春秋时期的作品，其中引用的《武王践阼》也应如此。

中山国的华化和儒学在中山国的流行，很能说明《武王践阼》为什么能够在这里得到流传。一方面，他们奉行周制，自然喜好记载武王君臣论礼行礼的有关文献；另一方面，儒家崇尚周代先王，武王的言论也为他们所珍重。这一切又能够反过来证明中山王所引用的《武王践阼》是可靠的早已流行的早期文献。受中山王器引用《诗经》情形的启示，廖名春先生进一步分析认为：

> 从《武王践阼》篇的称呼来看，俨然是西周史官实录的口气，“武王”之称除篇首一见之外，其余皆称为“王”，而且作者记事亦称“王端冕”“王下堂”“王行西”“王闻书之言”。显然，此“王”在作者来说是时王。因此，它很可能是西周史官之作。②

我们认为，这样的推论很有道理。

中山王器的时代在战国的中期。上博竹书的发现，说明《武

① 李学勤：《平山墓葬群与中山国的文化》，《文物》1979 年第 1 期。收入李学勤：《新出青铜器研究》，文物出版社 1990 年版，第 199—205 页。

② 廖名春：《上海博物馆藏楚简〈武王践阼〉篇管窥》，廖名春编：《清华简帛研究》第二辑，清华大学思想文化研究所，2002 年。

王践阼》在中山国流传的同时，该篇也已经在南方的楚国流行。上博竹书的年代与郭店楚墓竹简的年代相当，都在战国中期偏晚。与《武王践阼》同时出土于楚国墓葬中的文献，大部分属于儒家的思孟学派，这说明包括《武王践阼》在内的一些文献，不仅受到儒家的重视，在战国时期的楚国也受到了人们的青睐。

儒家"法先王"，儒家文献以及儒家所喜爱的早期文献一起在楚国流行的事实，也证明了《武王践阼》的早出。长期以来，学术界推断这些文献的撰写时间，往往将时间人为后置，严重影响了对有关学术问题的认识。其实，认真将传世文献与新出土文献对读，不难发现，这是人们不清楚古书体例、静止地看待古书形成、对古书流传规律认识不清造成的。

以《武王践阼》为例，上博竹书中的两支竹简，其释文为：

> 王问于师尚父曰："不知黄帝、颛项、尧、舜之道在乎？意几丧，不可得而睹乎？"师尚父曰："在丹书。王如欲观之，盍斋乎？将以书见。"武王斋三日，端服冕，逾堂阶，南面而立，师尚父……

今本《大戴礼记》之《武王践阼》的相应部分为：

> 武王……召师尚父而问焉，曰："黄帝、颛项之道存乎？意亦忽不可得见与？"师尚父曰："在丹书。王欲闻之，则齐矣！"三日，王端冕，师尚父亦端冕，奉书而入，负屏而立。王下堂，南面而立，师尚父……

不难看出，二者比较，仅仅是文字上的个别差异，这是因为写成的时间不同,写定者进行了个别的整理与改动。在以前,人们看到这样的不同,就认为是有意“作伪”,其实,这是一种误解。看看同时见于上博竹书、郭店楚简与今本《礼记》中的《缁衣》,比较上博竹书《民之父母》、《孔子家语·论礼》、今本《礼记·孔子闲居》,这些问题就会一目了然。

三

值得注意的是,《汉书·艺文志》中著录有“太公二百三十七篇”,它应该是有一定传承渊源的历史文献。后世关于姜太公的许多著作,都应该与之有不同程度的联系。

《武王践阼》记载的师尚父(姜太公)与武王的对话,与其他材料相关、相通,给我们透露出不少的学术信息。首先,《太公金匮》记有与《武王践阼》所谓丹书中的黄帝、颛项之道相通的内容。

《后汉书·光武帝纪》注引《太公金匮》曰:

> 黄帝居人上,惴惴若临深渊。舜居人上,矜矜如履薄冰。禹居人上,栗栗如不满日。敬胜怠则吉,义胜欲则昌。日慎一日,寿终无殃。

这些记载与《武王践阼》的以下文字有相通之处:

> 师尚父西面道书之言曰:“敬胜怠者吉,怠胜敬者灭,义胜欲者从,欲胜义者凶,凡事,不强则枉,弗敬则不正,枉

者灭废，敬者万世。”

《武王践阼》中的“黄帝、颛顼之道”，在上博竹书中作“黄帝、颛顼、尧、舜之道”。儒家“祖述尧、舜，宪章文、武”，今本《大戴礼记》的《武王践阼》只有“黄帝”“颛顼”而不见“尧”“舜”“禹”等，情况很可能是：上博竹书更接近本篇原来的面貌，而今本《大戴礼记》存在问题。从与《太公金匮》的比较看，《大戴礼记·武王践阼》中的师尚父所道丹书之言，应该是概括黄帝、舜、禹等先王处世之道而成。

比较重要的是《六韬》的思想也与《武王践阼》相通，其中还有完全相同的言论。如《六韬》的《文韬·明传》中记有周文王、武王与太公的对话：

> 文王寝疾，召太公望，太子发在侧。曰：“呜呼！天将弃予。周之社稷，将以属汝。今予欲师至道之言，以明传之子孙。”太公曰：“王何所问？”文王曰：“先圣之道，其所起，其所止，可得闻乎？”太公曰：“见善而怠，时至而疑，知非而处，此三者，道之所止也。柔而静，恭而敬，强而弱，忍而刚，此四者，道之所起也。故义胜欲则昌，欲胜义则亡；敬胜怠则吉，怠胜敬则灭。”

这次对话的落脚点，也是此次对话的结论性语句，即“义胜欲则昌，欲胜义则亡；敬胜怠则吉，怠胜敬则灭”，此句见于《武王践阼》。

《太公金匮》与流传下来的姜太公兵书有密切联系。太公兵书有《六韬》，《六韬》又有《金版六弢》《周史六弢》《太公六弢》等不同称谓，其实书名中就包含该书的性质。根据我们的看法，《金版六弢》是今传《六韬》最早的本子，《金版六弢》之称首见于《庄子·徐无鬼》，从其中的叙说看，《金版六弢》与《诗》《书》《礼》《乐》并提，可见其影响之大，流布之广。《庄子》中女商所言的《金版六弢》未必是以金版形式记录的《六韬》，因为金版的《六弢》应为周代史官记录下来，并铸之金版之上，其数量一定很少。战国时人们见到的很可能是从《金版六弢》传录而来。

周初记录“善言”“嘉语”，常常冶铸在金版上。《群书治要》卷三十一所录《武韬》云：“太公曰：‘可。天下有地，贤者得之；天下有粟，贤者食之；天下有民，贤者收之。天下者，非一人之天下也，莫常有之，唯贤者取之……’文王曰：‘善！请著之金板。’于是文王所就而见者六人，所求而见者七十人，所呼而友者千人。”有学者认为，这条材料虽不见于今本《六韬》，但在用字用词上，《群书治要》本与银雀山本较接近，银雀山残简的《虎韬》部分，今见于《群书治要》而不见于今传本。

西周时期将善言书之金版的习惯还有不少数据可以证明。沈钦韩《汉书疏证》中就记有这样的话：“《言》者，即太公《金匮》，凡善言书诸金版。”一般说来，凡是“书诸金版”（或者“铸之金版”）的东西，其内容一定比较重要、比较珍贵，常常在收藏、保存时也放在特殊的地方，如文献中提到的金匮（柜）之类即是。将重要文件铸为金版是周代的习惯，西周初年即有此习。《逸周书》中就有相关记载，如《大聚》篇记武王曾向周公请教调和殷政的办法，周公所言受到武王的赞赏，武王便令冶官把周公的话“冶而铭之金版，藏府而朔之”。作为周初重臣，姜太公在兴周灭商的过程中建立了很大功劳，他的论兵之言一定会受到重视。作为当时的重要文献,《六韬》最初即被铸于金版,故有《金版六弢》之名。史料所记将太公之言书诸金版不会是凭空臆说。

像《太公阴谋》《太公阴符钤录》《太公兵法》《太公伏符阴阳谋》《太公三宫兵法》《太公枕中记》《周吕书》等书一样,《太公金匮》一书的书名出现较晚,但《太公金匮》可能保留了较早的材料。经过秦火之后,先秦典籍散佚较多,汉初"大收篇籍,广开献书之路"(《汉书·艺文志》),以后出现的兵书之中,凡与太公有某种联系者,人们可能便以之出于太公。但《隋书·经籍志》所著录的十余种与太公有些关联的著作中,《太公六弢》《太公金匮》值得特别重视。

关于《六韬》的成书问题,学术界有许多不同看法。根据我们的研究,种种关于该书成书较晚的看法可能都不正确,《周史六弢》的书名其实已经昭示了该书出于周初的周朝史臣。在那时,周朝灭商,惊天动地,人们不会不反思和总结灭商的经验与体会,所以,不论《诗经》还是其他史书,都赞扬和称颂太公在灭商中的巨大功绩。《史记·齐太公世家》说:"周西伯昌之脱羑里归,与吕尚阴谋修德以倾商政,其事多兵权与奇计,故后世之言兵及周之阴权,皆宗太公为本谋。"又说:"天下三分,其二归周者,太公之谋计居多。"这当然不是空话。在具体谋划和实施攻击商朝的过程中,姜太公立下了汗马功劳,他也会有许许多多的名言高论流传下来,《金版六弢》本文之著录成书应在此时。①

① 参见杨朝明:《关于〈六韬〉成书的文献学考察》,《中国文化研究》2002年第1期。

四

近些年来，学术研究出现了繁盛的趋势。由于出土文献的大批问世，人们的学术视野更加广阔，遵循"求真""考信"的精神，当人们立足中国上古文化大背景，重新检讨原来的学术成见时，忽然发现原来的一些"定论"还存有明显缺陷，于是，大家重新检视，谨慎梳理，对以往的学术研究补偏救弊，开始从过分的疑古之中解脱出来。

依照我们的看法，兵家文化的研究也同整个中国古代学术的研究一样，同样存在着需要"超越疑古"的问题。影响极大的疑古思潮由"疑古史"而"疑古书"，使大量宝贵文献的成书年代人为后置，许多典籍被列入"伪书"，由此也影响到对于兵学文献的认识，影响到对古代兵文化的研究。

值得欣慰的是，在兵学文献研究中，有许多的所谓"伪书"已经被证明不伪，许多的模糊认识已经逐渐清晰，这为古代兵文化的进一步研究打下了良好基础。但毋庸讳言，在古代兵文化研究方面，许多的问题还有待澄清，就像超越疑古还需要一个相当长的时间那样，这一定也是一个漫长的过程。

古代"兵文化"内涵丰富，就像"兵"在古代具有丰富内涵那样，我们今天用"兵文化"概括先人在军事领域里的创造活动，当然希望从概念上来表述中国古代军事文化的某种特质，从方方面面包括理论学术和与之相关的观念形态等方面综合把握。仅仅我们的视野所及，仅仅由对《武王践阼》篇的重新认识，便给了我们很好的启发，从该篇的研究中，我们至少可以进行以下方面的思考。

（一）对太公兵学的全面认识

《武王践阼》记载武王与太公（师尚父）的对话，它出于周初史臣，是可靠的周初史料。我们综合学术界的最新研究，进一步梳理姜太公的研究材料，不难发现我们对姜太公的研究还亟待加强。

作为"兵家始祖"，姜太公对于后世的影响可谓既深且远。在周初的政治军事舞台上，姜太公扮演了重要的角色。那么，对太公思想成就的研究，我们不宜仅仅着眼于所谓的"兵"与"阴权"，而应当深入考察深蕴在太公"兵权与奇计"背后的东西，考察他们"阴谋修德以倾商政"的具体情形。事实上，后世言兵者"皆宗太公为本谋"，源于太公对历史与现实的清醒认识，太公的高瞻远瞩、深谋远虑，在《六韬》《逸周书》《武王践阼》等文献中都有集中的体现。

可是，在此以前，不仅《武王践阼》，就连《六韬》《逸周书》，都是存有疑问的典籍。《六韬》的成书存在种种异说，就很能够说明问题。有人认为此书乃是"伪书"，也有人认为此书是秦汉之际人的伪托，从而剥离了姜太公与《六韬》的关系。1974 年山东临沂银雀山汉简中发现了 54 枚《六韬》残简后，伪书说自然不攻自破。虽然在《六韬》成书问题上还人云亦云，但也有学者看到了问题的真相①，这是值得欣慰的。

---

① 如陈青荣先生等人的一些论作。如《〈六韬〉作者及成书年代》，徐树梓主编：《姜太公新论》，北京燕山出版社 1993 年版；《重新认识〈六韬〉的数据价值》，《管子学刊》1993 年第 4 期。仝晰纲先生赞同此说，参见其《〈六韬〉的成书及其思想蕴涵》，《学术月刊》2000 年第 7 期。

《逸周书》中也有关于早期兵学研究的重要资料，这一点，已经有学者注意到。由于受传统观念的束缚，人们认识该书，一般不承认其中的兵学性质，而该书兵学内容存在的客观事实，也影响了此书的地位。因此，该书在性质上虽然与《尚书》相同，《汉志》班固自注其为“周史记”，刘向称其为“周时诰誓号令”，但长期以来却被等而下之。开始，《逸周书》被著录于《六艺略》之《尚书》诸家之后，地位还很重要。但到了后来，情况发生了很大变化。目录学家虽有人把它列入“书”类，但更多的则列之于史类，清代的《四库全书》则收于“史部”的“别史”类，其不被重视显而易见。

《逸周书》地位的这种变化，实际与对此书性质的认识密切相关。有人认为《逸周书》“多驳辞”“甚驳杂”，有人认为此书篇章“多类兵书”，为“诡士所作”。在后世的《逸周书》注解中，西晋五经博士孔晁注最早、最有名，他注解《武称》篇“美男破老，美女破舌。淫图破□，淫巧破时，淫乐破正，淫言破义，武之毁也”，说“凡行此事，所以毁敌国也”。后来，朱右曾《逸周书集训校释》便批评道：“如晁言，则是后世之阴谋，非圣王之大道。”这说明纯粹以经学立场难以解释《逸周书》全书。

现在虽有学者注意到《逸周书》的这种现象，但仍然难以理解为什么。如日本学者谷中信一先生研究《逸周书》的思想与成书问题，看到了“《逸周书》中的兵法思想传承了‘太公兵法’的一部分”，但认为是“混杂”而入①，由此，其对《逸周书》成书问题上的看法便不会正确。

① 参见[日]谷中信一：《〈逸周书〉的思想及其成书》，徐树梓主编：《姜太公与齐国军事文化》，齐鲁书社 1997 年版。

依笔者的看法,《逸周书》中的文献的确是周朝传承下来的记录材料,并非后世学者的加工改造。我们曾经研究过《逸周书》中的许多篇章,认为它们都是十分可靠的西周文献①,其中有关兵学思想的文献也是西周历史思想的宝贵材料,其中当然也包括姜太公的兵学思想。只是我们研究太公兵学应当谨记,不能仅仅局限于太公文献,不能排斥其他文献,应当把他的思想放在周初的历史文化背景中考察,应当与周代传统思想联系起来。

(二)对兵家文献的综合考察

中国古代兵学的载体是兵家文献,不言而喻,兵家文献研究是古代兵文化研究的基础。我们认为,现在对于兵家文献的研究,主要是肃清疑古过勇所造成的消极影响,对早期文献,特别是前《孙子兵法》文献,应有一个正确的认识。《武王践阼》篇发现于战国楚墓的事实,证明它是可靠的周初文献,我们研究该篇的意义,就在于由此综合审视周初的有关历史记载。

在这方面,需要研究的问题很多。“兵家”是战国时期诸子学术产生后出现的概念,而许多兵书出现于战国以前,后世兵家修习这些典籍,哺育了兵家文化,但这些文献有的出现很早,而且兵家不同于其他学派,兵书是实用性很强的书籍,因此,早期兵学典籍常被附益传抄,后世借鉴前人的情况也十分

---

① 杨朝明:《周训:儒家人性学说的重要来源——从〈逸周书·度训〉等篇到郭店楚简〈性自命出〉》,东日本国际大学儒学文化研究所编:《21世纪儒学文化相关国际会议报告论文集》,日本磐城市,2000年6月22—23日;《〈逸周书〉有关周公诸篇刍议》,《儒家文献与早期儒学研究》,齐鲁书社2002年版,第119—135页。

正常，由此，兵学典籍研究也成为一项复杂的工作。

与文献的成书问题相联系，还有兵家文献的先后关系。例如，以前人们对《六韬》认识不清，对它与后世兵书间的关系便人云亦云。比如《六韬》与《孙子兵法》，原来一般认为是《孙子兵法》影响了《六韬》，其实这是本末颠倒的看法。《六韬》作为周初的兵家著作，影响后世深远，以后的不少兵家论述都本于此书。如《六韬·三阵》说："凡用兵为天阵、地阵、人阵。"《群书治要》卷三十一所录《龙韬》也记有武王与太公讨论用兵之时，天、地、人何者为先的问题。《孙子》的《计》篇中发挥说："故经之以五事，校之以计而索其情：一曰道，二曰天，三曰地，四曰将，五曰法。"道、将、法属于人事系统，它与天、地合在一起，其实谈的正是天时、地利、人和三要素，《孙子·地形》篇中的名言"知彼知己，胜乃不殆。知天知地，胜乃可全"，说的也是同样的问题。到了《孙膑兵法》则说得更为明确，其《月战》篇中说："天时、地利、人和，三者不得，虽胜有殃。"

（三）对《周礼》的认识问题

"兵家"是一个历史名词，也是一个文化概念，它包括先秦以来对有关军事问题作出较为深刻认识的文化现象。春秋中期以前，我国就已经有了论兵的专著《令典》《军制》《军政》等，《令典》是楚国兵书，《军制》《军政》出现更早，唯其如此，才能在春秋时期被广泛征引，才具有更高的权威性。我们认为，绝不可低估我国上古时期军事文化的发展水平。

兵家文化属于诸子文化，按照班固的说法，诸子乃出于王官，如果是这样，兵家研究与《周礼》所记载的"夏官司马"应该有密切关系。按照传统的看法，《周礼》成书于周公之手，与

《武王践阼》一样成于西周初年,因此,《周礼》的成书问题也是早期兵文化研究的重要问题。班固说:

> 兵家者,盖出古司马之职,王官之武备也。《洪范》八政,八曰师。孔子曰:为国者"足食足兵","以不教民战,是谓弃之",明兵之重也。《易》曰"古者弦木为弧,剡木为矢,弧矢之利,以威天下",其用上矣。后世耀金为刃,割革为甲,器械甚备。下及汤、武受命,以师克乱而济百姓,动之以仁义,行之以礼让,《司马法》是其遗事也。

《周礼》是我国古代一部重要的典籍,它把全国的官僚机构分为天官、地官、春官、夏官、秋官、冬官六个部门。其中,夏官司马主管军队和战事。《周礼》叙述大司马之职时说:"以九伐之法正邦国。冯弱犯寡,则眚之;贼贤害民,则伐之;暴内陵外,则坛之;野荒民散,则削之;负固不服,则侵之;贼杀其亲,则正之;放弑其君,则残之;犯令陵政,则杜之;外内乱,鸟兽行,则灭之。"其实,这些职责总体上属于"帅其属而掌邦政","佐王平邦国"的一部分。

《周礼》据说出于周公,但今文经学家视其为伪书,疑古学者以为刘歆之作,今人相信其为周公所作者微乎其微。新近的研究已经证明,《周礼》一书的内容是真实可靠的,是可以信赖的。尤其是文物考古研究的推进,更使《周礼》遭受怀疑的命运得以终结,学术界越来越多的人认识到了该书的重要价值。

《周礼》原称《周官》或《周官经》,该书全面系统论述了周朝的国家体制和官吏职掌。关于《周礼》的成书,《汉书·

景十三王传》称其为“古文先秦旧书”；最早奏请列《周官》于经而称为《周礼》的刘歆认为其为“周公致太平之迹”，东汉的著名经学大师郑玄则以其为周公为成王所制官政之法。以后，历代大儒多宗此说，如朱熹就说“《周礼》是周公遗典也”，并说“《周礼》一书好看，广大精密，周家法度在里”。尽管前儒近乎众口一词，但今人相信《周礼》出于周公者依然很少。研究者不论从制度方面还是从思想角度方面，多将《周礼》所记与春秋战国之时进行比较，从而推定其为当时甚至后来所作。实际上，春秋战国时的这些内容恰恰来源于《周礼》，《周礼》乃周公吸收前代成果而作。[①] 很显然，在治国方略中，军事兵战是一个重要的方面，《周礼》谈论治国方略，不能不涉及军事兵战。但对于《周礼》成书问题，要得到统一的认识还是一个长期的过程，而结合兵文化的研究也是认识《周礼》的一个途径。

另外，《武王践阼》中师尚父与周武王的对话，乃是由武王所问先王之道开始，这对于全面认识古代早期兵文化很有意义。师尚父（姜太公）重道，在《六韬》中有所体现，其实，通过《逸周书》《周礼》的有关论述，可看出古代战略思考中，都格外看重君臣同心，上下一致，看重国家治理有道。《孙子兵法》开篇就谈“道”，说“道者，令民与上同意也，故可以与之死，可以与之生，而不畏危”，说用兵之要在于“校之以计而索其情”，首先要看“主孰有道”，这在传统兵文化中具有特别的意义。

---

① 参见杨朝明：《出土文献与早期儒学研究》，山东省儒学研究基地、曲阜师范大学孔子文化学院编：《孔子 · 儒学研究文丛》（一），齐鲁书社 2001 年版。收入杨朝明：《儒家文献与早期儒学研究》，齐鲁书社 2002 年版。

出土文獻研究

新出简帛与早期儒学的重新认识*

新出文献是历史研究迅猛发展的重要基础之一，中国历史上几次重要的地下文献的重新问世，都极大地推动了学术的进步，孔壁古文经的发现、汲冢文献的出土以及近世甲骨文的利用和敦煌文书等资料的面世无不如此。刚刚结束的国家重大科研课题"夏商周断代工程"所取得的巨大成就，除了方法和手段的改进之外，地下出土资料对于"工程"的顺利进展同样起了不可忽视的积极作用，在一些问题的解决方面甚至起了决定性的作用。

对早期儒学的研究来说，新出简帛同样有着非凡的意义。本来，我国古代典籍对早期儒学线索的记载是清楚的，但是，"疑古"思潮的泛滥，不仅造成了我国上古历史的空白，也使得人们对原始儒学产生了种种疑惑。随着历史学的发展和整个学术事业的进步，人们冲破了"疑古"思潮的束缚，逐渐从"疑古"思潮所造成的迷雾中走出来。于是，对于原始儒学的不少误解，如儒家思想的来源、孔子与"六经"的关系、儒学的早期传播、儒学与其他各家的关系、儒学典籍的成书等问题，都逐

---

* 原载于山东省儒学研究基地、曲阜师范大学孔子文化学院编：《孔子·儒学研究文丛》（一），齐鲁书社 2001 年版，第 121—147 页。

步被人们重新理解和认识。认真检讨这一历程,我们不难发现,新出简帛在早期儒学的重新认识过程中起了十分重要的作用。

一、超越疑古与重写先秦儒学史

学术事业对相关事物的资料有很大的依赖性,新资料的出现往往深化并矫正着对既有资料的认识和理解,学术的发展便寓于这种“疑”与“信”的演变进程之中。“夏商周断代工程”中“世界诸古代文明年代学的历史与现状”课题组的研究表明,西方古典学者在古籍整理与校勘过程中,对晚期文献中一些早期年代的记载也同样面临着“疑古”与“信古”之争,这种分歧在《伊利亚特》所记载的特洛伊战争确定与定年上表现尤为突出。据介绍,19 世纪后期,学者们不仅找到了荷马笔下希腊联军的远征地特洛伊,而且有人从赫梯泥版文书中释读出阿卡亚人及荷马笔下特洛伊战争希腊诸英雄的名字,由此,“信古”学者以为特洛伊战争的史实可以确立。但是,以芬利为代表的“疑古”派认为其缺乏直接的原始证据,全盘否定了特洛伊战争的历史真实性,并极力论证史诗作为史实的不可靠性。1964 年的《希腊研究杂志》同期发表了有关特洛伊战争问题的讨论文章,“疑古”与“信古”两派论争激烈,迄今不息。此外,“18 世纪以来,为数不少的学者对罗马早期历史传统也持怀疑态度,但是,考古研究成果如今已基本证明了罗马早期历史传统真实性。古代传统并非空穴来风,无所依据,无论在古代近东史还是在西方古典历史的研究过程中均证实了这一点”①。

认真检讨中国学术的发展,我们不难发现,自宋代疑古思潮产生以来,“疑古”与“信古”之争便贯穿了整个中国的学术史,虽然“疑古”与“信古”在各时期的表现有所不同,或者说尽管二者存在此消彼长的具体表相,但无不与新资料的出现及其认识紧密地联系在一起。王国维说:“古来新学问之起,大都由于新发见之赐。……然则中国书本上之学问,有赖于地底之发见者,固不自今日始也。”②王国维所揭橥的著名的“二重证据法”实际正是他运用考古资料研究古史而取得重大成就以后的总结。他深有感触地说:“吾辈生于今日,幸于纸上之材料外,更得地下之新材料。由此种材料,我辈固得据以补证纸上之材料,亦得证明古书之某部分全为实录,即百家不雅驯之言,亦不无表示一面之事实。此二重证据法,惟在今日始得为之。虽古书之未得证明者,不能加以否定,而其已得证明者,不能不加以肯定,可断言也。”③

现在看来,疑古思潮盛行时期一些极端的做法,其是非已不难分辨。例如,胡适是近代“疑古”学派的导师,20 年代初期,他曾经概括疑古的精神是“宁可疑而过,不可信而过”,“宁疑古而失之,不可信古而失之”,“宁可疑而错,不可信而错”。

---

① 张强:《古代近东与西方古典年代学研究综述》,东北师范大学世界古典文明史研究所编著:《世界诸古代文明年代学研究的历史与现状》,世界图书出版公司 1999 年版,第 6 页。

② 王国维:《最近二三十年中中国新发见之学问》,干春松、孟彦弘编:《王国维学术经典集》(上),江西人民出版社 1997 年版,第 175 页。

③ 王国维:《古史新证》,干春松、孟彦弘编:《王国维学术经典集》(下),江西人民出版社 1997 年版,第 126 页。

今有学者便指出，这种以疑古为荣、以疑古为能的精神有悖于史料审查的客观性原则，其价值观说明“疑古从来就不是客观的史料审查工作”，因为“疑古失之与信古失之都是失，谈不上什么‘宁’”，所以从实质上看，疑古就是“宁失之疑而勿失之信，宁信有伪而不信有真”。①

疑古风炽之时，人们过于苛刻地对史料进行去取与甄别，以“审慎”相尚，以“谨严”自矜，一切有争议的文献一律打入“伪书”的行列。仅张心澂的一部《伪书通考》，辨及的伪书就有1100多部，有学者说它“将我国古代的文化名著几乎一网打尽”，真是恰如其分。

中国传世的古籍是疑古学派所疑的重点，儒家的典籍《尚书》《左传》《周礼》《易传》《诗序》等的真实性也无不受到他们的否定。例如疑古学派的重要代表人物钱玄同，1926年出版的《古史辨》第一册刊登了他的《论〈说文〉及壁中古文经书》一文，居然认为《说文》之“古文”为汉人伪作，并且进而断定孔子壁中古文经为伪书。钱玄同服膺阎若璩、刘逢禄等人，认为阎若璩的《尚书古文疏证》与刘逢禄的《左氏春秋考证》具有同等的价值，他在《重印新学伪经考序》中说道：“阎书出而伪《古文尚书》之案大白；刘书出而伪《春秋左氏传》之案亦大白。”似乎《古文尚书》与《春秋左传》之伪已成了不刊之论。然而，马王堆汉墓中出土了帛书《春秋事语》，是记载春秋大事的古佚书，足以证明《左传》不伪；而不久前出土的郭店楚墓竹简，其中一些篇引用了《古文尚书》的内容，如《缁衣》引用了伪孔传

① 廖名春：《疑古与史料审查》，姚小鸥主编：《出土文献与中国文学研究》，北京广播学院出版社2000年版，第74页。

的《君牙》《君陈》《尹诰》三篇的文句，而且《君陈》被引用两次，文意与今传本不相出入；《成之闻之》（郭沂先生研究后主张应更名为《天降大常》）对所谓伪古文《咸有一德》也有引用。对此，李学勤先生指出：这与流行的伪孔传是东晋人梅赜伪造的结论，似乎无法相容。①

王国维是较早利用甲骨文研究历史的著名学者，在20世纪初，他便根据新发现的甲骨卜辞撰写了《殷卜辞中所见先公先王考》和《殷卜辞中所见先公先王续考》，证明了《史记·殷本纪》所记述的殷商史是基本正确的，由此可以进一步推断"夏后氏世系之确实"。这不仅使"疑古"学派所谓"东周以上无史"的结论被证明是十分错误的，而且推动了人们思考更多的问题，也自然以无可辩驳的证据使中国的信史得到了延伸。

事实上，不少遭到怀疑的历史记载，许多久议难决的学术纷争，都可以借助新出文献作出权威的判断与裁定，这样的例子可谓俯拾即是，不胜枚举。人们欣喜地看到，20世纪以来，大量的甲骨、金文被发现、利用，近半个世纪以来，又陆续出土了一批又一批的竹简、帛书，成为中国学术研究的宝贵文献。云梦睡虎地秦简、居延汉简、银雀山汉简、阜阳汉简、定州汉简、马王堆帛书、包山楚简、郭店楚简等等，为我们展示了两千多年前的珍贵历史记载，这些记录与传世文献的最大不同是它们没有经过后人的抄录与修改。由于这些记录具有真实可靠的特点，它们恰可与传世文献互相印证、比较，可以使人们对古书的形成、学术的传流诸多问题产生新的认识。

---

① 参见沈颂金：《国内郭店楚墓竹简研究综述》，《中国史研究动态》2000年第9期。

李学勤先生撰有《对古书的反思》一文[①],影响很大,对我们正确认识和理解古代文献具有重要的指导意义。李先生指出,在历史上很长的时期里,人们主要靠书籍传播文化,对古籍是信任的。直到近代,人们才开始对它的怀疑,涌现了"疑古"和"辨伪"思潮,从根本上改变了人们心目中的中国古代形象。现代考古学的发展,为认识古代文化提供了另一条渠道,特别是当看到了大量未经后人改动的古书原貌后,人们不得不对古书进行反思。李先生说,研究新发现的大量简帛书籍,与现存古书相比,不难看到,在古书的产生和流传过程中,有许多值得注意的情况,如佚失无存、名亡实存、为今本一部、后人增广、后人修改、经过重编、合编成卷、篇章单行、异本并存、改换文字等等。对古书传流的新认识,很难简单地用"真""伪"二字来判断。古书不题撰人,分合无定,多经后人附益和增饰,如此等等,皆为古书通例,而在疑古思潮盛行之时,这些都成了伪作之证,于是造成了文化典籍真伪问题中的众多冤假错案。

地下出土的简帛中,有兵家文献,有法律文献,有医学文献,也有儒家、道家等学术文献。竹简帛书的发现,特别是其中学术著作的发现,改变了人们以往学术史的看法,尤其是刚刚面世不久的郭店楚墓竹简,更引发了学术界的巨大震动。李学勤先生说:"打开郭店竹简,你看到的是一个哲学的、思想的世界。"[②]的确,郭店楚简为我们提供了有关先秦学术的许多新知

---

① 参见李学勤:《当代学者自选文库:李学勤卷》,安徽教育出版社1999年版,第15—21页。

② 参见王博:《美国达慕思大学郭店〈老子〉国际学术讨论会纪要》,陈鼓应主编:《道家文化研究》第十七辑"《郭店楚简》专号",生活·读书·新知三联书店1999年版,第11页。

识，因此，学者们兴奋之余也在进行冷静的研究。人们惊叹古墓带来的新知，纷纷利用新的学术信息，进行各领域的综合考察。于是，不仅有人提出先秦哲学史上的诸多问题要重新认识①，而且有人提出先秦文学史需要重写②，更有人提出儒学传统需要重新诠释。③ 杜维明先生则说：由于郭店竹简的发现，"对于'五四'以来，特别是'疑古派'所提出的许多观点，现在都需要重新认识；甚至对整个中国传统文化，都需要重新定位"。他进而认为："整个中国哲学史、中国学术史都需要重写。"④

郭店楚简之中，除了道家的《老子》和一篇《太一生水》外，其余文献全部属于儒家，这是先秦儒家著作的重大发现。郭店儒简为先秦儒学的探讨提供了极其珍贵的资料，对早期儒学各个方面的研究都具有重要意义。通过竹简与早期文献的比较研究，可以细致探讨儒家思想的来源，重新审视儒家与其他各家（例如道、墨）的关系，正确理解孔子与"六经"的关系，厘清先秦儒学的发展脉络，以往不少对儒家典籍的错误认识也可得

---

① 参见郭沂：《楚简〈老子〉与老子公案》，《中国哲学》编辑部、国际儒联学术委员会编：《中国哲学》第二十辑，辽宁教育出版社 1999 年版，第 118—147 页。

② 参见廖名春：《出土文献与先秦文学史重写》，姚小鸥主编：《出土文献与中国文学研究》，北京广播学院出版社 2000 年版，第 68 页。

③ 参见姜广辉：《郭店楚简与道统攸系——儒学传统重新诠释论纲》，《中国哲学》编辑部、国际儒联学术委员会编：《中国哲学》第二十一辑，辽宁教育出版社 2000 年版，第 13—40 页。

④ 杜维明：《郭店楚简与先秦儒道思想的重新定位》，《中国哲学》编辑部、国际儒联学术委员会编：《中国哲学》第二十辑，辽宁教育出版社 1999 年版，第 4 页。

到纠正。

另据报道，上海博物馆藏战国竹简与郭店楚简年代相当，而数量多至1200多枚，远远超出郭店竹简，且涉及先秦古籍80多种。据闻，这批竹简可以显示颜子之学的一些风貌，为古文《尚书》的真伪提供新线索，对《易经》研究亦大有裨益。[①]人们殷切地期待着上博竹简的面世，可以预见，它的问世将会大大推动先秦儒学的研究。

毋庸讳言，以往的早期儒学研究不仅资料欠缺，更有疑古过勇雪上加霜，使其本来并不清晰的面貌笼罩在重重迷雾之中。我们庆幸大地献宝，儒简重光，得见掩埋2000多年的早期儒家学术文献，学术界已经有条件超越疑古，消除其负面影响，重写先秦时期的儒学历史。

二、关于儒家思想的来源

孔子思想是中国传统社会人文思想建立的基础，孔子在中国文化史上有十分重要的地位。早在孔子去世以后不久的战国时代，孟子就曾给以很高的评价。他说："圣人之于民，亦类也。出乎其类，拔乎其萃。自生民以来，未有盛于孔子也。"(《孟子·公孙丑上》)孔子的成就之高，在于他总结了尧、舜、禹、汤、文、武、周公以来贵族阶级的统治经验，把它融入自己的

① 参见杜维明：《郭店楚简的人文精神》，武汉大学中国文化研究院编：《郭店楚简国际学术研讨会论文集》(《人文论丛》特辑)，湖北人民出版社2000年版，第22页。

理论之中,形成了他个人系统完备的思想主张。也就是说,他整理了古代优秀的文化遗产,深入研究了历史与现实提出的政治问题和文化问题,从而以礼和仁为中心,进行了多方位思考,建构起了儒学的理论体系,奠定了儒家学说的理论基础。孔子主张居仁行义,为政以德,为天地立心,为生民立命,人们不仅看到了他“为万世开太平”,而且也看到了他“为往圣继绝学”。就是说,孔子和儒家的思想本有其历史的渊源。

儒学崇尚先王之道,称颂尧、舜及西周以来的文化传统,对于儒学的这一特征,荀子就曾经说:“儒者法先王。”(《荀子·儒效》)在孔子的孙子子思所作的《中庸》一书中也有“仲尼祖述尧、舜,宪章文、武”之说。但在疑古思潮盛行时期,“东周以上无史”,更不必谈论尧、舜,他们和我们的人文初祖黄帝一样,全被推到了“原本无其人,无其事”的“难以信据”的行列之中。有关的记载不是后人故意伪造,便是成书很晚,把古书传流过程中出现的一些问题等同于有意作伪,于是,《尚书》中关于尧、舜记载的篇章不可信,《逸周书》中关于文、武的记载也不可信,所剩下的仅仅只有个别子书中片言只语的关于上古“先王”的零星叙述,即使这些,人们也不得不带着怀疑的目光,“谨慎”审视,“仔细”端量。

超越疑古其实也不是轻而易举的事情,它也有一个循序渐进的认识升华过程。以往,不少儒经被认定是刘歆伪作,而今,有些古籍之“伪”的帽子虽被摘除,但其成书时间却被后置,这同样不利于研究的顺利进行。翻看新出的关于先秦思想、先秦儒学、先秦哲学论述的著作,就会发现,人们在不少典籍的作者和成书时间方面仍然迷茫。

对古书成书问题认识不清,很容易造成思想发展历程认识上的逻辑错误。

例如《逸周书》,其中的《柔武》《大开武》《小开武》《宝典》《酆谋》《寤儆》都属于武王即位以后、克殷之前的记载,内容也大体相近,可视为一组。对这一组,人们怀疑一些篇章时代较晚,主要是因为"文字不古",似有后代的词语。如《柔武》中有"德""义""信"等;《小开武》中有"五行"说;《宝典》中则有"信""义""仁"等。

其实,仁、义、圣、智、德、信、孝、慈等概念西周时期已普遍运用,《周礼》中这样的词语就有不少,如西周的师儒与教化便对此涉及很多,例如,地官之"大司徒"职中的所谓"十二教","以乡三物教万民而宾兴之"的"六德""六行""六艺",国子教育中的"师氏""保氏"所掌等等,都是道德教育与礼仪教育相结合的,其中就出现了不少"仁""义"之类的概念,这正是后世儒家思想的渊源所在。而新近的研究已经证明,《周礼》一书的内容是真实可靠的,是可以信赖的。尤其是文物考古研究的进展,更使《周礼》遭受怀疑的命运得以终结,学术界越来越多的人认识到了该书的重要价值。看来,以"文字不古"而确定《逸周书》各篇的写定时间尚须慎重。

《小开武》中出现的"五行"与前述情况相类似。其文曰:"在我文考,顺明三极,躬是四察,循用五行。"后文具体地说:"五行:一黑,位水;二赤,位火;三苍,位木;四白,位金;五黄,位土。"前人以为五行为战国时代的产物,学者已经指出实未可信,因为《国语·郑语》载厉王时的周太史史伯之言即曰:"故先王以土与金、木、水、火杂,以成百物。"可见五行在西周时已有。另外,《小开武》所言五行之顺序与《尚书·洪范》同,而与战国时有别,说明《小开武》非战国时文,应与《洪范》时代基本相同。但是,后人论《洪范》,多以其为春秋中期的作品,因而《小开武》的时代亦被后置。

其实,《洪范》写定很早,诚如金景芳先生所说,"它为西周的作品是不容怀疑的",李学勤先生也说:"《洪范》一篇成于西周,应该没有什么问题。"因为从《书序》《尚书大传》《史记》以至现代不少学者如王国维等,都认为《洪范》所载是周武王时实有之事。从史籍的引用看,春秋战国时人已经把《洪范》奉为经典,援引其中带有原理性质的文句,加以推阐引申,儒、墨、法等家概莫能外;《诗·小旻》曰:"国虽靡止,或圣或否;民虽靡膴,或哲或谋,或肃或艾。"这与《洪范》中"五事"一节的"恭作肃,从作乂,明作哲,聪作谋,睿作圣"有显著关联,这都是《洪范》成于西周的重要证据。李学勤先生还说:"很多人觉得《洪范》晚出,是由于篇中首列五行,而近人的一项成见,是以为五行的出现很迟。这种论证的方式,在逻辑上是颠倒的。"①实际上,人们论说《逸周书》各篇的时代,也往往陷于这样的错误。既然《洪范》成于周初,则《小开武》成于西周亦无问题。

《周礼》据说出于周公,但今文经学家视为伪书,疑古学者以为刘歆之作,今人相信其为周公所作者微乎其微。

《周礼》原称《周官》或《周官经》,该书全面系统论述了周朝的国家体制和官吏职掌。关于《周礼》的成书,《汉书·景十三王传》称其为"古文先秦旧书";最早奏请列《周官》于经而称为《周礼》的刘歆认为其为"周公致太平之迹";东汉的著名经

---

① 李学勤:《〈洪范〉的成篇时代》,《失落的文明》,上海文艺出版社1997年版,第310—317页。

学大师郑玄则以其为周公为成王所制官政之法。[①] 以后,历代大儒多宗此说,如朱熹就说"《周礼》是周公遗典也",并说"《周礼》一书好看,广大精密,周家法度在里"。[②]

尽管前儒近乎众口一词,但今人相信《周礼》出于周公者依然很少。研究者不论从制度方面还是从思想角度,多将《周礼》所记与春秋战国之时进行比较,从而推定其为当时甚至后来所作。而实际上,春秋战国时的这些内容恰恰来源于《周礼》,《周礼》乃是周公吸收前代成果而作。清代学者孙诒让是《周礼》研究的集大成者,他也认为《周礼》一书出于周公,他说:"粤昔周公,缵文武之志,光辅成王,宅中作雒,爰述官政,以垂成宪,有周一代之典,炳然大备。然非徒周一代之典也,盖自黄帝、颛顼以来,纪于民事以命官,更历八代,斟酌损益,因袭积累,以集于文武。其经世大法,咸萃于是。"[③]还说:"此经建立六典,洪纤毕贯,精意眇旨,弥纶天地,其为西周政典,焯然无疑。"[④]我们认为孙诒让所言甚是!周朝以前,历史记载早已开始,《尚书·多士》就说"惟殷先人有册有典"。周公了解前代政令,熟悉典册,为了建立周朝的统治秩序,他综合会通前世各代,除制订周朝政令外,还告成王官人之法,而且细致叙述官制

① 参见(清)孙诒让撰,王文锦、陈玉霞点校:《周礼正义》,中华书局1987年版,第4页。

② (宋)黎靖德编,王星贤点校:《朱子语类》,中华书局1986年版,第2204页。

③ (清)孙诒让撰,王文锦、陈玉霞点校:《周礼正义·序》,中华书局1987年版,第1页。

④ (清)孙诒让撰,王文锦、陈玉霞点校:《周礼正义》,中华书局1987年版,第4页。

结构。也就是说,《周礼》所述制度决非周公一人向壁虚构,而是充分借鉴和总结了当时已有的历史材料。如果能够正确认识《逸周书》相关各篇,这些情况可能更加容易理解。

孔子"祖述尧、舜,宪章文、武",我们探讨孔子与儒学的渊源自然应当研究尧、舜、禹、汤以及文、武、周公的思想材料,以得到有益的启发。史籍记载古有训语、遗训、训典,夏有"夏训",周有"周训",这些对于儒家思想都会有不同程度的影响,而且都已经得到了出土文献的证明。

"训语"见于《国语·郑语》:"训语有之,曰:'夏之衰也……'""遗训"见于《国语·周语下》:"若启先王之遗训,省其典图刑法,而观其废兴者,皆可知也。"《国语·楚语上》有"训典"一词,曰:"教之故志,使知废兴者而戒惧焉;教之训典,使知族类,行比义焉。"韦昭以为"训典"指"五帝之书",其实它应泛指前代典训。《左传·襄公四年》有"夏训有之曰"一语,杜预注曰:"夏训,夏书。"《国语·郑语》韦昭注则曰:"训语,周书。"例之"夏训",周人所言"训语""遗训"可称为"周训"。

周代先王曾有训典,今传本《逸周书》中的《度训》《命训》《常训》(可统称为《周训》)即是仅存的"周训"遗文。《周训》包孕精微,内容丰富。依《周书序》所说,它是周文王关于为政牧民之道的训教,这种性质使之论及时人对于人性特点的认识。

作为周人的重要文献,《周训》对后来影响很大,文献不仅有明确征引,而且约其文辞而义旨相承者更多。种种迹象显示,孔子以及以子思、孟子为代表的"思孟学派",在人性理论方面受到《周训》的影响比较明显,也就是说,"周训"其实是儒家人性学说的重要来源。新近出土的郭店楚简有《性自命出》一篇,将其与《周训》对比,可以清楚地看到这一点。

《性自命出》因讨论身心性命之学而格外引人注意，该篇的人性学说基本上属于自然人性论，也就是以生之自然为性，这与孔子、孟子、荀子等先秦儒家大体相同。《性自命出》一般认为出于子思一派儒者，从与《周训》的比较中，可以看出它的这一时代性的特征。

如果将《周训》的思想观点进行初步归纳，它与《性自命出》相联系者可有以下数端：(1)人有常顺，变习生常；(2)民有好恶，好恶以物；(3)民有喜怒哀乐；(4)习民乃常，自血气始；(5)天生民而成大命；(6)明德慎罚。细致将两者进行对照，则不难看出《性自命出》中《周训》的影子。①

文王是周政最主要的创始人，连周公也动辄述其"文考"之言。孔子对周文王同样情有独钟，在周游列国的途中被围于匡时，孔子说："文王既没，文不在兹乎？天之将丧斯文也，后死者不得与于斯文也；天之未丧斯文也，匡人其如予何？"(《论语·子罕》)由此可知，孔子以文王之道的担当者自期，或者可以说他自认是文王之道的传人。《中庸》记孔子之言说："文、武之政，布在方策。""方"指方版，"策"即册，指竹简，"方策"泛指典籍。这句话是说周文王和周武王的政治都明白地记述在方版和竹简的典籍上。史籍称孔子曾经删订《尚书》，后人又说《逸周书》乃孔子删书之余，此言或者有据。如果是这样，孔子能够得见《逸周书》"三训"应无问题。由孔子而影响孔门后学，在郭店楚简中有所反映。

---

① 参见杨朝明：《周训：儒家人性学说的重要来源——从〈逸周书·度训〉等篇到郭店楚简〈性自命出〉》，东日本国际大学儒学文化研究所编：《21世纪儒学文化相关国际会议报告论文集》，日本磐城市，2000年6月22—23日。

由于疑古思潮的消极影响,许多历史文献得不到正确认识,《逸周书》自然亦莫能外。在长期的经学思维之下,《逸周书》被远远抛弃在《尚书》的光环之外,认真研究者很少,“千百年来未有专家”。人们对《周训》心怀疑虑,往往是以其“文辞不古”。其实,这恰恰是疑古过甚所造成的不良影响。

随着出土资料的大量出现,《尚书》中的不少篇章得到了正确认识。如对于《尚书·皋陶谟》就是这样。1997年5月,中国先秦史学会与安徽六安市的六安皋陶研究会联合召开“全国皋陶文化研讨会”,对皋陶的历史地位进行了新的评价。皋陶历经尧、舜、禹三代,以事舜时间最长,根据《尚书·皋陶谟》,他曾兴“五教”、定“五礼”、创“五刑”、立“九德”、亲“九族”等等。有关皋陶的记载属于信史,这成为与会学者的共识,并且不少学者还把皋陶思想与儒学渊源问题联系起来加以探讨。[①] 这对我们重新认识《周训》乃至其他相关的历史文献都是重要的启示。

郭店楚简中有《六德》篇,该篇所论是先秦两汉各派儒家学者探讨的中心话题。对此,学者们也有专门研究,认为若将其与早期儒家经典仔细对读、比较,可见其主要思想大多上承孔门而加以系统发挥,许多论点和段落在儒家经典中可以找到对应和类似之处,并为汉儒的有关思想和立论提供了更加完整系统的资源和依据,在早期儒家学说的发展中明显起着承前启后的作用。[②]

---

① 参见何超、孟世凯主编:《皋陶与六安》,黄山书社1997年版。

② 参见徐少华:《郭店楚简〈六德〉篇思想源流探析》,武汉大学中国文化研究院编:《郭店楚简国际学术研讨会论文集》(《人文论丛》特辑),湖北人民出版社2000年版,第375页。

其实,《六德》中的思想可以找到其更远的来源,除了《尚书·皋陶谟》中说到了“九德”,《逸周书》的《常训》《宝典》《文政》也都说到了“九德”,这些所谓“九德”分别从不同角度立说,其德目也不相同,但细致分析,会看到它与后世德政之“德”之间的密切关联。郭店楚简的“六德”之论,很显然与前代“九德”之说有内在的联系。

除了“德”之外,三代以来德行体系发展中还自然出现了许多与之相关的概念,如“伦”“教”“政”“行”“守”之类,有的是从治国出发,有的是从伦理着眼,其所表述都不离社会的基本价值。儒家的道德学说是其对前代思想成果的总结、抽象和概括,将社会的个人品格与基本人伦关系等融汇、归纳,从而在其德目中反映了普遍性的道德价值。

三、孔子与“六经”的关系

孔子之被尊为儒家宗师,很重要的一点,还在于他整理了“六经”,使之成为儒家文献,这也是孔子对于儒学奠基所作的重要贡献。早年时代的孔子便致力于推行自己的主张,然而,他到处奔走,结果却“干七十余君”而不见用。孔子感叹:“吾道不行矣,吾何以自见于后世哉?”(《史记·孔子世家》)于是,孔子想到了“载之空言,不如见之于行事之深切著明也”(《史记·太史公自序》),从而致力于整理古代文献。

孔子整理文献的对象主要是“六经”,整理的方式各不相同,具体说即删订《诗》《书》,修订《礼》《乐》,赞《易》,作《春秋》。孔子整理“六经”,实际是对古代传承下来的文化资源进行整理。这些文化资源是深厚而多元的,孔子所整理的"六经"即各有侧重,司马迁曾说:"《易》著天地阴阳四时五行,故长于变;《礼》经纪人伦,故长于行;《书》记先王之事,故长于政;《诗》记山川、溪谷、禽兽、草木、牝牡、雌雄,故长于风;《乐》乐所以立,故长于和;《春秋》辨是非,故长于治人。是故《礼》以节人,《乐》以发和,《书》以道事,《诗》以达意,《易》以道化,《春秋》以道义。"(《史记·太史公自序》)杜维明先生更从出土文献中得到启示,从而给经书以现代的解释。他说,郭店楚墓竹简的材料告诉我们,到孟子时代已经有了上千年的文化积累,这可以经书作为代表,因为《诗经》所代表的人是感情的动物,《书经》所代表的人是政治的动物,《礼记》所代表的人是社会的动物,《春秋》所代表的人是历史的动物,《易经》所代表的人是具有终极关怀的动物。① 除了《论语》等资料外,孔子对"六经"的整理过程,也隐微地表达了孔子的观点,内含着孔子的思想主张,同样是研究孔子的珍贵资料。

然而,"六经"何时并称?孔子与"六经"的关系如何?在不少学者心目中却是模糊的,特别是孔子与"六经"的关系,虽然《史记》等书的记载言之凿凿,但由于疑古思潮的巨大影响,相信这些记载者却寥寥无几。值得庆幸的是,地下资料的出土,已经可以纠正在这些问题上的不恰当认识。

"六经"之中,古籍记载往往是《诗》《书》《礼》《乐》并称,于是,受疑古思潮影响的学者认为先秦没有"六经"和"五经",

---

① 参见杜维明:《郭店楚简与先秦儒道思想的重新定位》,《中国哲学》编辑部、国际儒联学术委员会编:《中国哲学》第二十辑,辽宁教育出版社 1999 年版,第 1—6 页。

到秦朝或者西汉时,《周易》才进入儒家系统,《诗》《书》《礼》《乐》《易》《春秋》才开始并称,才有了"六经"之说。然而,在马王堆帛书的《易传》和郭店楚简《六德》等篇都有《易》《春秋》与《诗》《书》《礼》《乐》并称的例子,廖名春先生将这些新资料与《论语》《庄子》《礼记》《史记》等文献结合起来进行分析,证明了"六经"的形成源于孔子,认为早在先秦时期,《周易》就与其他经书并列,进入儒家群经之中,说孔子乃至先秦儒家与《周易》无关,否定先秦有"六经"并称的史实,是方法论的错误。①

廖名春先生所说疑古学者方法论的错误,一是将出土文献的年代往后拉,二是以传统文献的记载来否定出土文献。中国学者以往的疑古思潮,不仅在今天的中国有深深的影响,而且远及海外,使国外不少"汉学家"在中国古籍的研究中仍然徘徊不前,似乎不愿接受中国学术前沿学者们的客观研究结论。

例如,关于孔子与《周易》的关系,马王堆帛书《要》篇有"夫子老而好《易》"的记载,日本学者池田知久就说它与《史记·孔子世家》的"孔子晚而喜《易》"说是西汉人虚构的"孔子物语",并说儒家在西汉以前并不喜欢《易》,"只是到了汉初才变得喜欢起来"。② 近藤浩之也说秦焚书时"《易》还未被认

---

① 参见廖名春:《论六经并称的时代兼及疑古说的方法论问题》,《孔子研究》2000 年第 1 期。

② [日]池田知久:《马王堆汉墓帛书要篇的思想》,东京大学东洋文化研究所:《东洋文化研究所纪要》第 126 册,1995 年,第 36 页。

为是一部思想性的书,这是无疑的"①。为了帛书《要》篇的记载,池田知久说《周易》这个名称,在《春秋左传》里出现过十例,《国语》中一例,《周礼》两例,但除此之外,在西汉初期的所有文献中,皆只单称为"易"而不说"周易"。他认为《春秋左传》《国语》《周礼》的记载不可信,因而《史记》成了最早使用"周易"这一名称的可靠文献,"周易"这一名称是西汉初期人根据"文王演易"说创造出来的。帛书《要》篇有"周易"之称,说明它只能是汉初的作品。②《春秋左传》《国语》乃先秦文献已经是中国学术界的共识,而《周礼》一书成书不晚也得到了越来越多的认可,以之证明帛书《要》篇晚出,根本没有任何说服力。

帛书《要》篇中有孔子的话:"《尚书》多于也,《周易》未失也。"据李学勤先生推测,"于"字原为"阙",讹作"阏",再省作"於"。"阙"和下句的"失",正好互相呼应。《孔子世家》所记的"《诗》《书》缺",可印证此处。③ 从这里看,《尚书》和《周易》之名在孔子时已有,应无多大问题。

但在以前,不仅《周易》之名出于何时没有一致的看法,《尚书》之名始于何时,其名何义,学者们看法也有差别。帛书《要》篇的记载,证明了《尚书正义》所说到的是正确的,其曰:"郑玄依《书》纬,以'尚'字是孔子所加,故《书赞》曰:'孔子乃尊而命之

---

① [日]近藤浩之:《从出土资料看〈周易〉的形成》,韩国周易学会编:《21世纪与周易——98'国际周易学术会议》,1998年,第368页。

② 参见[日]池田知久:《马王堆汉墓帛书要篇的思想》,东京大学东洋文化研究所:《东洋文化研究所纪要》第126册,1995年,第37—39页。

③ 参见李学勤:《失落的文明》,上海文艺出版社1997年版,第308页。

曰《尚书》。'《璇玑钤》云:'因而谓之书,加尚以尊之。'"这样,以前学者们的其他一些推测,就被证明是不确切的。

与《尚书》有关的是《逸周书》的成书问题。日本学者谷中信一先生曾经撰写《〈逸周书〉中的周公旦》一文,由此探讨了有关周公记载的《逸周书》各篇的撰写时间,他写道:"周公旦登场的诸篇是到了战国时代中期以后,假托周公旦而著述的。看似周代的记录,而实际上,却浓厚地反映了距彼至少数百年以后的时代的思想。"他的根据是,周公旦的言论中出现了一些在他看来属于后起的一些概念,如"权""时""刑德""阴阳""五行"等等,他认为这些"是在代表先秦儒家的《论语》《孟子》等著作中并没有被积极地阐述的思想"。他进而推断,这是战国中期以后齐地的儒者,鉴于《尚书》中没有留下周公与文王、武王的对话,"便使周公旦恰似出仕武王之侧的宰相,或者有时把他作为一贤者,构想出两人之间的对话,而将新的思想放入其中"。①

其实,谷中信一先生的观点代表了时下不少学者对《逸周书》成书年代的看法。但实际上,《逸周书》是一部十分重要的典籍,由于后世编订过程中出现了不少问题,学者多抱怀疑的态度。结合周公事迹的研究,综合研究先秦时期的文献,认真检讨其中二十几篇与之相关的文字,不难发现,这些都是周初历史的真实记载。其中存在的问题,如词语上的个别变更与增减等都是后人传写过程中造成的,但其数量一定有限;其中一

---

①　以上引文均见[日]谷中信一:《〈逸周书〉中的周公旦》,孙佩霞译,黄留珠主编:《周秦汉唐文明国际学术研讨会论文集》,三秦出版社2001年版,第111页。

些所谓“文字不古”的情况,多是疑古过甚所致。关于这一点,本文前面已经举例说明。我们认为,《周书序》所言与各篇所叙史实大体一致,应当是基本可信的。①

孔子与《诗经》的关系非常密切,据说他曾经对《诗》进行过删订整理,这是由于孔子看到了《诗》与社会政治的内在关联。《礼记·经解》引孔子的话说道:“入其国,其教可知也。其为人也,温柔敦厚,《诗》教也。”这里所说的“温柔敦厚”正是孔子“诗教”对人的政治道德和思想修养的基本要求。孔子曾经论及《诗》的教化功能,并反复强调学习《诗》的重要性。那么,孔子删诗没有?这却是学术界长期争论不休的问题。本来,汉唐学者基本上一致肯定孔子删诗之事,但宋代以后,特别是朱熹以来,否定孔子删诗的人越来越多,在现今学术界影响很大。

孔子以前《诗经》是否已有定本,否定孔子删诗的学者多以季札至鲁观乐之事加以论证。季札观乐,时在鲁襄公二十九年,即公元前544年,当时的孔子只有八岁,而“季札所听到的诗歌分类及先后顺序,与今本《诗经》基本相同”。有的肯定孔子删诗的学者无法解释这一情况,于是产生了《左传》所记载的“季札观乐不可信”②的观点。

笔者以为,否定《左传》的记载应当慎重,季札至鲁观乐之事未必不可相信。实际上,鲁国乐工所演奏的《国风》和《雅》

① 笔者为了研究周公,专门撰有《〈逸周书〉有关周公诸篇刍议》一文(拙著《周公事迹研究·附录》,中州古籍出版社2002年版),对相关篇章进行了研究。

② 赵制阳:《左传季札观乐有关问题的讨论》,中国诗经学会编:《诗经国际学术研讨会论文集1993》,河北大学出版社1994年版,第478—507页。

《颂》等虽然其编次与今本大体相同，但毕竟两者还有差异。对于这种差异，晋朝的杜预已经有所注意，故而在《春秋经传集解》中将演奏次序与今本不同者一一注明，并说道："后仲尼删定，故不同。"《诗》待孔子而删定，这恰是很好的证明。①

据报道，上海博物馆所藏竹简显示了孔子整理以前《诗》的一些面貌，同时表现了孔子授《诗》的真实情形，记载了孔子论述赋诗、奏乐、著文时必须有的志、情、言，从中可以看出，孔子的着眼点在于思想行为和道德规范。② 未知是否属实。如果是这样，这可以视为孔子整理《诗经》的一个旁证。因为孔子后来整理古诗，所注重的正是"可施于礼义"和"备王道"。将《诗》的变化前后进行比较，不难看出今本的确出于孔子的删定。孔子或其弟子曾经见到许多今本《诗经》之外的诗歌，这正是孔子删《诗》的前提。

至于孔子与《春秋》的关系，史书中相关的记载均称是孔子据《鲁春秋》修成，如司马迁《史记·十二诸侯年表》便说《春秋》乃"论史记旧闻……约其辞文，去其烦重"，这应当是对的。《左传》《孟子》的说法也与之相类，孔子作《春秋》应不容怀疑。但是，现在否认这一看法的学者却大有人在。《孟子》曾经记载孔子之言曰："知我者其惟《春秋》乎！罪我者其惟《春

---

① 参见陈新雄：《删诗问题之探讨》，中国诗经学会编：《第二届诗经国际学术研讨会论文集》，语文出版社 1996 年版，第 323 页；赵生群：《论孔子删诗》，《〈春秋〉经传研究》附录二，上海古籍出版社 2000 年版，第 315 页。

② 参见施宣圆：《上海战国竹简解密》，《文汇报》2000 年 8 月 16 日；赵兰英：《上海新发现〈孔子诗论〉战国竹简》，《光明日报》2000 年 8 月 21 日。

秋》乎!”孔子笔削了《春秋》一书,他才口出此言。而 1973 年长沙马王堆汉墓出土的帛书《周易》经、传,其中帛书《易传》的《要》篇记载孔子晚年迷恋《周易》,他称其中有“古之遗言”,达到了“居则在席,行则在橐”的地步。孔子因为做了《易传》,他才说:“后世之士疑丘者,或以《易》乎!”这与孔子所说的“知我”“罪我”,“其惟《春秋》”的话可以互证,说明了孔子与《春秋》《易传》的关系都不同寻常。

地下文献的发现与研究,使孔子与“六经”关系问题上的不少重大错误认识得以纠正,看来,史书中的记载都不是无中生有。

四、儒学与其他各家的关系

早期儒学的基本思想内涵,学界研究已经很多,似乎这是不成问题的问题,其实,由于资料的限制,人们对儒家思想在先秦时期的很多内容,其认识还会不断深化。例如,郭店楚简中“禅而不传,利天下而弗利(自利)”的思想;“恒称其君之恶者可谓忠臣”的思想;“君臣不相戴也则可已”“友,君臣之道”的思想;“道始于情,情生于性”,“礼作于情”的思想;等等,都是早期儒家思想的精华所在。新出资料大大开阔了人们的视野。

儒家作为先秦时期诸子中的重要派别,它与其他各家的关系如何,也在很大程度上反映了儒家主张的特色。在这方面,学界的认识同样具有偏颇之处。例如早期儒家与道家的关系,这一直是中国哲学乃至思想史上的一个重要话题。在考察先秦时期的儒、道关系时,人们往往征引司马迁《史记·老庄申韩列传》中的一段话:“世之学老子者则黜儒学,儒学亦黜老子。道不同不相为谋,岂谓是耶?”由此,先秦时期的儒、道关系从齐鲁异政而异说始,后来更衍为荆楚学风与邹鲁学风之异。

然而,郭店楚简中许多儒、道二家之书同出一墓,不仅显示了“当时中国哲学的繁盛景象”①,而且其中的道家竹简不见排斥儒家仁义道德之语,这不能不引发人们对先秦时期儒、道关系的新的思考。学者们发现,先秦时期的儒、道关系并不紧张,直到简本老子出现并且流传的年代,老子道家的思想与孔子儒家的思想也并非势同水火,而是互相涵化兼容并包。从宏阔的视野看,郭店楚简的发现说明至少在《周易》经传的历史间隙,儒道互黜的局面尚未出现。孔子与老子作为宗教转化为思想的中介,其转化的文本资源即是《易经》,同源而异流,而且互相涵摄。儒家著作出现于向为学术界视为道家思想的风行之地,并且被用作训导楚国太子的教科书,很是耐人寻味。

由于郭店楚墓儒、道学术著作的同出,不仅早期儒道互黜的观念需要更新,而且它使人们进一步探究其深层的内涵。除了郭店楚墓,长沙马王堆也是儒、道著作同出,《老子》与《五行》并见,其意义显然非同寻常,也说明将仁、义、礼、智、圣视作五行,可能是春秋时期共同的观念。

谈到早期的儒、道关系,人们很自然想到两派创始人的洛邑相会,这便是史籍中关于孔子西至周室问礼于老聃(所谓

---

① 李学勤:《先秦儒家著作的重大发现》,《中国哲学》编辑部、国际儒联学术委员会编:《中国哲学》第二十辑,辽宁教育出版社 1999 年版,第 13—14 页。

"孔子适周问礼")的记载。以前,孔子研究者由于对这一记载的真实性抱有怀疑态度,因而没有给以充分的注意。其实,我们认为,孔子见老子的记载应当可信,只是在时间上不会太早,据《庄子》所云"孔子年五十一,南见老聃",而孔子见老聃时又说:"甚矣,道之难行也。"《史记索隐》所说此为"既仕之后言耳"应该是对的。两位先哲的这次聚首在中国哲学史上的意义实在不小,其象征意义在于两家开始时绝无任何有意的相互排斥。司马迁说:"孔子自周反于鲁,弟子稍益进焉。"(《史记·孔子世家》)孔子与老聃的此次相会,彼此间的交流可能不少,对孔子的影响也一定很大。《易传》之中兼有儒、道两家的思想,可能也与孔、老此次相会有一定关联。

在先秦哲学的研究中,人们发现儒、道的互补在孔子和老子时期就已经开始了。有学者说:"还在儒道两家的初创时期,道家思想就以其独特的学术宗旨、文化理念和致思路向,显示了向儒家思想的顽强渗透,这在儒家学派的奠基著作《论语》中多有表现。"另一方面,"道家(主要是稷下黄老道家)在政治和伦理思想上吸收了儒家的仁义学说和礼制文化。稷下道家接受儒家关于仁、义、礼的伦理学说,主要表现在稷下黄老之学的代表作品《黄帝四经》、《慎子》、《管子》(特别是其中的《心术》《内业》等篇)中。由于儒家思想的这种补充作用,使得道家思想开辟了广大的政治伦理空间,从而同现实的政治需要结合得更为紧密,更易于直接运用于政治实践"。[①] 这些认识无疑都是很有道理的。而这种认识的取得,与地下简帛的出土

---

① 白奚:《孔老异路与儒道互补》,《南京大学学报》(哲学·人文科学·社会科学)2000年第5期。

和研究是密不可分的。以前，由于资料的限制，人们对早期儒、道著作中的一些现象不能正确解释，遂产生了不少不恰当的理解，于是，有的学者不仅否定了与孔子有关的其他记载，甚至连《论语》中的资料也不相信，如其中《微子》篇中的一些记载，就有学者认为不能据以评价孔子，以为“他们分明是庄子学派的人编造，儒家的后生记了下来，略加改造而附在《论语》后面的”①。

五、对“思孟学派”的认识

孔子以后，儒家分为八派。孔子弟子分散到各地，儒学的影响也随之广播到邹鲁以外的许多地区。就所谓的正统儒学而言，影响较大的有以子思、孟子为代表的“思孟学派”。较早提到“思孟学派”的是《荀子·非十二子》，其中说到其思想是以“五行”为代表。但在原来，一些学者考证之后认为荀子所说的子思、孟子学派的“五行”难以确指，与一般理解的“五行”没有关联，在《中庸》与《孟子》中没有五行思想；还有的学者这样解释：“思孟学派”的“五行”思想就是通常所说的“五常”，即仁、义、礼、智、信。仁、义、礼、智就表现在孟子的“四端”说中，而信就是《中庸》发挥的“诚”。

其实，“五行”说的确是“思孟学派”的学术特点。在马王堆汉墓帛书中出土的儒家著作《五行》证明了《荀子·非十二

---

① 李毅夫:《研究孔子思想必须正确使用资料》,《齐鲁学刊》1987年第3期。

子》所批评的思孟五行学说中的五行乃是指仁、义、礼、智、圣，帛书《五行》等篇的发现，也为《大学》《中庸》《孝经》及其他一些著作提供了可靠的联系，孔、曾、思、孟作为儒学的正宗地位得到了进一步证实，说明子思、孟子一系的确是先秦儒家最重要的一个支派。

湖北郭店楚简的出土对于认识和理解“思孟学派”有更大的帮助，其中出土的一批著作，学者们认定即属于《子思子》，其中除了同样有《五行》篇外，其他各篇儒学著作，其价值都在今存《礼记》各篇之上，这对于理解子思其人、子思学说、子思之学与孔子的关系、“思孟学派”的思想特征等都有极大帮助。

《中庸》是否出自子思，本来也是有争议的。郭店竹简的出土，这一问题也得到了解决。中庸是指以不偏不倚、无过无不及的态度为人处世，这也是儒家的道德准则和思想方法。“中庸”一词最早出现于《论语》一书，其中记孔子说：“中庸之为德也，其至矣乎！民鲜久矣。”在孔子那里，中庸作为一种行为方式，具有很强的实践性。孔子以后的历代儒生对于中庸思想进行了反复的阐释与发挥，使中庸之道成为儒家认识世界、对待社会人生的基本方法。而最早对孔子的中庸思想进行系统阐述的要数《中庸》一篇，该篇以“中庸”作为最高的道德和自然法则，讲述天道和人道的关系。在继承孔子中庸思想的基础上，把中庸与人性道德联系起来进行考察。

然而关于《中庸》的成书与作者，有的认为是子思所作，有的则对此加以反对。竹简、帛书《五行》篇的发现，“证明了什么是《荀子·非十二子》所批评的思孟五行之说，并在《中庸》《孟子》书中找出这个学说的痕迹，由此得以确定《中庸》一篇的确是子思的作品”[①]。郭店竹简中的儒家学术著作之中，《缁衣》《五行》《成之闻之》《尊德义》《性自命出》和《六德》等篇，据李学勤先生的研究，属于儒家子思一派，《缁衣》等六篇应归于《汉书·艺文志》著录的《子思子》。同时，这些竹简又与《中庸》有不少相通处，例如《性自命出》论及“性自命出，命自天降”，这与《中庸》“天命之谓性，率性之谓道”一致；《尊德义》的体例与《中庸》等也颇为近似。沈约曾说《中庸》取自《子思子》，而竹简中又有《鲁穆公问子思》，因此，这些竹简儒书肯定都与子思有一定的关联，同时也证实了《中庸》一篇出于子思。[②]

《子思子》的发现具有多方面的意义，它为《大学》《中庸》及其他一些儒家著作提供了可靠的联系，对于“思孟学派”的学术来源，对于孔、曾、思、孟作为儒学的正宗地位的证实都有重要价值，说明子思、孟子一系的确是先秦儒家最重要的一个支派。从新发现的资料可以看出，心性学说是“思孟学派”的一个重要学术特点。子思《中庸》中的“天命之谓性，率性之谓道，修道之谓教”等观点，为孟子所继承与发扬，进而形成了一种以道德修养为中心的儒家心性之学。郭店楚简中的《性自命出》一篇，对心性问题进行了具体阐发。孟子发扬了子思的学说，形成了儒家中的一个独特的学派。他们注重内心省察的修养功夫，主张“性善”“尽心知性知天”“诚”“思诚”等等，子思、孟子的思想学说对宋明理学产生了重大的影响。

---

① 李学勤：《失落的文明》，上海文艺出版社 1997 年版，第 343 页。

② 参见李学勤：《先秦儒家著作的重大发现》，《人民政协报》1998 年 6 月 8 日。

除了前述诸端,新出简帛还可印证其他的一些传世文献,例如,李学勤先生曾经指出,郭店楚简使我们真正看见了古文经,竹简的不少地方与《礼记》的若干篇章有关,说明《礼记》要比现代好多人所想的年代更早,进一步印证了《礼记》若干篇章的真实性。《左传》《国语》的记载也可得到佐证,如《国语·楚语》有楚王以传统的说教教导太子的记载,而郭店楚简有关礼乐的论述即可作为佐证,因为郭店一号楚墓就位于东周时期楚国都城(纪南城)南面约9公里处。李学勤先生还指出,学界以往对二戴《礼记》、《说苑》、《孔子家语》和《韩诗外传》等书的史料价值认识不够,在郭店楚简里面都能找到相同或者相近的记载,证明他们的史料价值以前被大大打了折扣。李先生还曾就楚简与汉代思想史的重要著作进行比较研究,可以看出他们之间的联系,这有益于先秦儒学到秦汉儒学传流问题的探讨。①

当然,对于早期儒学的研究来说,随着时间的推移,新出简帛将越来越显示出其非凡的意义。诚如有的学者所言,这些新的材料改变着人们对于整个先秦学术史的看法,尽管目前的工作还只能说是研究的开端,但业已取得的成就却是有目共睹的。

---

① 分别参见李学勤:《郭店楚简与儒家经籍》,《中国哲学》编辑部、国际儒联学术委员会编:《中国哲学》第二十辑,辽宁教育出版社1999年版,第18—21页;李学勤:《从简帛佚籍〈五行〉谈到〈大学〉》,《孔子研究》1998年第3期;李学勤:《郭店楚简〈六德〉的文献学意义》,武汉大学中国文化研究院编:《郭店楚简国际学术研讨会论文集》(《人文论丛》特辑),湖北人民出版社2000年版,第17—21页。

《孔丛子》"孔子论诗"与上博《诗论》*

在人们的期待中,1994 年上海博物馆从香港抢救购回的竹简,终于在 2001 年底开始与读者见面了。① 第一册中收录的首篇《诗论》因为关涉到《诗》学的传授而格外引人瞩目,学者们立即进行研究,大家各抒己见,就该篇的释文、简序、分章乃至在《诗》学史上的意义等问题进行了热烈的探讨,提出了很多具有建设性的意见。

但是,由于竹简是从香港辗转购得,不同于郭店竹简是从墓中直接发掘得来,竹简散乱损失在所难免,这给分辨编连带来了困难。大家在《上海博物馆藏楚竹书》的基础上继续研究《诗论》的排序与分章,纷纷提出自己的见解,但分歧依然较大。

不言而喻,对简文进行调整系联,确定章次,应当首重竹简的文字与形制。但复原简文毕竟是一项十分复杂的工作,应当

---

* 本文为"新出楚简与儒学思想国际学术研讨会"上提交的论文,收入会议论文集,该研讨会由清华大学思想文化研究所、辅仁大学文学院于 2002 年 3 月 31 日—4 月 2 日举办;又载杨朝明:《儒家文献与早期儒学研究》,齐鲁书社 2002 年版。

① 参见马承源:《战国楚竹书的发现保护和整理》,《上海博物馆藏战国楚竹书(一)》,上海古籍出版社 2001 年版,"前言"第 1—4 页。

综合运用各方面的学术信息，这有助于对竹简文义的理解，以不至于在学术方向上有大的偏离，也有利于在学者们提供的众多的可能性中把握最大的可能性。

《诗论》现存诗篇有54篇之多。① 《诗论》之外，现在我们看到的资料中，孔子、孔门弟子论诗的材料很多，其中与《诗论》相互对应的诗篇也有不少，这为研究《诗论》提供了较好的条件。《孔丛子·记义》中有一段孔子论诗的话，就很可资与《诗论》比较研究。这段话是：

> 孔子读《诗》，及《小雅》，喟然而叹曰：“吾于《周南》《召南》，见周道之所以盛也。于《柏舟》，见匹夫执志之不可易也。于《淇奥》，见学之可以为君子也。于《考槃》，见遁世之士而不闷也。于《木瓜》，见苞苴之礼行也。于《缁衣》，见好贤之心至也。于《鸡鸣》，见古之君子不忘其敬也。于《伐檀》，见贤者之先事后食也。于《蟋蟀》，见陶唐俭德之大也。于《下泉》，见乱世之思明君也。于《七月》，见豳公之所造周也。于《东山》，见周公之先公而后私也。于《狼跋》，见周公之远志所以为圣也。于《鹿鸣》，见君臣之有礼也。于《彤弓》，见有功之必报也。于《羔羊》，见善政之有应也。于《节南山》，见忠臣之忧世也。于《蓼莪》，见孝子之思养也。于《四月》，见孝子之思祭也。于《裳裳者华》，见古之贤者世保其禄也。于《采菽》，见古之明王

① 《上海博物馆藏战国楚竹书》所作释文中，有的《诗经》篇名因误读简文而没有释出。此据李学勤：《〈诗论〉说〈关雎〉等七篇释义》，《齐鲁学刊》2002年第2期。

所以敬诸侯也。”

《孔丛子》此处的记载是可信的。该书旧题孔鲋撰，共二十一篇，记述了孔氏家族从孔子到孔鲋数代人物的言行。由于《汉志》不著其书，加之书中有些明显的舛误，故宋代以来很多人不信其真，今人更多认定其书为汉魏时期的王肃伪造。实际上，孔子后裔采择既有资料，记其先人善言法语，并不是有意作伪。特别是前面有关孔子的那部分材料，将其与其他的相关记载认真进行比较，会发现其绝不可能出于后人的杜撰。有学者对《孔丛子》进行研究，结果也发现该书是所谓“伪书”之说并不可靠，认为其中记孔子、子思、子高的部分均有原始材料，其文字基本上是采集旧材料或据旧材料加工而成，子顺以下的材料则基本上属于直接编撰。① 将该书的每一部分与相关资料认真比较研究，不难发现这种观点是正确的。

《孔丛子》所记孔子之论，《周南》《召南》以外，涉及古诗20篇。其中《羔羊》见于《召南》，但我们怀疑此处《羔羊》应为《小雅·鸿雁之什》的《無羊》之误。② 另外19篇均见于今本

---

① 参见黄怀信：《〈孔丛子〉的时代与作者》，《西北大学学报》1987年第1期。

② “無”与“羔”字形相近，容易致误。但初查所见《孔丛子》各版本，其中《记义》此处皆作“《羔羊》”，后于陈子展《诗经直解》（复旦大学出版社1983年版，第641页），见其引述何楷《诗经世本古义》云：“《孔丛子》载孔子曰：‘于《無羊》，见善政之有应也。’按《列子·黄帝篇》曰：‘周宣王之牧正有役人梁鸯者，能养野禽兽。委食于园庭之内，虽虎狼雕鹗之类，无不柔驯者……’《列子》之书大都诙谐不足信。然彼生于周末，而以此事属之宣王，则当曰宣王之留意于牧事可知也。”可能何楷所见《孔丛子》书此处“《羔羊》”作“《無羊》”。是则我们的推测或者不误。

《诗经》。而这20篇诗歌中,有6篇篇名直接见于《诗论》。两相对照,可以从不同方面给我们提供启示。

一、关于《诗论》的作者问题

人们研究《诗论》,对它进行初步整理后,首先想到的是它的内容主旨,想到它出自何人之手。整理者题其名曰《孔子诗论》,很明显是以该篇出于孔子,通篇为孔子论《诗》之言。应该说,该篇内容主要传述孔子论诗之言是没有什么问题的,只是它并不仅仅局限于此。不少学者在审视琢磨后重新排列释文,也提出不同看法。诸家之见,胜义纷现,可以启人继续思考处很多。

《诗论》中论及的诗篇,也有与《孔丛子》相同者。我们不妨将《孔丛子·记义》孔子所论诗篇与见于《诗论》者进行对照,看看其间的联系与区别(见表14)。

表14 《孔丛子》《诗论》孔子所论诗篇情况对照

《孔丛子》	《诗论》
于《木瓜》,见苞苴之礼行也。	《木瓜》有藏愿而未得达也。因木瓜之保(报),以俞(抒)其(悁)者也。(第十九、十八简)
于《蟋蟀》,见陶唐俭德之大也。	《蟋蟀》知难。(第二十七简)
于《鹿鸣》,见君臣之有礼也。	《鹿鸣》以乐司而会以道,交见善而学,终乎不厌人。(第二十三简)

（续表）

《孔丛子》	《诗论》
于《节南山》，见忠臣之忧世也。	《节南山》言上之衰也，王公耻之。（第八简）
于《蓼莪》，见孝子之思养也。	《蓼莪》有孝志。（第二十六简）
于《裳裳者华》，见古之贤者世保其禄也。	《裳裳者华》则……（第九简）

《木瓜》属《卫风》，《毛序》以为“美齐桓公也”，因为卫国有狄人之败，齐国救卫而封之，并遗之以车马器服。卫人思之，欲厚报之，而作是诗。《孔丛子》所记，言孔子于《木瓜》见苞苴之礼行。所谓“苞苴之礼”，即相互赠答之礼。孔子发掘温柔敦厚的教化之旨，从诗中看到博施厚报之义。《诗论》所言，表达了该诗得投欲报的愿望，既可以视为对孔子之言的直解，也可以看作对《诗序》所述事实的另种表述。只是《诗论》更像对孔子言论的解说，这几句话似乎出于撰述者对孔子所论的理解。《鹿鸣》的情况与《木瓜》相类，前引《诗论》中有关《鹿鸣》的句子可能同样出于孔子弟子的解释。从《鹿鸣》和《木瓜》两诗的几项材料看，《孔丛子》《诗论》与《诗序》虽不相同但却相通。

《蟋蟀》一诗，《孔丛子》和《诗论》所记都明确是孔子的话。《孔丛子》言于该诗见陶唐俭德之大，《诗序》则谓晋本于唐，其忧深思远，俭而用礼，乃有唐尧遗风。朱熹《诗序辨说》云：“河东地瘠民贫，风俗勤俭乃其风土气习有以使之，至今犹然，则在三代之时可知矣。……独其忧深思远，有尧之遗风者为得之。”《诗三家义集疏》引齐说曰：“君子节奢，刺俭。俭则固。孔子曰:'大俭极下,此《蟋蟀》所为作也。'"从后人的解说,知《诗论》所谓"知难"与《孔丛子》"见陶唐俭德之大"说的应该是同一问题。

《节南山》《蓼莪》二诗,《孔丛子》与《诗论》的一致更是显而易见。关于《节南山》,《诗序》仅言"家父刺幽王也",而《孔丛子》的"忠臣之忧世"与《诗论》的"上之衰也,王公耻之"却是表述的同一个意思;关于《蓼莪》,《孔丛子》《诗论》与《诗序》都有孝子思养之义。《裳裳者华》简文不全,无法比较。

除了上述各诗,《诗论》还论及《周南》《召南》中的一些诗篇,如《周南》有《关雎》《葛覃》《卷耳》《樛木》《螽斯》《兔罝》《汉广》,《召南》有《鹊巢》《甘棠》等。细玩文义,《诗论》于各诗所见皆其教化意义,诚如《诗大序》所言:"《周南》《召南》,正始之道,王化之基。"孔子十分重视二《南》,仅仅《诗论》就论及《周南》大部诗篇,究其原因,无非如《孔丛子》所记,孔子"于《周南》《召南》,见周道之所以盛也"。

《诗论》与《孔丛子》的比较,反照出《孔丛子》的较高价值;孔子诗论与《诗序》的密切关系,更体现出孔子诗论对后来《诗》学的影响。从《诗论》到《诗序》,其间的联系是十分直接的。

虽然《诗论》不一定存在像后世"作者"那样意义上的撰人,但它出于孔门后学的记述是可以肯定的。孔子十分重视《诗经》的传授,他编订"六经",以之为教材传授弟子,其中尤以《诗经》最为重要。[1] 从《诗论》的文句中,不难看出该篇性

---

① 《史记·孔子世家》:"孔子以《诗》《书》《礼》《乐》教弟子,盖三千焉,身通六艺者七十有二人。"《孔丛子·杂训》:"夫子之教,必始于《诗》《书》而终于《礼》《乐》。"《论语·述而》:"子以四教:文、行、忠、信。"《正义》曰:"文,谓《诗》《书》《礼》《乐》。"

质是孔子弟子对孔子论《诗》之语的记录、引申和发挥，其中主要记述孔子的话，也有孔子弟子后学的议论。前面的比较中，《诗论》中《木瓜》《鹿鸣》似可看出其解说出于孔子弟子。此外，以下例子也可说明这一点：

> 《关雎》之改……《燕燕》之情，曷？曰：童而皆贤于其初者也。《关雎》以色喻于礼……（第十简）
>
> ……〔“帝谓文王，予〕怀尔明德”，曷？诚谓之也；“有命自天，命此文王”，诚命之也，信矣。孔子曰：此命也夫！文王虽谷（欲）也，得乎？此命也……（第七简）①

由此，我们可以推测《诗论》的性质与《孔子家语》中的一些篇章极为相类。孔子授学之时，弟子各有所记，《诗论》应该即出于孔子弟子们的记录。

《孔子家语》传本附有三国时期王肃注此书时所附汉代的孔安国后序，其谓：“《孔子家语》者，皆当时公卿士大夫及七十二弟子之所谘访交相对问言语也。既而诸弟子各自记其所问焉，与《论语》《孝经》并时，弟子取其正实而切事者，别出为《论语》；其余则都集录之，名之曰《孔子家语》。”按这里的叙说，《孔子家语》的价值不言而喻。但由于《家语》出现于王肃“夺易”郑玄之学的特殊时期，尽管王肃称此书得自孔子的二十二世孙孔猛，但后人还是认为出于王肃的依托。颜师古注《汉志》，说二十七卷的《孔子家语》“非今所有《家语》”，后世指斥

① 此处及下文《诗论》的释文见李学勤：《上海博物馆藏楚竹书〈诗论〉分章释文》，《国际简帛研究通讯》2002年第2期。

今本的学者更多。不过,这种看法也有人并不赞同,提出了有力的反驳意见。近几十年来的地下考古发现也为我们认识这一问题提供了新的资料,安徽阜阳双古堆汉墓出土的简牍中有类似《家语》的材料,河北定州八角廊汉墓中被定名为《儒家者言》的著作,李学勤认为也应属于《家语》的原型①,王肃伪造《家语》的说法已经很难令人相信。

《论语》出于孔子弟子的“辑而论撰”,它与《孔子家语》的不同,基本都不是成篇的论述,而是一段一段的语录,这与孔安国“弟子取其正实而切事者,别出为《论语》”的说法相应;《家语》则不然,它基本上都是独立成篇的记述,又显然如孔安国所说的,它是在《论语》别出之后,将孔子弟子所记“集录”的结果。

正由于《孔子家语》为孔子弟子笔记的汇编,所以它不像《论语》那样有弟子摘编的痕迹,明显地带有笔记的特征。孔子弟子遇到孔子谈论“嘉语善言”之时往往随时加以记录,这在《家语》的一些篇章中有所体现,其中不少篇章中出现了孔子弟子“志”“识”“记”的语句,“志”“识”也有“记”的意思。如《礼记·礼运》篇中记孔子曰:“大道之行也,与三代之英,丘未之逮也,而有志焉。”其中的“志”,在《孔子家语》的《礼运》篇中作“记”。《礼运》篇中,不论“记”还是“志”,都是作名词用,有“记载”“记录”“志书”之义,朱彬《礼记训纂》引刘台拱解此字曰:“识也,识记之书。”孔门弟子有做笔记、记录的习惯,《家语》正是弟子记录的汇编。该书可能有后来增加、整理

---

① 参见李学勤:《竹简〈家语〉与汉魏孔氏家学》,《孔子研究》1987年第2期。

的成分，但其基本的、主要的内容还应当是原始面貌的保留。①

与《论语》《孔子家语》二书相比，《诗论》与《孔子家语》更为接近。从专家们拼合后的《诗论》看，该篇肯定有一定的结构，各部分内容之间有内在的联系，它应该不是孔子语录的简单汇编。在《家语》中，也有的篇章虽然篇题撮内容之要，却没有总合各个部分。如《执辔》篇，该篇前面所记乃是孔子以驾车喻治国而回答闵子骞，如果全文至此为止，篇题就显得十分恰当。但是，后面还有子夏与孔子谈论《易》理的记述，这段记述显然与《执辔》的篇题不类。如果硬性找出其间的联系，恐怕只有后面子贡和孔子议论子夏论述的一句，即“微则微矣，然非治世之待也”，意思是子夏所谈《易》理虽然细微，却不是治理国家所需要的。这样与篇题进行联系有些牵强。虽然这样的编辑显得不伦不类，但它却显示了该篇的古朴风貌，透露了《孔子家语》的编辑者在将众人“谘访交相对问言语”采撷编成《论语》之后，遂将“其余则都集录之”的实情。

《诗论》与《执辔》相类。据介绍，上博简中，与《诗论》前后相连的还有《子羔》《鲁邦大旱》两部分，它们不仅字形、简长、两端形状一致，而且只有《子羔》篇第三简的背面题有《子羔》篇名。《子羔》篇纯属子羔问孔子“三王者之作”的内容，而《鲁邦大旱》是孔子评论鲁国大旱乃是当政者刑与德的问题，他们与《诗论》的分别十分明显。将其与《家语》的《执辔》篇比较着看，说《诗论》与《家语》的篇章性质相类，就更加容易

---

① 关于《孔子家语》一书的看法，参见杨朝明：《〈孔子家语·执辔〉篇与孔子的治国思想》，《儒家文献与早期儒学研究》，齐鲁书社 2002 年版，第 274—294 页。

理解。

那么,《诗论》的传述者是谁？这位“传述者”其实应该就是我们所要讨论的《诗论》的“作者”,他大量引述孔子论《诗》之语,并能够深入理解和引申、发挥,他自然一定曾经亲受夫子之教,并于《诗》学有较高造诣。在孔门弟子中,具备如此条件而最有可能传述《诗论》者应当首推子夏。

我们曾经对子夏及其传经之学进行过探讨,发现他虽然对诸经皆有钻研,但也明显有所侧重。子夏于《诗》《乐》之学,于《春秋》微言大义,于孔子所见的《易》学之理尤其见解独到。他修习儒经,擅长发掘经文大义,这一点,在《诗》学方面特别突出。孔子以后,《诗》被注入了政治性、功利性的内容,出现了强以附史、勉为教化的倾向。如果稍稍研究《诗》学历史,便不难发现子夏又强化了这种倾向。①

传统上认为《诗序》出于子夏。子夏受《诗》于孔子,从而对《诗经》各篇旨意有所研究。将《孔丛子》与《诗论》《诗序》比较,可以看出《诗序》的思想与孔子一脉相承。由此我们可以推断,这里孔子《诗》学思想的承传人应该就是子夏。李学勤曾经说:“《诗论》为亲闻孔子《诗》学的弟子所作,对照文献,最可能是子夏。”②这个推断应该是没有问题的。

---

① 关于《孔子家语》一书的看法,参见杨朝明:《〈孔子家语·执辔〉篇与孔子的治国思想》,《儒家文献与早期儒学研究》,齐鲁书社 2002 年版,第 274—294 页。杨朝明:《子夏及其传经之学考论》,《孔子研究》2002 年第 5 期。

② 李学勤:《〈诗论〉说〈关雎〉等七篇释义》,《齐鲁学刊》2002 年第 2 期。

二、关于《诗经》的次序问题

《诗经》中《风》《雅》《颂》各部分的顺序向无异议，但《诗论》发现后，人们却产生了新的看法。据说，《诗论》中展现的诗篇顺序与今本有明显差别，今本《诗经》以《国风》《小雅》《大雅》和《颂》为序，《诗论》中的序列与此恰相反，称为《讼》（颂）、《大夏》（夏、雅通）、《小夏》和《邦风》（汉儒为避刘邦讳，"邦"改为"国"）。《诗论·序》中的论次也和今本《诗经》中的大序相反。① 马承源先生也认为《诗论》29 支简可能存在着不同于《毛诗》的排列次序，他重点指出，"第二简辞文先概论《讼》，再论《大夏》，这前后次序非常明确，论《少夏》的简仅存末句，最后是概论《邦风》"，"《诗》各编的排列是前所未见的新的重要材料"。马承源先生还说"整理《诗论》简序亦依此排列"。②

《诗论》中论及的诗篇很多，而且总论各个部分，有各部分的很多具体篇名出现。那么，在早期的《诗经》定本里面，到底这些诗篇孰前孰后，似乎还有必要进行一些观察，因为它不仅关系到我们对该书结集、整理、流传等问题的认识③，也关系到

① 参见陈燮君为马承源主编《上海博物馆藏战国楚竹书（一）》所作的序，上海古籍出版社 2001 年版，第 1—4 页。

② 参见马承源先生在《上海博物馆藏战国楚竹书（一）》中《孔子诗论》部分《释文》前所作的《说明》。

③ 例如，传统上认为孔子曾经删《诗》，今本《诗经》可能出于孔子的删订。但《诗论》发现后，有人便得出了孔子未曾删《诗》的结论。笔者也曾就此进行议论，参见杨朝明：《上海博物馆竹书〈诗论〉与孔子删诗问题》，《孔子研究》2001 年第 2 期。

对竹简《诗论》的理解与编连。

学者们认识到，如果《诗论》中的《风》《雅》《颂》编列顺序不同于今本《毛诗》，那么《诗经》在先秦时期的流传过程中，也有可能存在着不同于今本《毛诗》的编列次序。学者已经指出，依据《上海博物馆藏战国楚竹书（一）》的第二、三简释文，确可看出简文“先概论《讼》，再论《大夏》”，“论《少夏》的简仅存末句，最后是概论《邦风》”，但它却忽略了原书第四、五两简在论述《风》《雅》《颂》各部分的总体特点时，仍然按照今本《毛诗》的《国风》《小雅》《大雅》和《颂》的编排顺序。① 从不少学者对《诗论》的重新分章释文中，可以看出大家并不同意整理者对其中所涉《诗经》各部分顺序的理解。

既然《孔丛子》中孔子论诗与楚简《诗论》所反映的情况一致，《孔丛子》的材料十分可信，那么《孔丛子·记义》所反映的孔子所见《诗》的顺序，应当即是《诗论》中孔子所见《诗》的顺序。

我们先来看《孔丛子》所记孔子所论诗篇的顺序，用列表的方式指出它们在今本中的位置（见表 15）：

表 15 《孔丛子》所记孔子所论诗篇的顺序在今本中的位置

	《孔丛子》中的顺序	在今本中的位置
《柏舟》	经文第四十五	《鄘风》第一
《淇奥》	第五十五	《卫风》第一

① 参见范毓周先生：《关于上海博物馆所藏楚简〈诗论〉文献学的几个问题》，简帛研究网，2002 年 2 月 21 日。

（续表）

	《孔丛子》中的顺序	在今本中的位置
《考槃》	第五十六	第二
《木瓜》	第六十四	第十
《缁衣》	第七十五	《郑风》第一
《鸡鸣》	第九十六	《齐风》第一
《伐檀》	第一百一十二	《魏风》第六
《蟋蟀》	第一百一十四	《唐风》第一
《下泉》	第一百五十三	《曹风》第四
《七月》	第一百五十四	《豳风》第一
《东山》	第一百五十六	第三
《狼跋》	第一百六十	第七
《鹿鸣》	第一百六十一	《小雅》第一
《彤弓》	第一百七十五	第十五
《羔(無)羊》	第一百九十	第三十
《节南山》	第一百九十一	第三十一
《蓼莪》	第二百零二	第四十二
《楚茨》	第二百零九	第四十九
《裳裳者华》	第二百一十四	第五十四
《采菽》	第二百一十九	第六十二

《孔丛子》这里所记，开头明确说是孔子读《诗》至《小雅》时发表的议论，而后又先说“吾于《周南》《召南》，见周道之所

以盛也",然后才接着对各诗一一评说。这 20 篇分别见于《诗经》的《国风》和《小雅》,没有涉及《大雅》和《颂》。但不难看出这里谈到的《诗》是《国风》在最前面,《小雅》次之。《国风》中也是《周南》《召南》在前,而后是其他部分。足见孔子所读的这部《诗》,诗篇顺序与今本没有什么差异。在研究《诗论》的分章编排时,这是应当加以充分考虑的。

上博竹书《从政》篇与《子思子》*

《上海博物馆藏战国楚竹书》的陆续出版，已经引起了海内外学术界的普遍关注。如今，该书第二册问世仅仅半年时间，相关的研究成果可以说已经令人目不暇接。当然，现在的研究重点仍然而且应该继续在竹简的编连与释读上面，这是进一步探讨竹书的基础。不过，随着研究的深入开展，一些篇章的本来面目已经可以初步揭示出来。以《从政》篇为例，原《考释》将《从政》分作甲、乙两篇，研究者指出它们其实可以编连到一起，应属于同一篇①，这种看法已经得到研究者的普遍认可。

笔者初读《从政》篇，觉得它与子思著作存在着密切的关联，通过进一步研究，已经可以清晰看出，无论形式还是内容，该篇都与保存在《礼记》中的《子思子》四篇（即《坊记》《中庸》《表记》《缁衣》）相近相通，也就是说，《从政》与古代史籍著录的《子思子》不仅形似，而且神似，《从政》本来应该属于《子思

---

* 原载于《孔子研究》2005 年第 2 期，人大报刊复印资料《中国哲学》2005 年第 5 期复印。

① 参见陈剑：《上博简〈子羔〉、〈从政〉篇的拼合与编连问题小议》，《文物》2003 年第 5 期。

子》,是《子思子》佚篇。① 本文拟对这一看法试加申说,不当之处,敬请教正!

一、《从政》篇的结构与《子思子》四篇

要了解和认识《从政》,搞清其本来面目,首先应该从形式上加以揭示。目前学术界已经进行了许多研究,但依然存在分歧。为便于观察《从政》篇的内在结构,本人充分参酌各家编连和释文,借鉴研究成果②,间以己意去取,进而对该篇试加分章。初步的分章结果大致是:

[简甲一]闻之曰:"昔三代之明王之有天下者,莫之余(予)也,而□(终)取之,民皆以为义。夫是则守之以

① 参见杨朝明:《上博藏竹书〈从政〉篇"五德"略议——兼说〈从政〉应该属于〈子思子〉佚篇》,简帛研究网,2003年6月5日。

② 本编连释文参考了刊发在"简帛研究网"上的研究成果,主要有陈剑《上博简〈子羔〉、〈从政〉篇的拼合与编连问题小议》,陈伟《上海博物馆藏楚竹书〈从政〉校读》,周凤五《读上博楚竹书〈从政〉(甲篇)札记》,王中江《〈从政〉重编校注》,史仪《〈从政〉篇编连拾遗》,刘乐贤《读上博简〈民之父母〉等三篇札记》,何琳仪《沪简二册选释》,刘信芳《上博藏楚简〈从政〉"四毋"补释》,黄锡全《读上博楚简(二)札记(壹)》,颜世铉《上博楚竹书补释二则》等。

需要特别说明,原《考释》作者张光裕先生筚路蓝缕,开创之功不可磨灭,参见张光裕:《〈从政〉甲、乙篇考释》,马承源主编:《上海博物馆藏战果楚竹书(二)》,上海古籍出版社2002年版。只是为行文方便,本文尽量使用已经释读出来的今字;为便于计算机打字,对个别难写字也作了相应处理;简文以外可以补充的字,以"〖 〗"括出。

信，教[简甲二]之以义，行之以礼也。其乱王，余（予）人邦家土地，而民或弗义。夫……〖齐之以〗[简甲三]礼则寡而为仁，教之以刑则述（遂）。”

闻之曰：“善人，善人也。是以得贤士一人，一人誉……[简甲四]四邻。失贤士一人，方（谤）亦阪（随）是。是故君子慎言而不慎事……。〖君子先〗[简甲十七]人则启道之，后人则奉相之，是以曰君子难得而易事也，亓（其）使人，器之；小人先人则□（绊）敔（禁）之，〖后人〗[简甲十八]则□（陷）毁之，是以曰小人易得而难事也，亓（其）使人，必求备焉。”

闻之曰：“行在己而名在人，名难静（争）也。[简甲十二]□（用）行不倦，持善不厌，唯（虽）世不□（识），必或智（知）之。是故[简乙五]君子强行，以待名之至也。君子闻善言，以改其[简甲十一]言；见善行，纳其身安（焉）。可谓学矣。”

闻之曰：“可言而不可行，君子不言；可行而不可言，君子不行。”

〖闻之〗[简甲十]曰：“从政所务三：敬、谨、信。信则得众，谨则远戾，远戾所以……[简甲十五]毋□（暴），毋□（虐），毋贼，毋贪。不攸（修）不武，谓之必成，则暴；不教而杀，则虐；命亡（无）时，事必有期，则贼；为利枉[简甲五]事，则贪。”

闻之曰：“从政：□（用）五德，固三折（慎），除十怨。五德：一曰惯（宽），二曰共（恭），三曰惠，四曰仁，五曰敬。君子不惯（宽），则无[简甲六]以颂（容）百姓；不共（恭），则无以除辱；不惠，则无以聚民；不仁，[简甲七]则无以行政;不敬,则事无城(成)。三折(慎):持行、见(视)上、卒食。……〖九〗[简乙一]曰犯人之务,十曰口惠而不系。兴邦家,治正(政)教,从命,则正不劳;壅戒先匿,则自己司(始);显嘉劝信,则伪[简乙二]不章(彰);毋占民敛,则同;不肤(敷)法赢恶,则民不怨。”

闻之曰:“……[简乙六]不武,则志不匿;仁而不智(知),则……[简甲八]而不智,则逢灾害。”

闻之曰:“从政又有七机:狱则兴,威则民不道,□(卤)则失众,□(猛)则亡新(亲),罚则民逃,好□(刑)[简甲九]……则民作乱。凡此七者,政之所殆也。”

闻之曰:“志气不旨(诣),其事不……。[简甲十三]然后能立道。”

闻之曰:“君子之相就也,不必在近昵乐……[简甲十六]以□(犯)赓□(犯),见不训,行以出之。”

闻之曰:“君子乐则治正,忧则……〖耻则〗[简乙三]复。小人乐则疑,忧则昏,怒则胜,惧则背,耻则犯。”

闻之曰:“从政,不治则乱,治也至则……[简甲十四]有所有余而不敢尽之,有所不足而不敢弗〖勉之〗……[简乙四]也。”

闻之曰:“遣(愆)悔而恭逊,教之劝也;温良而忠敬,仁之宗也。……[简甲十九]之人可也。”

闻之曰:“行险至(致)命,□(饥)沧而毋□(忦),从事而毋□(凶)。君子不以流言伤人。”

我们对《从政》篇进行分章研究,明显看出《从政》篇每一段落都应该以“闻之曰”起始。全篇完、残简统计,共出现了 13

次“闻之曰”，如果加上第十简开头“曰”字前的“闻之”二字，则有14次。以“闻之曰”起始的每一节都集中论说一个主题，彼此相对独立。

《从政》篇中的“闻之曰”，其实与“子曰”相同，也就是说，“闻之曰”的后面所引述的应该是孔子的话。《从政》篇的原《考释》举出甲篇第十一简，其中曰：“闻之曰：可言而不可行，君子不言；可行而不可言，君子不行。”此语又见于《上海博物馆藏战国楚竹书（一）·缁衣》《郭店楚墓竹简·缁衣》以及《礼记·缁衣》，唯前两者中“闻之曰”作“子曰”，说明“闻之曰”正是闻之于孔子所说。

其实，《从政》篇中这样的例子很多，我们不妨举出比较明显的几处。在《论语·尧曰》的倒数第二章中，子张问孔子如何才能管理好政事，孔子回答说应该“尊五美，屏四恶”。《从政》篇中甲十五简有“四毋”之说，论者指出了其可与《论语·尧曰》的倒数第二章对读。① 我们曾进而指出，《从政》中关于“四毋”的论述，下面紧接关于“五德”等的论述，也就是说，前者的结尾与后者的开头都在第五支简上。由此，我们不难发现《从政》“五德”与《论语》“五美”之间的联系。细细观察，孔子关于“五美”的解释，实与《从政》的宽、恭、惠、仁、敬“五德”相互贯通。②

又如《从政》被编为第十七、十八号简的“君子难得而易事

① 前揭陈剑、周凤五、陈伟、刘信芳等先生已指出简文“四毋”见于《论语·尧曰》，提出新的编连意见，并对“暴”“虐”“期”等字作有正确的释读，对相关内容作了深入的研究与分析。

② 杨朝明：《上博藏竹书〈从政〉篇“五德”略议——兼说〈从政〉应该属于〈子思子〉佚篇》，简帛研究网，2003年6月5日。

也，其使人，器之。……是以曰小人易得而难事也，其使人，必求备焉”，原《考释》引《论语·子路》：“子曰：‘君子易事而难说也：说之不以道，不说也；及其使人也，器之。小人难事而易说也：说之虽不以道，说也；及其使人也，求备焉。’”与简文相对照，十分准确。

综合各方面的信息看，《从政》篇中的“闻之曰”后面所引都是孔子的话应无问题。在这样的基础上，我们可以将《从政》篇与保存在《礼记》中的《子思子》四篇（《坊记》《中庸》《表记》《缁衣》）进行比较。翻读《礼记》，很容易发现这四篇与其他各篇的不同，即它们都是单纯以“子言之”“子云”“子曰”记录孔子的言语，而且不仅在《礼记》中，就是在所有记述孔子遗说的历史记载中，这四篇的这一特征都是十分突出的。

需要说明的是，现在看来，《中庸》与另外三篇《坊记》《表记》《缁衣》不同，其中夹杂了一大部分并非以“子曰”形式起首的内容。其实，自宋代开始已经有人发现了问题，现代学者又进行了论证，都认为今本《中庸》最前面一段和“哀公问政”以下部分与以“子曰”开头的部分原非一篇。① 依我们看，原来《子思子》中的《中庸》其实只有今本中的第二章以下至“哀公问政”以前的部分，其余部分是戴圣编辑《礼记》时拼凑其他材料补充进去的。

《礼记》中保存的《子思子》四篇《坊记》《中庸》《表记》《缁衣》原来不仅通篇记述孔子言语，而且每一章都分别以“子云”或“子曰”开头，这与《从政》篇完全相同。

---

① 参见郭沂：《〈中庸〉成书辨正》，《孔子研究》1995 年第 4 期。

二、《从政》篇的内容与子思著作

关于子思著作，我们目前所看到的，除了后人辑佚本的《子思子》，就是新出的郭店楚墓儒书和现存于《礼记》中的《坊记》《中庸》《表记》《缁衣》。学术界对郭店楚墓所发现的这批儒家著作的研究，不仅已经证实它们属于久已佚失的《子思子》，同时也由此坐实了《隋书·音乐志》所引沈约之言："《中庸》《表记》《坊记》《缁衣》皆取《子思子》。"

将《从政》篇中所引述的孔子的话与子思著作比较，二者不仅思想相合，甚至语句相近、用词相同的也有很多。我们以下举例说明：

（一）昔三代之明王（简甲一）

《表记》："子言之：'昔三代之明王，皆事天地之神明。"原《考释》已经举出与《表记》，还举《礼记·哀公问》孔子之言，其中同样有与之相同的表述。

（二）夫是则守之以信，教之以义，行之以礼也。其乱王……〖齐之以〗礼则寡而为仁，教之以刑则述（遂）（简甲一、二、三）

"礼则寡而为仁"在简三的上端，原《考释》以为与简二"行之以礼"有关。本章中的"夫是则"表示肯定的判断。夫：发语词。是则：乃，与"此则"同义。"夫是则"以下是对前面的解释。"明王"因为"守之以信，教之以义，行之以礼"，所以"民皆以为义"；与之相应，"乱王"因为

“……礼则寡而为仁,教之以刑则遂”,所以“而民或弗义”。这样,“礼则寡而为仁”前可以补“齐之以”三字。一则,《论语·为政》有“齐之以礼”句,指以礼义规范民众。“寡而为仁”的“而”是连接状语,表修饰关系。“寡而为仁”即“寡为仁”,是单纯“齐之以礼”的后果;二则不仅与上文的“守之以信,教之以义,行之以礼”相应,也与下文的“教之以刑”呼应。

《缁衣》:“夫民,教之以德,齐之以礼,则民有格心;教之以政,齐之以刑,则民有遁心。”思想和用语皆一致。

(三)君子慎言(简甲四)

《缁衣》:“子曰:‘君子道人以言……故言必虑其所终。’又曰:‘君子溺于口……故君子不可以不慎也。’”《郭店楚墓竹简·缁衣》:“则民慎于言。”

(四)行在己而名在人,名难静(争)也(简甲十八)

《表记》:“先王……耻名之浮于行也。”又曰:(后稷)“唯欲行之浮于名也,故自慰便人。”

(五)可言而不可行,君子不言;可行而不可言,君子不行(简甲十一)

《缁衣》:“可言也,不可行,君子弗不言也;可行也,不可言,君子弗行也。”《上海博物馆藏战国楚竹书(一)·缁衣》及《郭店楚墓竹简·缁衣》:“子曰:可言不可行,君子弗言;可行不可言,君子弗行。”语句近同。

(六)信则得众(简甲十)

《坊记》:“君子信让以莅百姓。”《中庸》:“不信,民弗从。”《郭店楚墓竹简·忠信之道》:“忠信积而民弗亲信者,未之有也。”《成之闻之》:“行不信则命不从,信不着则言不乐。民不从上之命,不信其言而能含德者,未之有也。”思想完全一致。

(七)口惠而不系(简乙一)

《表记》:“子曰:‘君子不以口誉人,则民作忠。故君子问人之寒则衣之,问人之饥则食之,称人之美则爵之。《国风》曰:心之忧矣,于我归说。’子曰:‘口惠而实不至,怨菑及其身。是故君子与其有诺责也,宁有已怨。《国风》曰:言笑晏晏,信誓旦旦,不思其反,反是不思。亦已焉哉?’”

(八)从命,则正不劳(简乙一)

《缁衣》:“上人疑则百姓惑,下难知则君长劳。……则君不劳矣。”正,原释文读为“政”。陈伟指出,“政不劳”费解,认为“正”有君长之义。除《缁衣》外,陈伟还举《大戴礼记·主言》《荀子·君道》等,证明“正”与“上”“君”“有司”为同位词,正可与简文参读。

(九)君子之相就也,不必在近昵乐(简甲十三)

《表记》:“君子之接如水,小人之接如醴;君子淡以成,小人甘以坏。《小雅》曰:‘盗言孔甘,乱是用餤。’”思想内容完全一致。

(十)以□(犯)赓□(犯)(简甲十六)

原《考释》认为“文意未明”,其断句有误。今按:两“□”字,原《考释》认为都是“犯”,当是。赓,继续。以犯赓犯,后一犯字多一近似于“心”的构件,使之区别于前者,如果前者为“侵犯”义,后者应该是“恶意”或者“有意”的侵犯。“以犯赓犯”当与《礼记·表记》“以怨报怨”意义相近。《礼记·表记》曰:“以怨报德,则民有所劝;以怨报怨，则民有所惩。”《从政》的“以犯赓犯”，意思是为了有所惩戒而用侵犯响应恶意侵犯。

（十一）有所有余而不敢尽之，有所不足而不敢弗〖勉之〗（简甲十四）

《中庸》：“庸德之行，庸言之谨，有所不足不敢不勉，有余不敢尽，言顾行，行顾言。”陈伟先生指出，简文所载即《中庸》所记这段孔子语中的两句，“弗”后可补以“勉”字。只是简书行文略为繁复，且“有余”句在前、“不足”句在后，顺序有颠倒。但思想完全一致。

以上将《从政》篇与子思著作对比，仅仅是胪列其中较为显著者，如果细细发掘，还会有更多的例证。当然，《从政》篇与其他著作所记录的孔子言语也有相同相通者，这是必然的现象。但相比之下，与子思著作的相同和相通显得十分集中，这种现象的出现应该不是偶然的。

三、《从政》篇应为《子思子》佚篇

从上面的分析不难看出，我们说《从政》篇与子思著作有一定的关联绝非虚言。而史籍著录中，《子思子》一书也的确有专门记录孔子遗说的篇章。

《子思子》应该是子思及其学派著作的汇集。最早提到《子思子》一书的是《汉书·艺文志》，其著录曰“《子思》二十三篇”，该书只称《子思》而不是《子思子》。到了《隋志》《唐志》，则正式明确著录《子思子》七卷。而最早提到子思著述的

《孔丛子》又说子思"撰《中庸》四十九篇",另有著作称"四十七篇",盖"九"与"七"字形相近而误,二者本来一致。

《中庸》四十九篇(或四十七篇)、《子思》二十三篇、《子思子》七卷是什么关系,学者们有种种猜测。关于《中庸》四十九篇(或四十七篇),一般都同意这样的看法,此乃以首篇之名为全书之名,也就是说,子思著作原以《中庸》为首篇,于是就以该篇代言子思著作[①];关于《汉志》著录的《子思》二十三篇,郭沂先生认为是刘向在《中庸》四十九篇(或四十七篇)本的基础上校订而成,并且将书名由过去的《中庸》改为《子思》,以与其他子书同例。[②] 至于二十三篇的《子思》和七卷本的《子思子》,实际应该就是一回事。

子思著作的不同称谓是该书传流过程中出现的正常现象,不论哪一种的子思著作,实际都是为了汇集子思及其学派的材料。有学者认为,子思学派的文献中,除了子思著作、各种典籍所载子思言行、子思门人著作,另外还有子思所记孔子言论,而在子思著作中,子思所收集的孔子言论即包括在其中。[③]

子思著作包含有子思所记孔子言论是完全可以肯定的。《孔丛子·公仪》记鲁穆公与子思的对白,其实已经昭示了该篇出于子思。当时,穆公对子思说:"子之书所记夫子之言,或者以谓子之辞也。"子思曰:"臣所记臣祖之言,或亲闻之者,有闻之于人者,虽非正其辞,然犹不失其意焉。"《孔丛子》属于孔

---

① 参见蒋伯潜:《诸子通考》,浙江古籍出版社1985年版,第329页。

② 参见郭沂:《郭店竹简与先秦学术思想》,上海教育出版社2001年版,第416页。

③ 参见郭沂:《郭店竹简与先秦学术思想》,上海教育出版社2001年版,第24—25、420—421页。

氏家乘，其中所记述的有关子思的材料不会无中生有。

《从政》篇与《中庸》等四篇同记孔子遗说，但他们之间有明显的不同，这就是《中庸》等四篇没有“闻之曰”的记载形式，而是在记述孔子遗说时冠以“子言子”“子曰”“子云”等。《从政》通篇以“闻之曰”而记孔子之言，原《考释》认为本篇凡言“闻之曰”皆缺主语，似乎何人“闻之”“闻之”何人都不明确。其实，这里的“闻之曰”与“子曰”相同，这里用“闻之曰”而不用“子曰”等，更能说明《从政》篇原属于子思著作。鲁穆公说“子之书所记夫子之言”，表明子思著作中有很多是专门记述孔子的话；子思说这些孔子言语“或亲闻之者”“有闻之于人者”，不论是子思亲自听孔子所言，还是他从其他人那里听来，在记述时前面冠以“闻之曰”都合情合理。

战国时期，由于孔子地位的提高，孔子的论述受到普遍的重视，因而，对于孔子言论的叙述，可能不会随意进行。子思是孔子裔孙，最有条件和资格传述孔子遗说。尽管如此，还有人表示怀疑。所以，通篇以“闻之曰”的方式而叙述孔子学说，非子思莫属。

有学者研究后认为，《孔丛子》所记述的关于子思的材料或即“采辑《子思》而成”①，我们以为很有道理，前引鲁穆公与子思的对白很可能就是如此。我们推测，现保存在《礼记》中的《坊记》《中庸》《表记》《缁衣》四篇，它们原来在《子思子》中时，其中的“子曰”“子云”“子言之”本来也很可能像《从政》篇那样，都是作“闻之曰”的，只是后来《礼记》的编者将它们改成

① 黄怀信：《〈孔丛子〉的时代与作者》，《西北大学学报》1987 年第 1 期。

了现在的样子。

在《子思子》中,《从政》篇和《坊记》《中庸》《表记》《缁衣》四篇等原来都是记述孔子遗说的专篇,只是《从政》篇的性质与《礼记》不洽,不像《坊记》等四篇那样幸运地保存在《礼记》之中而归于亡佚。可是,《从政》篇虽然晚出,却更接近在《子思子》时的原貌,今天,我们从上博竹书中得以看到《子思子》佚篇,亦可谓幸运之至!

上博竹书《鲁邦大旱》管见*

上博竹书有《鲁邦大旱》一篇,引起了我们的浓厚兴趣。笔者久处鲁地,比较留意与鲁国历史文化有关的资料。上海古籍出版社出版的《上海博物馆藏战国楚竹书(一)》透露了《鲁邦大旱》的有关情况,后笔者又见到廖名春先生的《上海简〈鲁邦大旱〉札记》①一文,该文对《鲁邦大旱》篇谈了很好的看法。对于孔子与鲁国文化的研究,诚如廖名春先生所说是"非常珍贵的史料",在廖名春先生研究的基础上,笔者愿就相关问题谈谈个人的看法,以有助于该篇的研究。

一、关于"鲁邦大旱"

《鲁邦大旱》有曰:"鲁邦大旱,哀公谓孔子:'子不为我图之……'"又曰:"孔子答曰:'邦大旱,毋乃……'"《上海博物馆藏战国楚竹书(一)》也说:"《鲁邦大旱》是孔子评论鲁国大

---

* 原载于《东岳论丛》2002 年第 5 期。

① 参见廖名春编:《清华简帛研究》第二辑,清华大学思想文化研究所,2002 年。

旱乃是当政者刑与德的问题，其后二简还有孔子对子贡关于御旱灾的答问。”看来，该篇的背景是鲁国发生的旱灾。

其实，春秋时期，鲁地比现在要温暖、湿润，旱而成灾的现象并不多见。正因如此，鲁国的大旱才引起了鲁人的极大关注。

笔者曾经就春秋时期鲁国的水旱问题进行过议论，说：

> 鲁国地土虽然由于气候温暖、地势底下而湿润，但雨量却不太风裕。……根据鲁史《春秋》的记载，鲁国在春秋时期200多年中……鲁国先后计发生过8次水灾，平均每30年一次。同时，鲁国在这时期也发生过6次长期不雨的现象，其中最长的一次，是由鲁文公二年（前625年）十二月起至次年七月。其中还有两次较长的，一次在鲁文公十年（前617年），一次在鲁文公十三年（前614年）都是由当年正月起到次年七月。不过，《春秋》书中只记这段时间内“不雨”，而不言旱，故杜注《春秋》文公二年曰：“周七月，今五月也，不雨足为灾，不书旱，五谷犹有收。”并在《春秋》文公十年和文公十二年注中分别说“义与二年同”。《左传》僖公三年说：“春不雨，夏六月雨。自十月不雨至于五月，不言旱，不为灾也。”文公年间几次长时间不雨，“亦不言旱，依义例推之，似亦不为灾”①，故杜注所言有理。《春秋》采用周历，周历七月当夏历五月，在此以前不雨，对农作物的生长影响不太大。另外，又是仅有一个月不雨，而且又在农事过后的月份，《春秋》书中亦加以

① 杨伯峻编著：《春秋左传注》，中华书局1981年版，第518页。

记载。可见,长期不雨的情形也不多见。①

鲁国立国时期,农业最受重视,《春秋》一书虽然极其简略,但仍然记载了较多的与农业有关的自然现象,这是因为农作物的丰欠直接关系到社会的稳定。《春秋》经、传中所记“大旱”很少,鲁国只有僖公二十一年(前639年)、宣公七年(前602年)的两次,这应该都是不雨而成旱灾。

我们现在还不能看到《鲁邦大旱》全文,但可以得知鲁哀公与孔子的谈话地点是在鲁国;该篇既然是记孔子与鲁哀公谈话,“鲁邦大旱”当然发生在哀公时期。而自哀公即位至哀公十年,孔子一直在卫国或者陈国。由此,我们可以推知,该篇所说的“鲁邦大旱”应当发生在孔子周游列国归鲁后至去世的数年之间,即鲁哀公十一年(前484年)到鲁哀公十六年(前479年)的六年之内。

在以上的时间范围内,《春秋》经传没有出现鲁国大旱的记录,只在《春秋》哀公十五年有鲁国进行雩祭的记载。经文曰:“秋,八月,大雩。”于是,学者们便依此认定“鲁邦大旱”发生在这一年。其实未必。

《春秋》经传中有不少鲁行“大雩”之祭的记载。那时的雩祭,有的书作“大雩”,有的直书为“雩”,据后儒分析,二者或有不同。清代学者顾栋高的《春秋大事表》卷十五《春秋吉礼表》引有不少后儒的说法②,如:

---

① 杨朝明:《鲁文化史》,齐鲁书社2001年版,第29页。

② 参见(清)顾栋高:《春秋大事表》卷十五《春秋吉礼表》,中华书局1993年版,第1445页。

> 雩者，求雨之祭。建巳之月，其常也。建午、建申之月，非常则书。大雩，雩于上帝，用盛乐也。诸侯特雩于境内之山川耳。大雩，僭也。雩有二，《月令》："仲夏大雩，帝用盛乐。"时祭也。《周礼·司巫》："国有大旱，则帅巫舞雩。"旱祭也。诸侯旱而雩，礼也。大雩祀及上帝，非礼也。

《春秋》记春秋时的雩祭有"大雩"和"雩"的分别，"大雩"兼祭上帝，祭礼比较隆重；一般的雩祭则"帅巫舞雩"。鲁行"大雩"之祭，后儒一般认为是鲁国僭越、"非礼"，其实，鲁国在诸侯国中地位最高，因为周公，鲁国可行天子礼乐，其中即包括郊、禘、大雩之祭。《左传·桓公五年》曰"龙见而雩"，是则雩祭一般在农耕之后的四月进行。举行雩祭为了祈雨，时人认为雨与山川有关，山是连接上天与人间的中介，天雨自山而出成为川，故雩祭多在山川举行。鲁国常常进行雩祭，鲁城南门有"雩门"，今鲁国故城南沂水南岸尚存有当年鲁国的舞雩台旧址，鲁之雩祭多在沂水之滨。

但是，不论"大雩"还是"雩"，都是一种祈雨求谷的祭祀。郑玄有曰："雩者，夏祈谷实之礼也，旱亦用焉。得雨书雩，明雩有益；不得雩书旱，明旱灾成。"所以《春秋》经传中关于雩祭的记载虽然不少，但仍然远非全部的雩祭。

杨伯峻先生根据明汪克宽《春秋胡传附录纂疏》而注《左传·桓公五年》说：

> 雩有二，一为龙见而雩，当夏正四月，预为百谷祈雨，此常雩。常雩不书。一为旱暵之雩，此不时之雩。《春

> 秋》书雩者二十一,《左传》于此年云“书,不时也”;于襄五年、八年、二十八年、昭三年、六年、十六年、二十四年,皆曰“旱也”;昭二十五年再雩,则曰“旱甚”;余年无《传》。首言不时而后皆言旱,互文见义,皆以旱而皆不时也。①

这里值得注意的是“常雩不书”和“皆以旱而皆不时”两点。所谓“常雩”,就是按照祭祀时节,举行的正常的“祈谷实”的祭祀,这些并不见于经传的记载。所谓“皆以旱而皆不时”,是说《春秋》中记载“大雩”之祭都不在正常的祭祀月份,却又都出现了旱象。

但是,《春秋》经文记载鲁国“大雩”,本意却是记其“不时”,并非因灾而记。《春秋·哀公十五年》记载:“秋,八月,大雩。”《左传》“无传”,《公羊传》《穀梁传》又止于哀公十四年的“获麟”之年。但“三传”的理解,可从对《春秋》桓公五年秋“大雩”及僖公十一年“秋,八月,大雩”的传文中得知:

> 《左传》曰:“秋,大雩,书,不时也。凡祀,启蛰而郊,龙见而雩,始杀而尝,闭蛰而烝,过则书。”
>
> 《公羊传》曰:“大雩者何?旱祭也。然则何以不言旱?言雩则旱见,言旱,则雩不见,何以书?记灾也。”
>
> 《穀梁传》曰:“雩月,正也。雩,得雨曰雩,不得雨曰旱。”

在理解上,“三传”各有不同,《左传》认为是记“不时”;《公羊》

---

① 杨伯峻编著:《春秋左传注》,中华书局1981年版,第106页。

认为是“记灾”,《穀梁》却以为是“得雨”。三者何义较长,傅隶朴《春秋三传比义》认为:

> 《左氏》解释之祭……龙见(音现)的节气(即夏历巳月—四月)行雩祭……古者祭日必先卜吉……不得逾越节气而祭。四月是首夏,八月是中秋,以首夏之祭行于中秋,这就是过时之祭了。过时之祭,即是慢祭,所以《左传》说:“秋,大雩,书不时也。”这是说大雩如在四月举行,便是常事,常事照例是不书的,今秋季大雩,便是非常之事了,所以经书大雩。言外之意,是经有讥公慢祭之义。
>
> 《公羊》说大雩是旱祭,即是为农村祈雨的祭祀。……因为有了旱灾,故经书大雩,以记灾害,无讥贬之义。雩是祈雨之祭,但并不是旱灾发生了才举行的祭,《公羊》不知“龙见而雩”的时令,认为行大雩之祭便是有了灾害。《左氏》认为过时者,是说四月大雩,是预为秋收祈雨而祭,秋收已毕再去祭,岂不是过时了吗?故《公羊》之义比《左氏》为短。①
>
> 大雩……为常祀,有定期,但遇水旱不时,得举行大雩以为祈禳,此八月为周历,于夏历则为六月……经书“大雩”,当是……祭上帝以祈雨,雩而得雨,故喜而书之于策。②

---

① 傅隶朴:《春秋三传比义》,中国友谊出版公司 1984 年版,第132—133 页。

② 傅隶朴:《春秋三传比义》,中国友谊出版公司 1984 年版,第445 页。

看来,《春秋》记载鲁国“大雩”,其着眼点的确如《左传》所说“不时”。《春秋》“常事不书”,鲁国不少正常的雩祭便不见于记载。《春秋》所记“大雩”,都是出现旱象而行祭祀。正如郑玄所谓“得雨书雩,明雩有益;不得雨书旱,明旱灾成”,对《春秋》的记载,《左传》有的解释为“旱也”,可能如《穀梁传》所说是虽祭不雨;《左传》有的无传,则可能是祭而得雨,并未造成旱灾。

由上述可知,鲁国的“大雩”虽然都是祈雨之祭,都与旱象相互联系,但未必一定是发生了“大旱”。相反,《春秋》经传没有记载鲁国大旱,并不一定没有旱灾。《公羊传》认为经言“大雩”在于“记灾”,后世《公羊》学者更进而言大雩就意味着大旱,实有不当。《春秋》《左传》等书毕竟与后世意义上的史书有很大不同,《春秋》之作,是孔子惧“世道衰微,邪说暴行有作”,在“史记旧闻”的基础上“约其辞文,去其烦重”(《史记·十二诸侯年表》),从而“寓褒贬,别善恶”,表达了政治观点;《左传》则是左丘明因“惧弟子人人异端,各安其意,失其真”(《史记·十二诸侯年表》)而作,它们的重点并不在于记载历史。

总之,《春秋》经中哀公十五年有“大雩”的记载,这一年发生旱灾的可能性较大,但还不好据此肯定孔子与哀公对话所指的“鲁邦大旱”一定发生在这一年。鄙意以为,如果要落实“鲁邦大旱”的时间,倒不如说它发生在鲁哀公十一年到鲁哀公十六年(前484—前479年)的六年之内更好一些。

二、关于“失诸刑与德”

据廖名春先生的文章,《鲁邦大旱》有孔子“邦大旱,毋乃失诸刑与德乎”一语。该篇中孔子谈论的可能主要是刑罚与德政的问题。

在传统的政治思想中,刑罚与德政一直是一个核心的话题。《说苑·政理》称刑与德为治国的“二机”,《韩非子·二柄》则以刑与德为“明主道制其臣”的“二柄”。廖名春先生认为《韩非子》与简文最为接近。其曰:“人主非使赏罚之威利出于己也,听其臣而行其赏罚,则一国之人皆畏其臣而易其君,归其臣而去其君矣,此人主失刑德之患也。”韩非还举齐国田常代简公、宋国子罕劫宋君的例子加以说明,这里所言是法家所主张的加强君权问题,君权稳固,才能控制臣下,进而控制全国。

孔子有“正名”主张,他反对君不君、臣不臣,看不惯鲁国“大夫专政”和“陪臣执国命”的局面,认为这是“天下无道”的表现。他为政期间,曾进行过毁灭季孙氏等三家城邑的“隳三都”行动,以维护鲁国国君的权威。据《上海博物馆藏战国楚竹书(一)》中《诗论》的《释文考释》引述,简文中有“孔子曰:名乎……”如果是这样,该篇简文可能有孔子关于“正名”主张的阐发。

孔子的政治思想中,刑罚与德政问题当然占有十分重要的位置,但他的思想与韩非还是有明显区别的。从现有文献资料看,在刑与德的问题上,孔子谈论较多的还是如何处理二者的关系,具体而言,即怎样施行德治,而以刑罚作为德治的补充。

在孔子所编订的《尚书》中,时代较早的《皋陶谟》中就涉及了这样的话题。《皋陶谟》中的皋陶论述提出以“五刑”惩罪,但认真研究,皋陶乃是把道德修养作为治国的根本,提出“九德”作为对人的要求,强调德治教化,“五刑”仍然是德治的辅助。这便是《大禹谟》所说“明于五刑,以弼五教”。在周初的各篇“诰文”中,周公明确提出了“明德”“慎罚”的思想主张,也都是以西周王朝的长治久安为出发点。周公的这些主张对后世影响很大。春秋时期,崇德、重德甚至形成了一种社会风气。

孔子也常常论述“刑”与“德”的关系,他特别强调“德治”,强调“德主刑辅”。除了其他的零星记载,《孔丛子》《孔子家语》等都有集中论述,这些文献向来不被重视,却都可与新出竹书相互印证,都是极其珍贵的资料。或者说,它们与新出文献的相通或一致,也会反过来引起人们对这些资料的认真反思。

在《孔丛子·刑论》中,孔子以驾车喻治国,他把“礼”或者“德”看成驾车时的马辔、衔勒,而把“刑”看成策、鞭。他说:

> 以礼齐民,譬之于御,则辔也;以刑齐民,譬之于御,则鞭也。执辔于此而动于彼,御之良也。无辔而用策,则马失道矣。

在礼与刑(辔与策)两者之中,孔子认为重点应当放在礼(辔)上,他又说:

吾闻古之善御者,执辔如组,两骖如舞,非策之助也。是以先王盛于礼而薄于刑,故民从命。

《孔子家语》中有《执辔》篇,其中记孔子答闵子骞问也以驾车比喻治国,孔子说:

夫德法者,御民之具,犹御马之有衔勒也。君者,人也;吏者,辔也;刑者,策也。夫人君之政,执其辔策而已。

又说:

古者天子以内史为左右手,以德法为衔勒,以百官为辔,以刑罚为策,以万民为马,故御天下数百年而不失。善御马,正衔勒,齐辔策,均马力,和马心,故口无声而马应辔,策不举而极千里。善御民,壹其德法,正其百官,以均齐民力,和安民心,故令不再而民顺从,刑不用而天下治。……不能御民者,弃其德法,专用刑辟,譬犹御马,弃其衔勒而专用棰策,其不制也可必矣。夫无衔勒而用棰策,马必伤,车必败;无德法而用刑,民必流,国必亡。治国而无德法,则民无修,民无修则迷惑失道如此。

《大戴礼记·盛德》篇有与《孔子家语》相同的记载,并且进一步指出了正确措置德、刑的重要意义。说:

御者同是车马,或以取千里,或数百里者,所进退缓急异也;治者同是法,或以治,或以乱者,亦所进退缓急异也。

刑罚何时而用？它与德治是怎样的关系？《孔子家语·始诛》记孔子曰：

> 言必教而后刑也。既陈道德，以先服之；而犹不可，尚贤以劝之；又不可，即废之；又不可，而后以威惮之。……其有邪民不从化者，然后待之以刑，则民咸知罪矣。

《孔子家语》的另一篇《刑政》所记与之相近：

> 大上以德教民，而以礼齐之。其次以政焉导民，以刑禁之，刑不刑也。化之弗变，导之弗从，伤义以败俗，于是乎用刑矣。

在孔子那里，刑的功能在于“止刑”，在于“佐教”，刑只用于德教难行之时，刑只使用于愚顽不化、不守法度的人。

《左传·昭公二十年》所记孔子的话可以看作对德、法关系的概括，其中有曰：

> 政宽则民慢，慢则纠之于猛。猛则民残，残则施之以宽。宽以济猛，猛以济宽，政是以和。

孔子强调德治，反对强制百姓，但他不是一位完全的德治主义者，应当说，他在刑、德关系的处理上，看法是非常精到的。新出竹书中也有与之相类的论说，如郭店楚墓竹书的《成之闻之》篇曰：“民可敬道（导）也，而不可弇（掩）也；可玗（驭）也，而不可殴(驱)也。”与《大戴礼记·礼察》所说“或导之以德教,或驱之以法令”完全一致。

在哀公以前和其后,鲁国都有发生旱灾的记录,人们自然也寻找应对的办法。如僖公二十一年(前639年),鲁大旱,僖公认为是巫、尫之人造成的不良影响,所以打算烧死巫人和尫者。《礼记·檀弓下》也有战国时鲁穆公因旱而暴巫、尫之记载。不过,春秋战国时的鲁人毕竟在思想上有了巨大进步,一些人认为巫、尫之人并不能为旱,上天不雨,不必“望之愚妇人”。所以僖公、穆公的打算都被劝止。

《左传》僖公二十一年那次旱灾的有关记载很有价值。当时,僖公欲焚巫人和尫者,鲁大夫臧文仲说:“非旱备也。修城郭、贬食、省用、务穑、劝分,此其务也。”臧文仲认为焚巫、尫并不是防备旱灾的办法,在他看来,应该在民艰于食的情况下修理城郭,稍给民食,这才不失为救荒之策。同时,还要注意贬损饮食,节省开支,劝人施舍,并致力于农事,使旱不舍农,以补救灾荒。而巫、尫之人能做什么呢?他们如臧文仲所说:“天欲杀之,则如勿生;若能为旱,焚之滋甚。”僖公听从了臧文仲的话。因此,这一年虽有饥荒,却没有伤害人民。

可以看出,臧文仲有明显的重民思想,他明白迷信鬼神无用,他的表现与春秋时期盛行的重“人事”而轻天、轻鬼神的观念是一致的。孔子“数称臧文仲”(《史记·仲尼弟子列传》),孔子的思想吸收了他以前的思想成果,其中自然包括臧文仲的思想。①

孔子也谈“天”和“天命”,有学者分析认为,孔子由“知天

---

① 参见杨朝明:《论臧文仲》,《孔子研究》1993年第1期。

命”而引申出两种不同的人生态度：一种是乐天安命、顺受天命；一种是深沉的忧患、奋发进取、争而不让。[①] 当时，有人说孔子的“文德”是“天将欲与”，说他是先圣之嗣，为“天所祚”，孔子则说：“自吾志也，天何与焉。”（《孔子家语·本性》）他认为所做的事情都是自己的志向，上天哪里能给予什么。从这里可以看出孔子对“天”的态度。上博竹简《鲁邦大旱》中，哀公因鲁国大旱而向孔子请教，孔子为哀公“图之”，帮助他思考应对之策。孔子以政治上的“刑与德”的问题进行回答，与臧文仲有相同之处。

《孔子家语·曲礼子贡问》中记载了这样一件事：

> 孔子在齐，齐大旱，春饥。景公问于孔子曰：“如之何？”孔子曰：“凶年则乘驽马，力役不兴，驰道不修，祈以币玉，祭祀不悬，祀以下牲。此贤君自贬以救民之礼也。”

《礼记》的两段记载可能与《孔子家语》有关。《曲礼下》曰：

> 岁凶，年谷不登，君膳不祭肺，马不食谷，驰道不除，祭事不悬；大夫不食粱，士饮酒不乐。

《杂记下》曰：

> 孔子曰：“凶年则乘驽马，祀以下牲。”

---

① 参见马振铎：《仁·人道——孔子的哲学思想》，中国社会科学出版社1993年版，第206页。

这是孔子对齐君的答问，同是旱灾，又同是国君向孔子询问对策，与《鲁邦大旱》相近。当然，同一问题，对不同的对象，孔子的回答会有不同。但对待旱灾，孔子着眼于人间的政治，倡导以积极的态度对待自然灾害，而不是借助天象思考人世间的事情。这与臧文仲有相似之处，《鲁邦大旱》应当不会与之差距太大。

上博楚竹书中的《鲁邦大旱》篇，其中所记孔子评论鲁国大旱是其当政者“刑”与“德”的措置问题可能与上述思想一致。我们对孔子关于德与刑的论述进行上述分析，或者有助于对《鲁邦大旱》篇孔子论说的认识。

三、关于鲁哀公问政

《鲁邦大旱》中所记哀公向孔子问政的可信性，笔者以为应该是没有什么疑问的。翻开马骕的《绎史》，在该书的卷八十六《孔子类记一》中专有《哀公问》一节，收录了大量的哀公问政于孔子的材料，其中有《礼记》《孔子家语》《史记》《说苑》《吕氏春秋》《大戴礼记》《三朝记》《韩非子》《新序》《丧服要记》《庄子》等书，有的书中还不止一条，《礼记》中更有《哀公问》一篇。哀公礼尊孔子，与孔子接触密切，多次向孔子请教，应该是确凿的事实。

哀公在位时期，季孙氏家族的季桓子（季孙斯）、季康子（季孙肥）先后任卿专政。哀公十一年孔子归鲁之年，哀公和执政的季康子都希望孔子回鲁国。对此，史书有不少记载。《孔子家语·儒行》曰：

孔子在卫。冉求言于季孙曰:“国有圣人而不能用,欲以求治,是犹却步而欲求及前人,不可得已。今孔子在卫,卫将用之。己有才而以资邻国,难以言智也。请以重币迎之。”季孙以告哀公,公从之。

孔子既至舍,哀公馆焉。公自阼阶,孔子宾阶,升堂立侍。……公曰:“敢问儒行。”孔子曰:“略言之,则不能终其物,悉数之,则留仆未可以对。”哀公命席。孔子侍坐,曰……哀公既得闻此言也,言加信,行加敬,曰:“终殁吾世,弗敢复以儒为戏矣。”

孔子由卫国回鲁国,孔子弟子冉求(冉有)发挥了重要作用。鲁国重币请回孔子,但未必真正十分尊重孔子。不过,由于孔子在外多年,哀公并不十分了解他。孔子归鲁后,哀公礼节性去拜访,但在心底深层,还是对孔子恭敬不足。但是,与孔子一番谈话后,哀公真正钦服了孔子。《礼记》也有《儒行》篇,与《家语》大同小异。

《左传·哀公十一年》也有孔子回鲁国的记载,其曰:

孔文子之将攻大叔也,防于仲尼。仲尼曰:“胡簋之事,则尝学之矣;甲兵之事,未之闻也。”退,命驾而行,曰:“鸟则择木,木岂能择鸟?”文子遽止之,曰:“圉岂敢度其私,访卫国之难也。”将止,鲁人以币召之,乃归。

从这里看,孔子在卫国也受到礼尊,卫人同样遇事向他请教,但孔子看不惯他们的一些做法。另一方面,孔子以在丛林中自由的飞鸟自喻，他可以在林立的列国之树间进行选择。孔子对鲁国有特殊的感情，当鲁国来请时，他终于回到了父母之邦。

《史记》的记载更为详细。《孔子世家》曰：

> 冉有为季氏将师，与齐战于郎，克之。季康子曰："子之于军旅，学之乎？性之乎？"冉有曰："学之于孔子。"季康子曰："孔子何如人哉？"对曰："用之有名；播之百姓，质诸鬼神而无憾。求之至于此道，虽累千社，夫子不利也。"康子曰："我欲召之，可乎。"对曰："欲召之，则毋以小人固之，则可矣。"而卫孔文子将攻太叔，问策于仲尼。仲尼辞不知，退而命载而行，曰："鸟能择木，木岂能择鸟乎！"文子固止。会季康子逐公华、公宾、公林，以币迎孔子，孔子归鲁。

卫国文子向孔子请教甲兵之事，孔子说自己没有听说过，冉有却说自己有关军旅方面的知识学于孔子，这个鲜明的对比颇耐人寻味。诚如马骕所说，孔子周游列国，"皆非夫子所得已也"，"夫子所眷眷不忍去者，惟是父母之邦耳"。[①] 孔子以鲁国为自己的栖身之处，归根到底还是对鲁国的深沉依恋。

回到鲁国后的孔子本来还是愿意参与政治的，但鲁国仅以"国老"视之，"鲁终不能用孔子，孔子亦不求仕"（《史记·孔子世家》）。不过，孔子与鲁哀公之间的关系却比较融洽，从史料的记载看，哀公常常与孔子在一起，向孔子请教方方面面的

---

① （清）马骕：《绎史》卷八十六《孔子类记四》，中华书局 2002 年版，第 2102 页。

问题。可以看出,哀公对孔子的信任和佩服是发自内心的。如据《孔子家语·五仪》记,哀公向孔子请教录用人才等问题,在孔子回答之后,哀公感慨地对孔子说:

> 非子之贤,则寡人不得闻此言也。
>
> 非吾子,寡人无以启其心。
>
> 微吾子言焉,吾弗之闻也。

其中最后一句,《说苑》的记载作“微孔子,吾焉闻斯言也哉”。

孔子与哀公之间的关系,《庄子·德充符》的记载很能说明问题。一次,哀公与孔子讨论了一些问题,后来,他对孔子的弟子闵子骞说:

> 始也吾以南面而君天下,执民之纪而忧其死,吾自以为至通矣;今吾闻至人之言,恐吾无其实,轻用吾身而亡吾国。吾与孔丘,非君臣也,德友而已矣。

在这里,哀公以孔子为“至人”,以孔子为得道的人。哀公更不把自己与孔子的关系看作君臣,而以为是依靠道德联结起来的朋友。

简文《鲁邦大旱》同样是哀公向孔子请教,应该仍然是二人在一起议论问题。廖名春先生据公羊学者的说法,认为该篇是孔子指责哀公,认为哀公时期行大雩之祭是在“谢过”,是哀公自我检查施政之失。情况可能并不如此。

实际上,《公羊传》对《春秋》的解释已经染上了后世的看法,“公羊学”者特别是何休更将后世的做法移之春秋时代。

桓公五年,鲁国行大雩之祭,何休就进行了这样的说解。诚如有学者所指出的:“《公羊传》所体现的阴阳灾异思想是先秦至西汉景帝时特定的阴阳灾异思想,而何休《春秋公羊传解诂》中的阴阳灾异思想所反映的则是东汉末年人们有关‘灾异’问题的思想认识……是对《公羊传》有关思想的极大歪曲,其性质与后果最为严重。”何休《解诂》与《公羊传》之间有相当大的差异,这突出表现在三个方面:一是何休《解诂》对《春秋》所载灾异内容,作无中生有式的回答。二是何休《解诂》对《春秋经》以及《公羊传》有关灾异现象的记载和评述,作“无限膨胀”式的发挥,以致较于《公羊传》原有的解释更多了一层阴阳灾异的色彩。三是何休《解诂》对《公羊传》的不少内容作了“郢书燕说”式的解释,从中塞入了自己的意志,使之与《公羊传》本意南辕北辙。①

《鲁邦大旱》记哀公向孔子请教时,子贡也在鲁国。子贡少孔子三十一岁,因为跟从了孔子学习,后来成为“天下显士”。《史记·货殖列传》记曰:“子赣既学于仲尼,退而仕于卫,废著鬻财于曹、鲁之间。”在孔子的弟子中,子贡善于“言语”,常常做些外交、商业方面的活动。

但是,在孔子周游列国归鲁后的数年中,子贡主要在鲁国。据《左传·哀公十一年》,孔子回鲁国的那年,子贡已经在鲁国做事。孔子去世时,子贡也在跟前。从有关的记载看,孔子能够与子贡讨论各种各样的问题,也对任何事情、对任何人进行评论。②

---

① 参见黄朴民:《何休评传》,南京大学出版社1998年版,第270—271页。

② 参见李启谦、王式伦所编《孔子弟子资料汇编》(山东友谊书社1991年版)的相关部分。

在众弟子中,子贡与孔子有一种特殊的感情,子贡格外佩服和崇敬孔子,他对孔子的称赞简直无以复加。孔子生病时,他希望子贡在跟前①;孔子的看家狗死了,他甚至也让子贡帮助埋掉。② 种种材料显示,孔子晚年在鲁国的数年中,他与子贡是经常接触的。

---

① 《史记·孔子世家》:"孔子病,子贡请见。孔子方负杖逍遥于门,曰:'赐,汝来何其晚也?'"

② 事见《孔子家语·曲礼子夏问》。

东周王陵“六马之驾”发现的学术史意义*

2003 年 3 月 17 日，中国新闻网报道了在河南洛阳发现东周时期王陵遗址的消息，一时间，媒体纷纷转载，在学术界引起轰动。东周王陵的发现无疑具有重要的意义，是考古学的重大成就。而对于确立这些重要遗存属于东周王室的重要证据之一，便是“六马之驾”（考古学者称为“天子六驾”）的发现。依笔者看，洛阳东周王陵“六马之驾”的发现，在学术史上也具有重要意义。

从考古发掘的情况看，这里无疑应当属于东周王室墓地。本来，洛阳市打算在这里建设一个大型广场，没想到，在开工前的例行勘探中，竟然出现了这样的奇迹，五十年来人们不断寻觅的东周王陵居然惊现在世人面前！

据介绍，在对广场施工地段 1.6 万平方米的范围所进行的文物勘探发掘中，共发现了 397 座墓葬，其中包括两座带墓道的甲字形大型墓葬和 20 座中型墓以及 17 座车马坑，马坑和车马坑数量之多，超过洛阳市 50 多年来发掘出土车马坑的总和。

---

* 原载于《河南科技大学学报》（社会科学版）2003 年第 4 期，人大报刊复印资料《先秦、秦汉史》2004 年第 2 期全文复印。

据说,该广场尚有1.4万平方米的范围没有进行钻探,专家估计,整个广场的东周墓葬应当在600座以上,车马坑也应在30座左右。

内涵如此丰富的墓葬和车马坑,其数量之多、规模之大、种类之全,都证明它不同于一般的贵族墓地。以墓葬为例,既有带墓道的大型墓,也有中型墓,还有成群的小型墓,在大中型墓中还有东周时期墓葬中的特殊葬制——积石积炭墓。车马坑不仅有埋马的陪葬坑,还有车马俱有的陪葬坑。这都说明此地乃是一处王室家族墓地。

到目前为止,这种一辆车有六匹马拉着的考古遗存应当还是首次发现。这座最大的车马坑宽度为7.2米,长度达到42米,清理出排列有序、保存完好的两排车马,规格尊隆,场面壮观,属于目前考古发现中罕见的大型车马坑。在发现时,这辆由六匹马驾驭的车乘,其车辕、车上的铜构件以及马的骨骼都清晰可见。附近的两座甲字形带墓道的大墓,其规模尤其显赫,种种迹象显示,这座墓应为东周时期的周天子之墓。

“六马之驾”的发现无疑是此次考古发现的翘楚,人们确定这座墓地为王室墓地,认定其中的两座大墓属于周王,所谓“天子驾六”都是十分关键的直接证据。墓地遗存与“天子之乘”相互印证,可以肯定地说,考古学者们的判断应当是正确的。

关于古代的车驾之制,我们现在知道汉晋之世天子有“驾六马”的制度。据《文献通考》卷一百十七《王礼考十二》的叙述,周代,“致仕之老及后乘”安车;汉代,“乘舆、金根、安车、立车,是为德车。五时车,安、立亦皆如之。建大旂,十有二斿。驾六马,余皆驾四。皇太子、皇子、公、列侯,皆乘之。自汉以后,亦为副车。晋制因之。天子所御则驾六,其余并驾四。三公下至九卿,各一乘,公驾三,特进驾二,卿驾一。宋因之”。《文献通考》卷一百十六《王礼考十一》还详细描述了天子乘舆、金根、安车、立车的车制,描述了轮、毂、较、轼、盖等情况,说到“画日月升龙,驾六马”,又叙马的装束及有关情形,指出“所御驾六,余皆驾四,后从为副车”。

《文献通考》还引述古代文献,谈到了以前的各种观点:

> 《古文尚书》曰:“予临兆民,凛乎若朽索之驭六马。”《逸礼·王度记》曰:“天子驾六马,诸侯驾四,大夫三,士二,庶人一。”《周礼》四马乘。《毛诗》天子至大夫同驾四,士驾二。《易》京氏、《春秋·公羊》说皆云天子驾六。许慎以为天子驾六,诸侯及卿驾四,大夫驾三,士驾二,庶人驾一。《史记》曰,秦始皇以水数制乘六马。郑元(玄)以为天子四马,《周礼》乘马有四圉,各养一马也。诸侯亦四马,《顾命》,时诸侯皆献乘黄朱,乘,亦四马也。今帝者驾六,此自汉制,与古异耳。

《文献通考》认为“帝者驾六”是汉代以后之制,与先秦不同。其实,说汉代以前没有“六马之驾”制度是对文献的误解。关于周代及其以前的情况,文献记载简略,因而造成后人的不同理解。依我们看,周代以前礼制中确有“天子乘六马”的制度。

让我们来看古籍的记载及后人的争议:

首先,“古《逸礼》”明确记载古有“天子驾六马”之制。

古《逸礼》中的《王度记》明确说道:“天子驾六马,诸侯驾四,大夫三,士二,庶人一。”据此,东汉许慎认为周代“天子驾六马”的说法没有问题。按:古《逸礼》原有三十九篇,乃与《尚书》十六篇同出于孔子旧宅古壁。据《汉书·楚元王传》,刘歆曾要求将《逸礼》与《左氏春秋》《毛诗》及《古文尚书》一起列于学官,且汉唐时期人们往往征引该书。因此,《逸礼》中关于古代车驾之制的叙述不宜轻置不理。

许慎是东汉著名的经学家,他相信古《逸礼》之说,颇值得重视。传统观点认为,“古《毛诗》说”与“古《逸礼》说”同属古文说。那么,许慎反对前者而主张后者,也证明其有所别择。

以前,学界普遍认为汉世经学有明显的今、古之分,两派之间壁垒森严,据研究,这种观念源自廖平。廖平《今古学考》说:“今、古二派,各自为家,如水火、阴阳,相妨相济。”①这种看法至今仍有很大影响。谈到许慎,恐怕学者们都知其为古文经学家,会大都以为许慎偏执古文。李学勤先生专门就此加以辨析,指出应当改变自《今古学考》以来普遍流行的今、古两派的观点,从而矫正了传统认识上的一个重要错误。②

许慎《说文解字》序成于东汉和帝永元十二年(100年),其始草当在章帝末年,《五经异义》所反映的是东汉中期的学术情况。《五经异义》久已亡佚,现有清嘉庆时陈寿祺的辑注本《五经异义疏证》,李学勤先生据此观察,发现《五经异义》乃历引群经各家学说,加以评论选择。廖平说《五经异义》是古非今,并不符合事实。《五经异义》采取廖氏所讲今文一派之说的地方很多,其中有具体例证,可以说明《五经异义》有的以

① 廖平:《今古学考》,刘梦溪主编:《中国现代学术经典·廖平蒙文通卷》,河北教育出版社1996年版,第38页。

② 参见李学勤:《失落的文明》,上海文艺出版社1997年版,第422—429页。

《周礼》为非,有的否定古《尚书》说,有的驳斥《毛诗》说,有的反对《左氏》之说,这都属于是今非古,不像廖氏所说的"是古非今"。事实上,《五经异义》中采古说的固然较多,采今说的以及折中、兼取古今的加在一起也与之相当。

第二,《古文尚书》明确说到天子"驭六马"。

《古文尚书·五子之歌》曰:"皇祖有训……予临兆民,懔乎若朽索之驭六马。"《五子之歌》记夏王启的五个儿子、太康的五个兄弟所作之歌,其中所指"皇祖"自然应是大禹。对这句话,孔颖达《尚书正义》曰:"腐索驭六马,索绝马惊,马惊则逸,言危惧甚也。经传之文,惟此言'六马',汉世此经不传,余书多言驾四者。《春秋·公羊》说天子驾六,《毛诗》说天子至大夫皆驾四;许慎案《王度记》云天子驾六,郑玄以《周礼》校人养马,'乘马一师四圉',四马曰乘,《康王之诰》云'皆布乘黄朱',以为天子驾四。汉世天子驾六,非常法也。然则此言马多惧深,故举六以言之。"

《古文尚书》晚出,汉代未曾流传,其中关于"六马"之说自然无人知晓。孔颖达不同意"天子驾六马"之说,遂以"马多惧深"作解。其实不然。孔颖达的根据是"余书多言驾四",尤其是"《毛诗》说天子至大夫皆驾四"。另外就是郑玄以《周礼》等的一些说法认定"天子驾四"。

"古《诗》说"的观点其实经不起推敲。"古《毛诗》说"云:"天子至大夫同驾四,皆有四方之事;士驾二也。《诗》云'驷騵彭彭',武王所乘;'龙旂承祀,六辔耳耳',鲁僖所乘;'四牡騑騑,周道倭迟'。大夫所乘。《书传》云'士乘饰车两马,庶人单马木车'是也。"这里依据"驷騵彭彭"为"武王所乘"以证明天子不乘六马之驾就明显缺乏说服力。

按“驷骠彭彭”为《诗经·大雅·文王之什》中的篇章，该篇名曰《大明》，其中“驷骠彭彭”句描述的是武王灭商时的牧野之战中武王的驾乘。一者，当时处在战争之时，六马之驾固然可以标明地位的尊高，却未必利于战斗；二者，当时殷商未灭，周礼未定，此时虽有“天子六驾”之制，武王未必拘泥于此。后世一些经学家偏执经文，不解变通之旨，不为不失，郑玄的观点亦属此类。关于郑氏的此种看法，我们在谈论《周礼》记载的时候还要继续分析。

第三，《周易》说到天子“乘六龙以御天”。

《易经》的《彖》辞中说：“时乘六龙以御天。”《文言》解释时也说道：“时乘六龙以御天也。”《易经》所谓“乘六龙”，前人多不得其解，有的说“六龙”乃“六气”，乃“六位之气”，有的解为天地四时“六位之龙”。唐朝李鼎祚《周易集解》说：“九家易曰：谓时之元气依王而行，履涉众爻，是乘六以御天也。”孙星衍《周易集解》引汉代孟喜曰“天子驾六”，又引庄氏曰：此乃“申明乾元乃统天之义，言乾之为德，以依时乘驾六爻之阳气，以控御于天体。六龙即六位之龙也，以所居上下言之，谓之六位也。阳气升降，谓之六龙也。……此名乘驾六龙，各分其事，故云以御天也。”

今人解释《周易》，多沿袭这些说法或有发挥。如有学者认为六龙即指六爻，因为乾卦六爻的爻辞都取用龙的功能，作为六爻变化的象征，“御天”即驾御天道运行的规律。所以，《彖辞》此句可译为“按时驾着六条龙拉的车子运行在天空中”，意思是犹如六条龙一样，接连着驾御天体运行的规律；《文言》比喻乾卦六爻的爻辞，说它像随时乘六条变化不测的龙，有规律地驾御着天地而不休息，将此句译为“乾德象按时乘着六龙驾的车子巡行天上”①。还有人将其作为“上古神话”进行解释，认为是“日乘着六条飞龙拉着的车子，以羲和为御，运行在天空”②，即太阳驾驶着六条飞龙在空中有规律地运行。

实际上，“龙”乃是指骏马。《周礼·夏官司马·庾人》曰：“马八尺以上为龙。七尺以上为騋，六尺以上为马。”郑玄注引及《尔雅》对“騋”的解释，又引《月令》中多次说到的天子“驾苍龙”。贾公彦疏以为：“引之者，证‘騋’是马色。先郑引《月令》者，谓春之三月，天子听朔及祀帝，皆驾苍龙，顺时色。引之，以证龙是马也。”“《公羊》说”也有与之相近的说法，曰：“天子马曰龙，高七尺以上；诸侯曰马，高六尺以上；卿大夫、士曰驹，高五尺以上。”这样，“龙”应指天子所乘的高大的骏马。《周易》中的“乘六龙以御天”，其意应为天子乘六马之驾以统驭天下。据徐彦《春秋公羊传注疏》，许慎“《异义》言‘《公羊》说’引《易经》云‘时乘六龙，以驭天下也’，知天子驾六。”是其也认为“乘六龙”即乘六马之驾。

孙星衍《周易集解》引汉代孟喜曰“天子驾六”，可以说意识到了其间的联系，看到了《易经》“乘六龙”的本义。联系到周初流传下来的《月令》等的记载③，《易经》“乘六龙”确应是天子驾六马统驭天下的象喻。

《周易》原为卜筮之书，具有一定的神秘性，带有“以神道设教”的特点。唯其如此，《易经》才可以曲畅旁通，灵活时变，

① 周振甫：《周易译注》，中华书局 1991 年版，第 9 页。

② 徐子宏：《周易全译》，贵州人民出版社 1991 年版，第 2—3 页。

③ 《逸周书》中有《月令》等篇，《周书序》称其为周公所作，其说当不无根据。可参看杨朝明：《〈逸周书〉有关周公诸篇刍议》，《儒家文献与早期儒学研究》，齐鲁书社 2002 年版，第 119—135 页。

不偏主一事一物,具有普时性或普适性特征。也正因这样,人们对《周易》的理解才有更大难度。孔子“晚而喜《易》”(《史记·孔子世家》),以致“居则在席,行则在橐”,是因为孔子看到《周易》中有“古之遗言”①。司马迁说得对:“《易》之为术,幽明远矣,非通人达才孰能注意焉?”(《史记·孔子世家》)孔子实际正是这样为数不多的“通人达才”之一。对于《彖》辞,孔子就以“君德”作解。例如,孔子在《文言》中解释九二爻说:“《周易》曰:‘乾龙勿用,利见大人’,君德也。”《文言》对乾卦的解说都很明确,认为其中所讲都是“君子之德”,其曰:“‘元’者,善之长也;‘亨’者,嘉之会也;‘利’者,义之和也;‘贞’者,事之干也。君子体仁,足以长人;嘉会,足以合礼;利物,足以和义;贞固,足以干事。君子行此四德者,故曰‘乾:元、亨、利、贞’。”《彖》辞在“时乘六龙以御天”之后接着说,“乾道变化,各正性命。保合太和,乃利贞。首出庶物,万国咸宁”,其着眼点正是世间的政治。由此,《易经》所言应该不是什么驾驶飞龙在空中运行之类。

从上面的数据分析中,可以发现三代时期已有“天子乘六马”的制度存在。后世天子乘六马,应该也是沿袭古制。

实际上,秦汉时期的礼仪制度虽有变易,但因循之处似乎更多,作为天子出行这样的重要制度或许就是来自周代。《史记·礼书》记曰:“至秦有天下,悉内六国礼仪,采择其善,虽不合圣制,其尊君抑臣,朝廷济济,依古以来。”在尊崇天子的一些制度上,秦朝依据了古代以来的制度。《礼书》又说:“至于高祖,光有四海,叔孙通颇有所增益减损,大抵皆袭秦故。自天

---

① 马王堆帛书《要》篇。其中“行则在橐”之“橐”有的释为“囊”。

子称号下至佐僚及宫室官名,少有变改。”叔孙通为“汉家儒宗”,汉代礼仪多出其手。按照《礼书》所说,他在礼仪的制订上有一定变更,但总体上还是“皆袭秦故”。叔孙通制订汉家礼仪的背景是刘邦面临混乱的朝仪不知所措,此时制礼,对于前代尊君之礼一定会“少有变改”。《史记》《汉书》叔孙通的传记都说他“颇采古礼与秦仪”。看来,《逸礼·王度记》所说先秦“天子驾六马、诸侯驾四、大夫三、士二、庶人一”应不是凭空想象出来的。

对“天子驾六”应当如何理解,鄙意以为不可过于拘泥。正如孔子被后世奉为“文宣王”,祭祀孔子的庙堂里,门上可以有九枚门钉,以显示其“王”的规格,但不会每一道门上都要有九钉。同样的道理,如果不分场合,不区分具体情况,一概将“天子驾六马”看成周天子出行必乘六马之驾,显然是不适当的。同样的道理,洛阳东周王陵中的“天子之乘”也未必意味着那时的周天子出行时一定要有六马之乘。

春秋时期,王室衰微,但越是如此,越要强化周王的崇高地位,一方面,各国霸主仍以“尊王”号令天下,另一方面,周天子也会极力维护自己的这种地位。周人重礼,在时人的观念中,丧葬礼仪十分重要,尽管王室经济拮据,但周天子仍然要建造大型陵寝,随葬车马。“六马之驾”意味着周王地位的尊隆,非一般人可以比拟。联想到齐国景公的大型车马坑的发现,就不难理解东周天子为何要在墓葬中随葬“驾六马”的车驾了。

自郭店楚墓竹简被发现和公布以来,相继出现的重要考古和文物资料不断地震惊学术界。人们在欣喜阅读还散发着油墨清香的上博竹书的时候,湖南里耶秦简、江苏九连敦战国古墓竹简、遂公盨、眉县系列青铜器、广西百色新石器时代大型石器加工场、济南大辛庄商代甲骨文等新发现接二连三地传来，对古代历史文化的研究提供了宝贵的新资料。同这些发现一样，洛阳东周王陵"六马之驾"的发现，促使我们思考学术史上的许多问题。随着洛阳东周王陵的进一步发掘，将越发显示出它对于我国古代历史文化研究的极其重要价值。

汉简《奏谳书》“柳下季治狱”小议*

李学勤先生在拙著《鲁文化史》(齐鲁书社 2001 年版)所作的《序言》中提到了《奏谳书》记载的柳下季断案的事例,李先生说,《奏谳书》中的文辞没有什么费解,而“白徒”和“倡”怎样成为刑徒的名称,实无法得其答案。所以李先生又说:由此可以看出,我们对鲁国的了解还是相当有限的。由于古代历史的材料比较有限,而关于鲁国,《奏谳书》所涉及的内容虽然简短,却蕴含了不少信息,有助于我们对鲁国历史文化相关问题的深入理解。

《奏谳书》见于 1983 年末江陵张家山出土的汉简。其中记有柳下季断案的事例,原文如下:

> 异时鲁法:盗一钱到廿,罚金一两;过廿到百,罚金二百;过百到二百,为白徒;过二百到千,完为倡。又曰:诸以县官事诡其上者,以白徒罪论之。有白徒罪二者,加其罪一等。白徒者,当今隶臣妾;倡,当城旦。今佐丁盗粟一斗,值三钱,柳下季为鲁君治之,论完丁为倡,奏鲁君。君

* 原载于杨朝明主编:《孔子学刊》第二辑,上海古籍出版社 2011 年版。

曰：“盗一钱到廿钱，罚金一两，今佐丁盗一斗粟，值三钱，完为倡，不已重乎？”柳下季曰：“吏初捕丁来，冠钛冠，臣案其上功牒，署能治礼，儒服。夫儒者，君子之节也；礼者，君子学也；盗者，小人之心也。今丁有小人之心，盗君子节，又盗君子学，以上功，再诡其上，有白徒罪二，此以完为倡。”君曰：“当哉！”①

何谓“谳”？《说文》曰：“议罪也。”《广韵》：“谳，议狱。”又曰“谳，正狱。”《汉书·景帝纪》曰：“诸狱疑，若虽文致于法而于人心不厌者，辄谳之。”所以，谳即评议定罪。《汉书·刑法志》曰：“高皇帝七年，制诏御史：狱之疑者，吏或不敢决，有罪者久而不论，无罪久系不决。自今以来，县道官狱疑者，各谳所属二千石官，二千石官以其罪名当报之。所不能决者，皆移廷尉，廷尉亦当报之。廷尉所不能决，谨具为奏，傅所当比律令以闻。”竹简《奏谳书》正是这种议罪案例的汇集。

作为一个成词，“奏谳”可能出现较早，《汉书》已有“奏谳”连称的记载。而在汉初，“奏谳”已经是一个规范的固定用语，其义即由《汉书·刑法志》所记载的汉高帝七年“谳疑狱诏”而起。《文物》1993 年第 8 期和 1995 年第 3 期相继发表了《奏谳书》全部释文，其中包含了春秋至西汉时期的 22 个案例。从中看出，竹简《奏谳书》中的案例一般都在文书末尾缀有“疑罪”“疑某罪”的字样，完整的文书还有“敢谳之”的带

① 江陵张家山汉简整理小组：《江陵张家山汉简〈奏谳书〉释文（二）》“二〇”，《文物》1995 年第 3 期。为方便打字，这里只写出整理后的文字。

“谳”字的敬语和“廷报”内容，这与《汉书·刑法志》所说的疑狱奏谳的情形符合，说明《奏谳书》之名与收录文书性质正相一致。

《奏谳书》中也有的文书不同于上述案例的形式，但都与《奏谳书》具有内在联系，属于奏谳环节的有机组成部分。与一般的史书按照时代叙事不同，《奏谳书》大体上是将年代较早的案件排在全书的后部，较晚的案例则排在前部。其中，案例十九是“史猷与卫君”，案例二十是“柳下季与鲁君”的议对，即我们所说的“柳下季治狱”，这两则春秋时期的案例排列较后，是作为断案的事例进行记述的。

柳下季本名展禽，又名柳下惠。他出身于鲁国公族，其始祖公子展为孝公之后。柳下季为职士师，掌管刑狱，专司法律。在史籍中，有一些关于他的零星记载，但他任职士师的具体事迹却较为稀少。《论语·微子》说：“柳下惠为士师，三黜。”他为士师有一定的时间跨度，可是，关于他判定案狱事例并未见到。这样，《奏谳书》中柳下季为鲁君治狱的记载就显得弥足珍贵。

正如李学勤先生所言，在《奏谳书》的记述中，“白徒”和“倡”怎样成为刑徒的名称不好理解。盗钱数量不同，罚钱则有多少的不同。而过百到二百，则为白徒；若有人盗钱过二百到一千，即“完为倡”。“白徒”和“倡”都是一种刑罚，按照《奏谳书》的说明，“白徒”相当于汉代的隶臣妾；而作为刑罚，“倡”则重于“白徒”，当城旦。所谓“完为倡”，即剃其发为“倡”。完，乃是一种轻刑。《汉书·惠帝纪》：“民年七十以上，若不满十岁，有罪当刑者，皆完之。”孟康曰：“不加肉刑，髡鬄也。”颜师古注：“若预及之言也。谓七十以上，及不满十岁以下，皆完之也。”髡，剃去头发。《汉书·刑法志》：“完者使守积。”颜师古注：“完，谓不亏其体，但居作也。”意思是以剃光头发作为处罚，可以在家劳作。那时，人们爱发而蓄发，剃发就是一种处罚。

“白徒”确曾屡见于古书，如《管子·乘马篇》及《七法篇》。尹注《七法篇》云：“白徒，谓不练之卒，无武艺。”又《吕氏春秋·决胜篇》“厮舆白徒”，高注云：“白衣之徒。”《汉书·邹阳传》“驱白徒之众”，颜师古注云：“白徒言素非军旅之人，若今言白丁矣。”盖指未经过军事训练之人。简文称：“白徒者，当今隶臣妾。”有学者对汉文帝刑法改革前“隶臣妾”的身份进行了研究，认为：“‘隶臣妾’是一种刑徒，刑期有限，同时具有官奴隶身份，但又不同于奴隶社会中的奴隶。”①春秋时期的“白徒”与汉代的“隶臣妾”的共同点就是他们的“官奴隶身份”，应当属于有期徒刑一类，即降低了原来的社会地位或政治身份。这样，春秋时期鲁国的刑罚以“白徒”惩罚盗贼，应该是明显比“罚金”更重的处罚。

与“隶臣妾”相比，“城旦”自然处罚更重。《汉书·刑罚志》曰：罪人狱已决，完为城旦舂，满三岁为鬼薪、白粲。鬼薪、白粲一岁，为隶臣妾。隶臣妾一岁，免为庶人。隶臣妾满二岁，为司寇。司寇一岁，及作如司寇二岁，皆免为庶人。”据《汉书》，由于著名的缇萦救父事件，孝文帝觉得本来的刑法太过残苛，于是下令减轻刑法。文帝说：

---

① 张颉慧：《张家山汉简中“隶臣妾”身份探讨》，《中原文物》2004年第1期。

> 今人有过，教未施而刑已加焉，或欲改行为善，而道亡繇至，朕甚怜之。夫刑至断支体，刻肌肤，终身不息，何其刑之痛而不德也！岂称为民父母之意哉！其除肉刑，有以易之；及令罪人各以轻重，不亡逃，有年而免。具为令。

于是，丞相张仓、御史大夫冯敬重新上奏：

> 臣谨议请定律曰：诸当完者，完为城旦舂；当黥者，髡钳为城旦舂；当劓者，笞三百；当斩左止者，笞五百；当斩右止，及杀人先自告，及吏坐受赇枉法，守县官财物而即盗之，已论命复有笞罪者，皆弃市。罪人狱已决，完为城旦舂，满三岁为鬼薪、白粲。鬼薪、白粲一岁，为隶臣妾。隶臣妾一岁，免为庶人。隶臣妾满二岁，为司寇。司寇一岁，及作如司寇二岁，皆免为庶人。其亡逃及有罪耐以上，不用此令。前令之刑城旦舂岁而非禁锢者，如完为城旦舂岁数以免。

汉承秦制，汉初也基本沿袭秦律。秦《法律答问》有曰："当耐为隶臣，以司寇诬人，何论？当耐为隶臣，又系城旦六岁。"按照秦律，盗百一十钱以上耐为隶臣，盗六百六十钱以上黥为城旦。在这里，无论"耐"还是"黥"，都属于肉刑。秦律中既有终身服刑而又分不同等级的城旦舂、鬼薪、白粲、隶臣妾、司寇、候，又有有服刑期限的赀徭、赀居边、赀戍等等，齐国的"公人"制度也与此相似。据银雀山汉简的材料可知，在战国时期，齐国也有被罚没为"官奴隶身份"的人，成为"公人"，有三日、一岁、二岁、终身和"黥刑以为公人"等不同等级，有期、无期徒刑与肉刑互相衔接，十分严密，与秦律相似。鲁法中之白徒、倡分别相当于秦律之隶臣妾、城旦，二者有很大的可比性，说明两种法律在刑制上有很多的共同性，但鲁国之法中的“完”却非肉刑，所以，相比之下，鲁国法律较之为轻。所谓“城旦舂”，同样也具有“官奴隶身份”。城旦，筑城；舂，舂米。鲁法中的“倡”与之同类，所谓“倡”，即表演歌舞的人。《说文》：“倡，乐也。”《声类》：“倡，俳也。”《字林》：“倡，优乐也。”“倡”泛指表演歌舞杂戏的艺人，又称倡人、倡优、倡伎、倡俳等。据《史记·孔子世家》，定公十年春齐鲁两国国君会于夹谷时，齐国就令“优倡侏儒为戏而前”，按照《孔子世家》的记载，这属于所谓“宫中之乐”，但孔子认为这是“匹夫而营惑诸侯”，故而依法处置，他们落得个“手足异处”的下场。可见，作为官奴，“倡”的地位很低。

鲁国有佐丁盗粟一斗，值三钱，按照鲁法，只应给予“罚金一两”的处罚，可是，柳下季却论处完丁为倡。柳下季认为，捕吏当初捉他来时，他“冠钵冠”。据李学勤先生引《说苑》等考定，所谓“钵冠”即“鹬冠”，是一种用翠鸟羽毛装饰的冠。[①] 查找册簿文书，这属于儒服，应当能够治礼。在柳下季看来，“夫儒者，君子之节也；礼者，君子学也；盗者，小人之心也”，此人为儒能礼，却成为盗！他有小人之心，却既“盗君子节，又盗君子学”，而鲁法还有规定：“诸以县官事訑其上者，以白徒罪论之。”“訑”有自得、自然的意思，表示欺诈。一次欺诈，有白徒罪一。丁有小人之心，盗君子节，白徒罪一；又盗君子学，两“訑其上”，故有白徒罪二。最终罪加一等，此以完

① 参见李学勤：《〈奏谳书〉解说》，《文物》1995 年第 3 期。

为倡。

柳下季对佐丁的处罚,并没有仅仅将眼光停留在其“盗粟一斗”的表面犯罪上,他对佐丁的论处,重点在于“诛心”,他所惩处的是佐丁的欺世盗名。我们知道,作为儒家创始人的孔子曾经“数称”柳下惠,以之为道德典范,对他十分认同。① 在这一点上,孔子其实也与柳下惠完全一致。这不由让我们想到孔子“诛”“乱政者”少正卯的事情。少正卯属于“鲁国闻人”,孔子为政七日而诛之,连孔子的弟子子贡都有疑问。孔子对子贡说:

> 天下有大恶者五,而窃盗不与焉。一曰心逆而险,二曰行僻而坚,三曰言伪而辩,四曰记丑而博,五曰顺非而泽。此五者有一于人,则不免君子之诛,而少正卯皆兼有之。其居处足以撮徒成党,其谈说足以饰褒荣众,其强御足以反是独立,此乃人之奸雄者也,不可以不除!夫殷汤诛尹谐、文王诛潘正、周公诛管蔡、太公诛华士、管仲诛付乙、子产诛史何,是此七子皆异世而同诛者,以七子异世而同恶,故不可赦也。《诗》云:“忧心悄悄,愠于群小”,小人成群,斯足忧矣。(《孔子家语·始诛》)

孔子认为,天下大逆不道的恶行有五种,而一般性的盗窃并不在其中。这五种恶行分别是思想背离而险恶、行为邪僻而坚定、言论错误而雄辩、记述非义的事物并十分广博、赞同错误

① 参见杨朝明:《柳下惠道德思想考论》,《孔子研究》1994年第2期。

的言行并加以美饰。一个人只要具有这五种思想行为的一种，就免不了君子的诛杀，而少正卯兼而有之。这样的人过于凶险，影响恶劣，不可以不除掉。历史上有很多这样的人，他们虽处在不同的时代，罪恶却是相同的，因此都是不可以赦免的。小人成群，着实令人忧虑！

在春秋时期众多的诸侯国中，鲁国是最注重礼的国度。当春秋时期各国出现礼崩乐坏的现实时，鲁国的贵族知识阶层都忧心忡忡，维护周礼。礼的精神在于孝恭慈仁，信诚惠和，孔子重礼，他诛少正卯，十分契合于礼。少正卯属于无礼之辈，不论是其政治主张，还是他的做人风格和处世态度，都与周礼的要求严重不符。柳下惠同样蒙耻救民，期于社会至善，佐丁之处，不亦宜乎！

鲁国有礼，同样有法。鲁国之法却与“周礼尽在鲁矣”(《左传·昭公二年》)的名声完全一致，鲁礼包含有法的功能，鲁法拥有礼的精神。鲁国的法律条文还可以在其他古籍中看到。例如《孔子家语·致思》篇有这样的记载：

> 鲁国之法：赎人臣妾于诸侯者，皆取金于府。子贡赎之，辞而不取金。孔子闻之曰：“赐失之矣。夫圣人之举事也，可以移风易俗，而教导可以施之于百姓，非独适身之行也。今鲁国富者寡而贫者众，赎人受金则为不廉，则何以相赎乎？自今以后，鲁人不复赎人于诸侯。”

按照鲁国法律的规定，从诸侯国赎回做奴仆的鲁国人，都可以从鲁国府库里领取金钱。子贡赎回了奴仆，却推辞而不领取钱财。孔子听说了这件事，认为这是端木赐的过失。孔子认为,圣人做一件事,可以通过它移风易俗,而且可用来教化开导百姓,并非只是适合自身的行为。因为当时鲁国富人少而穷人多,如果因为赎人从府库领取钱财就是心胸不广,缺乏廉正,那么用什么来赎人呢?孔子担心的是,从今以后,鲁国人不再能从其他诸侯国那里赎回人了。从这条记载中,我们不仅可以看出鲁国宗法礼制的精神所在,更可以看出鲁人在执行"鲁法"时考虑的重点在于对社会的影响,在于对民众的教化意义。在这方面,应当说孔子与柳下季完全相同。

《奏谳书》虽为西汉竹书,但其中记载柳下季的事情却发生在春秋前期,这一则材料不会是凭空产生,这不仅是因为它与柳下惠的身份相合,而且法律条文历代相沿,流传广泛,为众所周知,这里的记载很有价值。我们认为,《奏谳书》值得注意的,还有其中出现的"儒服"一词。春秋末年,孔子创立儒学,儒家学派产生,以后,"儒服"一词自然频频出现。如:

《庄子·田子方》记曰:"庄子见鲁哀公。哀公曰:'鲁多儒士,少为先生方者。'庄子曰:'鲁少儒。'哀公曰:'举鲁国而儒服,何谓少乎?'庄子曰:'周闻之,儒者冠圜冠者,知天时;履句屦者,知地形;缓佩玦者,事至而断。君子有其道者,未必为其服也;为其服者,未必知其道也。公固以为不然,何不号于国中曰:无此道而为此服者,其罪死!'于是哀公号之五日,而鲁国无敢儒服者,独有一丈夫儒服而立乎公门。公即召而问以国事,千转万变而不穷。"

《墨子·公孟子》曰:"公孟子戴章甫,搢忽,儒服,而以见子墨子。"

> 《史记·仲尼弟子列传》曰：“孔子设礼稍诱子路，子路后儒服委质，因门人请为弟子。”《刘敬叔孙通列传》曰：“叔孙通儒服。”

“儒”在儒家产生之前类似于一种职业出现较早。有学者考证说，“儒”在殷商时期已经存在了，甲骨文中作“需”，象以水冲洗沐浴濡身之形。① 《礼记·儒行》有曰：“儒有澡身而浴德。”《孟子·离娄下》说：“虽有恶人，斋戒沐浴则可以祀上帝。”古代的儒，在祭祀、相礼等行为中常常斋戒沐浴，这就是说，认为原始的“儒”字作“需”或“濡”，从这一点上讲很有道理。东汉许慎的《说文解字》说：“儒，柔也。术士之称。从人，需声。”段玉裁注曰：“郑目录云：儒行者，以其记有道德所行。儒之言，优也，柔也；能安人，能服人。又，儒者濡也，以先王之道能濡其身。”儒的本义或为教化。前述从象形文字角度所得的看法，与段注是一致的。②

在《奏谳书》中，柳下季所说到的“儒”就是能够相礼的人，不仅具有君子之名，而且具有君子之实的人。

总之，汉简《奏谳书》“柳下季治狱”的价值是多方面的，甚至我们也可以从这一点上看到柳下惠治狱对汉代的影响。例如，《奏谳书》中“柳下季与鲁君”的议对，就与《汉书·张释之传》载廷尉张释之与汉文帝议罪之例相同，所倡导的司法精神

---

① 参见徐中舒：《甲骨文中所见的儒》，《四川大学学报》(哲学社会科学版)1975 年第 4 期。

② 参见杨朝明：《儒家文化面面观》，齐鲁书社 2000 年版，第 1 页。

非常一致。顾颉刚说:“汉代统一了鲁国的礼教和秦国的法律。”[①]其实,从本文看,汉代继承鲁国的礼治精神可能更具有实质性。[②]

---

① 顾颉刚:《顾颉刚古史论文集》第二册,中华书局1988年版,第329—330页。

② 笔者认同顾颉刚先生的看法,参见杨朝明:《鲁国礼乐传统研究》,《历史研究》1995年第3期。

山东大学儒学高等研究院教授自选集

◎王绍曾　《文献学与学术史》
◎吉常宏　《古汉语研究丛稿》
◎龚克昌　《中国辞赋学论集》
◎董治安　《先秦两汉文献与文学论集》
◎孟祥才　《学史集》
◎张忠纲　《耘斋古典文学论丛》
◎徐传武　《古代文学、文化与文献》
◎马来平　《追问科学究竟是什么》
◎郑杰文　《墨家与纵横家论丛》
◎冯春田　《〈文心雕龙〉研究》
◎孙剑艺　《里仁居语言论丛》
◎王学典　《史料、史观与史学》
◎黄玉顺　《生活儒学与现象学》
◎张其成　《国学之心与国医之魂》
◎杨朝明　《洙泗文献征信》
◎戚良德　《〈文心雕龙〉与中国文论话语》
◎李平生　《中国近现代史研习录》
◎赵睿才　《唐诗纵横》
◎杜泽逊　《文献探微》
◎叶　涛　《民俗文化与民间信仰》
◎张士闪　《民俗之学：有温度的田野》
◎宋开玉　《语文丛考》

◎徐庆文　《儒学的现代化路径》

◎王承略　《古典文献与学术史论丛》

◎刘　培　《思想、历史与文学》

◎聂济冬　《汉唐文史论集》

◎周纪文　《和谐美散论》

◎赵卫东　《道教历史与文献研究》

◎何朝晖　《书与史》

◎孙　微　《杜诗的阐释与接受》

◎陈　峰　《重访中国现代史学》

◎王加华　《农耕文明与中国乡村社会》

◎龙　圣　《山河之间：明清社会史论集》